KB145876

풀어쓰는

국문론집성

다면자료총서 ❶

國文論集成

풀어쓰는 국문론집성

근대 계몽기 국어국문 담론의 현대적 해석을 위하여

연세대 언어정보연구원 HK사업단

논설 신문 국문론 한문자와 국문자의 손익여하 사설 국문한문론 국문원류 타국 글이 아니라 두 가지 힘 국문일정법의견서 국어와 국문의 필요 국문의 편리함과 한문의 폐해에 대하여 국어유지론 국문과 한문의 관계 우리의 말과 글을 반드시 받들자 사설, 국민신보 발간 대한국문설 교수와 교과에 대하여 학문 한자통일회 개설에 관한 의견 음향(音響) 이야기 한문과 국문을 논함 국문과 한문의 이행시대 한문과 국문의 판별 소학교육에 대한 의견 일부벽파 문법의 바른 통일 한문과의 작은이별 어학의 성질 한나라 말 오늘날 우리 한국의 문자사용에 대하여

도서출판 박이정

역주자

- 정대성 언어정보연구원 HK연구교수(독일 루르대학교 철학 박사)
- 손희연 언어정보연구원 HK연구교수(프랑스 파리7대학 언어학 박사)
- 김병문 언어정보연구원 전문연구원(연세대학교 문학 박사)
- 김수경 언어정보연구원 연구원(연세대학교 국어국문학과 박사과정)
- 박지연 언어정보연구원 연구원(연세대학교 국어국문학과 박사과정)
- 주향아 언어정보연구원 연구원(연세대학교 국어국문학과 박사과정)
- 이수진 미국 코넬대학교 역사학과 박사과정
- 최지현 연세대학교 사학과 석사과정
- 김기완 연세대학교 국어국문학과 박사과정

다면자료총서 1

풀어쓰는 **국문론집성**

초판 인쇄 2012년 5월 15일
초판 발행 2012년 5월 21일

저　　자 연세대 언어정보연구원 HK사업단
펴 낸 이 박찬익
책임편집 오유정

펴 낸 곳 도서출판 **박이정**
주　　소 서울시 동대문구 용두동 129-162
전　　화 02) 922-1192~3
팩　　스 02) 928-4683
홈페이지 www.pjbook.com
이 메 일 pijbook@naver.com
온 라 인 국민 729-21-0137-159
등　　록 1991년 3월 12일 제1-1182호

ISBN 978-89-6292-315-5 (93710)

* 책값은 뒤표지에 있습니다.

차례

『풀어쓰는 국문론집성』 해제

1.

손금이나 관상을 보면 그 사람의 인생을 이해할 수 있다고 믿는 경우가 있다. 거기에 그의 과거와 앞으로의 삶이 드러나 있다고 생각하기 때문인데, 이는 다시 말해 한 사람의 인생이 손금의 모양이나 얼굴의 생김새에 '표상'되어 있다는 생각에 다름 아니다. 사주팔자를 중요하게 생각하는 것 역시 사주에 한 사람의 운명이 반영되어 있다고 보기 때문일 것이다. 마치 기호를 해석하여 그 의미를 이해하듯, 사주팔자를 해석해 내면 그의 인생이 보인다는 생각이다. 이런 관점에 따르면 이름을 적절히 지어 사주에서 음양오행상 모자란 기운은 보충하고 너무 과한 기운은 눌러 줄 수도 있다. 글자 한 자 한 자는 모두 '목화토금수'의 오행 가운데 하나에 배속되기 때문이다. 이는 물론 한자에만 해당되는 얘기가 아니다. '과학적'이기로는 그 상대가 없을 것 같은 훈민정음도 예외가 아니다. 아(牙, ㄱ) - 설(舌, ㄷ) - 순(脣, ㅂ) - 치(齒, ㅅ)-후(喉, ㅇ)는 각각 '목화토금수'의 오행에, 그리고 방위(동-남-중-서-북)에, 계절(춘-하-계하-추-동)에 색깔(청-적-황-백-흑)에, 심지어 신체의 장기(간-심-비-폐-신)에까지 빈틈없이 대응된다는 것이 훈민정음 창제자들의 생각이었다.

물론 손금이나 관상, 사주를 통해 어떤 사람의 인생을 이해하려 들고, 또 글자/소리가 거기에 어떤 영향을 미칠 수 있다는 생각을 우리는 단순히 비과학적인 넌센스로 치부할 수도 있다. 실제로 현재 최소한 공식적인 담론에서는 위와 같은 생각이 진지한 논의의 대상이 될 가능성은 거의 없다. 그러나 과학과 비과학의 이분법으로는 현재의 관점만을 특권화할 뿐 과거를 이해할 수는 없다. 근대 이전에 너무나도 자연스럽고 상식적인 것으로 받아들여졌던 위의 예들에서 우리는 현재 일반적으로 통용되는 것과는 다른 표상 개념을 발견할 수 있다. 즉, 현재의 관점에서는 원칙적으로 표상된 것(대상)과 그것을 표상하는 것(기호)이 질적으로 아무 관계가 없다. "휘날리는 태극기는 우리들의 표상"이지만, 원칙적으로 '태극기라는 깃발'과 '대한민국'(또는 그 구성원)은 질적으로 서로 아무런 관계를 맺고 있지 않다. 마찬가지로 어떤 이의 이름은 그저 그를 표상할 뿐 그와 실제적으로 어떤 관계를 맺고 있는 것은 아니다.

그러나 손금이나 관상, 사주가 어떤 사람의 인생을 표상할 수 있는 것은 이들 사이에 질적인 연관 관계가 있다고 보기 때문이다. 또 오행에 입각한 적절한 작명(作名)을 통해 부족한 것을 보충하고 너무 성(盛)한 것을 눌러줄 수 있다는 인식은, 기호가 그 대상과 표상 관계를 맺고 있는 것에 그치는 것이 아니라 표상 대상에 일정한 영향을 미친다는 전제가 있지 않고는 불가능하다. 이런 관점에서라면 우리가 기호의 대표적인 예로 드는 언어, 문자 역시 단순히 어떤 사물이나 소리의 표상에 그치는 것이 아니라 그 대상과 질적인 관계를 맺고 있고 상호 영향을 주고받을 수 있는 것이 된다. '문(文)'이 세계의 원리인 '도(道)'와 분리될 수 없다는 '문이재도(文以載道)'의 전통적인 관념은 이러한 담론 체계에서 가능했던 것이다. 그렇다면 언어와 문자, 더 나아가 기호와 표상에 대한 이해가 근본적으로 변화하게 된 시점은 언제부터이고 어떤 변화의 과정을 거친 것인가?

『말과 사물』에서 푸코는 15세기 이후 유럽의 지성사라는 맥락 속에서 언어-기호를 바라보는 몇 가지 시선을 정리하고 있다. 이 책에서 푸코는 유사성의 에피스테메로 특징지어지는 르네상스 시대에서 고전주의 시대로 넘어가면서 현재 우리가 가지고 있는 표상 개념이 성립되었다고 설명한다. 그리고 그 과정을 부의 분석, 자연사, 일반문법과 같은 당시에 통용되던 학문의 분석을 통해 분명히 한다. 예컨대 화폐의 가치가 금이나 은 같은 화폐(주화)

자체의 내적인 가치에 의해서 결정되는 것이 아니라, 그것이 어느 정도의 가치를 '표상'하고 있다는 사회적 합의에 의해 결정된다는 의식이 바로 고전주의 시대에 형성되었다는 것이다. 화폐를 구성하는 물질적 실체는 이제 그것이 표상하는 가치와 아무런 상관관계가 없다. 기호와 그것이 표상하는 대상이 아무런 연관 관계가 없듯이. 우리가 주목하는 점은 이러한 기호와 표상에 대한 인식이 특정한 시기에 발생한 특수한 것이지 결코 일반적인 것은 아니라는 사실이다. 푸코가 이를 보여주기 위해 문서고를 뒤져가며 서구의 근대적 담론 구조를 분석해 나갔듯이, 우리 역시 이른바 근대계몽기에 쏟아져 나온 각종 문헌들을 뒤져가며 당시의 담론이 어떤 지형을 이루고 있었는지 가늠해볼 필요가 있는 것이다. 이 『풀어쓰는 국문론집성』은 바로 그러한 작업을 하기 위한 기초 자료라 할 것이다.

2.

1890년대 중반 이후의 각종 신문과 잡지에는 '국문'과 관련된 글들이 제법 눈에 띈다. '상하귀천을 막론하고 모든 조선 사람들이 보기에 편리하도록 만들겠다'는 『독립신문』의 그 유명한 창간사에서부터 '기자(箕子)가 전해준 한문뿐만 아니라, 우리 성왕이 창제하신 국문도 함께 사용하겠다'는 『황성신문』 창간호까지 국문에 대한 논의가 백출하게 된다. 기본적으로 그 내용은 한문과는 비교할 수 없을 정도로 쉽고, 그 때문에 더 빨리 지식을 습득하여 '실상사업'에 나갈 수 있는 '국문'을 써야 한다는 것이 주이고, 이와 더불어 이 '국문'이 어떻게 만들어지고 전해졌는지 그 '연원'을 따지는 글, 그리고 그 사용 방법에 대한 의견(띄어쓰기를 해야 한다, 동음이의어 구별을 위해 방점으로 장단을 구별해야 한다) 등이 제시된다.

그런데 흥미로운 사실은 '국문'에 관한 이러한 다양한 논의 속에서 '국어'에 대한 언급은 전혀 없다는 점이다. 지금까지의 조사로는 1906년 이전에는 '국어'라는 말이 사용되지 않은 것으로 보인다.[1] 현재는 일상적인 대화, 심지어

매체에 실린 글에서도 '한글'과 '국어'를 혼동하여 쓰는 일이 흔하다는 것을 생각해 보면, 이는 '국어'라는 말을 안 쓴 것이 아니라 쓰지 못한 것이 아닐까 의심된다. 다시 말해 '국어'에 해당하는 개념이 없었기 때문에 그 말을 쓰지 못했을 것이라는 추측이다. 만약 그렇다면 '국어'로 표현되는 개념은 어떻게 생긴 것일까? 물론 일본으로부터의 유입으로 간단히 설명할 수도 있을 것이다. 실제로 일본에서 '國語'라는 말은 이미 1860년대부터 각종 문헌에 다양하게 등장하고 있었으며, 1890년대 중반부터는 국가 의식이 강하게 투사된 '國語'가 널리 사용되기 시작했다.[2] 그런데 1881년의 신사유람단 이래 수많은 지식인들이 일본을 왕래하며 여러 지식과 문물을 받아들인 것을 고려한다면, '국문'을 논하던 이들이 1905년까지 '국어'라는 말 자체를 몰랐다고 가정하는 것은 무리일 것이다.

이러한 사실을 설명하기 위해서는 우선, '언어'가 동아시아의 전통적 담론 체계에서는 논의의 대상으로 다루어져 본 적이 거의 없다는 사실을 지적해야 할 것이다. 『중국언어학사』의 저자 왕력이 '5 · 4운동 이전에는 중국에 언어학이 없었다'라고 언급한 것은 이를 보여주는 단적인 예인데, 흔히 동아시아의 전통적인 언어학이라 불리는 소학(小學)은 천리(天理)를 담은 경전과의 관계 속에서만 의미를 갖는 학문이었기 때문에 한자가 주된 논의의 대상이었고, 성운학과 같이 소리의 체계를 다룬다고 해도 이때의 소리는 어디까지나 한자의 소리였던 것이다. 다시 말해 동아시아의 전통적 담론 체계에서는 지

1 주시경 역시 1906년의 저술 『國文講義』에서부터 '국어'라는 말을 쓰기 시작한 것으로 보인다. 이력서 등을 근거로 1890년대 말, 또는 1900년대 초부터 주시경이 '국어'라는 말을 썼다는 것을 전제로 논의를 전개한 글들도 있으나, 근거가 되는 것이 모두 1907년 이후의 자료이므로 인정하기가 어렵다. 이에 대한 자세한 논의는 김병문, 「국어를 찾아서 - 주시경의 경우」, 『사회언어학』 17-2, 2009 참조.

2 이연숙에 따르면 일본에서 '국가'를 구성하는 필수적인 요소로서 '國語'가 본격적으로 언급되기 시작한 것은 1890년대 중반 독일 유학을 마치고 돌아온 우에다 가즈토시에 의해서이지만, 메이지 유신(1867년) 이전부터 '國語'라는 말이 사용되고 있었다고 한다. 그러나 대개는 예컨대 네덜란드어 'tale'의 번역어로 사용된 것이거나, '本邦語, 御國語'와 구분되지 않는 것 등으로 현재의 개념과는 다른 것이다. 이연숙, 『국어라는 사상』, 소명출판사(고영진 · 임경화 옮김), 2006, 109-114쪽 참조.

금 우리가 알고 있는 것과 같은 '언어'라는 대상 자체를 인식할 여지가 별로 없었던 것이다. '언어'를 문자로부터 분리해 내고 마침내 문자는 언어의 '그림자'일 뿐이라는 인식을 가능하게 하는 새로운 담론 체계 없이 '국문'으로부터 '국어'로의 비약은 불가능했었다는 말이다.

특정 시기의 담론을 분석하기 위해서는 그 담론이 의미 있는 대상으로 삼고 있는 것이 무엇인가를 밝혀내는 작업이 필요하다. 개념어라는 것은 바로 이 대상의 존재를 언어적으로 표현하고 설명하는 것에 다름 아니다. '무엇이 존재한다고 보는가, 그리고 그것의 존재 방식을 어떻게 설명하는가' 하는 것은 서로 다른 담론을 구별하는 가장 큰 기준이거니와 이러한 양태는 개념어들에 의해서 드러나게 된다. 예컨대 동아시아의 전통적 의학 담론에서는 '기, 음양, 오행' 등이 중요한 대상으로 다루어지거니와 서구적인 근대 의학 담론에서는 이와 같은 것의 존재 자체가 부정된다. 따라서 1890년대 그 많은 '국문론' 속에서도 '국어'가 쉽게 발견될 수 없었던 것은 단순히 특정 개념어의 문제가 아니라 그 개념어와 관계 맺을 대상을 인식 가능하게 하는 새로운 담론 체계가 형성되지 못했기 때문일 가능성이 크다.

특정한 담론의 구조를 온전히 드러내기 위해서는 또한 주체의 분석이라는 작업이 필요하다. 이는 각 담론이 일정하게 전제하는 주체의 상이 있다고 보기 때문인데, 예컨대 자본주의 담론은 자본주의 사회에 적합한 인간 유형을 설정하고, 성리학에서는 사단칠정을 기반으로 하는 나름의 인간형을 제시한다. '국어'를 의미 있는 대상으로 설정하는 담론 역시 '국민'이라는 특정한 주체를 상정하지 않을 수 없다. 이는 '다른 나라 말을 쓰면 우리 국민의 자격을 박탈해야 한다'[3]는 식의 과격한 언사로도 나타날 수 있지만, 일견 아무 관계

3 1907년 ≪야뢰(夜雷)≫에 실린 〈國語維持論〉이라는 글의 필자는 '국어'를 유지하고 보전할 방법을 제안하면서 다섯 가지의 방책을 제시하는데 그 첫 번째가 바로 쓸데없이 외국어를 쓰는 사람에게는 그 국민적 권리를 박탈해야 한다는 것이었다. "其矯弊方策이 惟右一焉ᄒᆞ니 分條論左ᄒᆞ노라 [一] 趨强取利的으로 外國語ᄅᆞᆯ 通解ᄒᆞ야 無理ᄅᆞᆯ 行ᄒᆞᄂᆞᆫ 자ᄂᆞᆫ 化外弊民으로 認定ᄒᆞ야 國民的 待遇와 國民的 交際ᄅᆞᆯ 停止 謝絶ᄒᆞᆯ 事"(박태서, 〈국어유지론〉, ≪야뢰≫1호, 1907)

없어 보이는 형태로 드러나기도 한다. 주시경은 1906년에서 1907년까지 『가정잡지』에 수많은 글들을 기고하는데, 그 내용을 살펴보면 우리 '국토의 지리와 역사'에 관계되는 글은 물론이고 '조혼을 하지 말라, 낭비하지 말라, 도박하지 말라, 미신을 버리라, 말을 공손히 하라, 생업을 가지라, 머리를 때리지 말라, 물독을 자주 씻어라, 아이를 업어 키우지 말라, 좋은 놀이를 하라, 노래로 일과의 피로를 풀라' 등과 같이 어찌 보면 자질구레하고 별 의미 없는 글처럼 보인다. 그러나 이를 위에서 언급한 '주체의 문제'로 놓고 보면, 모두가 '국어'를 말하는 (또는 말해야 하는) '국민'이 어떠해야 하는지 제시한 것으로 볼 수 있는 것이다. 다시 말해 계급/계층적 구별과 지역적 편차 등을 무시해도 좋은 일반적인 의미의 '국민'이라는 근대적 주체(일반적 화자)를 '국어'는 필요로 했다는 것이다. 물론 그 역의 관계도 성립한다. 다시 말해 '국민'은 서로가 공유한다고 가정하는, 더 나아가 지역적 계층적 변이는 무시해도 좋을 만큼 균질하다고 여겨지는 '국어'의 존재를 필요로 했다.

이와는 구별되는 또 다른 층위의 주체를 고려할 필요가 있는데, 이 주체는 그 담론 안에 있는 주체가 아니라, 담론 밖에 있는 주체로서 그 담론을 통해 권위를 행사는 주체다. 의학 담론에서라면 의사, 의학자 등이 바로 그들이다. 근대기에 '국문'과 '국어'에 관한 사회적 발언을 하던 이들은 크게 두 부류로 나뉜다. 지석영, 유길준, 서재필, 이능화 등과 같이 초기 '개화' 세대이면서 사회의 각 방면에서 영향을 미친 인물들이다. 이들은 신문 잡지 등을 통해 '국문'의 사용을 역설했으며 직접 문법서를 쓰기도 했다. 그런데 1910년대가 되면 이들과 여러 모로 구별되는 이들이 등장하는데, 앞 세대가 사회 각 분야에서 영향력을 행사하던 소위 '개회인사'라면 이들은 국어, 국문에 일정한 전문성을 인정받은 사람들이었다. 김두봉, 권덕규, 이규영 등과 최남선, 이광수 같은 이들이 바로 그들이다. 그리고 이 세대와 앞 세대를 잇는 인물이 바로 주시경이라는 사실은 두말할 필요가 없을 터이다. 연배 차이로 보나 실제 관계로 보나 지석영, 서재필 등은 주시경의 선생으로 보아도 무방하고, 김두봉 등은 주시경의 제자였다. 조선광문회 등을 통해 주시경이 최남선과 교류했던 사실 역시 익히 알려져 있다.

3.

이른바 근대계몽기에 '국문, 국어'와 관련된 담론들이 과연 어떠한 과정을 거쳐 형성되었으며 또 일반화되었는가 하는 점을 해명하기 위해서는 위와 같은 점들이 고려되어야 할 것이다. 이런 작업에 이 『풀어쓰는 국문론집성』이 얼마나 큰 역할을 할 수 있을지는 확신이 서지 않는다. 그러나 그러한 주제가 '다시 한 번' 진지한 토론의 대상이 되도록 하는 데에 한 계기가 되기를 바라는 마음은 작지 않다. 이 책에 실린 글들을 통해 우리는 당시의 담론을 형성했던 그 대상과 개념과 주체 등을 나름대로 재구성해 볼 수 있기 때문이다.

사실 이 책은 그 제목에서 드러나듯 김민수 · 고영근 편의 『국문론집성』에서 출발한다.[4] 1880년대부터 1910년에까지 신문 잡지에 실린 '국문, 국어' 관련 글을 모은 『국문론집성』이 처음 나온 것은 1985년으로 국어학계에서도 이른바 '개화기'가 주목받던 때이다. 당시 주시경의 저술을 중심으로 초기 국어학 관련 문헌들을 현대 언어학의 시각에서 접근하는 작업이 활발하게 이어지고 있었다. 그러나 90년대 중반 이후 그러한 흐름은 쇠퇴했다고 보아야 할 것이다. 80년대 앞서거니 뒤서거니 세워졌던 주시경연구소와 한힌샘연구소가 모두 90년대 중반 이후 활동을 접은 것이 그 대표적인 예이다.

그런데 바로 그 90년대 중후반부터 문학, 역사학, 철학, 사회학 등에서 근대성 문제가 새로운 시각에서 조명 받으면서 동시에 '언어적 근대'의 문제가 중요하게 부각되었으며 특히 문학에서는 관련한 연구 성과들이 꾸준히 제출되고 있는 형편이다. 그러나 아무래도 문학 연구자들이 근대 초기의 언어학적 문헌을 쉽게 접근하기는 어려운 일일 터이다. 30년대만 하더라도 제법 전문적인 논쟁이 벌어지고, 또 초기 황성신문 등에 실리는 국문 관련 논설에는

4 대본은 2008년 박이정에서 새로 간행한 제2판을 택했다.

동아시아의 전통적 언어학인 성운학의 술어들이 등장하기도 한다.

따라서 이 책은 '언어적 근대'에 대한 관심을 가지고 있는 여러 인문학 전공자들에게 당시의 문헌을 쉽게 접근할 수 있도록 하는 차원에서 기획되었다. 또 한편으로는 앞서 언급한 바와 같이 '다시 한 번' 국어학계에서 '언어적 근대'의 문제가 주목의 대상이 되어, 결과적으로 언어학과 다른 인문학자들이 소통의 계기가 마련되기를 바라는 마음도 크다. 사실 당시의 문헌은 국어학 전공자들이 읽기에도 버거운 부분이 많다. 당시에는 전통적인 문장 형태에서 크게 벗어나지 않은 글들이 많아 아예 글 전체가 한문 문장이거나, 국한문 혼용이라 하더라도 현토체 정도에 불과한 경우가 적지 않기 때문이다. 한문학적 지식이 없이는 읽어내기가 어려운 글들이 태반이다.

기본적으로는 이 책의 체제는 『국문론집성』의 순서를 그대로 따랐다. 그러나 해당 글의 원문만 제공되었던 『국문론집성』과는 달리 각각의 글에서 먼저 현대어 번역문을 제시한 다음 이의 원문을 실었다. 현대어로 푸는 과정에 각종 고사나 전고 등은 가급적 각주에서 상세히 풀이하려고 했다. 그리고 그 아래에 해당 글에서 나타나는, 당시로서는 새로웠을 근대적 개념어들을 정리하였으며, 권 말에는 이 글들이 실렸던 매체와 그 필자에 대해 개략적으로 해제하였다. 원문을 제대로 이해하고 그 글을 쓴 사람과 그 글이 실린 매체를 아울러 참고하도록 한 것인데, 국어학 전공자나 그 밖의 인문학 전공자나 모두 도움이 될 만한 부분들을 싣고자 했다. 물론 이 때문에 경우에 따라서는 너무나 당연한 것으로 보이는 내용도 실려 있을 수 있다. 그러나 이는 여러 전공자들을 위해 배려하는 차원이었음을 이해해 주었으면 한다.

이 책이 애초에 기획된 것은 연세대학교 언어정보연구원의 HK사업단 담론역사 팀의 세미나 과정에서였다. 근대기 '국어, 국문' 담론의 실체에 접근해 보자는 취지로 2010년 여름부터 『국문론집성』을 읽기 시작했고, 읽는 작업이 만만치 않음을 느끼면 느낄수록 이를 역주 형식의 책으로 다시 출판하면 좋겠다는 생각을 하게 되었다. 물론 처음에는 여기에 실린 글 외에도 더 많은 문헌을 뒤져 새로운 글들을 싣기로 하고 각자 매체를 나누어 맡기도 했다.

그러나 세미나가 진행될수록 『국문론집성』에 실린 글들을 새로 풀어쓰는 것만도 역주자들에게는 벅찬 작업임을 알았다. 또 애초의 편자들에 의해 모아진 자료 외에 새로운 자료를 찾는 것도 쉽지는 않았다. HK사업단의 연구교수(정대성, 손희연), 연구보조원(김병문, 김수경, 박지연, 이수진, 주향아, 최지연) 등이 나누어 번역하고 해제를 썼으며 서로 토론을 통해 윤문했다. 특히 마지막에는 한문학을 전공하는 연세대학교 국어국문학과 대학원 박사과정의 김기완 선생이 한문 문장의 번역을 일일이 확인하였고 그 과정에서 많은 고사와 전고 등에 관해 주석을 달아 주었다.

근대에 주목하는 것은 여전히 우리에게 근대가 성취의 대상인 때문이기도 하겠지만, 어느 면에서는 근대가 극복의 대상이기도 하기 때문일 것이다. 근대의 성립 과정을 꼼꼼히 짚어보며 우리가 할 수 있는 일은 아마도 과거를 성찰하며 미래의 전망을 제시하는 것일 터이다. 언어에 대한 현재 우리의 관념이 정말 있는 그대로의 '말'을 제대로 '표상'해 주고 있는가 하는 점이 역주자들의 의문인데, 이는 아마도 언어학과 여타의 인문학이 만나는 지점에서 해소될 수 있는 것인지도 모르겠다. 그 이름을 굳이 붙이자면 '인문언어학' 정도가 될 것이다. 그러나 더 중요한 것은 이 책을 통해 언어학과 여타의 인문학이 소통할 수 있는 작은 계기가 마련되는 것이다. 부디 많은 분들의 질정 있으시길 바라마지 않는다.

1. 논설[1]

저자 미상

우리가 독립신문을 오늘 처음으로 출판하는데 조선에 있는 내외국 인민에게 우리 신문의 취지를 미리 말하여 알게 하겠다.

우리는 첫째, 편벽되지 않아 어떤 당과도 상관이 없고 상하귀천을 달리 대접하지도 않고 모두 조선 사람으로만 알고 조선만 위하며 공평하게 인민에게 말할 것이다. 그리고 우리는 서울 백성만 위할 게 아니라 조선 전국 인민을 위하여 무슨 일이든지 대신 말해 주려 한다. 정부에서 하는 일을 백성에게 전하고 백성의 정세를 정부에 전할 것이다. 그러니 만일 백성이 정부의 일을 자세히 알고 정부에서 백성의 일을 자세히 알면 서로 유익한 일이 많이 있을 것이요, 불평하는 마음과 의심하는 생각이 없어질 것이다. 우리가 이 신문을 출판하는 것은 이익을 취하려는 게 아니므로 값을 싸게 하였고, 모두 언문으로 쓴 것은 남녀 상하 귀천이 모두 보게 하려는 것이요, 또 구절을 띄어 쓰는 것은 알아보기 쉽게 하기 위한 것이다. 우리는 바른대로만 신문을 만들 것이니 정부 관원이라도 잘못하는 사람이 있으면 우리가 말할 것이요, 탐관오리들을 알면 세상에 그 사람의 행적을 밝힐 것이요, 일반 백성이라도 무법한 일을 하는 사람은 우리가 찾아 신문에 설명할 것이다. 우리는 조선 대군주 폐하와 조선 정부와 조선 인민을 위하는 사람들인 까닭에 한쪽에 치우친 의논이나 한쪽만 생각하고 하는 말은 우리 신문에 없을 것이다. 또 한쪽에 영문으로

---

1 ≪독립신문≫ 1호, 1896. 4. 7.

기록하는 것은 외국 인민이 조선 사정을 자세히 몰라 혹 한쪽으로 치우친 말만 듣고 조선을 잘못 생각할까봐 실제 사정을 알게 하고자 하여 영문으로 조금 기록하였다.

그러니 이 신문은 꼭 조선만 위한다는 것을 쉽게 알 것이요, 이 신문으로 인해 내외 남녀 상하 귀천이 모두 조선의 일을 알게 될 것이다. 우리가 또 외국 사정도 조선 인민을 위하여 간간이 기록할 것이니 그것을 통하여 외국은 못 가더라도 조선 인민이 외국 사정을 알 수 있을 것이다. 오늘은 처음이기에 대강 우리 신문의 취지만 세상에 알리니, 우리 신문을 보면 조선 인민의 생각과 지혜가 진보할 것을 믿는다. 논설을 마치기 전에 우리가 대군주 폐하께 공덕을 기리고 만세를 부릅니다.

우리 신문이 한문은 안 쓰고 국문으로만 쓰는 것은 상하 귀천이 다 볼 수 있게 하기 위함이다. 또 국문을 이렇게 구절을 띄어 쓴 것은 누구라도 이 신문을 보기가 쉽고 신문 속에 있는 말을 자세히 알아보게 하기 위함이다. 각국에서는 남녀를 불문하고 사람들이 본국 국문을 먼저 배워 능통한 후에야 외국 글을 배우는 법인데 조선에서는 조선 국문은 안 배우더라도 한문만 공부하는 까닭에 국문을 잘 아는 사람이 드물다. 조선 국문과 한문을 비교하여 보면 조선 국문이 한문보다 나은 것이 무엇인고 하니, 첫째는 배우기가 쉬우니 좋은 글이요, 둘째는 이 글이 조선 글이니 조선 인민들이 알아서 여러 가지 모든 일을 한문 대신 국문으로 써야 상하 귀천이 모두 보고 알아보기가 쉬울 것이다. 한문만 늘 써 버릇하고 국문은 폐한 까닭에 국문으로 쓴 것은 조선 인민이 도리어 잘 알아보지 못하고 한문을 잘 알아보니 매우 한심하다. 또 국문을 알아보기가 어려운 것은 다름이 아니라, 첫째는 말마디를 띄지 아니하고 그저 줄줄 내려 쓰는 까닭에 글자가 앞에 붙었는지 뒤에 붙었는지 몰라서 몇 번 읽어 본 후에야 글자가 어디 붙었는지 비로소 알고 읽으니 국문으로 쓴 편지 한 장을 보려면 한문으로 쓴 것보다 오래 보고 또 그나마 국문을 자주 안 쓰기 때문에 서툴러서 잘 못 본다. 그런 까닭에 정부에서 내리는 명령과 국가 문적을 한문으로만 쓰니 한문 못하는 인민은 남의 말만 듣고서 무슨 명령인 줄 겨우 알고 편리하게 직접 그 글을 못 보니 그 사람은 이유 없이 병신이 된다. 한문 못한다고 그 사람이 무식한 사람이 아니라, 국문만 잘 할지라도 다른 물정과 학문을 알면 그 사람은 한문만 하고 다른 물정과 학문을 모르는 사람보다 유식하고 높은 사람이 되는 법이다. 조선 부인네도 국문을 잘하고 각색 물정과 학문을 배워 소견이 높고 행실이 정직하면 말할 것 없이 빈부귀천을 막론하고 그 부인이 한문은 잘하고도 다른 것을 모르는 귀족 남자보다 높은 사람이 되는 법이다. 우리 신문은 빈부귀천에 상관없이 이 신문을 보고 외국 물정과 국내 사정을 알게 하려는 뜻이니 남녀노소 상하 귀천 누구든 간에 우리 신문을 하루 걸러 몇 달 간 보면 새 지각과 새 학문이 생길 것을 예견한다.

입력 원문

논셜

우리가 독닙신문을 오늘 처음으로 츌판ᄒᆞᄂᆞᆫᄃᆡ 조션속에 잇ᄂᆞᆫ ᄂᆡ외국 인민의게 우리 쥬의를 미리 말ᄉᆞᆷᄒᆞ여 아시게 ᄒᆞ노라.

우리는 첫ᄌᆡ 편벽 되지 아니ᄒᆞᆫ고로 무ᄉᆞᆷ 당에도 상관이 업고 샹하귀쳔을 달니ᄃᆡ졉아니ᄒᆞ고 모도죠션 ᄉᆞᄅᆞᆷ으로만 알고 죠션만 위ᄒᆞ며공평이 인민의게 말 ᄒᆞᆯ터인ᄃᆡ 우리가 셔울 ᄇᆡᆨ셩만 위ᄒᆞᆯ게 아니라 죠션 전국인민을 위ᄒᆞ여 무ᄉᆞᆷ일이든지 ᄃᆡ언ᄒᆞ여 주랴ᄒᆞᆷ. 정부에셔 ᄒᆞ시ᄂᆞᆫ일을 ᄇᆡᆨ셩의게 젼ᄒᆞᆯ터이요 ᄇᆡᆨ셩의 정셰을 정부에 젼ᄒᆞᆯ 터이니 만일 ᄇᆡᆨ셩이 정부일을 자세이알고 정부에셔 ᄇᆡᆨ셩에 일을 자세이 아시면 피ᄎᆞ에 유익ᄒᆞᆫ 일만히 잇슬터이요 불평ᄒᆞᆫ ᄆᆞ음과 의심ᄒᆞᄂᆞᆫ ᄉᆡᆼ각이 업서질 터이옴. 우리가 이신문 츌판 ᄒᆞ기ᄂᆞᆫ 취리ᄒᆞ랴ᄂᆞᆫ게 아닌고로 갑슬 헐허도록 ᄒᆞ엿고 모도 언문 으로 쓰기ᄂᆞᆫ 남녀 샹하귀쳔이모도 보게ᄒᆞᆷ이요 ᄯᅩ 귀졀을 ᄯᅦ여 쓰기ᄂᆞᆫ 알어 보기 쉽도록 ᄒᆞᆷ이라. 우리ᄂᆞᆫ 바른 ᄃᆡ로만 신문을 ᄒᆞᆯ터인고로 정부 관원이라도 잘못ᄒᆞᄂᆞᆫ이 잇스면 우리가 말ᄒᆞᆯ터이요 탐관오리 들을 알면 셰상에 그ᄉᆞᄅᆞᆷ의 ᄒᆡᆼ젹을 폐일터이요 ᄉᆞᄉᆞᄇᆡᆨ셩이라도 무법ᄒᆞᆫ일ᄒᆞᄂᆞᆫ ᄉᆞᄅᆞᆷ은 우리가 차저 신문에 셜명ᄒᆞᆯ터이옴. 우리ᄂᆞᆫ 죠션

대군쥬폐하와 됴션정부와 죠션인민을 위ᄒᆞᄂᆞᆫ ᄉᆞᄅᆞᆷ드린고로 편당잇ᄂᆞᆫ 의논이든지 ᄒᆞᆫ쪽만 ᄉᆡᆼ각코 ᄒᆞᄂᆞᆫ 말은 우리 신문상에 업실터이옴. ᄯᅩ ᄒᆞᆫ쪽에 영문으로 기록ᄒᆞ기ᄂᆞᆫ 외국인민이 죠션 ᄉᆞ졍을 자셰이몰은즉 혹 편벽 된 말만 듯고 죠션을 잘못 ᄉᆡᆼ각ᄒᆞᆯᄶᅡ 보아 실샹 ᄉᆞ졍을 알게ᄒᆞ고져ᄒᆞ여 영문으로 조곰 긔록ᄒᆞᆷ.

그리ᄒᆞᆫ즉 이신문은 쪽 죠션만 위ᄒᆞᆷ을 가히 알터이요 이신문을 인연ᄒᆞ여 ᄂᆡ

외 남녀 샹하 귀천이 모도 죠션일을 서로알터이옴. 우리가 ᄯᅩ 외국 사졍도 죠션 인민을 위ᄒᆞ여 간간이 긔록ᄒᆞᆯ터이니 그걸 인연ᄒᆞ여 외국은 가지 못ᄒᆞ드ᄅᆡ도 죠션인민이 외국 사졍도 알터이옴. 오날은 처음인 고로 대강 우리 쥬의만 셰상에 고ᄒᆞ고 우리신문을 보면 죠션인민이 소견과 지혜가 진보ᄒᆞᆷ을 밋노라. 논셜ᄭᅳᆺ치기젼에 우리가 대균쥬 폐하ᄭᅴ 송덕ᄒᆞ고 만세을 부르ᄂᆞ이다.

우리신문이 한문은 아니쓰고 다만 국문으로만 쓰ᄂᆞᆫ거슨 샹하귀천이 다보게 ᄒᆞᆷ이라. ᄯᅩ 국문을 이러케 귀졀을 ᄯᅦ여 쓴즉 아모라도 이신문 보기가 쉽고 신문속에 잇ᄂᆞᆫ말을 자세이 알어 보게 ᄒᆞᆷ이라. 각국에셔ᄂᆞᆫ 사ᄅᆞᆷ들이 남녀 무론ᄒᆞ고 본국 국문을 몬저 ᄇᆡ화 능통ᄒᆞᆫ 후에야 외국 글을 ᄇᆡ오ᄂᆞᆫ 법인ᄃᆡ 죠션셔ᄂᆞᆫ 죠션 국문은 아니 ᄇᆡ오드ᄅᆡ도 한문만 공부 ᄒᆞᄂᆞᆫ ᄭᅡᄃᆞᆰ에 국문을 잘 아ᄂᆞᆫ 사ᄅᆞᆷ이 드물미라. 죠션 국문ᄒᆞ고 한문ᄒᆞ고 비교ᄒᆞ여 보면 죠션국문이 한문 보다 얼마가 나ᄒᆞᆫ거시 무어신고ᄒᆞ니 첫ᄌᆡᄂᆞᆫ ᄇᆡ호기가 쉬ᄒᆞᆫ이 됴ᄒᆞᆫ 글이요 둘ᄌᆡᄂᆞᆫ 이글이 죠션글이니 죠션 인민 들이 알아셔 ᄇᆡᄉᆞ을 한문ᄃᆡ신 국문으로 써야 샹하귀천이 모도보고 알어보기가 쉬ᄒᆞᆯ터이라. 한문만 늘써 버릇ᄒᆞ고 국문은 폐ᄒᆞᆫ ᄭᅡᄃᆞᆰ에 국문으로 쓴건 죠션 인민이 도로혀 잘 아러보지 못ᄒᆞ고 한문을 잘알아보니 그게 엇지 한심치 아니ᄒᆞ리요. ᄯᅩ 국문을 알아보기가 어려운건 다름이 아니라 첫ᄌᆡᄂᆞᆫ 말마ᄃᆡ을 ᄯᅦ이지 아니ᄒᆞ고 그져 줄줄ᄂᆡ려 쓰ᄂᆞᆫ ᄭᅡᄃᆞᆰ에 글ᄌᆞ가 우희 부터ᄂᆞᆫ지 아ᄅᆡ 부터ᄂᆞᆫ지 몰나셔 몃번 일거 본후에야 글ᄌᆞ가 어ᄃᆡ 부터ᄂᆞᆫ지 비로소 알고 일그니 국문으로 쓴편지 ᄒᆞᆫ장을 보자ᄒᆞ면 한문으로 쓴것보다 더듸 보고 ᄯᅩ 그나마 국문을 자조 아니 쓰ᄂᆞᆫ고로 셔틀어셔 잘못봄이라. 그런고로 졍부에셔 ᄂᆡ리ᄂᆞᆫ 명녕과 국가 문젹을 한문으로만 쓴즉 한문못ᄒᆞᄂᆞᆫ 인민은 나모 말만 듯고 무슴 명녕인줄 알고 이편이 친이 그글을 못 보니 그사ᄅᆞᆷ은 무단이 병신이 됨이라. 한문 못 ᄒᆞᆫ다고 그사ᄅᆞᆷ이 무식ᄒᆞᆫ사ᄅᆞᆷ이 아니라 국문만 잘ᄒᆞ고 다른 물졍과 학문이 잇스면 그사ᄅᆞᆷ은 한문만ᄒᆞ고 다른 물졍과 학문이 업ᄂᆞᆫ 사ᄅᆞᆷ 보다 유식ᄒᆞ고 놉ᄒᆞᆫ 사ᄅᆞᆷ이 되ᄂᆞᆫ 법이라. 죠션 부인네도 국문을 잘ᄒᆞ고 각ᄉᆡᆨ 물졍과 학문을 ᄇᆡ화 소견이 놉고 ᄒᆡᆼ실이 졍직ᄒᆞ면 무론 빈부 귀천

간에 그부인이 한문은 잘 ᄒᆞ고도 다른것 몰으ᄂᆞᆫ 귀족 남ᄌᆞ 보다 놉흔 사ᄅᆞᆷ이 되ᄂᆞᆫ 법이라. 우리 신문은 빈부 귀쳔을 다름업시 이신문을 보고 외국 물졍과 ᄂᆡ지 ᄉᆞ졍을 알게 ᄒᆞ랴ᄂᆞᆫ 뜻시니 남녀 조소 샹하 귀쳔 간에 우리 신문을 ᄒᆞ로 걸너 몃ᄃᆞᆯ간 보면 새지각과 새학문이 ᄉᆡᆼ길걸 미리 아노라.

내용 요약

이 글은 ≪독립신문≫의 창간호 '논설'에 순국문으로 실린 글로, 크게 두 부분으로 구분된다. 앞부분에서는 ≪독립신문≫의 취지와 방침, 편찬 목적 등을 밝히고 뒷부분에서는 국문으로 쓰기를 한 이유와 띄어쓰기를 한 이유에 대해 언급하였다. 한쪽으로 치우치지 않고 상하 귀천을 차별하지 않고 모든 조선 사람이 알게 말하기 위한 방침으로, 1) 값을 싸게 하고 2) 국문으로 쓰고 3) 띄어쓰기를 하고 4) 어느 한 쪽만 생각하여 말하지 않고 5) 외국 인민이 조선 사정을 잘못 생가하지 않게 한쪽에 영문으로 기록하였다.

개념어 언문, 국문, 한문, 영문, 귀졀, 말마ᄃᆡ, 인민, 사ᄅᆞᆷ, ᄇᆡᆨ셩, ᄉᆞᄉᆞᄇᆡᆨ셩, 셔울, 젼국, 죠션/됴션, 졍부, 외국, ᄂᆡ지, 쥬의, 츌판

2. 잡보[1]

저자 미상

ㅇ 새로 한 학부 대신 신기선씨가 상소하였는데, 머리 깎고 양복 입는 것은 야만이 되는 시초요, 국문을 쓰고 청국 글을 폐하는 것은 옳지 않고, 외국 태양력을 쓰고 청국 황제가 주신 정삭을 폐하는 것은 도리가 아닐 뿐만 아니요, 정부에 규칙이 있어서 내각 대신이 국사를 의논하여 일을 결정하는 것은 임금의 권리를 빼앗는 것이요, 백성에게 권리를 주는 것이니, 이것은 모두 이전 정부에 있던 역적들이 한 일이라. 학부대신을 하고 있으나 공무를 집행하기가 어려운 것은 정부 학교 학도들이 머리를 깎고 양복을 입은 까닭이요, 국문을 쓰는 일은 사람을 변하게 하여 짐승을 만드는 것이요, 종사를 망하게 하고 청국 글을 폐하게 하는 일이니, 이런 때에 벼슬하기가 어려우므로 갈아 주시기를 바란다고 말씀하였다.

ㅇ 학부대신 신기선씨의 상소를 들으니, 머리 깎고 양복 입는 것이 개화한 사람이 야만이 되는 시초요, 조선 세종대왕이 만드신 조선 글을 쓰는 것은 사람을 변하게 하여 짐승으로 만든 것이라 하였고, 태양력을 쓰지 않고 청국 정삭을 받들자고 하였고, 이런 일을 모두 한 것이 이전 정부에 있던 역적들이 한 일이라고 하였다. 우리가 다른 말은 다 상관하지 않더라도 이 몇 가지 일에 대해 말하는 것은 어쩔 수 없이 말을 하여야 나라가 독립국이 될 터이요, 선왕의 하신 일이 밝아질 것이기 때문이다. 국문이란 것은 조선 글이요 세종대왕께

1 ≪독립신문≫ 26호, 1896. 6. 4.

서 만드신 것이다. 한문보다 백배 낫고 편리한즉, 내 나라에 좋은 것이 있으면 그것을 쓰는 것이 옳은데, 조선 글을 쓰는 것이 사람을 짐승 만드는 것과 같다고 하였으니 선왕에 대한 예의도 아니요 조선 사람을 위하는 것도 아니다. 또 청국의 책력을 도로 받들자 하였으니 청국 황제를 그렇게 섬기고 싶은 뜻이 있으면 청국으로 가서 청국 신하 되는 것이 마땅하고 조선 대군주 폐하의 신하 될 묘리는 없을 듯하다. 정부에 규칙이 있어 백성을 자유롭게 한다는 것을 군권을 빼앗는 것이라 하였으니, 그것은 충심이 아니라 조선 전국 인민을 천대하는 것이요, 이런 일을 모두 이전 정부 역적들이 하였다고 하였으니, 우리가 잘못 안 것이 아니라면 작년에 새 규칙들을 낼 때에 이 상소한 사람도 군부대신으로 있어서 칙령에 자기 이름을 쓴 것으로 생각한다. 이러한 때에 애국·애민하는 조선 사람들은 아무쪼록 바르고 옳은 말을 하여 조선이 남의 나라와 동등하게 되기를 힘쓰는 것이 마땅한데, 이렇게 도리와 이치에 맞지 않고 앞뒤가 닿지 않는 말을 하는 것은 나라 위하는 것도 아니요 다만 인심만 소란스럽게 하는 것이니, 삼가지 않으면 세상에 못난 사람 노릇만 할 뿐 아니라 국가에 큰 죄를 짓는 것으로 우리는 생각할 것이다.

입력 원문

잡보

ㅇ 새로 ᄒᆞᆫ 학부 대신 신긔션씨가 샹쇼ᄒᆞ엿ᄂᆞᆫᄃᆡ 머리 ᄶᅡᆨ고 양복 닙ᄂᆞᆫ 거ᄉᆞᆫ 야만이 되ᄂᆞᆫ 시초요 국문을 쓰고 청국 글을 폐ᄒᆞᄂᆞᆫ 거ᄉᆞᆫ 올치 안코 외국 태양역을 쓰고 청국 황뎨가 주신 졍삭을 폐ᄒᆞᄂᆞᆫ 거ᄉᆞᆫ 도리가 아니요 졍부에 규칙이 잇서 ᄂᆡ각 대신이 국ᄉᆞ를 의론ᄒᆞ여 일을 쟉졍ᄒᆞᄂᆞᆫ 거ᄉᆞᆫ

님군의 권리를 ᄲᅢ앗ᄂᆞᆫ 거시오 ᄇᆡᆨ셩을 권리를 주는 거시니 이거ᄉᆞᆫ 모도 이왕 졍부에 잇던 역적들이 ᄒᆞᆫ 일이라. 학부 대신을 ᄒᆞ엿스되 힝공ᄒᆞ기가 어려온 거시 졍부 학교 학도들이 머리를 ᄶᅡᆨ고 양복을 닙은 ᄭᆞ닭이요 국문을 쓰ᄂᆞᆫ 일은 사ᄅᆞᆷ을 변ᄒᆞ여 즘승을 ᄆᆞᆫ드ᄂᆞᆫ 거시오 종ᄉᆞ를 망ᄒᆞ고 청국 글을 폐ᄒᆞᄂᆞᆫ 일이니 이런 ᄯᅢ에 벼슬ᄒᆞ기가 어려오니 가라 주시기를 ᄇᆞ란다고 말ᄉᆞᆷᄒᆞ엿더라.

ㅇ 학부 대신 신긔션씨의 샹쇼를 들으니 머리 ᄶᅡᆨ고 양복 닙ᄂᆞᆫ 거시 ᄀᆡ화ᄒᆞᆫ 사ᄅᆞᆷ이 야만이 되ᄂᆞᆫ 시초요 죠션

셰죠 대왕이 ᄆᆞᆫ드신 죠션 글 쓰ᄂᆞᆫ 거ᄉᆞᆫ 사ᄅᆞᆷ을 변ᄒᆞ여 즘승을 ᄆᆞᆫ든 거시라 ᄒᆞ엿고 태양역을 쓰지 말고 청국 졍삭을 밧들자고 ᄒᆞ엿고 이런 일을 모도 ᄒᆞ기를 이왕 졍부에 잇던 역적들이 ᄒᆞᆫ 일이라고 ᄒᆞ엿스니 우리가 다른 말은 다 샹관 아니 ᄒᆞ되 이 몃가지 일에 말ᄒᆞᆫ 거ᄉᆞᆫ 불가불 말을 ᄒᆞ여야 나라히 독립국이 될 터이요

션왕의 ᄒᆞ신 일이 ᄇᆞᆰ아 질지라 국문이란 거ᄉᆞᆫ 죠션 글이요 셰죠 대왕ᄭᅴ셔 ᄆᆞᆫ드신 거시라 한문 보다 ᄇᆡᆨ비가 낫고 편리 ᄒᆞᆫ 즉 내 나라에 죠흔 게 잇스면 그 거ᄉᆞᆯ 쓰ᄂᆞᆫ 거시 올치 이 쓰ᄂᆞᆫ 일은 사ᄅᆞᆷ을 즘승 ᄆᆞᆫ드ᄂᆞᆫ 것과 ᄀᆞᆺ다고 ᄒᆞ엿스니 션왕의 ᄃᆡ졉도 아니요 죠션 사ᄅᆞᆷ을 위ᄒᆞᄂᆞᆫ 것도 아니라 청국 졍삭을 도로 받들

자 ᄒᆞ엿스니 쳥국 황뎨를 그러케 셤기고 스푼 ᄯᅳᆺ시 잇스면 쳥국으로 가셔 쳥국 신하 되ᄂᆞᆫ 거시 맛당ᄒᆞ고 죠션

대군쥬 폐하의 신하 될 묘리ᄂᆞᆫ 업슬 듯ᄒᆞ더라 졍부에 규칙이 잇서 ᄇᆡᆨ셩을 ᄌᆞ유케 ᄒᆞᆫ다ᄂᆞᆫ 거슬 군권을 ᄲᅢ앗는다 ᄒᆞ엿스니 그거슨 츙심이 아니라 죠션 젼국 인민을 텬ᄃᆡᄒᆞᄂᆞᆫ 거시오 이런 일을 모도 이왕 졍부 역적들이 ᄒᆞ엿다고 ᄒᆞ엿스니 우리가 잘못 알지 안 ᄒᆞ엿으면 쟉년에 새 규칙들을 낼 ᄯᅢ에 이 샹쇼ᄒᆞᆫ 이도 군부대신으로 잇셔 칙영에 ᄌᆞ긔 일홈을 쓴 줄로 ᄉᆡᆼ각ᄒᆞ노라 이 ᄯᅢ를 당ᄒᆞ여 ᄋᆡ국 ᄋᆡ민 ᄒᆞᄂᆞᆫ 죠션 사ᄅᆞᆷ들은 아모ᄶᅩ록 발으고 졍다온 말을 ᄒᆞ야 죠션이 ᄂᆞᆷ의 나라와 ᄀᆞᆺ치 되기를 힘쓰ᄂᆞᆫ 거시 맛당ᄒᆞ거ᄂᆞᆯ 이런 무리ᄒᆞ고 압뒤가 닷지 못ᄒᆞᆫ 말을 ᄒᆞᄂᆞᆫ 거슨 나라 위ᄒᆞᄂᆞᆫ 것도 아니요 다만 인심만 쇼동케 ᄒᆞᄂᆞᆫ 거시니 삼가 ᄒᆞ지 아니ᄒᆞ면 셰샹에 다만 못ᄉᆡᆼ긴 사ᄅᆞᆷ 노릇만 ᄒᆞᆯ 뿐이 아니라 국가에 큰 죄를 짓는 걸노 우리ᄂᆞᆫ ᄉᆡᆼ각ᄒᆞ노라

내용 요약

이 글은 ≪독립신문≫ 26호에 개제된 기사로, 학부 대신 '신기선'의 상소에 대하여 반박하는 내용으로 구성되어 있다. '신기선'의 상소는 근대적 개혁 운동에 대한 반발로, 그간 관행처럼 이어 오던 중국 사대주의를 지지하며 이를 개화된 문명으로 보고 있다는 점에서, 외국 문물을 적극 수용하는 자세를 '개화'로 보는 것과 입장이 다르다. 이 글의 저자는 중국 사대주의에 젖어 있는 '신기선'을 비판하며, 조선이 잘 살기 위해 외국 문물을 받아들이는 일이나, 태양력을 사용하는 것은 문제될 것이 없으나, 신기선의 말대로 청국의 정삭을 받들고 한글을 저급하다며 쓰지 않는 것은 도리어 선왕과 조선에 대한 예가 아니라며 국가에 죄를 짓는 일이라 평가하고 있다.

개념어	국문, 한문, 죠션, 죠션 글, 쳥국 글, 야만, ᄀᆡ화, 태양력, 졍삭, ᄌᆞ유, 양복, 학교, 학도, 군권, 권리, 국가, 독립국, 졍부, 백성, 인민, 대군주

3. 국문론[1]

지석영(池錫永)

나라에 국문이 있어서 두루 사용하는 것이 사람에게 입이 있어서 말하는 것과 같으니, 말을 하되 어음이 분명하지 못하면 남이 말하기를 반벙어리라 할 뿐더러 자기가 생각하여도 반벙어리이다. 국문이 있으나 행하기를 마음과 힘을 모아 사용하지 못하면 그 나라 인민도 그 나라 국문이 귀중한 줄을 모르리니, 어찌 나라와 관계가 적다고 하리오. 우리나라 사람은 말을 하지만 분명히 기록할 수 없고, 국문이 있지만 마음과 힘을 모아 사용하지 못하여 귀중한 줄을 모르니 가히 탄식하리로다. 귀중하게 여기지 아니함은 마음과 힘을 모아 사용하지 못함이오, 마음과 힘을 모아 사용하지 못함은 어음을 분명히 기록할 수 없는 까닭이다. 어음을 분명히 기록할 수 없다 함은 어찌함인지 자세히 말하리니, 뜻이 있는 군자는 자세히 들으소서. 우리나라 국문을 읽어 보면 모두 평성뿐이고 높게 쓰는 것은 없으니, 높게 쓰는 것이 없어서 어음을 기록하기가 분명치 못하다. 東 '동녘 동'자는 본래 낮은 자로 '동'이라 쓰고, 動 '움직일 동'자는 높은 자이지만 '동' 외에는 다시 표시할 방법이 없고, 棟 '대들보 동'자는 '움직일 동'자보다도 더 높지만 '동' 외에는 또 다시 도리가 없다. 棄 '버릴 기', 列 '버릴(벌릴) 열', 이 두 글자로 말하자면 첫 글자에 표가 없으니 국문으로만 보면 列 '버릴(벌릴) 열'자 뜻도 棄 '버릴 기'자 뜻과 같다. 擧 '들 거', 野 '들 야', 이 두 자도 국문으로만 보면 역시 분간하기 어려운지라. 이러한 이유로

1 ≪大朝鮮獨立協會會報≫ 1호, 1986. 12. 30.

여간 한문 하는 사람이 국문을 계집사람의 글이라 하여 마음에 두지 않기로 국민이 (국문에) 점점 어두워져서 국가에서 국문을 만든 본래 뜻을 거의 잊게 되었으니 몹시 안타깝도다. 우리나라 어린 아이에게 처음에 천자문을 가르치는 것은 세상의 일반적인 풍속이다. 가령 어린 아이를 가르치는 선생이 한문은 모르고 국문만 아는 사람이 있어서 아이를 가르치라고 하면 列 '버릴(벌릴) 열', 棄 '버릴 기' 이 두 자의 뜻을 어떻게 분간하여 가르치리오. 내가 항상 이것에 답답한 마음이 있어서 국문에 뜻이 있다 하는 사람을 대하면 아닌 게 아니라 매번 토론을 했는데, 평양 군수 서상집[2] 씨를 만나서 (이야기를) 들으니, 그의 하는 말이 자기가 몇 해 전에 예문관[3] 한림[4]으로 무주 적성산성[5] 사고 포쇄관[6]으로 갔었는데, 세종조께서 어명으로 정하여 만든 국문을 살펴보니 평성에는 아무 표도 없고 상성에는 옆에 점 하나를 치고 거성에는 옆에 점 둘을 쳐서 표시했더라고 말했다. 그래서 그 말대로 상성, 거성 자에 표를 하고 보니 이에 있어서 東 '동녘 동', 動 '움직일 동', 棟 '대들보 동', 棄 '버릴 기', 列 '버릴(벌릴) 열', 擧 '들 거', 野 '들 야'의 음과 뜻이 분명해졌다. 성인의 글자를 만드신 본래 뜻은 이같이 다 갖춰져 있는데 후세 사람이 연구하여 밝히지도 않고 우리 국문이 미진한 것이 많다고 하여 귀중한 줄을 모르니 어찌 답답하지 않으리오. 내가 시험해 보고자 어린 아이에게 먼저 국문을 가르쳐서 상성, 거성 표만 분간하여 말하기를, 점 하나 찍은 자는 음을 조금만 누르고, 점 둘 찍은 자는 음을 조금 더 누르라고 약속하고 책에 표를 해 주었더니 가르칠 것 없이

---

2 서상집(徐相集): 1865년(고종 2)~1897, 조선 말기의 문신으로 1894년 갑오경장 이후 군국기무처회의(軍國機務處會議)에 회의원이 되고 그해 공무아문참의(工務衙門參議)를 역임하였다.

3 예문관(藝文館): 조선시대 임금의 말이나 명령을 대신하여 짓는 것을 담당하기 위하여 설치한 관서로 '한림원'이라고도 한다.

4 한림(翰林): 예문관에서 가지는 직책 중 하나로, '봉교'라고도 하며 정7품에 해당한다. 춘추관의 기사관(記事官)을 겸하며, 승정원의 주서(注書)와 같은 사관(史官)으로서 시정기(時政記)·사초(史草) 등을 기록하는 중요한 직책이다.

5 적성산성(赤城山城): 충청북도 단양군 단성면 하방리에 위치하고 있는 산성.

6 포쇄관(曝曬官): 조선 시대 때 사고(史庫)에서 서적(書籍)을 습기나 벌레 등으로부터 보호하고 점검하던 벼슬아치로, 예문관(藝文館)의 검열(檢閱)을 맡아 했다.

뜻을 다 알더라. 이 법은 참으로 국문에 제일 요긴한 것이다. 이 법이 널리 행해지면 비단 어음을 기록하기 분명하여 인민이 새롭게 귀중하게 여길 뿐 아니라 대성인께서 글자 만드신 본래의 뜻을 다시 밝히어서 독립하는 나라에 확실한 기초가 되리로다.

입력 원문

국문론

池錫永

나라에 국문이 잇서셔 힝용 ᄒᆞᄂᆞᆫ거시 사ᄅᆞᆷ의 입이 잇서셔 말ᄉᆞᆷ ᄒᆞᄂᆞᆫ것과 ᄀᆞᆺ흐니 말ᄉᆞᆷ을 ᄒᆞ되 어음이 분명치 못 ᄒᆞ면 남이 닐으기를 반 벙어리라 ᄒᆞᆯᄲᅮᆫ더러 졔가 싱각ᄒᆞ야도 반 벙어리오 국문이 잇스되 힝 ᄒᆞ기를 젼일 ᄒᆞ지 못ᄒᆞ면 그나라 인민도 그나라 국문을 귀즁 ᄒᆞᆫ줄을 모르리니 엇지 나라에 관계가 젹다 ᄒᆞ리오. 우리 나라 사ᄅᆞᆷ은 말을 ᄒᆞ되 분명이 긔록ᄒᆞᆯ슈 업고 국문이 잇스되 젼일ᄒᆞ게 힝 ᄒᆞ지 못 ᄒᆞ야 귀즁 ᄒᆞᆫ줄을 모르니 가히 탄식 ᄒᆞ리로다. 귀즁ᄒᆞ게 녁이지 아니ᄒᆞᆷ은 젼일 ᄒᆞ게 힝치 못 ᄒᆞᆷ이오 젼일 ᄒᆞ게 힝치 못 ᄒᆞᆷ은 어음을 분명히 긔록 ᄒᆞᆯ슈 업ᄂᆞᆫ 연고ㅣ러라. 어엄을 분명이 긔록ᄒᆞᆯ슈 업다 ᄒᆞᆷ은 엇지 ᄒᆞᆷ이요 자셰히 말ᄉᆞᆷ ᄒᆞ리니 유지 군ᄌᆞᄂᆞᆫ 자셰히 들으쇼셔. 우리 나라 국문을 읽어보면 모다 평셩ᄲᅮᆫ이오 ᄂᆞᆸ게 쓰ᄂᆞᆫ거슨 업스니 ᄂᆞᆸ게 쓰ᄂᆞᆫ거시 업기로 어음을 긔록ᄒᆞ기 분명치 못ᄒᆞ야 東 동녁동ᄌᆞ는 본ᄅᆡ 나즌ᄌᆞ즉 동 ᄒᆞ려니와 動 움즉일동ᄌᆞ는 ᄂᆞᆸᄒᆞᆫ ᄌᆞ연마ᄂᆞᆫ 동 외에ᄂᆞᆫ 다시 표ᄒᆞᆯ거시 업고 棟 ᄃᆡ들ᄲᅥᆫ동ᄌᆞ는 움즉일동ᄌᆞ 보다도 더 ᄂᆞᆸ것마ᄂᆞᆫ 동 외에ᄂᆞᆫ ᄯᅩ 다시 도리가 업스며 棄 버릴기 列 버릴열 이 두글ᄌᆞ로 말ᄒᆞᆯ진ᄃᆡᆫ 쳣ᄌᆞ에 표가 업스니 국문으로만보면 列 버릴열ᄌᆞ ᄠᅳᆺ도 棄 버릴기ᄌᆞᄠᅳᆺ과 ᄀᆞᆺ흐며 擧 들거 野 들야 두ᄌᆞ도 국문 으로 만 보면 과연분간 ᄒᆞ기 어려운지라. 이러 ᄒᆞᆷ으로 여간 한문 ᄒᆞᄂᆞᆫ 사ᄅᆞᆷ 다려 국문을 계집사ᄅᆞᆷ의 글이라 ᄒᆞ야 치지도위 ᄒᆞ기로 국민이 졈졈 어두어 국가에셔 국문 내신 본의를 거의 닛게 되야스니 가셕 ᄒᆞ도다. 우리 나라 어린 ᄋᆞ희를 처음에 쳔ᄌᆞ문

ᄀᆞ르침은 전국에 통쇽이라. 가량 몽학 션싱이 한문은 모르고 국문만 아는 사ᄅᆞᆷ이 잇서셔 ᄋᆞ희를 ᄀᆞ르치랴 ᄒᆞ면 列 버릴열 棄 버릴기 이 두ᄌᆞ 뜻슬 엇지 분간ᄒᆞ야 ᄀᆞ르치리오. 내가 ᄒᆞᆼ샹 여긔 답답ᄒᆞᆫ ᄆᆞ음이 잇서셔국문에 유의 ᄒᆞᆫ다 ᄒᆞ는 사ᄅᆞᆷ을 ᄃᆡ ᄒᆞ면 미샹불 노노히 강론ᄒᆞ더니 평양 군슈 셔샹집씨를 만나셔 들으니 그의 ᄒᆞᄂᆞᆫ 말ᄉᆞᆷ이 내가 년젼에 례문관 한림 으로 무쥬 적셩산셩 샤고 포쇄관을갓다가

셰죵죠ᄭᅴ 옵셔 어졍 ᄒᆞ시와 두옵신 국문을 봉심 ᄒᆞ온즉 평셩에는 아모표도 업고 샹셩에는 엽헤 졈 ᄒᆞ나를 치고 거셩에는 엽헤 졈 둘를 쳐셔 표 ᄒᆞ얏더라 ᄒᆞ기로 그 말ᄉᆞᆷᄃᆡ로 상셩 거셩ᄌᆞ에 표를 ᄒᆞ고 보니 어시호 東 동녁동 動 움즉일동 棟 ᄃᆡ들ᄲᅩ 동 棄 버릴기 列 버릴열 擧 들거 野 들야 음과 뜻시 거울 ᄀᆞᆺ흐니 셩인의 작ᄌᆞ ᄒᆞ신 본의ᄂᆞᆫ 이ᄀᆞᆺ치 비진 ᄒᆞ시건만ᄂᆞᆫ 후셰 사ᄅᆞᆷ이 강명 ᄒᆞ들안코 우리국문이 미진 ᄒᆞᆫ거시 만타 ᄒᆞ야 귀즁 ᄒᆞᆫ줄을 모르니 엇지 답답ᄒᆞ지안흐리오. 내시험 ᄒᆞ야 어린 ᄋᆞ희를 몬져 국문을 ᄀᆞ르쳐셔 샹셩 거셩 표만분간 ᄒᆞ야 닐으되 졈 ᄒᆞ나 씩은 ᄌᆞ는 음을 죠곰만치 누루고 졈 둘씩은 ᄌᆞ는 음을죠곰 더 누르라 약쇽 ᄒᆞ고 ᄎᆡᆨ에 표를 ᄒᆞ야 주엇더니 ᄀᆞ르칠것 업시 뜻슬다 아니 이법은 진ᄀᆡ 국문에 뎨일 요긴ᄒᆞᆫ 거시로다. 이법이 널니 힝 ᄒᆞ면 비단어음을 긔록 ᄒᆞ기 분명 ᄒᆞ야 인민이 새로히 귀즁 ᄒᆞ게 넉일ᄲᅮᆫ 아니라 대셩인ᄭᅴ옵셔 글ᄌᆞ ᄆᆞᆫ드신 본의를 다시 ᄇᆞᆰ히어셔 독립ᄒᆞᄂᆞᆫ 나라에 확실ᄒᆞᆫ 긔초가 되리로라.

내용 요약

저자는 이 글을 통해 우리나라에도 국문이 있지만 사용하지 않아서 이것이 귀중한 줄도 모르는 현실을 탄식하고 있다. 그러면서 국문도 방점을 이용하면 한자어의 뜻을 명확하게 드러낼 수 있고 어음을 정확하게 기록할 수 있기 때문에 국문을 사용하여 세종이 글자를 만든 본래의 뜻을 드러내야 한다고 주장한다.

개념어

국문, 어음/어엄, 한문, 말숨, 말, 인민, 국민, 독립, 나라

4. 국문론[1]

주상호

배재학당의 주상호 씨가 국문론을 지어 신문사에 보내었기에 아래에 싣는다. 사람들 사는 땅 위에 다섯 가지 큰 구역이 있고 그 안에 또 여러 나라가 있는데, 다 제각기 말이 있고 또 글자가 있어서 말과 일을 기록하게 마련이다. 물론 간혹 말과 글자가 다른 나라와 같은 경우도 있다. 그런데 그 중에는 말하는 음대로 일을 기록하여 적는 글자도 있고 무슨 말은 무슨 표라고 그려 놓은 글자도 있다. 글자라 하는 것은 단지 말과 일을 표시하는 것이다. 말을 말로 표시하는 것은 더 말할 것이 없거니와, 일을 표시하자면 그 일의 사연을 자세히 말로 이야기하고 그 이야기를 기록하면 곧 말이 될 것이다. 이런 고로 말하는 것을 표로 모아서 기록하여 놓는 것이나 표로 모아 놓은 것을 입으로 읽는 것이나 말에 마디와 토가 분명하고 서로 음이 똑 같아야 이것이 참된 글자이다. 이에 비해 무슨 말은 무슨 표라고 그려 놓는 것은 그 표에 움직이는 토나 형용하는 토나 또 다른 여러 가지 토들이 없고 또 음이 말하는 것과 같지 못하니, 이것은 꼭 그림이라고 이름 붙여야 옳지 글자라 할 수는 없을 것이다. 또 이 두 가지 글자들 중에 배우기와 쓰기에 어렵고 쉬운 것을 비교해 보면, 음을 따라 쓰게 만든 글자는 자모음(모음이란 것은 소리가 나가는 것이요, 자음이란 것은 스스로 소리를 낼 수는 없으되 모음과 합하면 모음의 도움을 받아 구별되는 소리로 나가는 것이다)에 분간되는 것만 각각 표시하여 만들어 놓으면 그

1 ≪독립신문≫ 47호, 1897. 4. 22. / ≪독립신문≫ 48호, 1897. 4. 24.

후에는 말을 하는 음이 돌아가는 대로 따라 모아쓰니, 이러한 까닭에 자연히 글자 수가 적고 문리가 있어서 배우기가 쉽다. 또 글자가 몇 개가 못 되고 획수가 적어 쓰기도 쉬우니, 이렇게 글자들을 만들어 쓰는 것은 참 의사(意思)와 규모(規模)와 학문(學文)이 있는 일이다. 그런데 무슨 말은 무슨 표라고 그려 놓는 것은 물건들의 이름과 말하는 것마다 표를 만들자 하니, 자연히 표들이 몇 만 개가 되고 또 몇 만 개 표의 모양을 다 다르게 그려야 하니 자연히 획수가 많아져서 이 몇 만개 그림들을 다 배우고자 하면 몇 해 동안 애를 써야 하고, 또 획수들이 많은 고로 쓰기가 더디고 거북할 뿐더러 이 그림들의 어떠한 것이 사물의 이름을 표시하는 것이고, 어떤 것이 사물의 동작을 표하는 것인지, 또 어떤 것이 사물을 꾸미는 표인지 아무리 보아도 알 수가 없고 또 잊어버리기가 쉽다. 따라서 이러한 짓은 공연히 시간을 허비하고 헛되이 애를 쓰는 것이니 참 지각없고 미련하기 짝이 없는 일이다. 고대 유럽의 페니키아라는 나라에서 만든 글자들은 자모음을 합하여 스물여섯 자밖에 안 되지만, 사람들이 말하는 음들은 다 갖추었기 때문에 어떤 나라 말의 음이든지 기록하지 못할 것이 없고, 또 쓰기가 쉽기 때문에 지금 문명한 유럽 여러 나라들과 아메리카의 여러 나라들이 다 이 글자로 제 나라 말의 음을 기록하여 쓰고 있다. 그런데 조선 글자가 페니키아에서 만든 글자보다 더 조리(條理) 있고 규모가 있으니, 그 이유는 자모음을 아주 합하여 만들었고 단지 받침만 임시로 넣고 아니 넣기를 음의 돌아가는 대로 쓰고 따라서, 페니키아 글자처럼 자모음을 옮게 모아쓰려는 수고가 필요 없으며, 또 글자의 자모음을 합하여 만든 것이 격식과 문리가 더 있어서 배우기가 더욱 쉬운 까닭이다. 그러므로 우리는 조선 글자가 세계에서 제일 좋고 학문이 있는 글자라고 생각한다. 조선에 제일 처음에는 말을 기록하는 표가 없는 까닭에 기자께서 조선에 오신 후 중국 학문을 전하고자 하였으나, 이를 말로만 가르치실 수가 없어서 중국 글자를 가르치셨고, 중국의 사적을 배우려 하는 사람들도 그 글자를 모르고는 할 수가 없으므로 차차 그 글자를 공부하는 사람들이 많아졌다. 그런데 이 글자들은 무슨 말은 무슨 표라고 도무지 학문이 없게 그려 놓은 그림인 까닭에 배우기가 어렵고 쓰기가 어려우나 이 그림으로 학문도 그려서 배우고 역사도 그리고 편지도 그려서 사정을 통하였으니, 그 전에 이런 그림 글자나마 없었을 때 보다는 좀 나아 몇 천 년을 써서 내려오다가, 조선 세종대왕께서 문명한 정치에 힘쓰시어 더욱 학문을 나라에 넓히고자 하시고, 서울과 시골에 학교를 많이 세우시며 나라의 학식 있는 선비들을 불러 여러 가지 서책을 많이 만드시며 백성을 다 밝게 가르치고자 하시었다. 그러나 한문 글자가 배우기와 쓰기에 어렵고 지루한 것을 염려하신 끝에 어리석은 아이라도 하루만 배우면 다 알 수 있도록, 서장(西藏: 티베트) 글자처럼 말하는 음을 쓰도록 글자를 만드시어 백성을 가르치시며(이름은 훈민정음이라 하셨으니, 그 뜻은 백성을 가르쳐 음을 바르게 한다는 것), 한문책들을 이 글자로 뜻을 새겨서 펴내시고 또 새 책들도 많이 만드시어 한문을 모르는 사람들도 다 알게 하셨다. 이 글자는 자음이 여덟 가지요, 모음이 열한 가지인데(ㅣ표는 모음에 든 것인데, 받침으로도 쓰고, ㅏ · 이 두 글자는 모양은 다르나 음은 다를 것이 없고 단지 · 는 받침이 많이 들어가는 음에만 쓰자는 것) '흐린 자음'은 '맑은 자음'에다가 획을 더하였고, 자음마다 모음을 합하여 '맑은 음' 일곱 줄은 오른 쪽에 두고, '흐린 음' 일곱 줄은 왼 편에 두고, 그 가운데에 모음을 넣어서 이것을 이름하여 반절이라 한다. 특별히 글자 음의 높고 낮은 데에다 세 가지 표시하는 방법이 있으니, 낮은 음의 글자에는 아무 표도 없고(없는 것이 표이다), 반만 높이는 음의 글자에는 점 하나를 치고, 더 높이는 음의 글자에는 점 둘을 치니(이 표 하는 내용은 독립협회회보 1호에 난 지석영 씨의 국문론에 자세히 실려 있다) 참으로 아름답고 은혜롭다. (계속)

국문론(전호 연속)

배재학당 학원 주상호 씨

우리 큰 성인께서 하신 사업이 대단하니, 글자 음이 음률에 합당하고 문리가 있어 어리석은 아이라도 하루만 공부하면 쉽게 알 수 있구나. 전국 인민들이 공연히 시간을 허비하는 것을 덜어 주시고, 남녀노소 상하 빈부귀천 없이 모두 다 편리하게 하셨으며, 오늘날 우리나라 문명 정치상에 더욱더 요긴한 일이었다. 그 크신 은공을 생각하면 그 감격함을 여기에 다 기록할 수조차 없다. 이렇게 규모가 있고 좋은 글자는 천히 여겨 내다 버리고, 그렇게 문리가 없고 어려운 그림을 애쓰면서 배우는 일은 글자 만드신 큰 은혜를 잊어버리는 일일 뿐더러, 우리나라와 자기 몸에 큰 해와 폐가 되는 것이다. 배우기와 쓰기에 쉬운 글자가 없으면 모르되 어렵고 어려운 그 몹쓸 그림을 배우자고 다른 일은 아무것도 못하고 다른 재주는 하나도 못 배우고, 십여 년을 허비하여 공부하고서도 성취하지 못하는 사람이 반이 넘으며, 또 십여 년을 허비하야 잘 공부하고 난다고 해도 그 선비의 아는 것이 무엇인가? 글자만 배우기도 이렇게 어렵고 더딘데 인생 칠팔십 년 동안에, 어렸을 때와 늙을 때를 빼어 놓고, 어느 겨를에 직업상 일을 배워 가지고 또 어느 겨를에 직업을 실상으로 하여 볼 틈이 있을까? 부모 아래서 밥술이나 얻어먹을 때는 이것을 공부하노라고 공연히 아까운 청년을 다 허비하다가, 삼사십 지경에 이르도록 자기 일신 보존할 직업도 이루지 못하고 어느 때나 배우려 하는가? 어찌 가련하고도 분하지 않은가? 이러한 때문에 백성이 무식하고 가난하니 또 이 때문에 자연히 나라가 어둡고 약해지니 어찌 이것보다 더 큰 해와 폐가 있겠는가? 글자라 하는 것은 다만 말만 표하면 그만인 것인데, 습관에 젖어서 그러는지 한문 글자에는 꼭 무슨 조화라도 붙은 줄로 아는 것 같으니 진실로 애석한 일이다. 우리나라 사람들이 처음부터 끝까지 이것만 공부하고 다른 새 사업을 배우지 아니할 것 같으면, 우리나라가 어둡고 약함을 벗어나지 못하고 머지않아 조상들로부터 받은 땅과 집, 자기의 몸과 자손들이 다 어느 나라 사람의 손에 들어가 밥이 될지 알 수 없는 증거가 눈앞에 보이니, 참 놀랍고 애석한 일이 아닐 수 없다. 어찌 조심치 아니할 때리오. 만일 우리가 그림 글자 공부하는 대신에 정치, 내무, 외무, 재정, 법률, 군사, 항해, 위생, 경제, 기술, 장사, 농사, 또는 기타 사업상의 공부들을 하면 어찌 십여 년 동안 이 여러 가지 공부 가운데서 쓸 만한 직업 한 가지는 다 배울 수가 없겠는가. 그 공부 후에 각기 자기의 직분을 착실히 지켜 사람마다 부자가 되고 학문이 넓어지면 그때야 바야흐로 우리나라가 문명 부강해질 것이다. 간절히 비노니 우리나라 동포 형제들은 다 깨달아 실상 사업에 급히 나가기를 바라노라. 지금 우리나라에서의 한 시간은 남의 나라 하루보다도 더 요긴하고 위급하니, 그럼 한 가지 배우자고 이렇게 아깝고 급한 때를 허비 시키지 말아야 할 것이다. 우리를 위하여 사업하신 큰 성인께서 만드신 글자는 배우기가 쉽고 쓰기도 쉬우니, 이 글자들로 모든 일을 기록하고 사람마다 젊었을 때에 여가를 얻어 실상 사업에 유리한 학문을 익혀, 각기 할 만한 직업을 맡고 우리나라 독립에 기둥과 주추가 되어, 우리 대군주 폐하께서 남의 나라 임금과 같이 튼튼하시게 보호하여 드리고, 또 우리나라의 부강한 위엄과 문명한 명예가 세계에 빛나게 하는 것이 마땅할 것이다.

입력 원문

국문론

쥬샹호

ᄇᆡᄌᆡ학당 학원 쥬샹호 씨가 국문론을 지여 신문샤에 보내엿기에 좌에 ᄀᆡᄌᆡᄒᆞ노라 사ᄅᆞᆷ들 샤ᄂᆞᆫ 싸덩이 우희 다셧 큰 부쥬 안에 잇ᄂᆞᆫ 나라들이 졔각금 본토말들이 잇고 졔각금 본국글ᄌᆞ들이 잇서셔 각기 말과 일을 ᄀᆡ록ᄒᆞ고 혹간 말과 글ᄌᆞ가 남의 나라와 ᄀᆞᆺ흔 나라도 잇ᄂᆞᆫᄃᆡ 그즁에 말ᄒᆞᄂᆞᆫ 음ᄃᆡ로 일을 ᄀᆡ록ᄒᆞ야 표ᄒᆞᄂᆞᆫ 글ᄌᆞ도 잇고 무ᄉᆞᆷ 말은 무ᄉᆞᆷ 표라고 그려놋ᄂᆞᆫ 글ᄌᆞ도 잇ᄂᆞᆫ지라 글ᄌᆞ라 ᄒᆞᄂᆞᆫ거ᄉᆞᆫ 단지 말과 일을 표 ᄒᆞᄌᆞᄂᆞᆫ거시라 말을 말노 표ᄒᆞᄂᆞᆫ 거ᄉᆞᆫ 다시 말ᄒᆞ잘거시 업거니와 일을 표ᄒᆞᄌᆞ면 그 일의 사연을 자셰히 말노 이약이를 ᄒᆞ여야 될지라 그 이약이를 ᄀᆡ록 ᄒᆞ면 곳 말이니 이런고로 말ᄒᆞᄂᆞᆫ거슬 표로 모하 ᄀᆡ록ᄒᆞ여 놋ᄂᆞᆫ거시나 표로 모하 ᄀᆡ록ᄒᆞ여 노흔거슬 입으로 닑ᄂᆞᆫ거시나 말에마디와 토가 분명 ᄒᆞ고 서로음이 ᄯᅩᆨᄀᆞᆺᄒᆞ야 이거시 참 글ᄌᆞ요 무ᄉᆞᆷ 말은 무ᄉᆞᆷ 표라고 그려 놋ᄂᆞᆫ거ᄉᆞᆫ 그 표에 움작이ᄂᆞᆫ 토나 형용 ᄒᆞᄂᆞᆫ 토나 ᄯᅩ 다른 여러 가지 토들이 업고 ᄯᅩ 음이 말ᄒᆞᄂᆞᆫ것과 ᄀᆞᆺ치 못ᄒᆞ니 이거ᄉᆞᆫ ᄭᅩᆨ 그림이라고 일홈ᄒᆞ여야 올코 글ᄌᆞ라 ᄒᆞᄂᆞᆫ거ᄉᆞᆫ 아죠 아니될 말이라 ᄯᅩ 이 두 ᄀᆞ지 글ᄌᆞ들 즁에 ᄇᆡ호기와 쓰기에 어렵고 쉬운거슬 비교 ᄒᆞ야 말 ᄒᆞ면 음을 죠차 쓰게 ᄆᆞᆫ드ᄂᆞᆫ 글ᄌᆞᄂᆞᆫ ᄌᆞ모(모음이른거ᄉᆞᆫ 쇼ᄅᆡ가 나가ᄂᆞᆫ거시요 ᄌᆞ음이른거ᄉᆞᆫ 쇼ᄅᆡᄂᆞᆫ 아니 나가되 모음을 합ᄒᆞ면 모음의 도음을 인 ᄒᆞ야 분간이 잇게 쇼ᄅᆡ가 나 가ᄂᆞᆫ거시라) 음에 분간되ᄂᆞᆫ것ᄆᆞᆫ 각각 표ᄒᆞ야 ᄆᆞᆫ드러 노흐면 그 후에ᄂᆞᆫ 말을 ᄒᆞᄂᆞᆫ 음이 도라 가ᄂᆞᆫᄃᆡ로 ᄯᅡ라 모하 쓰나니 이러 홈으로 ᄌᆞ연히 글ᄌᆞ 슈가 젹고 문리가 잇서

ᄇᆡ호기가 쉬으며 글ᄌᆞ가 몃시 못 되ᄂᆞᆫ 고로 획수를 젹게 ᄆᆞᆫ드러 쓰기도 쉬으니 이러케 글ᄌᆞ들을 ᄆᆞᆫ드러 쓰는거슨 참 의ᄉᆞ와 규모와 학문이 잇ᄂᆞᆫ 일이요 무슴 말은 무슴 표라고 그려 놋ᄂᆞᆫ 거슨 물건들의 일홈과 말ᄒᆞᄂᆞᆫ 것마다 각각 표를 ᄆᆞᆫ드쟈 ᄒᆞᆫ즉 ᄌᆞ연히 표들이 몃 만ᄀᆡ가 되고 ᄯᅩ 몃 만ᄀᆡ 표의 모양을 다 다르게 그리쟈 ᄒᆞᆫ즉 ᄌᆞ연히 획수가 만아져서 이 몃 만ᄀᆞ지 그림들을 다 ᄇᆡ호쟈 ᄒᆞ면 몃 해 동안 ᄋᆡ를 써야 ᄒᆞ겟고 ᄯᅩ 획수들이 ᄆᆞᆫᄒᆞᆫ 고로 쓰기가 더듸고 거북 ᄒᆞᆯᄲᅮᆫ 더러 이 그림들의 엇더ᄒᆞᆫ거시 일홈진 말표인지 움작이ᄂᆞᆫ 말표인지 형용ᄒᆞᄂᆞᆫ 말표인지 암만 보아도 알 수가 업고 ᄯᅩ 이져바리기가 쉬으니 이ᄂᆞᆫ 때를 공연히 허비ᄒᆞ고 ᄋᆡ를 공연히 쓰자 ᄒᆞᄂᆞᆫ 거시니 참 디각이 업고 미련ᄒᆞ기가 ᄶᅡᆨ이 업ᄂᆞᆫ 일이라 녯젹 유롭 쇽에 잇든 헤늬쉬아ᄅᆞᆫ 나라에셔 ᄆᆞᆫ든 글ᄌᆞ들은 ᄌᆞ모 음을 합ᄒᆞ야 스믈 여섯 ᄌᆞ로되 사ᄅᆞᆷ들의 말 ᄒᆞᄂᆞᆫ 음들은 다 가쵸엿ᄂᆞᆫ 고로 엇던 나라 말의 음이던지 긔록하지 못 ᄒᆞᆯ 거시 업고 ᄯᅩ 쓰기가 쉬음을 인 ᄒᆞ야 지금 문면ᄒᆞᆫ 유롭 쇽에 여러 나라들과 아메리가 쇽에 여러 나라들이 다 이글ᄌᆞ로 져의 나라 말의 음을 조차 긔록ᄒᆞ야 쓰는지라 죠션 글ᄌᆞ가 헤늬쉬아에셔 ᄆᆞᆫ든 글ᄌᆞ보다 더 유죠 ᄒᆞ고 규모가 잇게 된거슨 ᄌᆞ모음을 아조 합ᄒᆞ야 ᄆᆞᆫ드럿고 단지 밧침ᄆᆞᆫ 림시ᄒᆞ야 너코 아니 너키를 음의 도라 가ᄂᆞᆫᄃᆡ로 쓰나니 헤늬쉬아 글ᄌᆞ 모양으로 ᄌᆞ모 음을 올케 모아 쓰랴ᄂᆞᆫ 수고가 업고 ᄯᅩ 글ᄌᆞ의 ᄌᆞ 모음을 합ᄒᆞ야 ᄆᆞᆫ든 거시 격식과 문리가 더 잇서 ᄇᆡ호기가 더욱 쉬으니 우리 ᄉᆡᆼ각에ᄂᆞᆫ 죠션 글ᄌᆞ가 세계에 뎨일 조코 학문이 잇ᄂᆞᆫ 글ᄌᆞ로 녁히노라 죠션이 ᄀᆞ쟝 처음에ᄂᆞᆫ 말을 긔록 ᄒᆞᄂᆞᆫ 표가 업ᄂᆞᆫ ᄭᆞ닭에 긔ᄌᆞ씌셔 죠션에 오신 후로 브터 한토 학문을 젼 ᄒᆞ고쟈 ᄒᆞ신즉 이로 말노ᄆᆞᆫ 가ᄅᆞ치실 수가 업셔 한토 글ᄌᆞ를 가ᄅᆞ치셧고 한토의 ᄉᆞ젹을 ᄇᆡ호랴 ᄒᆞᄂᆞᆫ 사ᄅᆞᆷ들도 그 글ᄌᆞ를 모로고ᄂᆞᆫ 렴양 ᄒᆞ기가 어려운 고로 차차 그 글ᄌᆞ를 공부ᄒᆞᄂᆞᆫ 사ᄅᆞᆷ들이 만ᄒᆞ졋ᄂᆞᆫ지라 이 글ᄌᆞ들은 무슴 말은 무슴 표라고 도모지 학문이 업게 그려 노흔 그림인 고로 ᄇᆡ호기가 어렵고 쓰기가 어려오나 이 그림으로 학문도 그려셔 ᄇᆡ호며 샤긔도 그리며 편지도 그려셔 ᄉᆞ졍도 통ᄒᆞ엿시니 그 젼에 이런 그림 글ᄌᆞ나마 업실 째 보다ᄂᆞᆫ 좀 유죠 ᄒᆞᆷ이 잇서 몃 쳔년을 써셔 나려 오다가 죠션

셰죵대왕ᄭᅴ셔 문명의 졍치를 힘 스샤 더욱 학문을 국즁에 넓히시고쟈 ᄒᆞ시고 셔울과 시골에 학교를 만히 세우시며 국ᄂᆡ에 학식이 잇는 션ᄇᆡ들을 불으샤 여러 ᄀᆞ지 셔칙들을 만히 ᄆᆞᆫ드러 내시며 ᄇᆡᆨ셩을 다 ᄇᆞᆰ게 가ᄅᆞ치자 ᄒᆞ시나 한문 글자가 ᄇᆡ호기와 쓰기에 어렵고 지리 ᄒᆞᆫ거슬 념녀 하시고 셔장국 글ᄌᆞ를 인ᄒᆞ야 말 ᄒᆞ는 음을 조차 쓰게 글ᄌᆞ들을 어리셕은 아ᄒᆡ라도 하로 동안만 ᄇᆡ호면 다 알게 만드샤 국ᄂᆡ에 ᄇᆡᆨ셩을 가ᄅᆞ치시며(일홈은 훈민뎡음이라 ᄒᆞ셧스니 ᄯᅳᆺ은 ᄇᆡᆨ셩을 가ᄅᆞ쳐 음을 바르게 ᄒᆞ시는것)한문 ᄎᆡᆨ들을 이 글ᄌᆞ로 ᄯᅳᆺ슬 ᄉᆡᆨ여서 판에 박아 내시고 ᄯᅩ 새 ᄎᆡᆨ들도 만히 ᄆᆞᆫ드ᄉᆞ 그 한문 글자를 모로는 인민들도 다 알게 ᄒᆞ옵셧는지라 이 글ᄌᆞ들은 ᄌᆞ음이 여ᄃᆞᆲ 가지 표요 모음이 열 ᄒᆞᆫ ᄀᆞ지 표로 합 ᄒᆞ야 ᄆᆞᆫ드셧슨ᄃᆡ (ㅣ이 표는 모음에 든 거신ᄃᆡ 밧침으로도 쓰고 ㅏ·이 두 ᄀᆞ지 모음 표는 모양은 다르나 음은 달을 거시 업고 단지·이 표는 밧침이 만히 드러 가는 음에ᄆᆞᆫ 스쟈는것)흐린 ᄌᆞ음은 ᄆᆞᆰ은 ᄌᆞ음에다가 획을 더 넛코 ᄌᆞ음 마다 모음을 합ᄒᆞ야 ᄆᆞᆰ은 음 일곱 줄은 바른 편에 두고 흐린 음 일곱 줄은 왼 편에 두고 그 가운ᄃᆡ에 모음을 ᄡᅵ여서 이거슨 일홈을 반졀이라 ᄒᆞ고 특별히 글ᄌᆞ 음의 놉고 나즌ᄃᆡ에 다 세 ᄀᆞ지 표 ᄒᆞ는 거시 잇시니 나즌 음 글ᄌᆞ에는 아모 표도 업고(업는거시 표라)반ᄆᆞᆫ 놉히는 음 글ᄌᆞ에는 뎜 ᄒᆞ나를 치고 더 놉히는 음 글ᄌᆞ에는 뎜 둘을 치는지라(이 표 ᄒᆞ는 말은 독립 협회 회보 쳣ᄌᆡ 번으로 난 ᄎᆡᆨ 지셕영씨 국문 론에 자셰히 낫더라) 참 아름답고 은혜롭도다 (미완)

배ᄌᆡ 학당 학원 쥬샹호 씨 국문론 (젼호 연쇽)

우리 큰 셩인ᄭᅴ셔 ᄒᆞ신 ᄉᆞ업이여 글ᄌᆞ 음이 음률에 합당 ᄒᆞ고 반졀 속이 문리가 잇셔 어리셕은 어린 아ᄒᆡ라도 하로동안ᄆᆞᆫ 공부 ᄒᆞ거드면 넉넉히 다 알ᄆᆞᆫᄒᆞ도다 젼국 인민들의 공연히 ᄣᅢ 허비ᄒᆞ는거슬 덜어 주시고 남녀노쇼 샹하빈부 귀천 업시 다 일톄로 편리케 하셧시며 더욱 오날늘 우리 나라 문명 정치상에 몬져 쓸 큰 ᄉᆞ업이로다 그 크신 은공을 ᄉᆡᆼ각 ᄒᆞ면 감격 홈을 익이여 다 긔록할수 업도다 이러케 규모가 잇고 죠흔 글ᄌᆞᄂᆞᆫ 쳔히 녁어 내 바리고 그러케 문리가 업고 어려운 그림을 ᄋᆡ 쓰고 ᄇᆡ호ᄂᆞᆫ 거슨 글ᄌᆞ ᄆᆞᆫ드신 큰 은혜를 이져 바릴 ᄲᅮᆫ더러 우리 나라와 ᄌᆞ긔 몸에 큰 ᄒᆡ와 폐가 되ᄂᆞᆫ 거시 잇시니 ᄇᆡ호기와 쓰기 쉬운 글ᄌᆞ가 업시면 모로되 어렵고 어려온 그 몹실 그림을 ᄇᆡ호쟈고 다른 일은 아모것도 못ᄒᆞ고 다른 ᄌᆡ죠ᄂᆞᆫ 하나도 못 ᄇᆡ호고 십여년을 허비 ᄒᆞ야 공부 ᄒᆞ고셔도 셩취치 못ᄒᆞᄂᆞᆫ 사ᄅᆞᆷ이 반이 넘으며 ᄯᅩ 십여년을 허비ᄒᆞ야 잘 공부 ᄒᆞ고 난ᄃᆡ도 그 션ᄇᆡ의 아ᄂᆞᆫ거시 무엇시뇨 글ᄌᆞᄆᆞᆫ ᄇᆡ호기도 이러케 어렵고 더듼ᄃᆡ 인ᄉᆡᆼ이 칠 팔십년 동안에 어렷실 ᄯᅢ와 늙을 ᄯᅢ를 ᄲᅢ여 놋코 어느 결을에 즉업상 일을 ᄇᆡ화 ᄀᆞ지고 ᄯᅩ 어느 결을에 즉업을 실상으로 ᄒᆞ야 볼ᄂᆞᆫ지 틈이 잇슬가 만무ᄒᆞᆫ 일이로다 부모 압헤서 밥술이나 엇어 먹을 ᄯᅢ에ᄂᆞᆫ 이거슬 공부 ᄒᆞ노라고 공연히 인ᄉᆡᆼ이 두번 오지 아니 ᄒᆞᄂᆞᆫ 청년을 다 허비 ᄒᆞ야 바리고 삼 ᄉᆞ십 디경에 이르도록 ᄌᆞ긔 일신 보존 ᄒᆞᆯ 즉업도 이루지 못ᄒᆞ고 어느 ᄯᅢ나 ᄇᆡ호랴 ᄒᆞ나뇨 엇지 가련 ᄒᆞ고도 분 ᄒᆞ지 아니 ᄒᆞ리오 이러 ᄒᆞᆷ으로 ᄇᆡᆨ셩이 무식 ᄒᆞ고 간난 ᄒᆞᆷ을 인 ᄒᆞ야 ᄌᆞ연히 나라가 어둡고 약 ᄒᆞ야지ᄂᆞᆫ지라 엇지 이것 보다 더 큰 ᄒᆡ와 폐가 잇시리요 글ᄌᆞ라 ᄒᆞᄂᆞᆫ거슨 다ᄆᆞᆫ 말ᄆᆞᆫ 표ᄒᆞ엿시면 족ᄒᆞ것마ᄂᆞᆫ 풍속에 거릿겨셔 그리ᄒᆞᄂᆞᆫ지 한문글ᄌᆞ에ᄂᆞᆫ ᄭᅩᆨ 무슴 죠화가 붓흔 줄노 녁혀 그리 ᄒᆞᄂᆞᆫ지 알 수 업시니 진실노 ᄋᆡ셕ᄒᆞᆫ 일이로다 우리 나라 사ᄅᆞᆷ들이 죵시 이것ᄆᆞᆫ 공부 ᄒᆞ고 다른 새 ᄉᆞ업을 ᄇᆡ호지 아니ᄒᆞ거드면 우리 나라이 어둡고 약ᄒᆞᆷ을 벗지 못ᄒᆞ고 머지 아니ᄒᆞ야 ᄌᆞ긔 죠샹들의게 젼 ᄒᆞ야 밧아 나려오ᄂᆞᆫ 젼디와 가쟝과 ᄌᆞ긔의 신골과 ᄌᆞ손들이 다 어느 나라 사ᄅᆞᆷ의 손에 드러가 밥이 될지 아지 아지 못ᄒᆞᆯ 증거가 목하에 뵈이니 참 놀랍고 ᄋᆡ탄 ᄒᆞᆯ 곳이로다 엇지 죠심치 아니 ᄒᆞᆯ ᄯᅢ리오 만일 우리로 ᄒᆞ여금 그림 글ᄌᆞ를 공부 ᄒᆞᄂᆞᆫ 대신의 졍치 쇽에 의회원 공부나 ᄂᆡ무 공부나 외무 공부나 ᄌᆡ뎡 공부나 법률 공부나 수륙군 공부나 항해 공부나 위ᄉᆡᆼ 상경제학 공부나 쟝ᄉᆡᆨ 공부나 쟝ᄉᆞ 공부나 농ᄉᆞ 공부나 ᄯᅩ 기외의 각ᄉᆡᆨ 사업상 공부들을 ᄒᆞ면 엇지 십여년 동안에 이 여러가지 공부 속에서 아모 사ᄅᆞᆷ이라도 쓸ᄆᆞᆫᄒᆞᆫ 즉업의 ᄒᆞᆫᄀᆞ지ᄂᆞᆫ 잘 졸업ᄒᆞᆯ 터이니 그후에 각기 ᄌᆞ긔의 즉분을 착실히 직혀 사ᄅᆞᆷ마다 부ᄌᆞ가 되고 학문이

널려지면 그졔야 바야흐로 우리 나라가 문명 부강ᄒᆞ야질터이라 간졀히 비노니 우리 나라 동포 형뎨들은 다 ᄭᆡ다라 실샹 ᄉᆞ업에 급히 나가기를 ᄇᆞ라노라 지금 우리 나라 ᄒᆞᆫ시 동안은 남의 나라 하로 동안 보다 더 요긴 ᄒᆞ고 위급ᄒᆞ오니 그림 ᄒᆞᆫ가지 ᄇᆡ호쟈고 이러케 앗갑고 급한 ᄣᅢ를 허비 식히지 말고 우리를 위ᄒᆞ야 ᄉᆞ업 ᄒᆞ신 큰 셩인ᄭᅴ셔 ᄆᆞᆫ드신 글ᄌᆞᄂᆞᆫ ᄇᆡ호기가 쉬고 쓰기도 쉬우니 이 글ᄌᆞ들노 모든 일을 긔록 ᄒᆞ고 사ᄅᆞᆷ마다 졀머슬 ᄣᅢ에 여가를 엇어 실샹 ᄉᆞ업에 유릭ᄒᆞᆫ 학문을 익혀 각기 ᄒᆞᆯᄆᆞᆫᄒᆞᆫ 즉업을 직혀서 우리 나라 독립에 기동과 주초가 되여 우리 대군쥬 폐하ᄭᅴ셔 남의 나라 님군과 ᄀᆞᆺ치 튼튼 ᄒᆞ시게 보호 ᄒᆞ야 드리여 ᄯᅩ 우리 나라의 부강ᄒᆞᆫ 위엄과 문명ᄒᆞᆫ 명예가 셰계에 빗나게 ᄒᆞᄂᆞᆫ거시 ᄆᆞᆺ당 ᄒᆞ도다

내용 요약

배재학당의 재학 시절, 그리고 독립협회의 회원으로 가입하기 직전의 주시경이 쓴 글로써 그가 공개적으로 쓴 첫 저술이다. 여기서 그는 글자의 우열을 논하고 있고, 그 비교 대상은 한자와 국문이다. 그가 보았을 때 우수한 글자는 말을 그대로 적을 수 있는 글자라서 적어 놓은 것을 읽으면 또 그대로 말이 되어야 했다. 이때 그가 제시한 개념은 '말마디, 형용하는 토, 움직이는 토' 등이다. 즉 말을 글로 적었을 때 이러한 '말마디'가 분명히 드러나야 하고 '형용하는 토, 움직이는 토' 등을 알 수 있어야 한다는 것이다. 그런 기준으로 보았을 때 한자는 글자라기보다는 그림에 가깝다는 것이 그의 평가이다. 물론 이는 한자 자체의 문제라기보다는 우리가 남의 글자를 쓰고 있음으로 인해서 발생한 문제로 볼 수도 있는 부분이다. 그러나 주시경에게 중요한 것은 사실 이러한 문자론이 아니었다. 그가 문자를 이야기한 것은 이것을 통해 당대의 사회 현실의 변화를 바랐기 때문이었다. 즉 배우기 쉬워서 '실상 사업'에 하루라도 먼저 나갈 수 있게 하는 글자가 무엇인가가 그가 논하고 싶은 결정적인 문제였고 그것은 바로 '국문'일 수밖에 없었다. 이런 관점에서는 한자가 '국문'의 상대가 될 수 없었기 때문이다. 따라서 이런 좋은 글자를 만드신 세종에 대한 찬양이 뒤따르고 있음은 물론이다.

개념어	글자, 그림, 본토 말, 본국 글자, 한토 학문, 한토 글자, 마디, 토, 움직이는 토, 형용하는 토, 자음, 모음, 문리, 의사, 규모, 학문, 격식. 유조, 실상사업

5. 한문자와 국문자의 손익여하[1]
(漢文字와 國文字의 損益如何)

신해영(申海永)

학문은 한 사람이 사유(私有)할 것인가? 아니다. 모든 사람이 함께 이용할 것이다.

학문은 한 나라가 사유(私有)할 것인가? 아니다. 모든 나라가 함께 이용할 것이다. 학문은 무엇을 말하는 것인가? 무형(無形)의 마음을 따라 유형(有形)의 문자로 나타내고, 유형(有形)의 문자를 따라 무형(無形)의 마음으로 돌아오는 것이니, 마음의 지식을 볼 때에 문자는 학문의 문지기가 되는 것이 필요하다.

고대인이 문자를 발명한 것은 한 사람의 학문을 위함인가? 아니다. 모든 사람의 학문을 위함이다. 한 나라의 학문을 위함인가? 아니다. 모든 나라의 학문을 위함이다. 모든 사람은 그 지혜로움과 어리석음이 천차만별이고 모든 나라는 그 공교함과 졸렬함이 천차만별이다. 지혜롭고 공교한 자의 학문을 어리석고 졸렬한 자에게 빌려주어 고루 평등하게 습득시킬 적에 언어로 직접 대면하여 알려주기는 어렵기 때문에 문자로 대신하여 우주, 동서, 상하, 천고에 교역의 장을 열었으니, 언어와 문자는 둘이 아니다. 머리 위의 태양을 가리키고 그 이치를 마음속으로 깨달음은 지식이요, 그 이치를 설명함은 언어요, 그 이치를 기재함은 문자니, 언어와 문자는 한 덩어리 물체 속의 동일한 분자처럼 성질이 같다. 원래 문자에는 두 가지 종류의 구별이 있는데, 하나는 '상형 문자'이니

1 ≪大朝鮮獨立協會會報≫ 15호, 1897. 6. 30.

현재 서주인(西洲人)[2]이 사용하는 한문자(漢文字)가 그 남아있는 갈래요, 하나는 '발음 문자'니 현재 구주인(歐洲人)이 사용하는 로마자이다.

고대사에서 주나라 이전 2000년경 가장 오래된 나라는 이집트로 물건의 형태를 본떠 문자를 발명하였으니 곧 상형문자이다. 이를 가리켜 '하이롱쿠류(hieroglyphics)'라 하여 수학, 의술과 함께 천문 · 인리(人理)를 연구하여 문명을 이끌고 그 뒤에 아세아주에 유입되어 지나(支那, 중국)에서 가장 활발히 사용하니, 이것이 곧 한문이다. 만사와 만물을 한문으로 나타내어 학문을 연구하였으나 글자의 종류가 번다하고 획법이 까다로워 상류 계층은 한문을 숭상하나 하류 계층은 완구(玩具)처럼 여겨 아세아주 전체에 함께 이용하는 나라가 드물었다.

이후 1,100년경, 아세아주 서부에 위치한 페니키아에서 발음 문자를 발명하니, 이것은 입에서 소리를 내는 방법에 따라 지은 것이다. 상층 · 하층 사회의 모든 사람이 두루 편리하게 사용하여 쉽게 학문을 이루어서 농업 · 상업 · 광업 · 직물업 · 제조업이 성하였다. 이로 인해 여러 나라에 교역을 열어 그 영향이 세계에 전파될 수 있었던 것은 오로지 발음 문자로 말미암은 것이니, 여기에서 구미(歐米)가 오늘날과 같은 문명의 씨앗을 배태하였다.

이후 900년경은 구주(歐洲)의 역사 이전이다. 아세아주의 광명이 점점 구주(歐洲)로 옮겨가는 도다! 그리스가 일어나 이 문자를 수입해 철학, 시학, 문학 등을 발명하고, 중세에 들어 기원후 476년경에 로마가 일어나 이 문자를 수용하니 곧 로마자다.

이때에 구서(歐西)의 많은 나라가 대등하게 병립하여 자국의 언어에 의거하여 철학, 대수학, 이화학(理化學)을 창출해 내고, 영국 시성(詩聖) '지요사'[3]와 이태리 시선(詩仙) '단테' 같은 인물이 배출되었다.

근세사에서 기원후 1426년경은 구주인(歐洲人)의 사상이 크게 변하여 고대

---

2 '서주(西州)'는 내용상 중국을 의미하는 것으로 보인다. 중국 중심의 세계관에서 한반도(혹은 일본)를 기준으로 세계를 보려는 것으로 해석된다.

3 지요사: 제프리 초서 Geoffrey Chaucer(1343-1400)를 일컫는 것으로 보인다. 그는 해학을 곁들여 선악이 공존하는 인간세상을 훌륭하게 묘사한 것으로 평가받는다. 영문학의 아버지로 불리는 그는 대표작으로 「캔터베리 이야기」를 남겼다.

정신을 가볍게 여기고 중세 기상을 중하게 여겨 종교를 벗어나 정치적 성질을 구하여 새로운 발명과 발견이 날로 진보하였다. 시문은 자연스러움을 귀하게 여기고 격식을 천하게 여겨 감정을 있는 그대로 표현하고, 역사, 철학, 이학, 화학, 천문학, 수학, 의학, 증기, 인력(引力), 미분(微分), 경제학(理財), 원소(元素), 산소(酸素), 박물(博物), 연구(硏究), 망원경(望遠鏡) 등은 인간 스스로의 지혜를 꿰뚫어 보게 하였다. 또한 인쇄 활자를 발명하여 저술을 출판하니 백성이 쉽게 볼 수 있어 실업(實業)에 힘썼으므로 오늘날에 이르도록 구미(歐米)의 많은 나라에 일대 신활로를 열어 그 형세가 우리 동양을 유린하니, 이것은 문자의 편리함이라는 그 점 때문이다. 그 효과는 이미 위에 밝혔다. 연원을 거슬러 올라간즉, 종교의 기초를 놓은 자는 모두 아세아주에서 산출한 인물이요, 그 문화가 다 아세아주에서 수출한 것이다.

오호라. 이렇듯 선진적이었던 아세아주는 현재 어떤 상황에 있는가. 영구히 아세아주가 종신토록 영국인 · 프랑스인의 하수인 노릇만 하는 것이 옳은가. 또한 수천 년 전 본래 가지고 있던 눈부신 광채와 같이 구미(歐米)를 능가한다면 회복이 가능할까? 이제 아세아주 전체를 통틀어 헤아려 보건대 아득하고 까마득한 4,600년간에 나라들이 쇠망하여 남아시아와 북아시아, 서아시아는 이미 유럽인들의 쇠사슬 아래 들어갔고, 다만 조선, 일본, 청국, 페르시아, 타이 다섯 나라가 독립하였으나 함께 나란히 문명의 오묘한 경지에 나아가지 못하니, 그 원인은 한문 상형 문자를 신용하고 자국 국문을 천하게 여겨 옛것만 존중하고 오늘날 것은 천하게 여기는 폐습으로 종교 속박을 벗어나지 못하는 바로 그 점에 있다.

입력 원문

漢文字와 國文字의 損益如何

申海永

學問은 一人의 私有홀 거실ᄭ. 否라. 萬人의 同由ᄒ야 利用홀 거시니라. 學問은 一國의 私有홀 거실ᄭ. 否라. 萬國의 同由ᄒ야 利用홀 거시니라. 學問은 何를 謂홈이뇨. 無形上 心地로 從ᄒ야 有形上 文字의 顯ᄒ야 有形上 文字로 從ᄒ야 無形上 心地로 還附ᄒᄂ 거시니 心關에 智識을 見홀 時에 文字ᄂ 學問의 守閽者됨이 必要ᄒ도다.

古代人이 文字를 發明홈은 一人의 學問을 爲홈인가. 否라. 萬人의 學問을 爲홈이니라. 一國의 學問을 爲홈인가. 否라. 萬國의 學問을 爲홈이니라. 萬人은 萬智萬愚의 差別이 有ᄒ고 萬國은 萬考萬拙의 差別이 有ᄒ니 智考의 學問을 愚拙에 假貸ᄒ야 平等均得홀 時ᄂ 言語로 面講키ᄂ 難ᄒ 故로 文字로 代ᄒ야 宇宙 東西 上下 千古에 交易市를 開ᄒ얏스니 言語와 文字ᄂ 兩個 種이 아니라 頭上에 太陽을 指ᄒ고 其 理를 會得홈은 智識이오 其 理를 說明홈은 言語요 其 理를 記載홈은 文字니 言語 文字ᄂ 一塊物中同分子性質이로다. 元來에 文字 二種 區別이 有ᄒ니 一은 (象字)니 現今 西洲人의 所用漢文字가 其 餘派요 一은 (發音文字)니 現今 歐洲人 所用羅馬字가 此라.

古代史에 付ᄒ야 周以前二千年頃 最先國은 埃及(에지부도)이니 物象을 摹ᄒ야 文字를 發明홈애 곳 象字라. 此를 稱ᄒ되 (하이룽쿠류)라 ᄒ야 算醫 及 天人文理를 考究ᄒ야 文明에 先渡ᄒ고 其後 亞洲에 流入ᄒ야 支那地에 最盛用ᄒ니 漢文이 곳 此라 萬事萬物을 此로 形ᄒ야 學問을 討究ᄒ나 字의 種類ㅣ

繁ᄒᆞ고 畵法이 苛ᄒᆞ야 上流的 人은 此를 尙ᄒᆞ나 下流的 人은 玩具로 視ᄒᆞ야 亞洲全局에 同由利用ᄒᆞᄂᆞᆫ 國이 稀ᄒᆞ도다.

後一千百年頃은 亞洲西部에 占ᄒᆞᆫ 斐尼西亞(후이니사)國으로붓터 發音文字ᄅᆞᆯ 發明ᄒᆞ니 此ᄂᆞᆫ 口上音訓依ᄒᆞ야 綴ᄒᆞᆫ 바ㅣ라. 上下 社會之人이 通共便利ᄒᆞ야 容易히 學問에 就ᄒᆞᄂᆞᆫ 故로 農商鑛織製造業에 富ᄒᆞ야 列國에 互市를 開ᄒᆞᆷ에 其 影響이 世界에 傳播ᄒᆞᆷ은 專히 發音文字로 出來ᄒᆞᆷ이니 此 處에 歐米 今日 文明胚胎ᄅᆞᆯ 團結ᄒᆞ얏도다.

後九百年頃은 歐洲史前이라. 亞洲에 光輝漸漸 歐洲에 移ᄒᆞᄂᆞᆫ도다. 希臘(끼라샤)가 起ᄒᆞ야 此 文字를 輸入ᄒᆞᆷ애 哲學 詩學 文學 等을 發明ᄒᆞ고 中世에 付ᄒᆞ야 西紀元後 四百七十六年頃에 羅馬(로마)가 起ᄒᆞ야 此 文字 受用ᄒᆞ니 곳 羅馬字ㅣ라.

此 際ᄂᆞᆫ 歐西 諸國이 鼎立ᄒᆞ야 自國言語로 此를 依ᄒᆞ야 哲學 代數學 理化學을 創出ᄒᆞ고 英國(잉그리쓰)詩聖(지요사-)와 伊太利 詩仙(단테-)ᄀᆞᆺᄒᆞᆫ 人物이 輩出ᄒᆞᆷ이라.

近世史에 付ᄒᆞ야 西紀元後 一千四百二十六年頃은 歐人의 思想이 大變ᄒᆞ야 古代 精神을 輕히 너기고 中世 氣像을 重히 너기여 宗敎ᄅᆞᆯ 脫ᄒᆞ고 政治的 性質을 具ᄒᆞ야 新發明發見이 日進ᄒᆞᆷ에 詩文은 天然을 貴히 너기고 格式을 賤히 너기여 感情을 自在히 述ᄒᆞ고 史哲 理 化 星 數 醫 瀛 引力 微分 理財 元素 酸素 博物 硏究 望遠鏡 等은 自智를 透見ᄒᆞ고 兼ᄒᆞ야 印刷活字ᄅᆞᆯ 創出ᄒᆞ야 著述 版出ᄒᆞᆷ애 民이 容易히 看ᄒᆞ야 實業에 進ᄒᆞᆫ 故로 今日에 至ᄒᆞ기 歐米 諸國에 一大 新活路ᄅᆞᆯ 開ᄒᆞ야 其 形勢 我東洋을 蹂躪ᄒᆞ니 此ᄂᆞᆫ 文字에 便利ᄒᆞᆫ 一點에 在ᄒᆞᆷ이라. 其 功效ᄂᆞᆫ 임의 右에 表白ᄒᆞ얏도다. 淵源을 溯ᄒᆞᆫ則 其 宗敎의 開基ᄒᆞᆫ 者ᄂᆞᆫ다 亞洲에 產出ᄒᆞᆫ 人物이요 其 文化가 다 亞洲에 輸出ᄒᆞᆫ 바ㅣ로다.

嗚呼ㅣ라. 如斯ᄒᆞᆫ 先進의 亞洲ᄂᆞᆫ 現今 如何ᄒᆞᆫ 狀況에 在ᄒᆞ뇨. 永히 亞洲로 英佛人의 臣妾이 되야 終身ᄒᆞᆷ이 可ᄒᆞᆯᄭᆞ ᄯᅩᄒᆞᆫ 數千年前 固有에 光輝ᄀᆞᆺ치 歐米ᄅᆞᆯ 凌駕ᄒᆞᄂᆞᆫ 境遇에 回復ᄒᆞᆷ이 可ᄒᆞᆯᄭᆞ. 今에 亞洲全局을 統算ᄒᆞᆷ애 渺渺漠漠ᄒᆞᆫ 四千

六百年間에 國國이 萎凋廢絶ᄒᆞ야 南北西部ᄂᆞᆫ 임의 歐人 銅鐵鎖에 入ᄒᆞ고 다만 朝鮮 日本 支那(淸國)波斯(벳루샤)暹羅(사이암)五國이 獨立ᄒᆞ얏스ᄂᆞ 흠께 文明 妙味에 竝進치 못ᄒᆞ니 其 源由ᄂᆞᆫ 漢文象字ᄅᆞᆯ 信用ᄒᆞ고 自國國文을 賤히 너기야 尊古卑今에 弊習으로 宗敎束縛을 不脫ᄒᆞᄂᆞᆫ 一點에 不外ᄒᆞ도다. 未完

내용 요약

이 글에서 신해영은 한문자 사용에서 벗어나 국문자 사용을 지향하고 있다. 고대에서부터 문자는 상형 문자인 한문자와 발음 문자인 로마자 둘이 있었는데 한문은 글자의 종류가 많고 획법이 번거로워 사용하는 나라가 드물었다. 모든 것이 아시아에서 시작하였으나 아시아는 한문을 신용하고 자국 문자를 천히 여기는 등 폐습으로부터 벗어나지 못해 문명에 나아가지 못하였다. 하지만 유럽은 사용하기 편한 발음 문자를 사용하여 훌륭한 인물이 배출되고 문화가 발달하였으며, 농·상·광·직·제조업이 성하는 등 문명으로 나아갔다. 이 글에서 신해영은 조선이 문명으로 나아가지 못하는 근본적인 원인이 결국 자국 문자를 천히 여겼기 때문으로 보고 문명으로 나아가기 위해서는 한문자에서 벗어나야 한다고 주장하였다.

개념어	언어(言語), 문자(文字), 한문자(漢文字), 로마자(羅馬字), 상자(象字), 발음문자(發音文字), 우주(宇宙), 철학(哲學), 시학(詩學), 문학(文學), 대수학(代數學), 이화학(理化學), 미분(微分), 원소(元素), 산소(酸素), 망원경(望遠鏡), 실업(實業), 종교(宗敎), 서주인(西洲人), 구주인(歐洲人), 아세아주(亞洲), 구미(歐米), 이집트/에지부도(埃及), 지나(支那)/청국(淸國), 페니키아/후이니사(尼西亞), 그리스/찌라샤(希臘), 로마(羅馬), 영국/잉그리쓰(英國), 지요사-, 이태리(伊太利), 단테-, 페르시아/벳루샤(波斯), 타이/사이암(暹羅)

속편 : 한문자와 국문자의 손익여하[4] (漢文字와 國文字의 損益如何(續))

신해영(申海永)

전호의 속편이다.

오호라. 우리 조선국의 종교는 유교이다. 고대 이집트 이후, 기원전 2,000년경의 중국 은(殷)·주(周) 시대에 이 문자를 지나(支那, 중국)로부터 수입하였는데 오늘날에 이르러 (이 문자에) 지나치게 의존한 탓에 머리의 고질병을 고치기 어렵다. 무릇 처음 발명되었을 때에는 한문자(漢文字)도 기능이 없는 것은 아니었다. 그러나 아시아 전역에 고금을 통틀어 한문자로 만물의 이치를 실천한 성현과 영웅은 과연 몇 명이나 되는가. 큰 집은 한 사람의 힘으로는 건축하지 못하며, 큰 배도 한 사람의 힘으로는 운행하지 못한다. 지금 전국을 대상으로 통계를 내본다면 글자의 종류와 획법을 아는 사람조차도 전체의 백분의 일에 미치지 못할 것이다.

보건대, 도성 향읍의 많은 선비와 유생이 학문에 종사해서 통독과 강론에 능하지만 사대문 밖 장터에서 거래되는 근래의 쌀값에는 어두우며, 경사시서(經史詩書)의 깊은 뜻에는 능히 통달하나 현세대의 세상이 변화하는 형국은 알지 못하며, 사오십년 간 정력을 소모해서 백 권의 문집은 능히 저술하나 일개 생업은 마련하지 못하니, 이러한 인물을 일컬어 그저 책장사라고 해도 좋을 것이다. 그들이 할 수 있는 것이라고는 글자를 아는 것 외에 밥 먹는 일뿐이므

4 ≪大朝鮮獨立協會會報≫ 16호, 1897. 7. 15.

로 (그들은) 나라에는 쓸모없는 물건이고 경제에 방해되는 식객(食客)이라 하는 편이 옳을 것이다. 따라서 책을 읽고서 옛말 중에 부스러기만 맹신하는 것은 결코 학문이라고 칭하기 어렵다.

우리나라(대한제국) 개국 480년 전에 지덕이 훌륭하고 문무를 갖춘 세종대왕께서 국문을 발명하시니, 이는 입말의 소리(音)와 뜻(訓)에 의거하여 지으신 것이다. 이를 '국문독본(國文讀本)'이라 이름 짓고 하나는 '언문반절(諺文反切)'이라 이름 지으셔서 부모합음[5]에 자음을 병기하고, 모두 18행(行)에 196자(字)로 강령을 세우셨는데, 중간에 언어가 와전(訛傳)되어 그 중에서 잉이, ㅇ이, ㅣㅇ(ꝸ, ㅿ, ㆁ) 3행, 전체 33자는 탈락되었으므로[6] 오늘날 15행 철자로 변하여 음을 이루고 천변만화(千變萬化)의 다방면에 응용하였다. 이는 로마자와 그 의의가 매우 가까워서 사회의 상하계층이 함께 통하게 하고 편리(便利)를 제공하여 쉬이 학문에 나아가 궁리하게 된 것이다. 불행히도 한문에 권리를 빼앗긴 채 한문보다 낮은 등급으로 강등되어 국문을 규방의 아녀자 무리들 사이에 정(情)을 통하는 문자라고 배척하니 이 점은 서구인의 비웃음을 사기에 충분하다.

가령 한문자를 깨우칠 때에는 십년 동안 정력을 소비해도 겨우 절반의 의미를 짐작하겠지만, 국문자를 깨우칠 때에는 한 달 동안만 정력을 쏟아도 빠르게 전체의 의미를 이해할 것이다. 가령 어떤 이기(利器)나 기계를 발명하여 그

5 이때의 부음(父音)은 '자음(子音)'을 가리키는 것으로 추측된다.

6 원래 18행 196자였으나 3행 33자가 줄었다는 얘기인데, 이는 당시에 통용되던 반절표를 염두에 두어야 이해가 가능하다. 즉 세로줄에서 '가갸거겨고교구규그기ᄀᆞ' 등과 같이 모음의 교체가 이루어지고 가로줄에는 '가나다라마바사아자차카타파하'와 같이 자음의 교체가 이루어지는 반절표가 당시 '국문'을 습득하는 데 주로 사용되었다는 것은 익히 알려진 사실이다. 그런데 당시의 반절표는 가로(자음) 14줄, 세로(모음) 11줄이었고, 따라서 가로줄이 원래 18행이었다가 3행이 줄어 15행으로 되었다는 이 글의 내용과는 다소 거리가 있다.(사실 18행이면 198자야 되는데 196자라고 한 것 역시 실수로 보인다) 어쨌든 줄어든 3행이란 것은 소실된 자음자를 가리키는 것일 테고, 그렇다면 'ㅿ, ㆁ, ㆆ, ㅸ' 등이 그 대상이 되어야 할 것이다. 본문에서도 'ㅿ'과 'ㆁ'은 지적되고 있는데, 'ꝸ'로 표기된 것이 무엇인지는 알 수가 없다. 혹시 실학 시대 학자들이 언급했던 '◇'을 표기하려고 했던 것인지 모르겠다.

구조와 성질, 명칭을 한문자로 설명해서 큰 도시의 대로에 설치해 둔다면 배운 사람들은 알아볼 것이고 식견이 없는 사람들은 대수롭지 않게 여겨서 지나칠 터이나, 표지를 언문으로 적는다면 어떠한 성질, 명칭이라도 많은 사람들이 똑같이 이해하여 집을 짓고 물건을 만드는 일이 번성할 것이다. 가령 정부 및 경찰 업무의 율령을 매일같이 제출할 때에 이를 한문으로 게시할 때에는 배운 사람들은 알아볼 것이나 식견이 없는 자들은 합법과 불법에 대한 분별이 없어 엄금 혹은 처벌과 보호가 어떠한 것인지 몽연(懵然)[7]할 것이다. 가령 어떤 소매상점을 차려서 한문으로 간판을 달 때에 배운 사람들은 알아볼 것이나 식견이 없는 자들은 어떤 물건을 파는지 대수롭지 않게 여기고 지나갈 터이니 생업에 얼마나 손해를 끼치겠는가? 과연 학문은 한 개인이 소유하는 것이 아니라 만인이 함께 좇아서 이롭게 하는 것이다.

오호라. 오늘날 만국은 약육강식, 우승열패의 형세를 보여 그 참상을 차마 참을 수 없으나 동서양이 서로 합쳐 큰 영역을 이루고 또한 만국 자선주의(慈善主義)를 내걸어 서로 도우며 모든 종교는 각각의 국토, 인종을 불문하고 선교에 힘써서 일시동인(一視同仁)[8]의 성격을 띠게 되니, 현대는 만국이 동일한 추세를 따르는 시대이다. 어떤 직업이든지 교육과 실업도 학문이요, 어떤 종교이든지 도덕 실천도 학문이요, 일개 소매상인일지라도 상업 신용도 학문이요, 시세를 살피는 것도 학문이요, 외교공법도 학문이요, 언어연구도 학문이요, 사실탐구도 학문이라.

이에 일조하는 방법은 자국의 국문을 갈고 닦아서 전국적으로 성행하게 만드는 데 있으나, 오늘날에는 국문 고유의 성질을 복원하기 어렵다. 글자체는 옛것에 의존하나 자모합성과 음훈청탁(淸濁)이 교란되어 완전한 것은 열에 하나도 안 된다. 하루 속히 옛 국문을 잘 아는 교사로 하여금 국문을 교정하도록 하여 공·사립학교에서 전문적으로 교육하도록 장려해서 권여(權與)[9]를 세우

7 몽연(懵然): 사물(事物)의 속내를 잘 모름.
8 일시동인(一視同仁): 모두를 평등(平等)하게 보아 똑같이 사랑함.
9 권여(權與): 사물의 시초(始初).

고, 서구문명으로부터 수입한 무·유형의 학문을 그것으로 번역하고 전환하며 부연하고 연구하여 개별 지식의 역할을 발견하는 때에는, 가령 어떤 학교의 교육비와 학생의 등록금 4푼을 통해 상하계층이 함께 이용하는 학문을 익혀 문자로 전파하고 언어로 교환하여 그 영향이 전국에 널리 퍼지는 모습을 보아야 할 것이다.

이에 우리 조선국이 독립한 후에 정부도 일신하여 사회의 만사만물 중 오래된 것을 버리고 새로운 것으로 나아가고자 했는데, 국민의 새로운 변화를 위해 국문을 전용하도록 하는 훈련을 반포했을 때 여기저기 크고 작은 혼란이 있어 일시적인 동요를 초래하기에 이르렀다. 국가가 실제로 무엇을 표준으로 방침을 정할지 신구계층 간에 미혹해서 일정한 방향을 정하지 못한 것이 허다하다. 인간 세계의 큰 형세를 통해 살펴보면, 나라를 열고 정교(政敎)를 혁신하여 많은 사건이 발생했을지라도 국민 사이에 전래되는 덕심(德心)은 좌지우지할 수 없을 것이니, 이들 백성은 수천 년 동안 조선인이었다. 조선인은 스스로 조선인의 덕의(德義)를 지니고 있어서 어떠한 사물의 변동이 있을 때라도, 혹여 덕의 양은 감정에 따라 그때그때 변할 것이나 고유의 광휘를 잃어버리는 일은 없을 것이다. 가령 저수지의 맑은 물을 마구 흔든다고 이로 인해 수량이 줄어들 것이 아니고 또 성질이 변할 바가 아니나, 일시적인 흔들림으로 인해 탁해질 때에는 이를 보고 탁하지 않다고 말하기가 어렵다. 잠시 동안 탁한 것을 안정시킨다면, 고유의 깨끗함으로 돌아갈 것이므로 학문은 고유의 지식을 밝히는 것이고 그 밖의 것을 포착하는 일은 결코 없을 것이다.

오호라. 우리 2,000만 동포는 어떤 결심을 하였는가? 가사(家事)에 악착스럽게 매달리느라 집 밖의 사상에 미치지 못하고, 부모나라에 일편단심을 다하는 의협심이 전혀 없어서 고려반도는 영원히 침략당할 뿐이다. 이러한 사실에 생각이 미쳐 나는 분용(奮勇)[10]의 책임을 떠맡았으니, 비굴한 보수의 완미(頑迷)[11]한 습관을 벗어나 실력경쟁의 장에 들어가 굴레에 얽매인 자물쇠를

10 분용(奮勇): 용감히 떨쳐 일어나다.

11 완미(頑迷): 완강(頑强)하여 사리(事理)에 어둡다.

절단함으로써 열국의 폭거로부터 방위하고 대조선의 고유한 광휘를 밝히는 것이 소생이 밤낮으로 바라는 바이다. 일국일인이 사적으로 소유하는 학문을 배울 것인가, 만국만인이 함께 이용하는 학문을 배울 것인가? 매우 지혜로운 것과 매우 어리석은 것의 차이를 고르고 균등하게 할 수 있는 방법은 국문을 닦는 일밖에 없다.

입력 원문

漢文字와 國文字의 損益如何

신해영(申海永)

前號의 續이라

嗚呼ㅣ라. 我 朝鮮國에 宗敎는 儒道ㅣ라. 埃及後 二千年頃 殷周際에 此 文字를 支那로 븟터 輸入ᄒᆞ야 今日에 至ᄒᆞ기 酷히 信用ᄒᆞ야 腦髓에 痼疾을 醫ᄒᆞ기 難ᄒᆞ도다. 大抵 漢文字도 新發明 初ᄂᆞᆫ 功能이 不無ᄒᆞ나 亞洲全局 今古에 此를 以ᄒᆞ야 万事万物의 理ᄅᆞᆯ 實賤ᄒᆞᆫ 者ㅣ 幾個賢聖 幾個英傑이뇨. 大厦ᄂᆞᆫ 一人의 力을로 建築지 못ᄒᆞᆯ 바요 巨盤은 一人의 力으로 運轉치 못ᄒᆞᆯ 바ㅣ로다. 今에 全國을 統計ᄒᆞᆷ애 字의 種類와 畫法을 知ᄒᆞᄂᆞᆫ 者라도 百分의 一이 不滿ᄒᆞ도다. 目下 都城 鄕邑에 士者儒者ㅣ 多多히 學問에 從事ᄒᆞ야 善히 誦讀ᄒᆞ며 善히 講論ᄒᆞ나 門外一小市에 今日 米價 高下ᄅᆞᆯ 不知ᄒᆞ며 經史詩書의 奧旨ᄂᆞᆫ 能達ᄒᆞ나 今日 世帶에 事物變遷은 不知ᄒᆞ며 四五十年間 精力을 費耗ᄒᆞ야 百卷文集을 善히 著述ᄒᆞ나 一個 活計産業은 營立ᄒᆞ기를 不得ᄒᆞ니 此等 人物은 다만 書籍肆라 云ᄒᆞᆷ이 可ᄒᆞᆫ지라. 其 功能은 喫飯ᄒᆞᄂᆞᆫ 字典이라 謂ᄒᆞᆯ ᄲᅮᆫ이니 家國에 當ᄒᆞ야 無用의 長物이라 經濟ᄅᆞᆯ 妨害ᄒᆞᄂᆞᆫ 食客이라 ᄒᆞᆷ이 可ᄒᆞ도다. 이러ᄒᆞᆷ으로 書卷을 讀ᄒᆞ야 古人의 言論餘滓만 惑信ᄒᆞᆷ은 決코 學問이라고 稱하기ᄂᆞᆫ 難ᄒᆞ도다.

我國 紀元前 四百八十年頃에 우리 睿聖文武 世宗大王게옵셔 國文을 發明ᄒᆞ시니 此ᄂᆞᆫ곳 口上音訓을 依ᄒᆞ사 製ᄒᆞ숍이라. 此를(國文讀本)이라 名ᄒᆞ시고 一은 (諺文反切)이라 名ᄒᆞᄉᆞ 父母合音에 子音을 竝ᄒᆞ야 凡十八行에 百九十六字로

綱領을 立ᄒᆞ얏더니 中世에 言語ㅣ 訛轉ᄒᆞ야 잉이, ㆁ이, ㅣㆆ(ᅌ, ㅿ, ㆁ) 三行 凡 三十三字ᄂᆞᆫ 遺落ᄒᆞ고 現今 十五行綴字로 換舌成音ᄒᆞ야 千變万化에 隨方應用ᄒᆞ니 此ᄂᆞᆫ 羅馬字와 意味切近ᄒᆞ야 上下 社會的 人이 通共便利ᄒᆞ야 容易히 學問에 就ᄒᆞ야 究理ᄒᆞᆯ 바ㅣ라. 不幸히 漢文에 權利ᄅᆞᆯ 見奪ᄒᆞ고 下等에 沈落ᄒᆞᆯ ᄲᅮᆫ 아이라 此ᄅᆞᆯ 閨房間女子輩通情文字라 擯斥ᄒᆞ니 此 處에 歐米人 一大 笑資ᄅᆞᆯ 買ᄒᆞᆷ이 足ᄒᆞ도다.

假令 漢文字ᄅᆞᆯ 會得ᄒᆞᆯ 時ᄂᆞᆫ 十年 精力을 費ᄒᆞ야 僅僅히 半點意味ᄅᆞᆯ 領略ᄒᆞᆯ지나 國文字ᄅᆞᆯ 會得時ᄂᆞᆫ 一月精力을 勵ᄒᆞ야 頓然히 全體意味ᄅᆞᆯ 了解ᄒᆞᆯ 거시오. 假令 一個利器 機械ᄅᆞᆯ 發明ᄒᆞᆷ애 其 構造質理와 其 稱名을 漢文字로 說明ᄒᆞ야 大都會大道上에 特置ᄒᆞᆯ 時ᄂᆞᆫ 有識者ᄂᆞᆫ 認知ᄒᆞ고 婦孺隷僕肉眼輩ᄂᆞᆫ 尋常看過ᄒᆞᆯ터이나 此를 諺文으로 題表ᄒᆞᆫ 則 其 如何ᄒᆞᆫ 質理와 如何ᄒᆞᆫ 稱名을 千万人이 均知ᄒᆞ야 營造業에 富ᄒᆞᆯ 거시오 假令 政府及 警廳務에 律令을 日로 提出ᄒᆞ야 此를 漢文으로 揭示時ᄂᆞᆫ 有識者ᄂᆞᆫ 認知ᄒᆞᆯ 터이나 婦孺隷僕肉眼輩ᄂᆞᆫ 遵犯間에 迷惑ᄒᆞ야 禁罰과 保護가 如何ᄒᆞᆫ 거신지 懵然ᄒᆞᆯ 거시오 假令 一小 賣商店에 專業을 得ᄒᆞ야 此ᄅᆞᆯ 漢文으로 標榜ᄒᆞᆯ 時ᄂᆞᆫ 有識者ᄂᆞᆫ 認知ᄒᆞᆯ 터이나 婦孺隷僕肉眼輩ᄂᆞᆫ 何物을 ᄒᆞᄂᆞᆫ지 尋常看過ᄒᆞᆯ 터이니 其 活計營業에 損害가 如何ᄒᆞᆯ고 果然 學問은 一人의 私有ᄒᆞᆯ ᄶᅥᆫ 아니라 万人의 同由利ᄒᆞᆯ 바ㅣ 로다.

嗚呼ㅣ라. 万國 今日의 形勢를 見ᄒᆞᆷ애 弱肉强食 優勝劣敗ᄒᆞ야 慘狀不忍이나 東西洋이 相合ᄒᆞ야 一大國系 範圍ᄅᆞᆯ 成ᄒᆞᆷ애 ᄯᅩᄒᆞᆫ 万國 慈善主義을 建ᄒᆞ야 相憐相濟ᄒᆞ고 諸 宗教ᄂᆞᆫ 各各國土人種을 不問ᄒᆞ고 宣教를 務ᄒᆞ야 一視 同仁的 性質을 保持ᄒᆞ니 今日은 곳 万國 同歸 傾向에 時節이라 教育實業도 學問니오 何職業이던지道德貽行도 學問이오 何宗教던지 商業信用도 學問이오
一小賣商人이라도 時勢 善察도 學問이오 交際公法도 學問이오 言語相講도 學問이오 情實相探도 學問이라.

此에 裨益ᄒᆞᆷ은 自國 國文을 專修ᄒᆞ야 全國에 盛行ᄒᆞᆷ에 在ᄒᆞ나 現今國文의 素質을 還原ᄒᆞ기 難ᄒᆞ도다. 字體ᄂᆞᆫ 依舊ᄒᆞ나 子母合成과 音訓清濁이 紊錯ᄒᆞ야 完全ᄒᆞᆫ 者ㅣ 十에 一이 不滿이라 早早히 古調에 明白ᄒᆞᆫ 教師로 此를 校正ᄒᆞ야

公私學校에 專務奬勵ᄒᆞ야 權輿ᄅᆞᆯ 立ᄒᆞ고 歐西文明的 輸入ᄒᆞᆫ 無形學問 有形學問을 此로 譯ᄒᆞ고 此로 摺ᄒᆞ고 此로 演縮ᄒᆞ고 此로 參究ᄒᆞ야 各各智識에 領分을 發見ᄒᆞᄂᆞᆫ 時ᄂᆞᆫ 假令 一學校에 教育費金과 生徒의 修業金 四分에ᄂᆞᆫ 上流下流的 人物이 同由利用의 學問을 得ᄒᆞ야 文字로 傳播ᄒᆞ고 言語로 交換ᄒᆞ야 其 影響이 全國에 普洽홈을 立見ᄒᆞ리로다.

今에 我 朝鮮國이 獨立 後에 政府도 一新ᄒᆞ야 社會 万事 万物을 去舊就新홈애 國民의 新面目을 爲ᄒᆞ야 國文 專用의 訓令을 頒布ᄒᆞᆯ 際에 各各多少의 波瀾을 激ᄒᆞ야 一時의 動搖ᄅᆞᆯ 催ᄒᆞ고 今에 至ᄒᆞ기 家國實際에 何ᄅᆞᆯ 標準ᄒᆞ야 方針을 立ᄒᆞᆯ지 新舊間에 迷ᄒᆞ야 一定 方向을 不整ᄒᆞᄂᆞᆫ 者ㅣ 多多ᄒᆞ도다. 人間世界의 大勢로브터 見홈애 國을 開ᄒᆞ고 政教를 革ᄒᆞ야 幾多에 事件이 出來ᄒᆞᆯ지라도 國民의 遺傳ᄒᆞᆫ 德心은 左右홈을 不得ᄒᆞᆯ지니 斯民은 數千年來朝鮮人이라 朝鮮人은 스사로 朝鮮人의 德義가 有ᄒᆞ니 如何ᄒᆞᆫ 事物變動의 際라도 其 德의 量은 隨感應變ᄒᆞᆯ지나 其 固有의 光輝를 放홈은 不可ᄒᆞᆯ지라. 假令 儲水의 澄ᄒᆞᆫ 者를 震盪홈애 此에 因ᄒᆞ야 水量이 減ᄒᆞᆯ 바ᄂᆞᆫ 아니오 ᄯᅩ 其 性質이 變ᄒᆞᆯ 바ᄂᆞᆫ 아니나 一時震盪에 由ᄒᆞ야 濁ᄒᆞᆫ 時ᄂᆞᆫ 此를 目ᄒᆞ야 不濁ᄒᆞ다고 云ᄒᆞ기ᄂᆞᆫ 難ᄒᆞ도다. 少頃에ᄂᆞᆫ 此의 濁ᄒᆞᆫ 者를 安靜ᄒᆞᆫ즉 固有의 淸淨에 歸ᄒᆞᄂᆞ니 學問은 固有의 智織을 自明홈이오 境外에 捕捉ᄒᆞᄂᆞᆫ 바ᄂᆞᆫ 決無ᄒᆞ도다.

嗚呼ㅣ라. 우리 二千萬 同胞ᄂᆞᆫ 如何ᄒᆞᆫ 決心에 在ᄒᆞᆯ고 家事에 齷齪ᄒᆞ야 屋外에 思想이 不及ᄒᆞ고 父母國에 一片丹誠을 盡ᄒᆞᄂᆞᆫ 義俠이 頓無ᄒᆞᆫ 則 高麗半島ᄂᆞᆫ 永히 陸沈ᄒᆞᆯ ᄲᅮᆫ이라. 玆에 想到홈애 吾人은 奮勇一番의 責任을 各擔ᄒᆞ얏스니 卑屈保守의 頑迷習慣을 脫ᄒᆞ고 實力競爭의 域에 就ᄒᆞ야 羈絆에 縶ᄒᆞᆫ 鎖鑰을 切斷ᄒᆞ야ᄡᅥ 列國의 暴虐을 防衛ᄒᆞ고 大朝鮮의 古有ᄒᆞᆫ 光輝을 發홈이 小生의 日夜 企望ᄒᆞᄂᆞᆫ 바ㅣ라. 一國一人의 私有ᄒᆞᆯ 學問을 學ᄒᆞᆯᄭᅡ 萬國萬人의 同由 利用ᄒᆞᆯ 學問을 學ᄒᆞᆯᄭᅡ 萬智萬愚의 平等均得ᄒᆞᆯ 者ᄂᆞᆫ 國文專修ᄒᆞᄂᆞᆫ 一點에 不外ᄒᆞᆯ ᄯᅳᆺ.

내용 요약

오늘날 아시아 각국에는 만물의 이치를 알지 못한 채로 한문을 맹신하는 사람이 많다. 한문고전에는 능하면서 정작 생활이나 세상 돌아가는 일에 대해 무지한 사람들은 무능하고 불필요하다. 세종대왕이 발명한 국문은 로마자의 경우처럼 사회 각 계층에서 사용되었으나 한문보다 저급하게 취급되었다. 그러나 유식자만 이해하는 한문자와는 달리, 국문은 빠르게 이해할 수 있으며 더 많은 계층의 사람들의 이해를 돕는데 유용하다. 학문이란 본래 많은 사람이 함께 추구하여 이롭게 하는 것이다. 학문을 전파하기 위해서는 먼저 원래의 국문을 회복해야 하며, 서구 문명에서 수입한 무형, 유형의 학문을 교정된 국문으로 번역하고 연구해야 한다. 상하계층이 함께 이용하는 학문을 얻어 문자로 전파하면 그 영향이 전국에 널리 퍼질 것이다.

개념어 조선국(朝鮮國), 국민(國民), 가국(家國), 동포(同胞), 독립(獨立), 사회(社會), 상하사회적인(上下社會的人, 구미인(歐美人), 동서양(東西羊), 국토인종(國土人種), 정부(政府), 부모국(父母國), 고려반도(高麗半島), 대조선(大朝鮮), 종교(宗教), 학문(學問), 권리(權利), 발명(發明), 영조(營造), 약육강식(弱肉强食), 우승열패(優勝劣敗), 교육(教育), 실업(實業), 선교(宣教), 직업(職業), 상업(商業), 신용(信用), 교제(交際), 공법(公法), 교사(教師), 공사학교(公私學校), 문명(文明), 국문(國文), 국문자(國文字), 한문자(漢文字), 언어(言語), 로마자(羅馬字), 부모합음(父母合音), 자음(子音), 국문독본(國文讀本), 언문반절(諺文反切)

6. 사설(社說)[1]

저자 미상

⊙ 옛날 우리 동방에 단군이 처음 내려오시매 인문이 아직 열리지 않아 그 전래하는 문헌이 없더니, 기자께서 팔조(八條)를 설정하시어 인민을 교육하시니 가히 우리나라에 처음으로 나타나신 제일의 성인이라 할 만하다. 그 후에 인민이 개명하고 서책이 점점 나와 신라와 고려에 이름난 선비가 적지 않았으나, 고루하고 과문하여 한탄할 바가 오히려 많았다. 그러다가 태조 대왕께서 크나큰 사업을 작정하시고 학문을 높이는 정치를 펴시어 백성을 인도하신 결과 문명의 경계에 진입하게 하시니, 백여 년 사이에 천하의 성스럽고 뛰어난 경전과 옛글이 모이지 않는 것이 없었으며, 이로 인해 현인이 배출되고 좋은 문장이 더불어 세상에 나와 그 흥한 기상이 가히 천하에 비교할 만했으되, 기와와 쇠의 바탕이 다르고 이와 뿔을 모두 구비하기가 어렵듯이[2] 모두 학업에 나아가기가 어렵기 때문에, 세종대왕께서 별도의 문자를 창제하시어 어리석은 백성들로 하여금 개명케 하시니, 이것을 일러 국문이라 한다. 그 글자가 극히 간단하고 극히 쉬워 비록 어린 아이라고 하더라도 달포 정도만 공을 들이면 평생 써먹기에 족할 정도이다. 그러나 이것을 일생 동안 써먹는 자가 열에 대여섯에 그치더니 우리 대황제 폐하께서 갑오년의 중흥을 맞이하여 자주독립하는 기초를 확정하시고 새롭게 개혁하라는 명을 내리실 때, 특히 기자 성인

1 ≪皇城新聞≫ 1호, 1898. 9. 5.
2 사람마다 다 자질과 능력이 다름을 의미함.

이 내려주신 문자와 선왕께서 창조하신 문자를 병행하게 하시려고 공사문헌을 국한문으로 혼용하라는 조서를 내리셨으니, 모든 벼슬아치가 그 직을 따르기 위해 분주히 받들어 행한 결과, 근일에 관보와 각 부군(府郡)의 훈령 지령과 각 군의 청원서 보고서가 바로 이것이다. 오늘 본사에서도 신문을 확장하는데 먼저 국한문을 함께 쓰는 것은 오로지 대황제 폐하의 성스러운 조서를 본받고 좇으려는 것이 본의요, 그 다음은 옛글과 지금의 글을 아울러 전하고자 함이요, 그 다음은 여러 점잖은 분들이 함께 보시는 데 쉽게 하고자 함이로다.

입력 원문

社說

⊙ 昔我東方에 檀君이 初降ᄒᆞᄆᆡ 人文이 未創ᄒᆞ야 其傳來ᄒᆞᄂᆞᆫ 文獻이 足히 徵ᄒᆞᆯᄇᆡ 無하더니 箕子ᄭᅴ셔 八條ᄅᆞᆯ 設ᄒᆞ샤 人民을 敎育ᄒᆞ시니 可히 我東의 初出頭ᄒᆞᆫ 第一個聖人이라 謂ᄒᆞᆯ지라 其後에 人民이 開明ᄒᆞ고 書冊이 稍聚ᄒᆞ야 羅朝의 巨擘과 麗廷의 名士가 不多홈이아니로ᄃᆡ 固陋寡聞ᄒᆞᆫ 歎이 尙多ᄒᆞ더니 太祖大王ᄭᅴ셔 艱大ᄒᆞ신 業을 定ᄒᆞ시고 右文ᄒᆞᄂᆞᆫ 治ᄅᆞᆯ 先ᄒᆞ샤 一世의 民을 毆ᄒᆞ야 文明의 域애 進케ᄒᆞ시니 百餘年間에 天下의 聖經賢傳과 遺文古事가 無不畢集ᄒᆞᆫ지라 於是乎賢人이 輩出ᄒᆞ고 文章이 並世ᄒᆞ야 其作興ᄒᆞᆫ 氣像이 可히 天下에 侔擬ᄒᆞᆯ만ᄒᆞ나 然ᄒᆞ나 瓦金이 質이 異ᄒᆞ고 齒角이 俱키 難ᄒᆞ야 能히 人人마다 學業에 就키 難홈으로 惟我
世宗大王ᄭᅴ셔 別노 一種文字ᄅᆞᆯ 創造ᄒᆞ샤 愚夫愚婦로 無不開明케ᄒᆞ시니 曰國文이라 其文이 克簡克易ᄒᆞ야 雖童穉兒女라도 時月의 工을 推ᄒᆞ면 可히 平生의 用이 足ᄒᆞᆯ지라. 是로 以ᄒᆞ야 一世에 傳習ᄒᆞᄂᆞᆫ 者十에 五六에 至ᄒᆞ더니 欽惟
大皇帝陛下ᄭᅴ셔 甲午中興之會ᄅᆞᆯ 適際ᄒᆞ샤 自主獨立ᄒᆞ시ᄂᆞᆫ 基礎ᄅᆞᆯ 確定ᄒᆞ시고 一新更張ᄒᆞ시ᄂᆞᆫ 政令을 頒布ᄒᆞ실ᄉᆡ 特이 箕聖의 遺傳ᄒᆞ신 文字와
先王의 創造ᄒᆞ신 文字로 並行코져ᄒᆞ샤 公私文牒을 國漢文으로 混用ᄒᆞ라신 勅敎ᄅᆞᆯ 下ᄒᆞ시니 百揆가 職을 率ᄒᆞ야 奔走奉行ᄒᆞ니 近日에 官報와 各府郡의 訓令指令과 各郡에 請願書報告書가 是라 現今에 本社에셔도 新聞을 擴張ᄒᆞᄂᆞᆫᄃᆡ몬져 國漢文을 交用ᄒᆞᄂᆞᆫ거ᄉᆞᆫ 專혀
大皇帝陛下의 聖勅을 式遵ᄒᆞᄂᆞᆫ 本意오 其次ᄂᆞᆫ 古文과 今文을 幷傳코져홈이오. 其次ᄂᆞᆫ 僉君子의 供覽ᄒᆞ시ᄂᆞᆫᄃᆡ 便易홈을 取홈이로라.

내용 요약

≪황성신문≫의 창간호에 실린 '사설'로 신문의 표기 방식을 왜 국한문으로 하는가에 대해 쓰고 있다. 갑오개혁 때 기자가 전해준 문자와 세종이 창제한 문자를 국문과 병행하라는 황제의 조칙을 따르기 위해 국한문을 채택했다고 한다. 또한 옛글과 오늘날의 글을 함께 전하고, 많은 사람들에게 편리함을 주기 위한 목적도 있다. 이 사설에서 기자는 '우리나라 최초의 성인'으로 기록되는데, 이것은 단군을 단순한 인종적 선조로 보는 견해와 대조를 이룬다. 그 이유는 기자가 문자를 이 땅에 최초로 보급했다는 데 있다. 문자가 문맹탈출의 기본이라면 국문의 사용은 이를 위해 가장 유용할 것이다. 사설은 국문을 한문과 병기하는 이유를 바로 이런 관점에서 설명하고 있다.

개념어 동방(東方), 단군(檀君), 인문(人文), 기자(箕子), 팔조(八條), 인민(人民), 교육(敎育), 성인(聖人), 개명(開明), 태조(太祖), 문명(文明), 성경현전(聖經賢傳), 유문고사(遺文古事), 문장(文章), 학업(學業), 세종(世宗), 문자(文字), 우부우부(愚夫愚婦), 국문(國文), 갑오중흥지회(甲午中興之會), 자주독립(自主獨立), 국한문 혼용(國漢文混用), 고문(古文), 금문(今文), 첨군자(僉君子), 공람(供覽)

7. 국문론[1]

주상호

○ 주상호 씨가 〈국문론〉을 지어 신문사에 보냈기에 아래에 기재한다.

내가 한 달 정도 전에 국문과 관련하여 신문에서 국문이 한문보다 매우 문리가 있고 경계가 분명하며 편리하고 요긴할 뿐만 아니라 영문보다도 더 편리하고 글자들의 음을 알아보기가 분명하고 쉬운 것에 대해 말하였다. 지금은 국문을 가지고 어떻게 써야 옳을 것인지를 말하겠다. 어떤 사람이든지 남이 지은 글을 보거나 내가 글을 지으려 할 때 문법을 모르면 남이 지은 글을 볼지라도 그 말뜻에 옳고 그른 것을 능히 판단치 못하는 법이요, 내가 글을 지을지라도 능히 문리와 경계를 옳게 쓰지 못하는 법이니, 어떤 사람이든지 먼저 말의 법식을 배워야 한다. 이때까지 조선에서 조선말의 법식을 아는 사람도 없고, 또 조선말의 법식을 배우는 책도 만들지 않았으니 어찌 부끄럽지 않겠는가. 그러나 다행히 최근에 학교에서 조선말의 경계를 속속들이 연구하고 공부하여 어느 정도 분석한 사람들이 있으니, 지금은 선생이 없어서 배우지 못하겠다는 말들도 못할 것이다. 문법을 모르고 글을 보거나 짓는 것은 글의 뜻은 모르고 입으로 읽기만 하는 것과 같다. 바라건대 지금 조선 안에 학업의 임무를 맡은 이는 다만 한문 학교나 또 그 외의 외국 문자를 가르치는 학교 몇들만 가지고 이 급한 세월을 보내지 말고, 조선말로 문법책을 정밀하게 만들어서 모든 사람들이 글을 볼 때에 그 글의 뜻을 분명히 알아보고 글을 지을 때에도 법식에 맞고 남이 알아보기

1 ≪독립신문≫ 134, 1897. 9. 25. / ≪독립신문≫ 135호, 1897. 9. 28.

가 쉽고 문리와 경계가 밝아지도록 가르쳐야 하겠고, 국문으로 옥편을 만들어야 할 것이다. 옥편을 만들자면 각종 말의 글자들을 다 모으고, 글자들마다 뜻도 다 자세히 보여야 하며, 글자들의 음을 분명하게 나타내야 할 텐데, 높고 낮은 음의 글자에 표시를 각기 하면 음이 높은 글자에는 점 하나를 찍고, 음이 낮은 글자에는 점을 찍지 말고 점이 없는 것으로 표를 삼아 옥편을 만들면 누구든지 글을 짓거나 책을 보다가 무슨 말의 음이 분명치 못한 곳이 있을 때 옥편만 펴고 보면 확실하게 알 것이다. 근일에는 높고 낮은 음들을 분간하되 위 자는 높게 쓰고 아래 자는 낮게 쓰니, 가령 사람의 몸속에 있는 '담'이라 할 것 같으면 이 '담'이라 하는 음은 높으니 위 '다' 자에 '미음(ㅁ)'을 받치면 되겠고, 흙이나 돌로 쌓은 '담'이라 할 것 같으면 이 '담'이라 하는 말의 음은 낮으니 아래 'ᄃᆞ' 자에 '미음(ㅁ)'을 받치면 높고 낮은 말의 음을 분간할 수 있다. 그러나 위 자와 아래 자가 있는 경우 높고 낮은 말의 음을 따로 표시하지 않아도 분간할 수 있지만, 만일 중간 글자가 이 경계에 나타나면 중간 글자는 위 자와 아래 자가 없으니 어찌 분간할 수가 있겠는가. 설사 약국에서 약을 가는 '연'이라 할 것 같으면 이 '연'이라 하는 말의 음은 높으나 '여'자에 이연할 수밖에는 없고, 아이들이 날리는 '연'이라 할 것 같으면, 이 '연'이라 하는 말의 음은 낮으나 '여'자에 이연할 수밖에는 없다. '여'자는 위 '여' 자와 아래 '여' 자가 없기 때문에 이런 경우를 만나면 앞에서 '담' 자를 가지고 말한 것과 같이 위 자와 아래 자를 가지고 높고 낮은 말의 음을 분간할 수가 없다. 따라서 점찍는 법이 아니면 높고 낮은 말의 음을 분간하는 것이 쉽지 않으니 옥편에는 반드시 점찍는 법을 써야 한다. 또 글자들을 모아 옥편을 꾸밀 때에 門(문)이라 할 것 같으면 도무지 한문을 못 배운 사람이 한문으로 '문(한자훈) · 문(한자음)'자는 모르나 '문'이라 하는 것은 열면 사람들이 드나들고 닫히면 사람들이 드나들지 못하는 것인 줄로 다 안다. 따라서 '문'이라 하는 것은 한문 글자 음일지라도 곧 조선말이니 '문'이라고 쓰는 것이 마땅한 것이요, 또 飮食(음식)이라 할 것 같으면 '마실 · 음', '밥 · 식' 자인 줄을 모르는 사람이라도 사람들의 입으로 먹는 물건들을 음식이라 하는 줄로 다 안다. 따라서 이런 말도 또한 마땅히 쓸 것이요, 山(산)이라 하든지

江(강)이라 할 것 같으면 이런 말들은 다 한문 글자의 음이나 또한 조선말이니 이런 말들은 다 쓰는 것이 무방할 뿐만 아니라 마땅하다. 만일 한문을 모르는 사람들이 한문의 음으로 써 놓은 글자의 뜻을 모른다면, 단지 한문을 모르는 사람들만 모르는 것이 아니라 (한문을 아는 사람들도 음만 가지고서는 알지 못한다.)

ㅇ 주상호씨 국문론(전호 연속)

한문을 아는 사람일지라도 한문의 음만 취하여 써 놓아 흔히 열 자일 경우에 일곱이나 여덟 자는 모르니 차라리 한문 글자로 쓰면 한문을 아는 사람들이나 시원하게 뜻을 알 것이다. 그러나 한문을 모르는 사람에게는 어떻게 할까. 이런즉 한문 글자의 음이 조선말이 되지 않은 것은 쓰지 말아야 옳다. 또 조선말을 영문으로 뜻을 똑같이 번역할 수가 없는 마디도 있고, 영문을 조선말로 그 뜻을 똑같이 번역할 수가 없는 마디도 있으며, 한문을 조선말로 뜻을 똑같이 번역할 수가 없는 마디도 있고, 조선말을 한문으로 그 뜻을 똑같이 번역할 수가 없는 마디도 있다. 이는 세계 모든 나라들의 말이 간혹 뜻이 똑같지 않은 마디가 더러 있으나 뜻이 비슷한 말은 있는 법이니, 한문이나 영문이나 또 그 외에 아무 나라 말이라도 혹 조선말로 번역할 때에는 그 말뜻의 대강만 가지고 번역하여야지, 만일 그 말의 마디마다 뜻을 새겨 번역하면 번역하기도 어려울 뿐더러 그리하면 조선말을 망치는 것이다. 어떤 나라 말이든지 특별히 조선말로 번역하는 이유는 외국 글을 아는 사람을 위하여 번역하는 것이 아니요 외국 글을 모르는 사람을 위하여 번역함이다. 그 이유가 이러한즉 아무쪼록 외국 글을 모르는 사람들이 다 알아보기에 쉽도록 번역하여야 옳을 것이다. 또 아직 옳게 쓰지 못하는 글자가 많다. 설령 '이것이'라는 말을 '이것이'라고 쓰는 사람도 있고 '이거시'라고 쓰는 사람도 있으니, 이는 문법을 모르기 때문이다. 가령 어떤 사람이 어떤 책을 가리키며 '이것이 나의 책이다'라고 할 것 같으면, 그 물건의 원래 이름은 책인데 '이것이'라고 하는 말은 그 책을 잠시 대신 이름한 것이다. 그런즉 '이것' 두 글자는 그 책이 대신 이름된 말이요, 바로 이어 나오는 한 글자 '이'는 그 대신 이름된 말밑에 토로 들어가는 것이다. 토 '이'자를 빼고 읽어보면 사람마다 '이것'이라고 부르지 '이거'라고 부르는 사람은 없다. 토 '이'자까지 합하여 놓고 읽어보면 음으로는 '이것이' 하는 것과 '이거시' 하는 것이 두 가지가 모두 음은 같다. 이 까닭은 반절(훈민정음) 속에 '아' 자 줄은 다 모음인데, 모음 글자들은 음이 다 늦다. '이' 자도 모음 글자요, 또한 음이 늦은 고로 '이것이' 할 것 같으면 'ㅅ'이 받침으로 음의 중간에 있어 '이' 자는 '시' 자 음과 같고, '것' 자는 '거' 자 음과 같다. 음이 이렇게 되는 줄은 모르고 '이것시'라고 쓰는 사람은 '이것' 자는 옳게 썼지만 그 토는 '이' 자로 쓸 것을 '시' 자로 썼으니 한 가지는 틀렸고, '이거시'라고 쓰는 사람은 '이것'이라고 쓸 것을 '이거'자로 썼으며 '이'자로 쓸 것을 '시' 자로 썼으니 이름된 말이나 그 이름된 말밑에 들어가는 토나 두 글자가 다 틀렸으니 문법으로는 큰 실수다. 이 아래 몇 가지 말을 기록하니 이 몇 가지만 가지고 미루어 볼 것 같으면 다른 것들도 또한 다 이와 같다. 설령 (墨 먹으로) 할 것을 '머그로' 하지 말고, (手 손에) 할 것을 '소네' 하지 말고, (足 발은) 할 것을 '바른' 하지 말고, (心 맘이) 할 것을 '마미' 하지 말고, (飯 밥을) 할 것을 '바블' 하지 말고, (筆 붓에) 할 것을 '부세' 하지 말 것이니, 이런 말의 경계들을 다 옳게 찾아 써야 하겠다. 또 글을 쓸 때에는 왼편에서 시작하여 오른 편으로 가며 쓰는 것이 매우 편리하다. 오른 편에서 시작하여 왼편으로 쓰면 글씨를 쓰는 손에 먹이 묻고 먼저 쓴 글씨 줄은 손에 가려서 보이지 않으니, 먼저 쓴 글의 줄들을 보지 못하면 그 다음에 써 내려 가는 글의 줄이 혹 삐뚤어질까 염려도 되고 먼저 쓴 글씨 줄들의 뜻을 생각해 가며 차차 앞줄을 써 내려가기가 어려우니 글씨를 왼편으로부터 오른 편으로 써가는 것이 매우 편리하겠다.

입력 원문

국문론

쥬샹호

○ 쥬샹호씨가 국문 론을 지여 신문샤에 보내엿기에 좌에 긔ᄌᆡ ᄒᆞ노라.
내가 월젼에 국문을 인연 ᄒᆞ야 신문에 이약이 ᄒᆞ기를 국문이 한문 보다ᄂᆞᆫ ᄆᆡ우 문리가 잇고 경계가 ᄇᆞᆰ으며 편리 ᄒᆞ고 요긴 ᄒᆞᆯ ᄲᅮᆫ더러 영문보다도 더 편리 ᄒᆞ고 글ᄌᆞ들의 음을 알아보기가 분명 ᄒᆞ고 쉬은것을 말ᄒᆞ엿거니와 지금은 국문을 가지고 엇더케 써야 올을것을 말 ᄒᆞ노니, 엇던 사ᄅᆞᆷ이던지 남이 지여노은 글을 보거나 내가 글을 지으랴 ᄒᆞ거나 그 사ᄅᆞᆷ이 문법을 몰으면 남이 지여노은 글을 볼지라도 그말 ᄯᅳᆺ에 올코 글은 것을 능히 판단치 못 ᄒᆞᄂᆞᆫ 법이요 내가 글을 지을지라도 능히 문리와 경계를 올케 쓰지 못 ᄒᆞᄂᆞᆫ 법이니 엇던 사ᄅᆞᆷ이던지 몬져 말의 법식을 ᄇᆡ화야 ᄒᆞᆯ지라. 이ᄯᆡᄭᆞ지 죠션 안에 죠션 말의 법식을 아ᄂᆞᆫ 사ᄅᆞᆷ도 업고 ᄯᅩ 죠션 말의 법식을 ᄇᆡ으ᄂᆞᆫ ᄎᆡᆨ도 ᄆᆞᆫ들지 아니 ᄒᆞ엿스니 엇지 붓그럽지 아니 ᄒᆞ리요. 그러나 다ᄒᆡᆼ이 근일에 학교에셔 죠션 말의 경계를 궁구 ᄒᆞ고 공부 ᄒᆞ여 젹이 분셕ᄒᆞᆫ 사ᄅᆞᆷ들이 잇스니 지금은 션ᄉᆡᆼ이 업셔셔 ᄇᆡ으지 못 ᄒᆞ겟다ᄂᆞᆫ 말들도 못 ᄒᆞᆯ터이라. 문법을 몰으고 글을 보던지 짓ᄂᆞᆫ 것은 글의 ᄯᅳᆺ은 몰으고 입으로 닑기ᄆᆞᆫ ᄒᆞᄂᆞᆫ것과 ᄯᆞᆨ ᄀᆞᆺᄒᆞᆫ지라. 바라건ᄃᆡ 지금 죠션 안에 학업의 직림을 ᄆᆞᆺᄒᆞᆫ 이ᄂᆞᆫ 다ᄆᆞᆫ 한문 학교나 ᄯᅩ 그외에 외국 문ᄌᆞ ᄀᆞᆯᄋᆞ치ᄂᆞᆫ 학교 몃들ᄆᆞᆫ ᄀᆞ지고 이 급ᄒᆞᆫ 셰월을 보ᄂᆡ지 말고 죠션 말노 문법ᄎᆡᆨ을 졍밀 ᄒᆞ게 ᄆᆞᆫ드어셔 남녀 간에 글을 볼 ᄯᆡ에도 그 글의 ᄯᅳᆺ을 분명이 알아보고 글을 지을 ᄯᆡ에도 법식에 ᄆᆞᆺ고 남이 알아 보기에 쉽고 문리와 경계가 붉게 짓도록 글ᄋᆞ쳐야 ᄒᆞ겟고 ᄯᅩᄂᆞᆫ 불가불 국문으로 옥편을 ᄆᆞᆫ드러랴 홀지라. 옥편을 ᄆᆞᆫ드쟈면 각식 말의 글ᄌᆞ들을 다 모으고 글ᄌᆞ들 마다 ᄯᅳᆺ들도 다 ᄌᆞ셰히 낼연니와 불가불 글ᄌᆞ들의 음을 분명 ᄒᆞ게 표 ᄒᆞ여야 홀터인ᄃᆡ 그 놉고 나즌 음의 글ᄌᆞ에 표를 각기 ᄒᆞ쟈면 음이 놉흔 글ᄌᆞ에ᄂᆞᆫ 뎜 ᄒᆞ나를 치고 음이 나즌 글ᄌᆞ에ᄂᆞᆫ 뎜을 치지 말고 뎜이 업ᄂᆞᆫ것으로 표를 삼아 옥편을 ᄭᅮᆷ일것 ᄀᆞᆺᄒᆞ면 누구던지 글을 짓거나 ᄎᆡᆨ을 보다가 무ᄉᆞᆷ 말의 음이 분명치 못ᄒᆞᆫ 곳이 잇ᄂᆞᆫ ᄯᅢ에ᄂᆞᆫ 옥편ᄆᆞᆫ 펴고 보면 환 ᄒᆞ게 알지라. 근일에 놉고 나즌 음들을 분간 ᄒᆞ되 웃ᄌᆞᄂᆞᆫ 놉게 쓰고 아ᄅᆡ ᄌᆞᄂᆞᆫ 낫게 쓰니 셜령 사ᄅᆞᆷ의 목 속에 잇ᄂᆞᆫ 담이라 홀것 ᄀᆞᆺᄒᆞ면 이 담이라 ᄒᆞᄂᆞᆫ 말의 음은 놉흐니 웃 다ᄌᆞ에 미옴을 밧치면 되겟고 흙이나 돌노 ᄊᆞ은 담이라 홀것 ᄀᆞᆺᄒᆞ면 이 담이라 ᄒᆞᄂᆞᆫ ᄒᆞᄂᆞᆫ 말의 음은 나즈니 아ᄅᆡ ᄃᆞ ᄌᆞ에 미옴을 밧치면 놉고 나즌 말의 음을 분간 ᄒᆞ겟스나 ᄆᆞᆺ침 웃 ᄌᆞ와 아ᄅᆡ ᄌᆞ가 이러케 되ᄂᆞᆫ것슬 만낫스니가 놉고 나즌 말의 음을 표가 업셔도 분간이 되지, 만일 즁간 글ᄌᆞ가 이런 경계와 ᄀᆞᆺ흔것을 맛나면 즁간 글ᄌᆞᄂᆞᆫ 웃 ᄌᆞ와 아ᄅᆡ ᄌᆞ가 업스니 엇지 분간 홀슈가 잇나뇨. 셜ᄉᆞ 약국에서 약을 가ᄂᆞᆫ 연이라 홀것 ᄀᆞᆺᄒᆞ면 이 연이라 ᄒᆞᄂᆞᆫ 말의 음은 놉흐나 여ᄌᆞ에 이 연 홀슈 밧긔ᄂᆞᆫ 더 업고 아희들이 날니 ᄂᆞᆫ 연이라 홀것 ᄀᆞᆺᄒᆞ면 이 연이라 ᄒᆞᄂᆞᆫ 말의 음은 나즈나 여ᄌᆞ에 이연 홀슈 밧긔ᄂᆞᆫ 더 업스며 여ᄌᆞᄂᆞᆫ 웃 여ᄌᆞ와 아ᄅᆡ 여ᄌᆞ가 업스니 이런 경우를 맛나면 이 우에 담ᄌᆞ를 ᄀᆞ지고 말 ᄒᆞᆫ것과 ᄀᆞᆺ치 웃 ᄌᆞ와 아ᄅᆡ ᄌᆞ를 ᄀᆞ지고 놉고 나즌 말의 음을 분간 홀슈가 업슨즉 뎜치ᄂᆞᆫ 법이 아니면 놉고 나즌 말의 음을 분간 ᄒᆞᄂᆞᆫ것이 공평치가 못 ᄒᆞ니 불가불 옥편에ᄂᆞᆫ 뎜치ᄂᆞᆫ 법을 써야 ᄒᆞ겟고 ᄯᅩ 글ᄌᆞ들을 모아 옥편을 ᄭᅮᆷ일 ᄯᅢ에 門 문이라 홀것 ᄀᆞᆺᄒᆞ면 모도지 한문을 못 ᄇᆡ은 사ᄅᆞᆷ이 한문으로 문문 ᄌᆞᄂᆞᆫ 몰으나 문이라 ᄒᆞᄂᆞᆫ것슨 열면 사ᄅᆞᆷ들이 드나들고 닷치면 사ᄅᆞᆷ들이 드나들지 못 ᄒᆞᄂᆞᆫ것인쥴노ᄂᆞᆫ 다아니 문이라 ᄒᆞᄂᆞᆫ것은 한문 글ᄌᆞ의 음일지라도 곳 죠션 말이니 문이라고 쓰ᄂᆞᆫ 것이 ᄆᆞᆺ당 홀것이요 ᄯᅩ 飮食 음식이라 홀것 ᄀᆞᆺᄒᆞ면 마실음 밥식ᄌᆞ인쥴을 몰으ᄂᆞᆫ 사ᄅᆞᆷ이라도 사ᄅᆞᆷ들의 입으로 먹ᄂᆞᆫ 물건들을 음식이라 ᄒᆞᄂᆞᆫ 쥴노ᄂᆞᆫ 다 아니 이런 말도 ᄯᅩᄒᆞᆫ ᄆᆞᆺ당이 쓸것이요 山 산이라 ᄒᆞ던지 江 강이라 홀것 ᄀᆞᆺᄒᆞ면 이런 말들은 다 한문 글ᄌᆞ의 음이나 ᄯᅩᄒᆞᆫ 죠션 말이니 이런 말들은 다 쓰는것이 무방 ᄒᆞᆯᄲᅮᆫ더러 ᄆᆞᆺ당 ᄒᆞ려니와 만일 한문을 몰ᄋᆞ는 사ᄅᆞᆷ들이 한문의 음으로 써셔 노은 글ᄌᆞ의 ᄯᅳᆺ을 몰을것 ᄀᆞᆺᄒᆞ면 단지 한문을 몰ᄋᆞ는 사ᄅᆞᆷ들ᄆᆞᆫ 아지 못ᄒᆞᆯᄲᅮᆫ이 아니라. (미완)

ㅇ 쥬샹호씨 국문 론(젼호 연쇽)

한문을 아는 사ᄅᆞᆷ일지라도 한문의 음ᄆᆞᆫ 취 ᄒᆞ야 쎠셔 노은 고로 흔이 열 ᄌᆞ면은 일곱이나 여ᄃᆞᆲ은 몰ᄋᆞ나니 차아리 한문 글ᄌᆞ로나 쓸것 ᄀᆞᆺᄒᆞ면 한문을 아는 사ᄅᆞᆷ들이나 시원이 ᄯᅳᆺ을 알것이라. 그러나 한문을 몰ᄋᆞ는 사ᄅᆞᆷ에게는 엇지 ᄒᆞ리요. 이런즉 불가불 한문 글ᄌᆞ의 음이 죠션말이 되지 아니 ᄒᆞᆫ것은 쓰지 말아야 올을것이요, ᄯᅩ 죠션 말을 영문으로 ᄯᅳᆺ을 ᄯᅩ 갓치 번력 ᄒᆞᆯ슈가 업는 마ᄃᆡ도 잇고 영문을 죠션 말노 ᄯᅳᆺ을 ᄯᅩᆨ갓치 번력 ᄒᆞᆯ슈가 업는 마ᄃᆡ도 잇스며 한문을 죠션말노ᄯᅳᆺ을 ᄯᅩᆨ 갓치 번력 ᄒᆞᆯ슈가 업는 마ᄃᆡ도 잇고 죠션 말을 한문으로 ᄯᅳᆺ을 ᄯᅩᆨ 갓치 번력 ᄒᆞᆯ슈가 업는 마ᄃᆡ도 잇나니 이는 셰계 모든 나라들의 말이 혹간 ᄯᅳᆺ이 ᄯᅩᆨ 갓지 아니ᄒᆞᆫ 마ᄃᆡ가 더러 잇기는 셔로 마쳔가지나 그러나 ᄯᅩᄒᆞᆫ ᄯᅳᆺ이 그 글ᄌᆞ와 비슷ᄒᆞᆫ 말은 셔로 잇는 법이니 한문이나 영문이나 ᄯᅩ 그외에 아모 나라 말이라도 혹 죠션 말노 번력 ᄒᆞᆯᄯᅢ에는 그말 ᄯᅳᆺ에 대톄만 가지고 번력ᄒᆞ여야지 만일 그 말의 마ᄃᆡ 마다 ᄯᅳᆺ을 ᄉᆡᆨ여 번력 ᄒᆞ잘것 ᄀᆞᆺᄒᆞ면 번력 ᄒᆞ기도 어려올ᄲᅮᆫ더러 그리 ᄒᆞ면 죠션 말을 잡치는 법이라. 엇던 나라 마리던지 특별히 죠션 말노 번력 ᄒᆞ는 쥬의는 외국 글 아는 사ᄅᆞᆷ을 위 ᄒᆞ야 번력 ᄒᆞ는것이 아니요 외국글 몰ᄋᆞ는 사ᄅᆞᆷ을위ᄒᆞ야 번력 ᄒᆞᆷ이니 쥬의가 이러ᄒᆞᆫ즉 아모죠록 외국 글 몰ᄋᆞ는 사ᄅᆞᆷ들이 다 알아 보기에 쉽도록 번력 ᄒᆞ여야 올을터이요 ᄯᅩ 아즉 글ᄌᆞ들을 올케 쓰지 못 ᄒᆞ는것들이 만으니 셜령 이것이 ᄒᆞᆯ 말을 이것이 이러케 쓰는 사ᄅᆞᆷ도 잇고 이거시 이러케 쓰는 사ᄅᆞᆷ도 잇스니 이는 문법을 몰ᄋᆞ는 연괴라. 가령 엇던 사ᄅᆞᆷ이 엇던 ᄎᆡᆨ을 가ᄅᆞ치며 이것이 나의 ᄎᆡᆨ이다 ᄒᆞᆯ것 ᄀᆞᆺᄒᆞ면 그 물건의 원 일홈은 ᄎᆡᆨ인ᄃᆡ 이것 이라고 ᄒᆞ는 말은 그 ᄎᆡᆨ을 ᄃᆡᄒᆞ야 잠시 ᄃᆡ신 일홈 ᄒᆞᆷ이니 그런즉 이것 이 두글ᄌᆞ는 그 ᄎᆡᆨ을 ᄃᆡ

ᄒᆞ야 ᄃᆡ신 일홈된 말이요 이 한글ᄌᆞᄂᆞᆫ 그 ᄃᆡ신 일홈된 말 밋헤 토로 드러 가ᄂᆞᆫ 것인ᄃᆡ 그 토이ᄌᆞ를 ᄲᅦ고 닑어 볼것 ᄀᆞᆺᄒᆞ면 사ᄅᆞᆷ마다 이것 이러케 불으지 이거 이러케 불으ᄂᆞᆫ 사ᄅᆞᆷ은 도모지 업ᄂᆞᆫᄃᆡ 토이ᄌᆞ ᄭᆞ지 합 ᄒᆞ야 놋코 닑어 볼것 ᄀᆞᆺᄒᆞ면 음으로ᄂᆞᆫ 이것이 ᄒᆞᄂᆞᆫ것과 이거시 ᄒᆞᄂᆞᆫ것 이 두가지가 다 음은 죠곰도 달으지 아니 ᄒᆞ니 이 달으지 아니ᄒᆞᆫ ᄭᆞᄃᆞᆰ은 반졀 속에 아ᄌᆞ 줄은 다 모음인ᄃᆡ 모음 글ᄌᆞ들은 음이 다 느즈니 이ᄌᆞ도 모음 글ᄌᆞ요 ᄯᅩᄒᆞᆫ 음이 느즌고록 이것이 ᄒᆞᆯ것 ᄀᆞᆺᄒᆞ면 ㅅ 이밧침의 음이 즁간에 잇서 이ᄌᆞᄂᆞᆫ 시ᄌᆞ음과 갓고 것ᄌᆞᄂᆞᆫ 거ᄌᆞ 음과 ᄀᆞᆺᄒᆞᆫ 고인ᄃᆡ 음이 이러케 도라 가ᄂᆞᆫ 줄은 몰으고 이것시 이러케 쓰ᄂᆞᆫ 사ᄅᆞᆷ은 이것 이ᄌᆞᄂᆞᆫ 올케 썻거니와 그 토ᄂᆞᆫ 이 이ᄌᆞ로 쓸것을 시 이ᄌᆞ로 썻스니 ᄒᆞᆫ가지ᄂᆞᆫ 틀엿고 이것시 이러케 쓰ᄂᆞᆫ 사ᄅᆞᆷ은 이것 이러케 쓸것을 이거 이ᄌᆞ로 썻스며 이 이ᄌᆞ로 쓸것을 시 이ᄌᆞ로 썻스니 일홈된 말이나 그 일홈된 말 밋헤 드러가ᄂᆞᆫ 토나 두 글ᄌᆞ가 다 틀엿스니 문법으로ᄂᆞᆫ 대단이 실수 ᄒᆞᆷ이라. 이 아ᄅᆡ 몃 가지 말을 긔록 ᄒᆞ여 노으니 이 몃 가지ᄆᆞᆫ 가지고 밀으어 볼것 ᄀᆞᆺᄒᆞ면 달은것들도 ᄯᅩᄒᆞᆫ 다 이와 갓 ᄒᆞᆯ지라. 셜령 (墨 먹으로) ᄒᆞᆯ것을 머그로 ᄒᆞ지 말고 (手 손에) ᄒᆞᆯ것을 소네 ᄒᆞ지 말고 (足 발은) ᄒᆞᆯ것을 바른 ᄒᆞ지 말고 (心 맘이) ᄒᆞᆯ것을 마미 ᄒᆞ지 말고 (筆 붓에) ᄒᆞᆯ것을 부세 ᄒᆞ지 말것이니 이런 말의 경계들을 다 올케 차자 써야 ᄒᆞ겟고 ᄯᅩ 글이를 쓸 ᄯᅢ에ᄂᆞᆫ 외인 편에셔 시작 ᄒᆞ야 올은 편으로가며 쓰ᄂᆞᆫ것이 얼마 편리 ᄒᆞᆫ지라. 올은 편에셔 시쟉 ᄒᆞ야 외인 편으로 써 나갈것 ᄀᆞᆺᄒᆞ면 글시를 쓰ᄂᆞᆫ 손에 먹도 뭇을 ᄲᆞᆫ더러 몬져 쓴 글시 줄은 손에 가리여셔 보이지 아니 ᄒᆞ니 몬져 쓴 글 줄들을 보지 못 ᄒᆞ면 그 다음에 써 나려 가ᄂᆞᆫ 글 줄이 혹 빗드러 질가 염녀도 되고 몬져 쓴 글시 줄들의 ᄯᅳᆺ을 ᄉᆡᆼ각 ᄒᆞ야 가며 ᄎᆞᄎᆞ 압 줄을 써 나려 가기가 어려오니 글시를 외인 편으로브터 올은 편으로 써 나려 가ᄂᆞᆫ것이 ᄆᆡ우 편리 ᄒᆞ겟더라. (완)

내용 요약

주시경이 ≪독립신문≫ 134호와 135호에 걸쳐 실은 글로 국문을 어떻게 써야 옳은지에 대한 방법을 기록하였다. '말의 법식'을 배워야 다른 사람들에게 올바로 뜻을 전할 수 있고, 자신이 글을 쓸 때도 문리와 경계를 옳게 드러낼 수 있다는 이유에서 이 글을 썼다. 사전에서 방점을 찍어야 하는 이유, 대명사와 조사의 쓰임 방식, 한문의 음과 우리의 음이 같을 때는 우리의 음을 쓰는 것을 원칙으로 삼아야 하는 이유, 그리고 왼편에서 오른 편으로써 가야하는 이유 등을 기술하고 있다.

개념어

국문, 한문, 영문, 죠선 말, 말의 법식, 문법, 조선말의 법식, 토, 번력

8. 국문한문론(國文漢文論)[1]

저자 미상

○(국문한문론 상) 세계 각국에 현행 문법이 대개 두 종류이다. 한 가지는 상형문자로 청나라에서 사용하는 한문이요, 다른 한 가지는 발음문자로 우리 동양의 반절자[2]와 서구 각국에서 근래에 사용되는 로마자이다. 한문은 사물을 형용하는 도식으로, 뜻(義)과 소리(音)를 환히 깨우치기 매우 어렵기 때문에 총명한 사람이 아니면 학문을 단념하게 되고, 재주 있는 사람이라야 10여년 만에 대강을 깨우치고, 평생을 종사하여 글을 사용하는 자는 불과 몇 명이다. 반절자와 로마자는 말(語)의 음을 번역하는 도식으로, 글자의 음이 곧 언어이기 때문에 이해하기 매우 쉬워서 남녀, 현자와 우자를 막론하고 1~2년이면 모두 배울 수 있고, (더욱이) 반절자는 지극히 쉬워서 비록 어린아이라도 열흘 안에 그 대강을 이해하여 10명 중 8~9명이 무식을 면하게 된다. 공자님께서 말씀하시되, 쉽고 간략하여야 천하의 일을 얻는다고 하셨으니, 반절자는 천하각국에서 제일 쉽고 제일 간략한 문자이다. 천하의 공론이 반드시 대한의 반절자로 문단(文壇)의 맹주를 정해야한다고 한다. 무슨 이유일까? 한자를 말할 것 같으면, 중국 유사 이전의 결승의 정치가 번거로워서 주자(籒字)[3]가 처음 나왔고,

---

1 ≪皇城新聞≫ 20호, 1898. 9. 28.

2 반절(反切): 한자의 독음(讀音)을 다른 두 한자로 나타내는 방법. 첫 글자의 초성과, 둘째 글자의 중성·종성을 합해서 1음절을 구성하는 것.

3 주자(籒字): 주문(籒文), 십체의 하나. 중국 주나라 선왕(宣王) 때에, 태사(太史)였던 주(籒)가 창작한 한자의 자체(字體). 소전(小篆)의 전신으로 대전(大篆)이라고도 한다. 십체란 한자의 열 가지 서체로, 고문(古文), 대전(大篆), 주문(籒文), 소전(小篆), 팔분(八分), 예서

주자마저 매우 어려웠기 때문에 대전(大篆)이 나왔고, 이것도 복잡하여 소전(小篆)[4]이 나왔고, 이것도 여전히 편리하지 않아서 예서(隸書),[5] 팔분(八分),[6] 해자(楷字),[7] 초서(草書)[8]의 순서로 변천하였다. 서구의 고문도 한문과 유사하여 번란함을 싫어하였으므로 오늘날 로마자를 창제하니 다른 까닭이 있는 게 아니다. 복잡함을 싫어하고 간략함으로 나아가며, 어려운 것을 버리고 쉬운 것을 취하는 까닭이다. 혹자가 말하기를, "한문은 중원의 성인(聖人)께서 창제하신 고로 언외(言外)의 의미(意)를 형용하고 어렵지 않다면 문장이 어찌 귀하다고 할 수 있으리오. 발음문자는 규각의 아녀자들과 사소한 이익을 추구하는 상인의 천박하고 비루한 습관이니 어찌 글이라고 쳐주겠는가"라고 하니, 이는 부패한 유가의 짧은 생각이자, 혹설이다. 진정 이와 같이 말한다면 먹으로 쓴 글자 위에 어찌 언외의 의미가 있다고 하겠는가? 언어의 본뜻은 언외의 의미를 함축하고 있으며, 따라서 그 의미가 먹으로 쓴 글자에 나타나는 것이니 이를 비유하건대, 인물화가 본래의 인물보다 운치와 자태가 있다는 말과 무엇이 다르겠는가? 무릇 상형자를 사용하는 세계는 왜 몽매하고, 발음자를 사용하는 세계는 왜 개명했는가? 필시 문자의 난이도로 인하여 인민의 지식에 우열이 나타나며, 그 지식의 우열로 인하여 국가 형세의 강약이 나타나니, 이것은 눈앞에 실제로 벌어진 일이다. 성인께서 부활하더라도 이 말은 번복하지 못하실

(隸書), 장초(章草), 행서(行書), 비백(飛白), 초서(草書)를 이른다.

4 소전(小篆): 중국 진시황 때 이사가 대전(大篆)을 간략하게 변형하여 만든 것으로, 조선시대에는 시험 과목으로 실시하기도 하였다.

5 예서(隸書): 전서(篆書)보다 간략하고 해서(楷書)에 가까운 서체로, 진나라 운양의 옥사(獄事) 정막이 번잡한 전서를 생략하여 만든 것인데, 노예와 같이 천한 일을 하는 사람도 이해하기 쉽도록 한 글씨라는 뜻에서 붙은 이름이다.

6 팔분(八分): 예서(隸書) 이분(二分)과 전서(篆書) 팔분(八分)을 섞어서 장식적인 효과를 낸 서체로, 중국 한(漢)나라 채옹이 만들었다고 한다.

7 해자(楷字): 한자 서체의 하나. 예서에서 변한 것으로, 똑똑히 정자(正字)로 쓴다. 중국 후한의 왕차중(王次仲)이 만들었다고 전해진다.

8 초서(草書): 필획을 가장 흘려 쓴 서체로서 획의 생략과 연결이 심하다. 전서(篆書), 예서(隸書)를 간략히 한 것으로 행서(行書)를 더 풀어 점획을 줄여 흘려 쓴 것인데, 초고(草稿) 따위에 쓴다.

것이다.

○(국문한문론 하) 혹자가 말하기를, "자네의 국문변론을 읽었는데 이치에 모두 맞으나 신라시대부터 한문을 통용해 온지 2,000여 년 동안 받들어 독실하게 사용하고 국문이 편리하다는 걸 대략 알긴 하지만 언문이라 천대하며 암글이라고 조롱하여 문자라고 부르지 않아왔거늘, 어찌 하루아침에 한문을 폐하고 국문만을 사용하겠는가? 비록 그런 말이 이루어지길 기대하더라도 필시 실제로 이루어지긴 어렵거늘 어찌 자꾸 지껄이는가? 자네는 간섭하기를 좋아하는 사람이라고 할 수 있다." 나는 웃으며 대답하기를 "평범한 사람이 어찌 알겠는가? 오직 우리 세종대왕께서 타고 나신 명철함으로 일대 법령을 내 놓으신 후에 나라가 있으면 한 나라의 글(文)이 없을 수 없다고 하시며 국문도감(國文都監)을 설치하시고, 재주가 높은 석학의 무리를 모아 질문하셔서 수년 만에 창제하셨으나 전국의 민생이 눈을 뜨는 일이 마치 칠흑 같은 밤에 빛나는 촛불과 어두운 하늘의 밝은 태양 같다. 무릇 국문을 창제한 이유가 당시에 한문이 없었기 때문이었는가? 국문만 행하고 한문은 폐하고자 함인가? 자네의 말대로라면 또한 중요하지 않은데도 간섭하기를 좋아하기 때문이라 말할 텐가? 한문은 높은 재주가 아니면 배우기 어려우나 중간 정도나 낮은 재주라면 모두 무식해질 것인가? 큰 성인의 넓고 고원한 법제가 오늘날에는 침체되고 느슨해져 떨쳐 시행되지 못하니 개탄스런 부분이며, 지극히 쉬운 국문을 천대하고 지극히 어려운 한문만 숭상하는 모습은 외국에서 비웃을 만한 일이다. 마땅히 국문을 주문(主文)으로 정하여 상소하는 문자라도 국문을 전용케 하며, 국한문혼용도 거리끼지 않도록 하고, 타국과 교류하는 아문(衙門)을 따로 설치하여 한문, 일본 문법 등의 글을 교습해서 주변국과 이웃하는 사무를 닦아 거행하게 하고, 나라 안의 인민들을 가르치는 법을 강구하여 사물의 이름과 경사(經史)를 깨우치기 쉽게 할 구절들을 간편하면서도 필요한 것은 다 갖추어질 수 있도록 국문으로 번역한 후 몇 권의 책을 내어 학교를 세워 남녀 아동들을 가르쳐서 15세 이전에 졸업하도록 시행한다면 통감[9] · 사략[10] 10여 권으로 좋은 시절

9 자치통감(資治通鑑): 중국 북송(北宋)의 사마 광(司馬光:1019~1086)이 1065년~1084년에 편찬한 편년체(編年體) 역사서.

을 소일하다가 문리(文理)도 꿰뚫지 못하고 무식자로 남는 것과 비교해 보면 어떠한가? 일대 문명의 운이 손바닥에 침을 뱉는 것처럼 손쉽게 얻을 수 있으며, 눈 씻고 보아도 멀지 않으니 정부의 여러분들은 분발하려는 의지를 진작(振作)시켜서 빨리 계획을 세우고 신속히 시행하시오."

10 십구사략(十九史略): 중국의 태고(太古)에서부터 원(元)나라까지의 19사를 요약한 사서(史書).

입력 원문

國文漢文論

ㅇ(國文漢文論 上) 世界各國에 現行文法이 大槩 二種이라. 一種은 象形文字니 淸國에 行用ᄒᆞᄂᆞᆫ 漢文이오, 一種은 發音文字니 我東反切字와 西歐各國에 近行ᄒᆞᄂᆞᆫ 羅馬字라. 漢文은 事物을 形容ᄒᆞᄂᆞᆫ 圖式이니 義와 音이 通曉ᄒᆞ기 甚難ᄒᆞᆷ이 聰明人이 아니면 學問에 絶念ᄒᆞ고 才子라야 十許年에 略通ᄒᆞ고 平生을 從事ᄒᆞ야 行文者ㅡ 不過幾個요. 反切字 羅馬字ᄂᆞᆫ 語音을 飜譯ᄒᆞᄂᆞᆫ 圖式이니 字音이 곳 言語인 故로 解會ᄒᆞ기 甚易ᄒᆞ야 男女智愚를 勿論ᄒᆞ고 一二年이면 學이 成ᄒᆞᄂᆞᆫ 中에 反切字ᄂᆞᆫ 더욱 至易ᄒᆞ야 비록 提孩男女라도 十日內에 大綱을 領會ᄒᆞ야 十人에 八九個가 無識을 免ᄒᆞ난지라. 孔聖이 有 言ᄒᆞ사ᄃᆡ 쉽고 간략ᄒᆞ여야 天下事를 得ᄒᆞᆫ다 ᄒᆞ시니 反切字ᄂᆞᆫ 天下各國에 第一 쉽고 第一 간략ᄒᆞᆫ 文字라. 天下公論이 반다시 大韓反切로 文壇盟主를 定ᄒᆞ리라 ᄒᆞ노라. 何以然고. 漢字로 觀ᄒᆞ건ᄃᆡ 上古結繩의 政이 繁冗ᄒᆞ야 籒字가 初出ᄒᆞ고 此도 支難ᄒᆞ야 大篆이 出ᄒᆞ고 此도 煩瑣ᄒᆞ야 小篆이 出ᄒᆞ고 此도 猶不便捷ᄒᆞ야 隷書八分楷字草書가 次第로 漸變ᄒᆞ얏고, 歐西古文도 漢文과 彷佛ᄒᆞ더니 繁亂ᄒᆞᆷ을 嫌ᄒᆞ야 今日羅馬字를 創行ᄒᆞ니 此非他故라. 厭煩就簡ᄒᆞ고 捨難趣易ᄒᆞᆫ 緣故라 ᄒᆞ노라. 惑云ᄒᆞ되 "漢文은 中土聖人의 所製신 故로 言外意를 形容ᄒᆞ고 難치 아니면 文章이 何足貴오. 發音文字ᄂᆞᆫ 閨閣女子와 末利商賈의 淺陋ᄒᆞᆫ 俗套라 엇지 文이라 具數하리오." ᄒᆞ니 此ᄂᆞᆫ 腐儒의 局見惑說이라. 誠如所 云ᄒᆞ면 黑字上이 有何言外意오. 言語本旨에 言外意를 含蓄한 故로 黑字上에 發見ᄒᆞᆷ이니 此를 譬喩컨ᄃᆡ 人物繪像이 人物本體보다 韻態가 有ᄒᆞ단 말과 다르리오. 大抵 象形字를 用ᄒᆞᄂᆞᆫ 世界ᄂᆞᆫ 何故蒙昧ᄒᆞ고 發音字를 用ᄒᆞᄂᆞᆫ 世界ᄂᆞᆫ 何故

開明ᄒᆞ고. 必是文字難易를 因ᄒᆞ야 人民의 知識優劣이 生ᄒᆞ며 知識優劣을 由ᄒᆞ야 國勢强弱이 現ᄒᆞᄂᆞ니 此ᄂᆞᆫ 目前實驗이라. 聖人이 復起사도 此言은 밧구지 못ᄒᆞ시리라 ᄒᆞ노라.

○(國文漢文論 下) 或云호ᄃᆡ "子의 國文辯論을 讀ᄒᆞᆫ즉 不無理勝ᄒᆞ나 新羅時로붓터 漢文通用ᄒᆞᆫ지 二千餘年에 尊尙篤行ᄒᆞ야 國文의 便易홈을 略知ᄒᆞ나 諺文이라 賤待ᄒᆞ며 암클이라 嘲弄ᄒᆞ야 文字로 齒及지 아니커ᄂᆞᆯ 엇지 一朝에 漢文을 廢ᄒᆞ고 國文만 行ᄒᆞ리요. 雖有期說ᄒᆞ나 必難成이거ᄂᆞᆯ 엇지 呶呶不已ᄒᆞ나뇨. 子는 可謂多事人이로다." 余一笑答曰 "俗子一何知오. 惟我〈k〉世宗朝씌읍셔 天縱ᄒᆞ신 聖明으로 一代憲章을 丕顯ᄒᆞ신 後에 有國ᄒᆞ면 不可無一國之文이라ᄒᆞ샤 國文都監을 設ᄒᆞ시고 鴻才碩學을 彙萃質問ᄒᆞ샤 屢年만에 製成ᄒᆞ시나 八城民生이 眼目을 始開홈이 漆夜에 明燭과 冥空에 杲日갓ᄒᆞᆫ지라. 大抵 國文經始ᄒᆞ든 當日에 漢文이 無ᄒᆞ야 然ᄒᆞᆫ가. 國文만 行ᄒᆞ고 漢文은 廢코져 호민가. 子言갓ᄒᆞ면 또한 多事라 稱ᄒᆞᆯ가. 漢文은 上才 아니면 學ᄒᆞ기 難ᄒᆞ나 中下才는 皆歸於無識ᄒᆞᆯ가. 大聖人弘遠ᄒᆞ신 制法이 今日에 寢弛不振ᄒᆞ니 慨歎處이며 至易한 國文을 賤閣ᄒᆞ고 極難ᄒᆞᆫ 漢文만 崇尙홈이 外國嘲笑件이라. 맛당히 國文으로 主文을 定ᄒᆞ야 奏疏文字라도 國文을 純用케도 ᄒᆞ며 國漢文叅用도 不拘케 ᄒᆞ며 同文ᄒᆞᄂᆞᆫ 一衙門을 另設ᄒᆞ야 漢文日本文法等文을 敎習ᄒᆞ야 文隣事務를 修學케ᄒᆞ며 國內人民敎授法을 講究ᄒᆞ야 物名과 經史에 易曉ᄒᆞᆯ 章句를 簡而備토록 國文으로 譯成數卷ᄒᆞ야 幼稺男女를 設校敎習ᄒᆞ야 十五歲以內에 卒業토록 行ᄒᆞ면 統鑑史略十許卷으로 好歲月을 消遣타가 文理도 通치 못ᄒᆞ고 無識之流에 歸ᄒᆞᄂᆞᆫ 것과 何如오. 一代文明之運이 唾手在此ᄒᆞ고 拭目不遠ᄒᆞ리니 政府諸公은 奮發之志를 振刷ᄒᆞ야 亟圖亟行ᄒᆞ시읍."

내용 요약

≪황성신문≫에 실린 글로, 상하편이 1~2면에 걸쳐 나란히 게재되어 있다. 한문에 관한 비판적 논지를 내세우며 국문전용 및 국문교습에 관한 실천적 방안을 제시한다. 개략적인 내용은 다음과 같다.

문자는 상형문자와 반절자로 나눠는데, 상형문자인 한문은 음과 뜻이 서로 무관하고 복잡하여 배우기 어려운 반면 반절자인 로마자는 음이 뜻을 나타내고 간략하여 많은 사람들이 쉽게 익힐 수 있는 장점이 있다. 문자의 쉽고 어려움에 따라 지식의 우열과 국력이 결정된다면, 어려운 한문을 중시하면서 발음문자를 천시하는 것은 개탄스러운 발상이다. 공문서를 순국문 혹은 국한문 혼용체로 바꾸고, 국문 교습법을 완비하여 모든 인민이 쉽게 문리에 접근하게 해야 한다.

개념어 청국(淸國), 서구(西歐), 구서(歐西), 대한(大韓), 인민(人民), 정부(政府), 상가(商賈), 개명(開明), 우열(優劣), 국세강약(國勢强弱), 문명(文明), 국문(國文), 문법(文法), 상형문자(象形文字), 발음문자(發音文字), 반절자(反切字), 로마자(羅馬字), 의(義)/음(音), 어음(語音), 문단(文壇), 언외의(言外意), 본지(本旨), 주문(主文), 암글

9. 국문원류(國文原流)[1]

저자 미상

우리나라가 처음 생긴 시기로 거슬러 올라가 생각해 보건대, 접역(鰈域)[2]이니 구이신시(九夷神市)[3]니 하는 것은 다 아직 미개하고 혼동스러울 때의 이름이고, 단군께서 나라의 토대를 닦음에 비로소 언어와 문자가 대략 갖추어진 듯하나 아름다운 문화의 기풍은 아직 발휘되지 못했다. 기자(箕子)의 홍범 구주(洪範九疇)의 도가 동쪽으로 옮겨 옴으로 인해 성인의 교화가 비로소 열리었으니 그 시속의 소박하고 순박함이 갈천시대(葛天時代)[4]와 흡사했다. 공자께서 이르시되, "도가 행해지지 않는구나! 뗏목을 타고 바다를 건너서 오랑캐 땅에 살리라"고 하셨으니, 이 땅을 얼마나 애틋하게 생각하셨고, 또 귀의하고 싶어했는지를 가히 알 수 있을 것이다. 그러다가 삼한이 나뉘고 신라 백제 고구려가 서로 다툼에 삿된 힘만 커지고 패권을 숭상하다가 고려시대에 이르러서는 통합의 노력이 현저하고 개진(開進)의 기운이 나타나더니, 이 왕조에 와서는 유가의 도가 우리나라에 도달하고 인문이 크게 열릴 적에 성스럽고도 신령스러우며 문과 무에 두루 능통하신 우리 세종께서 예악을 정비하시고 삼강행실을 밝히시어 떳떳한 윤리가 펼쳐졌으며, 북으로는 만주와 동으로는 대

1 ≪皇城新聞≫ 96호, 1899. 5. 2. / ≪皇城新聞≫ 97호, 1899. 5. 3.

2 접역(鰈域): 가자미 모양의 지역, 또는 가자미가 많이 나는 지역. 우리나라를 일컫던 말.

3 신시(神市): 환웅이 태백산 신단수 밑에 세웠다는 도시.

4 갈천씨(葛天氏): 중국 전설 중의 옛 제왕의 이름. 일설에는, 태고 시기의 부락 명칭이라고도 한다.

마도를 정벌하시었다. 또한 이때에 국민의 소리를 정(定)하고 국음의 처음을 밝히어 국문을 만드니 자형(字形)은 전서(篆書)의 옛 법을 따르고 자체(字體)는 자모의 반절(反切)로 만들었으며, 자음(字音)은 범서(梵書)의 성운(聲韻)에 맞추었다. 그 이후 중엽에 이르도록 국문을 존숭하는 학사 대부가 거의 없고 언문이라고 폄하하였으나, 아녀자와 일반 백성들은 국문을 애호하는 마음이 제법 있었고, 퇴계, 율곡 두 선생에 이르러 칠서(七書)[5]를 풀어 '언해(諺解)'[6]라 이름했는데 ≪사정전훈의(思政殿訓義)≫의 뒤를 이어 이룬 것이다. 그로부터 사백여 년이 지난 지금에 우리 대황제 폐하께서 중흥의 운을 받아 독립의 기초를 세우며 자주의 권리를 잡고 만국의 평등한 존귀함을 누리시어 옛 선왕들의 공덕을 되살려 부흥시키실 적에 국문과 한문을 병용하여 공사 사무를 행하니, 국음이 이에 일정해지며 국문이 이에 일어나며 국민의 배움이 이에 쉬워지는 토대를 마련하였더라. 동아시아의 말들을 상고해보건대, 각기 그 나라의 토착음이 본래부터 있는데, 우리나라의 말은 범음(梵音)에서 연원한 것이 가장 많고, 몽고 말갈에서 기원한 음도 간혹 있으며 그 글말(文話)은 모두 중국의 한문을 전적으로 쓰고 있다. 일본 말의 기원도 비슷하더라. (계속)

◎궁상각치우(宮商角徵羽)의 오음(五音)과 변치(變徵), 변궁(變宮)이 합하여 칠음(七音)이 되니, 아음(牙音)은 'ㄱㅋㆁ'이니 각(角)에 속하고 설음(舌音)은

5 칠서(七書): 유가 경전의 기본인 사서삼경을 말한다.

6 언해(諺解): ≪칠서언해(七書諺解)≫, 혹은 ≪사서삼경언해(四書三經諺解)≫를 말한다. ≪칠서언해(七書諺解)≫란 유교 경전인 사서, 즉 ≪논어≫ ≪대학≫ ≪중용≫ ≪맹자≫와 삼경인 ≪시경≫ ≪서경≫ ≪주역≫의 원문에 한글로 음과 토를 달고 다시 우리 말로 번역한 책임. 유숭조(柳崇祖)·이황(李滉)·이이(李珥)에 의해 경전에 토를 붙이는 노력이 이어지고, 이러한 학문적 분위기 속에 유희춘(柳希春)은 1574년(선조 7)에 사서와 오경을 언해하라는 선조의 명령을 받아 먼저 ≪대학≫과 ≪논어≫의 주석서를 만들어 바쳤으며, 1585년에 왕명에 의해 교정청(校正廳)이 설치되고 정구(鄭逑)·최영경(崔永慶)·한백겸(韓百謙)·정개청(鄭介淸)·정철(鄭澈) 등 당대의 학자들이 대거 참여한 가운데 그 이듬해에 ≪소학≫과 사서의 언해가 완료되었다. 또한 1576년(선조 9)에 왕명으로 율곡 이이(李珥)가 ≪사서언해(四書諺解)≫를 펴낸 바 있다. 이에 반해 삼경의 언해 작업 및 간행은 선조 대보다 훨씬 늦어졌을 것으로 추정된다.

'ㄷㅌㄴ'이니 치(徵)에 속하고 치음(齒音)은 'ㅈㅊㅅ'이니 상(商)에 속하고 순음(脣音)은 'ㅂㅍㅁ◇'이니 우(羽)에 속하고 후음(喉音)은 'ㅇㅎ'이니 궁(宮)에 속하고 반설음(半舌音)은 'ㄹ'이니 변치(變徵)에 속하고 반후음(半喉音)은 'ㅿ'이니 변궁(變宮)에 속하였더라. 오늘날에 '◇ㆁㅿ' 이 세 소리는 후음과 순음이 느리고 둔하고 맑지 못하여 다 없어진 듯하나 세계 각국의 어음을 합치고 보면 이 음들도 자연히 드러날 것이다. '부'라는 것은 '부우'의 사이음이고 '수'라는 것은 '수우'의 사이음이고, '와'라는 것은 '이우' 거듭된 소리이고, '화'라는 것은 '하오'의 거듭된 소리이다. 다른 것들도 초성에 이와 같은 종성을 합한 것은 다 이러한 방식과 같다.

각(角)은 아음이 되는데, 소리가 어금니에 이르러서 혀가 오그라들었다가 도약하니, 이는 벌어지고 입은 벌어지며 원활하고 튼실하여 편안하게 앞으로 나온다.

치(徵)는 설음이 되는데, 소리가 혀에 이르러서 이가 합쳐지고 입술은 벌어지니, 천천히 돌고 서서히 펴지며 갈마들어 떨쳐 일어나서 기울어진 곳으로부터 내려간다.

상(商)은 치음이 되는데, 소리가 이에 이르러서 입이 열리고 잇몸이 벌어지니, 위로 올라 가운데로 돌아가며 굳건한 곳으로 도달해서 나가는 것 같지만 머무른다.

우(羽)는 순음이 되는데, 소리가 입술에 이르러서 이가 열리고 입술이 모이니, 조금 맑고 아련히 밝으며 바람 불 듯이 일어나니 마치 머무른 듯하나 떠나간다.

궁(宮)은 후음이 되는데, 소리가 목구멍에 이르러서 입이 합쳐져 통하니, 크게 거칠고 가라앉는 것이 많으며 혀가 가운데에 머물러 안으로부터 곧게 올라간다.

변치(變徵)는 반설음이 되는데, 입이 열리고 기가 발(發)하여 혀에서 반쯤 울리면서 혀가 서며, 목구멍에서 역으로 올라가서 목구멍이 춤춘다.

변궁(變宮)은 반후음이 되는데, 이를 가지런히 하고 기를 발(發)하여 목구멍에서 울림이 생기되 목구멍은 고요하고 목구멍에서 가볍게 나와서 혀가 요동친다.

초성 종성에 모두 통용하는 여덟 자는 'ㄱ(其役, 기역), ㄴ(尼隱, 니은), ㄷ(池[末], 디귿), ㄹ(梨乙, 리을), ㅁ(眉音, 미음), ㅂ(非邑, 비읍), ㅅ(時[衣], 시옷), ㆁ(異凝, 이응)'인데, '其기, 尼니, 池디, 梨리, 眉미, 非비, 時시, 異이'의 여덟 음은 초성에 쓰고 '役역, 隱은, [末]귿, 乙을, 音음, 邑읍, [衣]옷, 凝응'의 여덟 음은 종성에 쓴다. ('[末], [衣],[箕]'등은 한자의 음이 아니라 한글로 풀이했을 때의 훈을 취한다.)

초성에만 쓰는 여덟 자는 'ㅋ([箕], 키), ㅌ(治, 티), ㅍ(皮, 피), ㅈ(之, 지), ㅊ(齒, 치), ㅿ(而, ᅀᅵ), ㅇ(伊, 이), ㅎ(屎, 히)이다. 중성에만 쓰는 열한 자는 ㅏ(阿, 아) ㅑ(也, 야), ㅓ(於, 어), ㅕ(余, 여), ㅗ(吾, 오), ㅛ(要, 요), ㅜ(牛, 우), ㅠ(由, 유), ㅡ(應[종성은 무시], 으), ㅣ(伊[중성만], 이), ㆍ(思[초성은 무시], ᄋᆞ)

이러한 모음과 자음을 합하여 반절로 만들었으니, '가 나 다 라 마 바 사 아 자 차 카 타 파 하'의 글자를 읽음에 범음(梵音)의 성질을 가졌음을 알 수 있을 것이다. 이를 통해 더 나아가면 국민의 발음이 개명할 것이고 그럴수록, 또 글자를 때에 맞추어 변통하여 사용할 수 있으니, 그 끝이 없어서 점점 더 많아지고 풍요로워질 것이다. (끝)

입력 원문

國文原流

別報

國文源流

⊙吾東의 有國以來를 爰溯ᄒᆞ건ᄃᆡ 曰 鰈域이니 曰 九夷神市니 다 鴻蒙未開에 付ᄒᆞ고 檀君의 肇基홈에 言語와 文字가 略具ᄒᆞᆫ 듯ᄒᆞ나 雅馴이 無徵ᄒᆞ고 箕疇의 徂東홈으로 仁賢의 化ㅣ 開ᄒᆞ야 其俗의 樸素純質홈이 葛天時代와 髣髴ᄒᆞᆫ지라 孔子ㅣ 曰ᄒᆞ샤ᄃᆡ 道不行이라 乘桴浮于海ᄒᆞ야 吾居九夷矣라 ᄒᆞ시니 其艶慕歸依ᄒᆞ심을 可證ᄒᆞᆯ너라 而ᄒᆞ야 三韓의 分區홈과 新羅 百濟 高勾麗의 爭雄홈에 詐力이 增長ᄒᆞ고 强覇를 好尙ᄒᆞ다가 高麗時代에 及ᄒᆞ야 統合之功이 著ᄒᆞ고 開進之運을 現ᄒᆞ엿고 迄于本朝ᄒᆞ야ᄂᆞᆫ 吾道가 居東ᄒᆞ고 人文이 大開ᄒᆞᆯᄉᆡ 我世宗廟ᄭᅴ옵서 乃聖乃神ᄒᆞ옵고 乃文乃武ᄒᆞ옵서 禮ᄅᆞᆯ 制ᄒᆞ고 樂을 作ᄒᆞ시며 三綱行實을 發明ᄒᆞ시ᄆᆡ 彝와 倫이 攸敍[7]ᄒᆞ고 北擒滿住ᄒᆞ오며 東戡馬島ᄒᆞ시고 於是에 國民之聲을 定ᄒᆞ샤 國音의 古初ᄅᆞᆯ 昭釋ᄒᆞ야 國文을 作ᄒᆞ니 其字形은 篆書의 古法을 倣ᄒᆞ얏고 其字體ᄂᆞᆫ 子母의 反切로 成ᄒᆞ얏고 其字音은 梵書의 聲韻을 叶ᄒᆞ엿더라 降ᄒᆞ여 中葉에 垂ᄒᆞ도록 學士大夫가 國文을 尊尙ᄒᆞᄂᆞᆫ 者ㅣ 無幾ᄒᆞ고 曰호ᄃᆡ 諺文이라 ᄒᆞᄂᆞ 婦孺와 黎庶ᄂᆞᆫ 國文을 愛好性이 頗有ᄒᆞ얏고 退溪 栗谷 二先生에 至ᄒᆞ야 七書ᄅᆞᆯ 釋ᄒᆞ야 解ᄒᆞᄆᆡ 名ᄒᆞ여 曰호ᄃᆡ 諺解라 ᄒᆞ여 思政殿訓義ᄅᆞᆯ 仍成ᄒᆞ엿고 而ᄒᆞ야 四百有餘載于玆에 我大皇帝陛下ᄭᅴ옵

7 ≪서경≫ 홍범(洪範)에 출전을 둔 표현으로, ≪서경≫에 "彝倫攸叙(敍)"란 어구가 자주 보인다. '攸叙'는 "펼쳐지다" 식으로 번역된다.

셔 中興의 運을 膺ᄒᆞ옵시고 獨立의 基礎를 建ᄒᆞ옵시며 自主의 權을 秉ᄒᆞ옵시고 萬國에 平等한 尊을 享ᄒᆞ옵셔 祖宗의 烈을 揚休ᄒᆞ실ᄉᆡ 國文으로 漢文을 互用ᄒᆞ야 公車文字[8]를 行ᄒᆞ시니 國音이 於是乎一ᄒᆞ엿고 國文이 於是乎 興ᄒᆞ오며 國民의 學이 於是乎 簡易함을 基ᄒᆞ엿더라 東亞의 語類를 溯攷ᄒᆞ건ᄃᆡ 各其 邦國에 土音이 本有한ᄃᆡ 我國의 語類ᄂᆞᆫ 梵音의 淵源이 最多ᄒᆞ얏고 蒙古韃靼의 土音도 間雜ᄒᆞ엿스며 其文話ᄂᆞᆫ (文字로 語時에 幷行ᄒᆞᄂᆞᆫ 類)支那의 漢文을 專行ᄒᆞ고 日本의 語音도 其源이 相近ᄒᆞ더라 (未完)

別報

國文源流 (續)

◎五音이 宮商角徵羽의 屬으로 變徵와 變宮을 合ᄒᆞ야 七音을 作ᄒᆞ니 牙音은 ㄱㅋㆁ 三聲이니 角에 屬ᄒᆞ고 舌音은 ㄷㅌㄴ 三聲이니 徵에 屬ᄒᆞ고 齒音은 ㅈㅊㅅ 三聲이니 商에 屬ᄒᆞ고 唇音은 ㅂㅍㅁ ◇ 四聲이니 羽에 屬ᄒᆞ고 喉音은 ㅇㅎ 二聲이니 宮에 屬ᄒᆞ고 半舌音은 ㄹ 一聲이니 變徵에 屬ᄒᆞ고 半喉音은 △ 一聲이니 變宮에 屬ᄒᆞ얏스니 今에 至ᄒᆞ야 ◇ㆁ △ 此三聲은 喉唇이 遲鈍不淸ᄒᆞ야 失亡한듯ᄒᆞ나 五洲의 語音을 合ᄒᆞ고보면 此音도 從ᄒᆞ야 顯할 것시오 부 者ᄂᆞᆫ 부우의 間音이오 수 者ᄂᆞᆫ 수우의 間音이오 의 者ᄂᆞᆫ 이우의 重音이오 화 者ᄂᆞᆫ 하오의 重音이오 他에도 初聲에 此와 如한 終聲을 合한 者ᄂᆞᆫ 此를 倣함이라

角爲牙音ᄒᆞ니 聲出至牙ᄒᆞ야 縮舌而躍ᄒᆞ니 張齒湧吻ᄒᆞ고 通圓實樸ᄒᆞ야 平出於前ᄒᆞ고

徵爲舌音ᄒᆞ니 聲出至舌ᄒᆞ야 齒合唇啓ᄒᆞ니 回緩舒遲ᄒᆞ고 迭振以起ᄒᆞ야 自邪降出ᄒᆞ고

商爲齒音ᄒᆞ니 聲出至齒ᄒᆞ야 口開齶張ᄒᆞ니 騰上歸中ᄒᆞ고 明達堅剛ᄒᆞ야 雖出若留ᄒᆞ고

羽爲唇音ᄒᆞ니 聲出至唇ᄒᆞ야 齒開吻聚ᄒᆞ니 淸微迴亮ᄒᆞ고 飂振以擧ᄒᆞ야 若留

8 啓, 議, 疏箚 등의 공식적인 한문 문장체를 말한다.

而去ᄒᆞ고

宮爲喉音ᄒᆞ니 聲出於喉ᄒᆞ야 合口而通ᄒᆞ니 巃大沈雄ᄒᆞ고 舌則居中ᄒᆞ야 自內直上ᄒᆞ고

變徵가 爲半舌音ᄒᆞ니 開口發氣ᄒᆞ야 半響於舌而舌帖ᄒᆞ며 逆升於喉而喉舞ᄒᆞ고

變宮이 爲半喉音ᄒᆞ니 齊齒發氣ᄒᆞ야 起響於喉而喉靜ᄒᆞ고 輕出於喉而舌搖ᄒᆞ니라

初聲終聲을 通用ᄒᆞᄂᆞᆫ 八母字ᄂᆞᆫ ㄱ (其役) ㄴ (尼隱) ㄷ (池末) ㄹ (梨乙) ㅁ(眉音) ㅂ (非邑) ㅅ (時衣) ㅇ (異凝)其尼池梨眉非時異八音은 初聲에 用ᄒᆞ고 役隱(末)乙音邑(衣)凝八音은 終聲에 用ᄒᆞ고((末)(衣)(箕)幷只用俚釋)

初聲獨用ᄒᆞᄂᆞᆫ 八子字ᄂᆞᆫ ㅋ (箕) ㅌ 治 ㅍ 皮 ㅈ 之 ㅊ 齒 ㅿ 而 ㆁ 伊ㅎ 屎中聲獨用ᄒᆞᄂᆞᆫ 十一子字ᄂᆞᆫ ㅏ 阿 ㅑ 也 ㅓ 於 ㅕ 余 ㅗ 吾 ㅛ 要 ㅜ 牛 ㅠ 由一應(不用終聲) ㅣ 伊(只用中聲) · 思(不用初聲)

此母音과 子音을 合ᄒᆞ야 反切로 成ᄒᆞ얏스니 가나다라마바사아자차카타파하의 文을 讀흠에 梵音性質을 含有흠을 悟解ᄒᆞ깃고 過此以往ᄒᆞ야 國民의 聲音이 開明ᄒᆞ여 갈소록 此子母音의 隨時變質ᄒᆞ기가 涯涘가 無ᄒᆞ여 字乳ᄒᆞ야 浸多흘너라(完)

내용 요약

≪황성신문≫에서는 이미 1898년 9월 5일의 창간호 「사설」에서 이 신문이 표기의 형식으로 왜 한문이 아니라, 국한문 혼용을 채택하였는지를 밝힌 바 있다. 이 글은 그로부터 근 일 년 만에 다시 등장한 '국문'에 관한 글로써 '별보'란에 1989년 5월 2일과 5월 3일에 나뉘어 실렸다. 우선 5월 2일자에 실린 글은 일 년 전에 실린 글의 내용과 크게 다르지 않으니 단군, 기자 이래의 역사적 상황과 고종이 국한문을 함께 쓰라 했다는 점이 주요 내용이다. 그런데 5월 3일자의 글은 오음 또는 칠음의 개념을 이용하여 각각의 조음위치나 조음방법, 그리고 그 음색을 설명하고 있으며, 특히 초종성통용 8자, 초성독용 8자, 중성독용 11자 등을 설명하고 있다. 이러한 설명은 당시에 널리 읽히던 ≪화동정운통석운고≫에 근거한 것으로 짐작된다.

개념어 독립(獨立), 자주(自主), 평등(平等), 국민(國民), 국음(國音), 국문(國文), 자형(字形), 자체(字體), 자음(字音), 반절(反切), 어류(語類), 성운(聲韻), 문화(文話), 칠음(七音), 오음(五音), 궁상각치우(宮商角徵羽), 변치(變徵), 변궁(變宮), 아음(牙音), 설음(舌音), 치음(齒音), 순음(唇音), 후음(喉音), 반설음(半舌音), 반후음(半喉音), 초성(初聲), 중성(中聲), 종성(終聲), 모자(母字), 자자(子字), 모음(母音), 자음(子音)

10. 타국 글이 아니라[1]

저자 미상

나라마다 방언만 다를 뿐 아니라 각기 국문이 있기에, 어느 나라 사람이든지 먼저 본국 말을 다 안 후에 타국말을 배우고 본국 글을 다 통달한 후에 타국 글을 배우는 것이 사람의 상정이요, 사리에 당연한 바이다. 대한 지방이 청국과 심히 가깝고 서로 관련된 일이 많기 때문에 몇 천 년 이래로 한문을 숭상하였으나, 대한국에 와서는 세종대왕께서 세계 각국은 다 국문이 있지만 대한이 홀로 없는 것을 안타깝게 여기시어 특별히 훈민정음을 지어 민간에 널리 알리셨다. 이는 비록 촌구석에 사는 여자와 하인들까지도 다 알고 깨닫기 쉽게 하려는 뜻이셨으니, 후세에 신민된 이가 마땅히 그 성의를 받들어 국문을 숭상해야 함에도 불구하고, 예전에는 대한 온 나라가 어찌하여 한문만 숭상하고 본국 글은 버려두었는지 우리가 더 이상 말할 것도 없다. 갑오경장이 일어난 이후로는 대한 정부에서 황연히 깨달은 까닭에 한문을 갑자기 폐지하지는 못했지만, 국문을 얼마간 소중히 여겨서 관보와 각 항 공문을 다 국문과 한문을 통용하여 만들고 학부에서도 서책을 순전히 국문으로만 번역하여 유식한 백성이든 무지한 백성이든 간에 다 보고 알게 하였으니, 이것은 전국 인민을 개명시키는 데 크게 유익한 일이다. 대한에 와서 머무는 외국 사람까지도 내심 얼마간 칭찬하였는데, 근일에 들으니 대한 정부에서 전장(典章) · 법률을 교정하는데 각 항의 규칙들을 온전히 한문으로 쓰라고 하였다고 한다. 지금 대한

1 ≪독립신문≫ 112호, 1899. 5. 20.

정부의 당국자들은 고명한 식견으로 이러한 상황을 맞아 아무쪼록 개명에 진보하고자 할 판국에, 어찌 구습을 버리지 못하고 점점 뒤로 물러가는 일을 행할 수가 있는가? 한문의 폐해는 대한 사람이 우리보다 잘 알 것이므로 반드시 설명할 필요는 없으나, 대저 한문이란 글은 심히 어렵고 너무 번거로움이 많아서 재주와 총명이 아무리 뛰어난 사람이라도 수십 년을 힘써 공부해야 겨우 세상에 행세할 만하다. 만약 재주가 노둔하고 총명하지 못한 사람이면 평생을 공부해도 능히 통달하지 못하므로, 대한에 글자 한다는 선비를 보면 무정한 세월을 책상 앞에서 다 보내고 성성한 백발이 거울 속에 비추어도 평생 한 가지 사업도 한 것이 없을 뿐더러, 하나같이 정신을 다 한문 공부에 헛되이 쓰고 다른 사물의 이치에는 매우 어리석어서 제 집안 처자도 어떻게 건사할 계책이 없이, 다만 앉으면 고상하고 준엄한 담론만 하여, 한 · 당 때에는 아무개의 충절이 굉장하며, 송나라에 와서는 누가 문장이고, 명나라에 와서는 누가 군자라 하여 청국을 대국이니 중원이니 칭찬을 그치지 않고, 본국에 어떠한 명현의 사적과 아무개 충신의 절개는 도무지 알 생각도 않고 본받을 마음도 없으니, 정말 그야말로 남의 집 보학[2]은 다 알아도 자기의 조상 내력을 누가 물으면 능히 대답하지 못하는 것과 같다. 그뿐 아니라 한문에는 능통한 이가 국문을 대하면 입을 벌리지도 못하니, 말로는 선왕의 예법을 칭송하면서 정작 선왕께서 만드신 글은 이다지 등한시하면서 버리는가? 이웃 나라가 알아서는 안 될 우리나라의 수치다. 그 중에도 대한 사람 백 명을 모아 놓고 보면 한문 아는 이가 열 명되기가 어려우니, 이 무지한 백성의 어두운 마음을 어느 겨를에 한문으로 가르쳐 속히 개명하게 하겠는가? 대한 국문은 그야말로 '하루아침 글'이라서 오늘 모르다가 내일 알기도 할 뿐 아니라 국문으로 못 만들 말이 없고 번역하지 못할 글이 없으니 과연 쉽고도 기묘한 글이다. 대한 정부에서 어찌 쉽고 편한 국문은 쓰지 않고 어렵고 까다로운 한문을 숭상하고자 하는지 우리는 믿을 수 없다.

2 보학(譜學): 조선 시대에, 성리학의 발달로 나타난 종족의 족보에 관한 지식이나 학문. 사림 양반들은 친족 공동체의 유대를 강화하고 신분적 우위성을 유지하기 위하여 이것을 필수 교양으로 여겼다.

입력 원문

타국 글이 아니라

ㅇ 나라마다 방언ᄆᆞᆫ 다를 ᄲᅮᆫ 아니라 각기 국문이 잇ᄂᆞᆫ 고로 어느 나라 사ᄅᆞᆷ이던지 몬져 본국 말을 다 안 연후에 타국 말을 ᄇᆡ호고 본국 글을 다 통달ᄒᆞᆫ 연후에 타국 글을 ᄇᆡ호ᄂᆞᆫ 것은 사ᄅᆞᆷ의 샹졍이요 ᄉᆞ리에 당연ᄒᆞᆫ 바로다. 대한디방이 쳥국과 심히 갓갑고 샹관되ᄂᆞᆫ 일이 ᄯᅩᄒᆞᆫ 만ᄒᆞᆫ 고로 몃 千년 이ᄅᆡ로 한문을 슝샹ᄒᆞ엿거니와 대한국에 와셔ᄂᆞᆫ

셰죵대왕ᄭᅴ셔 셰계 각국은 다 국문이 잇스되 대한이 홀노 업ᄂᆞᆫ 것을 민망이 녁이샤 특별히 훈민졍음을 지으샤 민간에 광포ᄒᆞ심은 비록 향곡에 사ᄂᆞᆫ 녀ᄌᆞ와 하예ᄇᆡᄭᆞ지라도 다 알고 ᄭᆡ닷기 쉬게 ᄒᆞ심이니 후셰에 신민된 이가 맛당히 그 셩의를 봉힝ᄒᆞ야 국문을 숭샹ᄒᆞᆯ 것이여ᄂᆞᆯ 그젼에ᄂᆞᆫ 대한 젼국이 엇지 ᄒᆞ야 다만 한문ᄆᆞᆫ 슝샹ᄒᆞ고 본국 글은 등기ᄒᆞ엿던지 우리가 족히 말ᄒᆞᆯ 것이 업거니와 갑오경장ᄒᆞᆫ 이후로ᄂᆞᆫ 대한 정부에셔 황연이 ᄭᆡ다른 고로 한문을 급작이 폐지ᄂᆞᆫ 못ᄒᆞ되 국문을 얼마큼 소즁이 알어셔 관보와 각항 공문을 다 국문과 한문을 통용ᄒᆞ야 ᄆᆞᆫ들고 학부에셔도 셔칙을 혹 슌젼이 국문으로ᄆᆞᆫ 번역ᄒᆞ야 ᄇᆡ셩이 유무식 간에 다 보고 알게 ᄒᆞ엿스니 이것은 젼국 인민을 ᄀᆡ명식히ᄂᆞᆫ ᄃᆡ 크게 유익ᄒᆞᆫ 일이라. 대한에 와셔 잇ᄂᆞᆫ 외국 사ᄅᆞᆷᄭᆞ지라도 속ᄆᆞ음에 얼마큼 칭찬ᄒᆞ엿더니 근일에 드른즉 대한 정부에셔 던쟝 법률 교정ᄒᆞᄂᆞᆫᄃᆡ 각항 쟝뎡 규칙에 온젼히 한문으로 쓰라고 ᄒᆞ엿다 ᄒᆞ니

지금 대한 정부에 당국ᄒᆞ신 제공은 고명ᄒᆞᆫ 식견으로 이ᄯᅢ를 당ᄒᆞ야 아모죠록 ᄀᆡ명에 진보코져 ᄒᆞᆯ 터인ᄃᆡ 엇지 구습을 바리지 못ᄒᆞ고 졈졈 뒤로 물너가ᄂᆞᆫ 일을 힝ᄒᆞᆯ 리가 잇스리요. 한문의 피ᄒᆡᄂᆞᆫ 대한 사ᄅᆞᆷ이 우리보다 더 알 터인

즉 반다시 셜명ᄒᆞᆯ 것이 업스되 대뎌 한문이란 글은 심히 어렵고 넘어 호번ᄒᆞ야 ᄌᆡ죠와 춍명이 아모리 월등ᄒᆞᆫ 사ᄅᆞᆷ이라도 슈十년을 힘써 공부ᄒᆞ여야 계오 셰상에 ᄒᆡᆼ셰ᄒᆞᆯ 듯ᄒᆞ다 칭ᄒᆞᆯ 것이요, 만약 ᄌᆡ죠가 로둔ᄒᆞ고 춍명이 업ᄂᆞᆫ 사ᄅᆞᆷ이면 평ᄉᆡᆼ을 공부ᄒᆞ여도 릉히 통달치 못 ᄒᆞᄂᆞ니 그런 고로 대한에 글ᄌᆞ ᄒᆞᆫ다ᄂᆞᆫ 션ᄇᆡ를 보면 무정ᄒᆞᆫ 셰월을 ᄎᆡᆨ상 압헤셔 다 보ᄂᆡ고 셩셩ᄒᆞᆫ ᄇᆡᆨ발이 거울 속에 빗최이ᄆᆡ 평ᄉᆡᆼ에 ᄒᆞᆫ 가지 ᄉᆞ업도 ᄒᆞᆫ 것이 업슬 ᄲᅮᆫ터러 일편 졍신을 다 한문 공부에 허비ᄒᆞ고 다른 물셩에ᄂᆞᆫ 젼혀 몽ᄆᆡᆨᄒᆞ야 뎨 집안 처ᄌᆞ도 엇더케 졉제ᄒᆞᆯ 경영이 업시 다ᄆᆞᆫ 안지면 고담쥰론ᄒᆞᄂᆞᆫ 말이 한당 ᄣᅢ에ᄂᆞᆫ 아모의 츙졀이 굉쟝ᄒᆞ며 송나라에 와셔ᄂᆞᆫ 누가 문쟝이요, 명나라에 와셔ᄂᆞᆫ 누가 군ᄌᆞ라 ᄒᆞ야 쳥국을 대국이니 즁원이니 칭찬 불이ᄒᆞ고 본국에 엇더ᄒᆞᆫ 명현의 ᄉᆞ젹과 아모 츙신의 졀개ᄂᆞᆫ 도모지 알 ᄉᆡᆼ각도 아니ᄒᆞ고 본밧을 ᄆᆞ음도 업스니 진소위 남의 집 보학은 다 알되 ᄌᆞ긔의 죠샹 ᄂᆡ력을 누가 물으면 릉히 ᄃᆡ답지 못 ᄒᆞᆷ과 ᄀᆞᆺ도다. 그ᄲᅮᆫ 아니라 한문에ᄂᆞᆫ 릉통ᄒᆞᆫ 이가 국문을 ᄃᆡ하면 닙을 벌이지 못 ᄒᆞ니 말노ᄂᆞᆫ
션왕의 례법을 칭송ᄒᆞ면셔 뎡작 션왕ᄭᅴ셔 ᄆᆞᆫᄃᆞ신 글은 이ᄃᆡ지 등기ᄒᆞ나뇨. ᄎᆞᆷ 불가ᄉᆞ문 어린국이로다. 그 즁에도 대한 ᄉᆞᄅᆞᆷ ᄇᆡᆨ명을 모하 놋코 보면 한문 아ᄂᆞᆫ 이가 열명 되기가 어려온즉 이 무식ᄒᆞᆫ ᄇᆡᆨ셩의 어두온 ᄆᆞ음을 어느 하가에 한문으로 ᄀᆞᄅᆞ쳐 속히 ᄀᆡ명케 ᄒᆞ리오. 대한 국문은 진소위 ᄒᆞ로 아ᄎᆞᆷ 글이라 오ᄂᆞᆯ 몰으다가 ᄅᆡ일 아는 슈가 잇슬 ᄲᅮᆫ 아니라 국문으로 못 ᄆᆞᆫ들 말이 업고 못 번력ᄒᆞᆯ 글이 업스니 과연 쉽고도 ᄀᆡ묘ᄒᆞᆫ 글이로다. 대한 졍부에셔 엇지 쉽고 편ᄒᆞᆫ 국문은 쓰지 안코 어렵고 ᄭᆞ다론 한문을 슝샹ᄒᆞ고져 ᄒᆞᄂᆞᆫ지 우리ᄂᆞᆫ 밋지 안노라.

내용 요약

이 글은 ≪독립신문≫ 112호에 실린 기사로 '국문'과 '나라'의 관계를 분명히 하고 '국문'의 중요성을 논하고 있다. 글쓴이는 우리나라에 국문이 있음에도 불구하고 한문을 먼저 배우고 더 중시하는 풍조를 문제 삼으며, 한문 공부의 폐단을 지적하고 있다. 필자는 우리글의 장점을 배우기 쉽고, 못 만들 말이 없으며, 번역하지 못할 글이 없다는 것 등을 들면서, 반면 한문은 복잡하고 배우기도 어려워 공부를 해도 시간이 많이 걸리기에 백성을 개명시키기 어렵다는 단점을 갖는다고 지적한다. 이런 이유로 필자는 정부가 국문 사용을 장려해야 한다는 주장하고 있다.

개념어 방언, 국문, 한문, 훈민정음, 대한국, 대한, 본국, 외국, 타국, 신민, ᄇᆡᆨ셩, 인민, 정부, 관보, 공문, 번력, ᄀᆡ명, 법률, 진보

11. 두 가지 힘[1]

저자 미상

개화라고 하는 것은 사람마다 아는 것이고 사람마다 능히 말하지만 그 근본이 어디로 오며 어떻게 되는지는 알지 못하고 말로만 하는 사람이 많다. 머리를 깎으며, 양복을 입고, 불란서 모자에 합중국 신을 신고, 치마표 시계에 지궐련 담배를 피며, 짧은 지팡이에 살쭉이 안경을 쓰고, 계제 없이 자유의 권리를 말하며, 말할 때마다 독립국이라고 하되, 실제로는 공부가 없으면 이것은 겉껍질 개화다. 마치 수박을 겉으로만 핥는 것과 같으니 무슨 맛을 알겠는가?

도리어 개화하는 때에 방해가 될 것이니, 반드시 개화의 실제를 궁구해야 한다. 개화는 반드시 두 가지 힘으로 인하여 이루어진다. 자연의 힘과 사회의 힘이 이 두 가지 힘이다. 이 두 가지 세력이 항상 사람의 마음을 자극하여 움직이게 하며 능히 물건을 운동하게 한다. 탄알은 화약의 더운 힘으로 날아가고, 윤차와 윤선은 기관에서 물이 끓는 힘으로 달려간다. 전보선의 소식과 전화기의 말은 전기의 힘으로 오고 가기를 빠르게 하며, 쇠끝과 바늘은 자석의 힘으로 이끌린다. 동질 분자를 합하는 것은 응결하는 힘이고, 이질 분자를 합하는 것은 화친하는 힘이다. 사람의 마음도 또한 이와 같이 밖으로부터 오는 힘으로 인하여 요동하니 희로애락과 근심과 시름에 찬 생각이 생겨나는 것이 다 자극을 주어 움직이게 하는 힘을 만났기 때문이다. 그 힘이 혹 급박해서 빠르게 운동을 일으키며 혹 지원하여 가만히 운동을 정지하게 하니 나라의

1 ≪독립신문≫ 202호, 1899. 9. 5.

정치가 이 힘으로 인하여 흥하고 망하며 백성의 생업이 이 힘으로 인하여 성하고 쇠한다.

첫째, 자연의 힘을 말하자면 조물주의 능력으로 지구와 행성이 각각 받아들이는 힘이 있어서 주야로 돌아가 24시를 이루며, 1년 동안에 한 번 태양을 에워 돌아가 365일 6시를 이루며, 지구에 열대와 온대와 냉대가 있어 동반구의 낮이 서반구에서는 밤이 되고, 열대는 주야의 시간이 같고, 냉대에는 반년 낮과 반년 밤이 있다. 북편의 여름은 남편의 겨울이고, 남편의 가을은 북편의 봄이 되고, 온대에는 비 오고 가무는 것 외에 춘하추동의 분별이 없다.

그런즉 물과 육지의 높고 낮은 것과 바람과 비와 추위와 더위의 많고 적은 것, 사계절과 주야가 이렇게 현격하게 다른 것은 다 자연의 힘으로 되는 것이다. 인종과 물종이 각각 지방의 기후를 좇아 번성하거나 희소하며, 직업의 적고 많음, 그리고 각국 풍속 또한 자연의 힘으로 인하여 서로 같지 아니하다. 냉대의 사람은 물건의 생장이 번성하지 못하기 때문에 먹을 것이 없어서 평생의 기력이 의식에 골몰하여 다른 일을 경영하지 못하고, 열대의 사람은 물건의 발생이 번성하기 때문에 굶주림과 추위에 걱정이 없으나 항상 더위 때문에 기력이 나태하여 사무에 활발한 마음이 없나니, 이것 또한 자연의 세력을 이기지 못함이다. 공기의 습하고 좋은 것 또한 사람과 초목에게 관계가 대단히 깊으니, 사막 중의 더운 기운은 생물을 양육하기에 마땅하지 못하고, 비습한 땅의 기운은 사람에게 심히 해롭기 때문에 높고 마른 땅에 사는 사람이라야 신체도 강건하고 지식도 발달하는 법이다.

사람이 자연의 힘으로 농사와 장사로 산업을 힘쓰며 개화하기를 숭상하지만, 토지의 척박함과 기후의 차고 더운 것이 고르지 못하여 생업은 군색함이 많고 사람은 점점 번성했다. 그래서 서양 제국이 사회를 만들어 발달하는 세력으로서 있는 것과 없는 것을 서로 교역하며 더운 것을 피하며 추운 것을 방비하여 서로 내왕하기로 약조하며 통상하기를 숭상하니 이른바 개명한 나라라 하는 것이다.

둘째, 사회의 힘을 말하자면 사람의 지혜가 점점 늘어가서 사회를 일으켰으니, 한 사람의 심력으로 외롭게 생활을 경영하는 것이 아니라 여러 사람이 서로 도와주며 서로 교제하여 함께 태평한 복을 누리고자 하며, 각각 명예를 취하고 지식을 널리 하며 문명에 진보하기를 다투니 사회의 힘이 크게 발생하여 정부에서는 정치와 법률을 고쳐 사회를 평화롭게 할 방침을 시행하며, 신하와 백성은 각기 자기 직분을 힘써 나라마다 융성하기를 도모함이다. 사람이 생각하는 힘이 적으면 사물을 헤아리는 능력이 부족하고, 사물을 헤아리는 능력이 부족하면 생활하는 기술이 흥하지 못하고, 기술이 흥하지 못하면 사회가 진보가 될 수 없고, 사람의 예지력이 없으면 다만 눈앞의 이익만 생각하고 이후에 낭패가 됨을 보지 못한다. (이는) 어떤 장사꾼이 차를 팔 때에 버드나무 잎을 섞어 손님 앞에 보여준 물품과 파는 물품을 달리한다면 나중에 손해가 될 것인데, 이를 모르는 것과 같다.

그런즉 사람마다 예비심과 신의심이 있어서 무슨 장사든지 무슨 사업을 경영하든지 누구에게 가서 고용을 하든지 항상 신의를 주장하여 생업을 번창하고 왕성하게 하는 것이 사회 상에 긴요한 힘이다. 지금 대한국이 기왕 외국과 통상을 시작하였으니 외양으로만 개화를 모방할 것이 아니라 참으로 자연력과 사회력을 궁구하여 아무쪼록 문명에 진보하기를 생각하시오.

입력 원문

두 가지 힘

ㅇ ᄀᆡ화라 ᄒᆞᆷ은 사ᄅᆞᆷ 마다 아ᄂᆞᆫ 바요 사ᄅᆞᆷ 마다 능히 말 ᄒᆞ것마ᄂᆞᆫ 그 근본이 어ᄃᆡ로 오며 엇더케 되ᄂᆞᆫ것은 아지 못ᄒᆞ고 말노만 ᄒᆞᄂᆞᆫ쟈ㅣ 만토다. 머리를 ᄭᅡᆨ그며 양복을 닙고 불란셔 모ᄌᆞ에 합즁국 신을 신고 치마표 시계에 지권연 담ᄇᆡ를 먹으며 ᄶᅡ른 집ᄒᆡᆼ이에 살ᄶᅩᆨ이 앙경을 쓰고 계뎨 업시 ᄌᆞ유의 권을 말ᄒᆞ며 언필칭 독립국이라 ᄒᆞ되 실디샹 공부가 업스면 이것은 것겁질ᄀᆡ화라. 슈박을 것흐로만 할틈이니 무슴 맛을 알니오. 도로혀 ᄀᆡ화 ᄒᆞᄂᆞᆫ ᄯᅡ에 방ᄒᆡ가 되리니 불가불 ᄀᆡ화의 실디를 궁구 ᄒᆞᆯ지라. ᄀᆡ화ᄂᆞᆫ 반다시 두가지 힘을 인ᄒᆞ야 일위나니 ᄌᆞ연 自然 ᄒᆞᆫ힘과 샤회 社會의 힘이라. 이 두가지 셰력이 항샹 사ᄅᆞᆷ의 심력을 촉동 ᄒᆞ며 능히 물건 의톄를 운동 ᄒᆞ나니 탄알은 화약에 더운힘으로 나라가고 륜차와 륜션은 긔관의 물ᄭᅳᆯᄂᆞᆫ 힘으로 달녀가고 뎐보션에 소식과 뎐화 긔에 말ᄉᆞᆷ은 뎐긔의 힘으로 ᄅᆡ왕ᄒᆞ기를 ᄲᆞᆯ니 ᄒᆞ며 쇠ᄭᅳᆺ과 바날은 지남셕의 힘으로 잇글고 동질 분ᄌᆞ 同質 分子를 합 ᄒᆞᆷ은 응결 ᄒᆞᄂᆞᆫ 힘이오 이질 분ᄌᆞ 異質 分子를 합 ᄒᆞᆷ은 화친 ᄒᆞᄂᆞᆫ 힘이라. 사ᄅᆞᆷ의 ᄆᆞ음도 ᄯᅩᄒᆞᆫ 이와 ᄀᆞᆺ치 밧그로 오ᄂᆞᆫ 힘을 인ᄒᆞ야 요등 ᄒᆞᄂᆞ니 희로 ᄋᆡ락과 우슈 ᄉᆞ려의 발ᄒᆞᆷ이 다 촉동 ᄒᆞᄂᆞᆫ 힘을 인연 ᄒᆞᆷ이니 그 힘이 혹 급박 ᄒᆞ야 속히 운등을 니ᄅᆞ키며 혹 지원 ᄒᆞ야 감아니 운동을 졍지케 ᄒᆞᄂᆞ니 나라의졍치가 이 힘을 인ᄒᆞ야 흥ᄒᆞ고 망ᄒᆞ며 ᄇᆡᆨ셩의 ᄉᆡᆼ업이 이 힘을 인ᄒᆞ야 셩 ᄒᆞ고 쇠ᄒᆞᄂᆞᆫ지라ㅇ 쳣ᄌᆡ ᄌᆞ연ᄒᆞᆫ 힘을 말ᄒᆞᆯ진ᄃᆡ 조화 옹의 능력으로 디구와 ᄒᆡᆼ셩이 각각 흡력 吸力이 잇셔 쥬야로 도라가 二十四시를 일우며 一년 동안에 ᄒᆞᆫ번 태양을 에워 도라가 三百六十 五일 六시를 일위며 디구에 렬ᄃᆡ와 온ᄃᆡ와 ᄅᆡᆼᄃᆡ가 잇셔 동반구에 낫이 셔반구에

밤이 되고 렬디에 쥬야가 평균 ᄒᆞ면 링디에는 반년 낫과 반년 밤이 잇스며 북편에 여름은 남편에 겨을이오 남편에 가을은 북편에 봄이 되고 열디에는 비 오고 감으는것 외에 츈하 츄동의 분별이 업는 모양이라. 그런즉 물과 륙디의 놉고 나진것과 풍우 한셔의 만코 적은것이 四시 쥬야의 이ᄀᆞᆺ치 현슈홈은 다 ᄌᆞ연ᄒᆞᆫ 힘으로 되는 것이오 인죵과 물죵이 각각 디방의 긔후 氣候를 좃차 번셩 ᄒᆞ고 희소홈과 직업의 빈한ᄒᆞ고 부요홈과 각국 풍쇽이 쏘ᄒᆞᆫ ᄌᆞ연ᄒᆞᆫ 힘을 인ᄒᆞ야 셔로 ᄀᆞᆺ지 아닌지라. 링디의 사름은 물건의 싱쟝이 번셩치 못홈으로 먹을 것이 업셔 평싱의 긔력이 의식에 골몰ᄒᆞ야 다른일을 경영치 못ᄒᆞ고 열디의 사름은 물건의 발싱이 번셩홈으로 긔한에 걱졍이 업스나 ᄒᆞᆼ샹 더위에 긔력이 나틱 ᄒᆞ야 ᄉᆞ무에 활발ᄒᆞᆫ ᄆᆞ음이 이 업ᄂᆞ니 쏘ᄒᆞᆫ ᄌᆞ연ᄒᆞᆫ 세력을 니기지 못 홈이오 공긔의 습ᄒᆞ고 조ᄒᆞᆫ 것이 쏘ᄒᆞᆫ 사름과 초목의게 관게가 대단히 되ᄂᆞ니 샤막즁에 더운 긔운은 싱물을 양휵 ᄒᆞ기에 맛당치 못 ᄒᆞ고 비습ᄒᆞᆫ 싸에 긔운은 사름의게 심히 히로온고로 놉고 마른 싸에 사는 사름이라야 신톄도 강건ᄒᆞ고 지식도 발달 ᄒᆞ는 법이라. 사름이 ᄌᆞ연ᄒᆞᆫ 셰력을 인ᄒᆞ야 농ᄉᆞ와 쟝ᄉᆞ로 산업을 힘 쓰며 기화 ᄒᆞ기를 슝샹 ᄒᆞ되 토디의 쳑박홈과 긔후의 한열이 부됴 홈으로 싱업은 군식 홈이 만코 인물은 졈졈 번셩ᄒᆞ는 고로 태셔 뎨국이 사회를 ᄆᆞᄃᆞ러 발달 ᄒᆞ는 셰력으로 잇고 업는 것을 셔로 교통 ᄒᆞ며 더운 것을 피ᄒᆞ며 치운 것을 방비 ᄒᆞ야 셔로 리왕케 약됴 ᄒᆞ며 통샹 ᄒᆞ기를 슝샹 ᄒᆞ니 닐은바 기명ᄒᆞᆫ 나라이라 홈이오. 둘ᄌᆡ 샤회의 힘을 말 ᄒᆞᆯ진듸 사름의 지혜가 졈졈 늘어 가매 샤회를 니ᄅᆞ켜스니 ᄒᆞᆫ 사름의 심력으로 외로이 잇셔 싱활을 경영 홈이 아니라 여러 사름이 셔로 도아 주며 셔로 교제 ᄒᆞ야 함게 태평ᄒᆞᆫ 복을 누리고자 ᄒᆞ며 각각 명예를 취 ᄒᆞ고 지식을 널이 ᄒᆞ며 문명에 진보 ᄒᆞ기를 다토매 샤회의 힘이 크게 발싱 ᄒᆞ야 졍부에셔는 졍치와 법률를 곳쳐 샤회샹에 평화ᄒᆞᆯ 방침을 시힝 ᄒᆞ며 신하와 빅셩은 각기 ᄌᆞ긔 직분을 힘써 나라 마다 융셩 ᄒᆞ기를 도모 홈이라 사름의 싱각 ᄒᆞ는 힘이 적으면 지력이 부족 ᄒᆞ고 지력이 부족 ᄒᆞ면 싱활 ᄒᆞ는 슐업이 흥치 못 ᄒᆞ고 슐업이 흥치 못 ᄒᆞ면 샤회샹에 진보가 될 수 업고 사름의 예비 ᄒᆞ는 심력이 업스면 다만 목젼에 리익만

ᄉᆡᆼ각 ᄒᆞ고 일후에 랑패 됨을 보지 못ᄂᆞ니 엇던 쟝ᄉᆞ가 챠를 ᄑᆞᆯᄯᅢ에 버드 나무 입흘 셕고 간ᄉᆡᆨᄒᆞᄂᆞᆫ 물픔과 파ᄂᆞᆫ 물픔이 셔로 ᄀᆞᆺ지 아니 ᄒᆞ야 일후에 손해가 됨을 모로ᄂᆞᆫ것 ᄀᆞᆺᄒᆞᆫ지라. 그런즉 사ᄅᆞᆷ 마다 예비심과 신의 심이 잇셔 무ᄉᆞᆷ 쟝ᄉᆞ든지 무ᄉᆞᆷ ᄉᆞ업을 경영 ᄒᆞ든지 뉘게 가셔 고용을 ᄒᆞ든지 ᄒᆞᆼ샹 신의를 쥬장 ᄒᆞ여 ᄉᆡᆼ업을 흥왕케 ᄒᆞᄂᆞᆫ것이 샤회샹에 긴요ᄒᆞᆫ 힘이라. 현금 대한국이 긔왕 외국과 통샹을 시쟉ᄒᆞ였니 외양으로 ᄀᆡ화를 모본ᄒᆞᆯ것이 아니라 ᄎᆞᆷ으로 ᄌᆞ연 력과 샤회 력을 궁구 ᄒᆞ야 아모쵸록 문명에 진보ᄒᆞ기를 ᄉᆡᆼ각 ᄒᆞ시오.

내용 요약

필자는 개화의 진정한 의미, 혹은 개화가 진정으로 이뤄지기 위해 필요한 것을 말하고자 한다. 그에 의하면 개화는 자연의 힘과 사회의 힘, 이 두 가지 힘으로 이루어지는데, 이 두 가지 힘을 잘 이용할 경우 나라는 흥할 수 있다고 한다. 인간의 삶은 기후, 토지 등 자연조건에 많은 영향을 받는데, 개화를 위해서는 이 자연의 힘을 잘 이용해야 한다. 다른 한편 개화는 사회의 힘에도 의존하는데, 성공적인 개화를 위해서 목전의 이익만을 좇아서는 안 되고, 예비심과 신뢰에 기초한 교역이 있어야 한다.

개념어

개화, 독립국, 자연, 사회, 운동, 정부, 정치, 법률, 백성, 번성, 문명, 진보 등

12. 국문일정법의견서(國文一定法意見書)[1]

이능화(李能和)

법어학교 교관 이능화 씨가 「국문일정법의견서」를 학부에 제출하였는데 시의에 적합한 고로 이에 게재하여 채택되기를 바라노라.

○ 삼가 생각건대, 나라가 있으면 그 나라의 글과 말이 있고, 또한 문어와 구어의 구분이 있으니 대개 구어는 번잡하고 문어는 간략하니, 요컨대 이들은 사물의 이치를 펼칠 뿐이다. 이러한 까닭에 문명이 극도로 발달한 나라는 그 글과 말에 사물의 이름과 규범과 규칙, 법률과 제도가 갖추어져 있어 세상에 잘 적용되는 것이다. 우리 아시아 문명은 지나(중국)가 제일 앞섰던 고로 한일 양국이 옛날부터 한문을 차용해 왔으니, 마치 구주의 여러 나라가 쓰는 글자가 희랍, 로마의 문자에서 기원한 것과 흡사하다.

동서양을 막론하고 글과 말이 사회의 복잡한 상태에 따라 점점 복잡하고 풍부해지기 마련이다. 오늘날 구미의 어휘는 이십만이 넘으나, 한자의 수는 그 반에 미치지 못하니, 문명의 정도를 이것으로 가히 알 만할 것이다. 한일 양국이 옛날부터 한문을 썼으나 또 각각 국문이 있으니 한국의 언문과 일본의 가나가 그것이다. 음에 맞추어 글자를 적는 데 불가능한 것이 없으니 이것과 한문을 섞어 쓰면 편리하기가 비교할 수 없을 것이다.

대개 한자는 매우 폭넓은 뜻을 포괄하고 있으므로 가령 어떤 글을 읽는다고

1 ≪皇城新聞≫ 2615호, 1906. 6. 1, ≪皇城新聞≫ 2616호, 1906. 6. 2. ≪大韓自强會月報≫ 6호, 1906. 12. 25. 이 번역은 ≪대한자강회월보≫의 것을 대본으로 삼았다.

할 때, 대략 문리가 트인 자는 한 번 봄에 그 대강의 뜻을 알 수 있으나 처음 배울 때부터 대강 문리가 트이기까지의 그 기간 동안에는 자못 심한 곤란을 겪게 된다. 또 언문은 음을 취하는 데 불과해서 어떤 글을 읽는다고 했을 때 처음부터 끝까지 자세히 읽지 않는다면 그 의미가 드러나지 않을 뿐만 아니라, 어떤 이는 '가'로, 어떤 이는 'ㄱ'로 적듯이 그 음을 적는 법이 서로 다르다. 이것은 다름이 아니라 음과 뜻을 일정하게 정한 자전이 없는 까닭이다. 우리말(我國語) 전체가 거의 한문으로 이루어졌고, 또 이것을 해석하는 고유어(方言)가 별도로 있으니, 우리 한국 사람이 한문을 배우기가 어려운 것은 이 때문이다. 그러므로 국한문 병용의 편리한 방법을 강구하지 않을 수가 없는 것이다.

일본이 가나를 만든 것은 천여 년 전의 일인데 한문에 붙여 써서 스스로 그들만의 문체를 이루었던 것이다. 근래에 한문을 폐기하고 순수한 일본문을 쓰자는 주장이 있었으나, 갑자기 그러한 방식을 실행하는 일은 볼 수가 없었으니 여기에는 각종 원인이 있었을 터이다. 타국의 글자를 빌려 쓰는 것을 부끄럽게 여길 수도 있겠으나, 그렇게 생각할 일만은 아니다. 왜냐하면 그것을 이용해서 우리나라의 문장을 만들면 그만이기 때문이다. 국문으로만 글을 쓴다는 것은 혹시 백년 이후의 시대에는 가능할는지 모르겠다.

오늘날 우리나라에서 배우는 사람이 단지 국문만 알고 한문을 알지 못한다면, 그 부족함에 대한 걱정을 면할 길이 없을 것이다. 그런데 일본의 사정을 보면, 비록 수레를 끄는 남자와 떡을 파는 여자라고 해도 글자를 모르는 자가 적으니, 일본의 새로운 서적을 읽어 볼 것 같으면 그 서술이 명확한데다가 한자 오른 편에 가나를 적어 놓아 비록 아녀자와 아이들이라도 쉽게 이해할 수 있다. 우리의 국문과 국어의 조성(組成)이 다행히 일문, 일어와 대체로 유사하나 국문을 한문에 붙여 쓰는 법이 어미(語尾)에 그치고 있어서 일반인들이 결국 책을 읽어낼 수가 없게 되는 것이다. 그러니 어찌 가나를 한자에 붙여 쓰는 예를 본받아 언문일치에 힘쓰고 식자층과 일반인이 함께 읽어야 하지 않겠는가? 이제 그 예를 들어 아래에 열거해 보겠다.

一 天地之間萬物之中唯人最貴

↳ 순한문으로 오로지 식자층(雅者)만 읽을 수 있다.

二 텬디ᄉᆞ이 만물가운듸 오직 ᄉᆞ람이 가장 귀ᄒᆞ니

↳ 순국문으로 일반인(俗者)들도 읽을 수 있다.

三 天地之間萬物之中에 唯人이 最貴ᄒᆞ니

↳ 지금 시행되고 있는 국한문 혼용법으로 일반인은 끝내 읽을 수 없다.

四 天地[텬디]之間[ᄉᆞ이] 萬物[만물]之中[가운듸]에 唯[오직]人[ᄉᆞᄅᆞᆷ]이 最[가장]貴[귀]ᄒᆞ니

↳ 한자 옆에 언문을 붙여 쓴 것으로 식자층과 일반인 모두 읽을 수 있다.

오늘날 교육을 제대로 보급하고자 한다면, 국문을 일정하게 하여 소리와 뜻을 통일한 연후에 이에 따라 서적을 번역, 간행하여야 할 것이다. 학부(學部)는 일국의 읽고 쓰는 교육을 맡아 하는 곳이거늘, 자전(字典) 하나 없어 사람마다 국문을 제 멋대로 쓰니 교육이 진작되지 못하는 것은 바로 이 때문이다. 무릇 한 나라의 언어에 명사, 동사, 과거사, 미래사 등이 없을 수 없으니, 아동들이 이것을 알면 말에 조리가 있어 사물을 쉽게 깨달을 수 있으니, 우리말이라고 하여 어찌 이런 것이 없겠는가마는, 다만 제대로 된 연구가 없었을 뿐이다. 외국어 학자 외에는 이런 데에 주의를 기울인 자가 없었으니, 먹기는 먹되 그 맛은 알지 못하고 말은 있으되 그 뜻은 상세히 알지 못하는 것과 같다고 할 만하다.

내가 생각하기에 국문을 일정하게 하는 법이 세 가지가 있으니,

첫째, 박학다식한 인사들에게 의뢰하여 ≪言泉≫[2](일본 자전 가운데 가장

2 언천(言泉): 1898~1899년 오치아이 나오부미(落合直文)에 의해 발간된 일본의 국어사전. 당초에는 'ことばの泉'(말의 샘)이라는 이름이었으나 1921년의 수정판부터는 '言泉'이라는 제목을 달았다.

좋은 것)을 참고하여 국문 자전을 편찬하도록 할 것.

둘째, 소학 교과서의 한자 옆에 언문을 붙여 쓸 것.

셋째, 국어 규범을 책 한권으로 펴내어 소학교에 국어 과목을 집어넣을 것.

우리나라에 언문이 있은 이래로 선현이 그것으로 경전을 풀어 가르치셨으니 그것이 후학들에게 도움이 되었음은 이루다 말로 표현할 바가 아니나, 문리를 깨치지 못한 자는 끝내 이것을 읽을 수가 없었다. 일반 백성들로 말할 것 같으면, 언문을 좀 배워 겨우 반절이나 깨칠 만하면 저잣거리에서 함부로 파는 언문 소설 따위를 학습 교재로 삼을 뿐이었으니, 이는 별다른 읽을거리가 없었기 때문으로 읽는 사람의 잘못이라 할 수는 없을 것이다. 소설이란 것은 대부분의 나라에 있는 것으로 기롱하고 풍자하고 해학하는 등 세상 인심에 도움을 주는 바도 없지는 않으나, 우리나라의 언문 소설은 모두 비루하고 볼만한 것이 없어서 지식 발달에 큰 방해만 될 뿐이다. 그러니 이제 법을 만들고 이를 융통성 있게 시행하여 이런 소설의 판목(版木)을 혹 관에 있는 것은 거둬들이고 혹 민간에 있는 것은 매입한 후에 모두 없애 버려 다시 간행되지 못하도록 하고, 대신 새로운 학문을 번역 간행하도록 점차 유도하여 인민의 사상을 깨우치면 이것이 바로 교육의 길인 것이다.

오늘날 우리나라 인사들의 교육 사상이 갑자기 일어나서 경향 각지에 학교가 날로 늘어남에 따라 교과서가 필요하다는 사람들이 줄을 잇고 있으며 또 학부가 바야흐로 교육을 확장할 방도를 모색하고 있으니 이에 따라 국민의 기대와 바람이 커지고 있다. 무릇 교육의 기초는 소학에 있거니와, 내가 제출한 '국문을 일정하게 하는 법'(一定國文之法)이 소학의 성질에 적합할 수 있을 듯하니, 부디 두루 살펴 채택하고 때에 맞추어 실시케 하기를 엎드려 비는 바이요, 그렇게 된다면 심히 다행스러움을 이루다 할 바가 없을 것이다.

입력 원문

國文一定法意見書

李能和

〈대한자강회월보〉

國文一定法意見書 侃亭 李能和

法語學校教官 李能和氏가 國文一定法 意見書를 學部에 提呈ᄒᆞ얏ᄂᆞᆫᄃᆡ 適合於時宜인 故로 玆에 揭錄ᄒᆞ야 採用홈을 俟ᄒᆞ노라.

ㅇ伏以有一國則有一國之又與語ᄒᆞ고 則亦有文語口語之種別ᄒᆞ니 大抵 口語ᄂᆞᆫ繁ᄒᆞ고 文語ᄂᆞᆫ 簡ᄒᆞ니 要之暢達事理面已라 是以文明極度之國은 其文與語에 名物象數와 典章法度ㅣ 從以俱備ᄒᆞ야 爲世適用也라 東亞文明은 支那ㅣ 最先故로 昔者에 韓日諸國이 借用漢文ᄒᆞ니 恰如歐洲之橫文이 多源於希臘 羅馬之文字也라.

無論東西洋ᄒᆞ고 文與語ㅣ 隨社會複雜之象態ᄒᆞ야 漸臻繁富라 今歐文은 有二十萬字之譜호ᄃᆡ 而漢文字數ㅣ 不及其半ᄒᆞ니 文明程度ᄅᆞᆯ 於此可徵也라 韓日兩國이 借用漢文ᄒᆞ고 又各有國文ᄒᆞ니 卽 韓之諺文과 日之假名이라 綴字合音於象譯之用에 無有不能ᄒᆞ니 因以漢文交作이면 便利無比也라.

蓋漢文字義ㅣ 包括甚廣ᄒᆞ니 假使今讀一論에 粗解文理者ᄂᆞᆫ 一寓目에 輒知其要領이나 然但自初學至粗解文理之間에 頗甚困難而諺文은 限於取音故今讀一論에 自始至末을 若不細閱一遍則意味不顯이오 且字音書法에 如 가マ지디 之類ᄅᆞᆯ 人人各殊ᄒᆞ니 此ᄂᆞᆫ 無他라 緣無一定音義之字典故也라 我國語全體ㅣ 幾乎成以漢文ᄒᆞ고 又別有方言以解釋之ᄒᆞ니 此ㅣ 我韓人難學漢文之所以라 然則

於此에 不可不講究國漢文竝用便利之法也로다.

日本假名之創造ㅣ 在千餘年以前而利用漢文에 附書假名ᄒᆞ야 自成一國之文體ᄒᆞ니 近雖有廢棄漢文純用日文之議나 然猝不能見諸實施者ᄂᆞᆫ 以其有各種原因而然歟ㄴ뎌 若以借用他國文爲可恥則不然ᄒᆞ니 唯在利用以成我國之文耳라 至於純用國文ᄒᆞ야ᄂᆞᆫ 或在於百年以後之時代也로다.

今設身爲一學生ᄒᆞ야 但知國文ᄒᆞ고 不識漢文ᄒᆞ면 則未免惄然不足之想也리니 試看日本國人컨ᄃᆡ 雖引車之夫와 賣餠之婦라도 鮮有不識字者ᄒᆞ니 今取讀日本新學書籍則其譯述字義ㅣ 最屬明確ᄒᆞ고 且於漢字右側에 附書假名ᄒᆞ야 雖婦女兒童이라도 易於曉解라 唯我國文國語之組成이 幸與日文日語로 大體相似而但國漢文混用之法이 止於語尾ᄒᆞ야 遂使俗者로 仍然不能讀書ᄒᆞ니 何不效附書假名之例ᄒᆞ야 務使言文一致ᄒᆞ야 雅俗共讀乎아 今擧其例ᄒᆞ야 開列于左ᄒᆞ노라.

一 天地之間萬物之中唯人最貴 純漢文惟雅者讀

二 텬디ᄉᆞ이 만물가운ᄃᆡ 오직 ᄉᆞ람이 가장 귀ᄒᆞ니 純國文俗者讀

三 天地之間萬物之中에 唯人이 最貴ᄒᆞ니 今之國漢文交用法俗者仍不能讀

四 天地(텬디)之 間(ᄉᆞ이) 萬物(만물)之 中(가운ᄃᆡ)에 唯人(오직 사ᄅᆞᆷ)이 最貴(가장 귀)ᄒᆞ니 漢字側附書諺

文雅俗共讀

今欲教育之普及인ᄃᆡ 莫如一定國文ᄒᆞ야 統一音義然後에 其他 書籍을 從此譯刊也라 唯學部ᄂᆞᆫ 主持一國之文學教育이어ᄂᆞᆯ 而使堂堂之國文으로 無一字典ᄒᆞ니 是其教育之不振也라. 凡一國之言語ㅣ 無不含有名詞, 動詞, 過去詞, 未來詞, 等 規度ᄒᆞ니 童穉知此則語有條理ᄒᆞ야 事物易曉ᄒᆞ니 我國之語ㅣ 何嘗無此리오마ᄂᆞᆫ 但無顯用除研究ᄒᆞ야 外國語學者外에 鮮有注意者ᄒᆞ니 可謂食焉而不知其味ᄒᆞ며 語焉而不詳其義者也라.

愚以爲一定國文이 其法이 有三ᄒᆞ니

一 延請愽學多聞之人ᄒᆞ야 模倣言泉ᄒᆞ야(日文字典之最良者) 輯述國文字典一部ᄒᆯ 事

二 小學敎科書漢字側에 附書諺文ᄒᆞᆯ 事
三 輯述國語規範一冊ᄒᆞ야 添入國語一科於小學校ᄒᆞᆯ 事
我邦에 自有諺文以來로 先賢이 以之講解經傳ᄒᆞ얏스니 其爲益於後學이 不可勝言이라 然非解文理者則不能讀이오 至於尋常之閭巷男女도 初學諺文ᄒᆞ야 纔通反切ᄒᆞ면 則以坊市行賣之諺文小說로 作爲學習之敎科書ᄒᆞ고 此外에 旣無他書可讀ᄒᆞ니 則亦非讀者之過也라 小說之書ㅣ 各國에 皆有之ᄒᆞ니 如譏諷寓托滑稽之類ㅣ 無非有補於世道人心者나 然我邦之諺文小說은 擧皆鄙俚無稽ᄒᆞ야 智識發達에 大有妨碍ᄒᆞ니 今可設法以變通之ᄒᆞ야 此等小說藏板을 凡官有者ᄂᆞᆫ 收入ᄒᆞ고 民有者ᄂᆞᆫ 買收ᄒᆞ야 盡行銷毁ᄒᆞ야 以防續刊之源ᄒᆞ고 代布新學諺譯之書ᄒᆞ야 逐漸誘導ᄒᆞ야 開發人民之思想이면 是亦敎育之一道也라.
目今我邦人士敎育之思想이 勃然興起ᄒᆞ야 京外各處에 學校日增ᄒᆞ야 請求敎科書者ㅣ 接踵而至ᄒᆞ고 且本部ㅣ 方謀擴張敎育之道ᄒᆞ니 國民之期望이 從此大矣라 夫敎育之基礎ᄂᆞᆫ 在乎小學이니 所陳愚見一定國文之法이 似能適合於小學之性質이라 伏願勻鑒採納ᄒᆞ야 期有實施케 ᄒᆞ시면 不勝幸甚이라 ᄒᆞ엿더라.

〈황성신문〉

●國文一定意見 法語學校敎官李能和氏가 國文一定法意見書를 學部에 提呈ᄒᆞᆫ 全文이 如左ᄒᆞ니
伏以 有一國則有一國之文 與語亦有文語口語之種別 大抵口語繁文語簡要之暢達事理而已 是以文明極度之國其文與語名物象數典章法度從以俱備爲世適用也 東亞文明支那最先 故昔者韓日諸國借用漢文 恰如歐洲之橫文多源於希臘羅馬之文字也
無論 東西洋文與語隨 社會複雜之象態 漸臻繁富 今歐文有二十萬字之譜 而漢文字數不及其半 文明程度於此可徵也 韓日兩國借用漢文 又各有國文 即韓之諺文 日之假名綴字 合音於象譯之用無有不能 因以漢文交作便利無比也
蓋漢文字義包括甚廣 假使今讀一論粗解文理者 一寓目輒知其要領 然但自初學至粗解文理之間頗甚困難而諺文限於取音 故今讀一論自始至末若不細閱一遍

則意味不顯且字音書法如〔가マ지디〕之類人人各殊此無他緣無一定音義之字典故也我國語全體幾乎成以漢文又別有土話以解釋之此我韓人難學漢文之所以然則於此不可不講究國漢文並用便利之法也

日本假名之創造在千餘年以前而利用漢文附書假名自成一國之文體近雖有廢棄漢文純用日文之議然猝不能見諸實施者以其有各種原因而然歟若以借用他國文爲可耻則不然唯在利用以成我國之文耳至於純用國文或在於百年以後之時代也今設身爲一學生但知國文不識漢文則未免有怒然不足之想也試看日本國人雖引車之夫賣餠之婦鮮有不識字者今取讀日本新學書籍則其譯述字義最屬明確且於漢字右側附書假名雖婦如兒童易於曉解唯我國文國語之組成幸與日文日語大體相似而但國漢文混用之法止於語尾遂使俗者仍然不能讀書何不効附書假名之例務使言文一致雅俗共讀乎今擧其例開列于左〔未完〕

●國文一定意見 法語學校教官李能和氏가 國文一定法意見書를 學部에 提呈ᄒᆞᆫ全文이 如左 〔續〕

一 天地之間萬物之中唯人最貴 純用漢文唯雅者讀

二 텬디사이만물가운듸오직사람이가장귀ᄒᆞ니 純國文俗者讀

三 天地之間萬物之中에 唯人이 最貴ᄒᆞ니 今之國漢文交用法俗者仍不能讀

四 텬지사이만물가운듸오직사람(天地之間萬物之中에 唯人이 最)가쟝귀(貴ᄒᆞ니) 漢字側附書諺文雅俗共讀

今欲教育之普及莫如一定國文統一音義然後其他書籍從此譯刋也唯學部主持一國之文學教育而使我堂堂之國文無一字典是其教育之不振也凡一國之言語無不含有名詞動詞過去詞未來詞等規度童稚知此則語有條理事物易曉我國之語何甞無此但無顯用除研究外國語學者外鮮有注意者可謂食焉而不知其味語焉而不詳其義者也愚以爲一定國文其法有三

一 延請博學多聞之人模倣言泉〔日文字典之最良者〕輯述國文字典一部事

二 小學教科書漢字側附書諺文事

三 輯述國語規範一冊添入國語一科於小學事

我邦自有諺文以來先賢以之講解經傳其爲益於後學不可勝言然非解文理者則不

能讀至於尋常之閭巷男女初學諺文纔通反切則以坊市行賣之諺文小說作爲學習之教科書此外旣無他可讀則亦非讀者之過也小說之書各國皆有之如譏諷寓托滑稽之類無非有補於世道人心者然我邦之諺文小說擧皆鄙俚無稽其於智識發達大有妨碍今可設法以變通之此等小說藏板凡官有者收入民有者買收盡行銷毁以防續刊之源代布新學諺譯之書逐漸誘導開發人民之思想是亦教育之一道也

目今我國人士教育之思想勃然興起京外各處學校日增請求教科書者接踵而至且本部方謀擴張教育之道國民之期望從此大矣夫教育之基礎在乎小學所陳愚見一定國文之法似能適合於小學之性質伏願勻鑑採納期有實施不勝幸甚 〔完〕

내용 요약

국문연구소 연구위원으로 활동한 필자의 이 글은 국한문 병용을 주장하고 있다. 국문을 일정하게 통일하기 위해 명사, 동사 등 품사 등의 연구의 필요성, 자전의 필요성 등을 강조하고 있으며, 소학교 교과서의 한자 옆에 국문으로 그 뜻을 함께 밝힐 것, 또 소학교에 국어과를 신설할 것 등을 제안하고 있다.

개념어 문어, 구어, 국문, 언문, 가나, 아국어(我國語), 방언, 아국문국어(我國文國語), 국어, 언어, 명사, 동사, 과거사, 미래사, 의미, 자전, 문체(文體), 언문일치(言文一致), 문학(文學), 소설, 교육, 교과서, 국민, 사상

13. 국문원류(國文源流)[1]

저자 미상

- 초성과 종성에 함께 사용하는 여덟 자

ㄱ기역, ㄴ니은, ㄷ디귿(池(末)), ㄹ리을, ㅁ미음, ㅂ비읍, ㅅ시옷(時(衣)), ㅇ이응, 기, 니, 디, 리, 미, 비, 시 여덟 음은 초성에 사용하고 역, 은, (귿), 을, 음, 읍, (옷), 응 여덟 음은 종성에 사용한다. (末), (衣) 두 자는 본래 글자의 첫 음을 취하여 소리가 이루어지기도 하는데, 글자 밖에 괄호를 더한 것은 이를 나타내는 것이다.

- 초성에만 사용하는 여덟 자

ㅋ, ㅌ, ㅍ, ㅈ, ㅊ, ㅿ, ㆁ, ㅎ

- 중성에만 사용하는 열한 자

ㅏ, ㅑ, ㅓ, ㅕ, ㅗ, ㅛ, ㅜ, ㅠ, ㅡ, ㅣ, ㆍ

(응)은 종성을 사용하지 않는다. (이)는 중성만을 사용한다. (사)는 초성을 사용하지 않는다.

- 초성의 다섯 음

각 : 어금닛소리 ㄱ, ㅋ, ㆁ

치 : 혓소리 ㄷ, ㅌ, ㄴ

1 ≪少年韓半島≫ 1호, 1906. 11. 1.

상 : 잇소리 ㅈ, ㅊ, ㅅ
우 : 입술소리 ㅂ, ㅍ, ㅁ, ◇
궁 : 목구멍소리 ㅇ, ㅎ
변치 : 반혓소리, ㄹ 홍무정운에서 반치반상
변궁 : 반목소리 홍무정운에서 반상반치

- 일곱 음의 나가는 소리
'각'은 아음(어금닛소리)이 되니 소리가 어금니에서 나와서 혀를 오므리면서 넘어가 이에서 넓어지고 입술에서 성하니 둥글게 통하여 다듬어져 가득 차서 앞에서 평평하게 나고
'치'는 설음(혓소리)이 되니 소리가 혀에 이르러 나와서 이에서 합하여 입술에서 열리고 돌아서 늘어져 늦게 펴지니 갈마들어 떨쳐서 일어나 치우쳐서 내려와 나고
'상'은 치음(잇소리)이 되니 소리가 이에 이르러 나서 입이 열리고 잇몸이 넓어지며 위로 올라가 가운데로 돌아오니 분명하게 도달하여 굳게 하니 소리가 나더라도 지체하지 않는 것 같고
'우'는 순음(입술소리)이 되니 소리가 입술에 이르러 나서 이가 열리면서 입술에 모이고 맑고 적으며 멀고 밝아서 일정하지 않게 떨쳐서 오르고 머무르는 것 같으나 떠나며
'궁'은 후음(목구멍소리)이 되니 소리가 목구멍에서 나고 입에서 합해져 통하여 우아하고 크며 깊고 뛰어나니 혀는 곧 가운데에 있고 안으로부터 곧게 올라가며
'변치'는 반설음이 되니 입을 열어 기를 발해서 혀에서 반을 울리고 혀를 늘어뜨려 목구멍에서 성하고 거스르니 목구멍이 춤추며
'변궁'은 반후음이 되니 이를 가지런하게 하여 기를 발해서 목구멍에서 울림을 일으켜서 목구멍을 맑게 하고 목구멍에서 가볍게 나서 혀가 흔들린다.

- 현재 세계 여러 나라에서 사용하는 문자의 숫자
대한자 28, 영어 26, 일본 50, 프랑스어 23, 스페인어 27, 그리스어 24, 사격납와니

아(斯格納窩尼亞) 27, 독일 26, 이탈리아어 20, 러시아어 41, 라틴어 23, 히브리어 23, 범어(산스크리트어) 50, 이란어 32, 터키어 33, 아랍어 28

- 문자

글자의 효용은 사상을 대표하는 것으로써 다른 사람의 목전에 두어 그 뜻과 사상을 이해하도록 하는데 있다. 그러나 사람이 이해하게 하는데 가장 좋은 것은 그림만한 것이 없는 고로, 태고 시대에 중국의 문자와 이집트의 고문, 바벨론 고대의 상형자 사용 등은 그림으로 문자를 삼아 사상을 통하게 한 것이다. 후에 점진적으로 문과 자가 두 갈래로 구분되었다. 문이라는 것은 그 형상을 본뜨기 위함이오, 자라는 것은 생장하여 점점 많아지는 것이다. 또 문자의 부분을 여섯 가지 글자의 종류로 구별했다. 일은 상형(象形)이니 '日月山川'의 종류이고, 이는 회의(會意)니 '武信'이 그것이다. 삼은 지사(指事)니 '上下'가 그것이고, 사는 해성(諧聲)[2]이니 '江河'가 그것이다. 오는 전주(轉注)[3]이니 '考老'가 그것이고, 육은 가차(假借)[4]니 '令長'이 그것이다. 다시 나아가서 자모조음의 문자가 되었다.

우리 대한의 국문은 곧 자모로 음이 이루어진 문자다. 우리 세종조에 만드시니 곧 훈민정음이 그것이다. 그 글자의 모양은 고문전주를 본떴고, 그 자음은 범음에서 비롯되었다. 그 글자를 배우는 것은 글자가 계속 생겨나서 그치지 않는 것이다.

무릇 문자는 언어와 더불어 사람의 사상을 표현하여 드러내는 두 원소이니, 지금 우리 국문의 이십칠 자모음을 가지고 써서 한 데 합쳐 그 언어를 드러내어 보이며 세계 언어의 세 가지 큰 갈래를 풀어 놓는다.

2 해성(諧聲): 두 개 이상의 글자의 음과 뜻을 합한 것.
3 전주(轉注): 기존의 글자를 새로운 뜻으로 파생, 전용시켜 쓰는 것.
4 가차(假借): 뜻과 상관없이 음을 빌려 쓰는 것.

제1대파 : 범어(산스크리트어)-대한어-일본어 / 정어(精語, 페르시아의 고어) / 그리스어 / 라틴어 / 인도 및 유럽어

제2대파 : 히브리어 / 아라비아어 / 발렌시아어-바빌로니아어 / 아서아니아어-가지치어

제3대파 : 중국어-티베트어-후인도어-헝가리어

입력 원문

國文源流

- 初聲終聲通用八字

ㄱ 其役 ㄴ 尼隱 ㄷ 池(末) ㄹ 梨乙 ㅁ 眉音 ㅂ 非邑 ㅅ 時(衣) ㆁ 異凝 其尼池梨眉非時異八音은 用於初聲ᄒᆞ고 役隱(末)乙音邑(衣)應八音은 用於終聲ᄒᆞ니 (末)(衣)兩字ᄂᆞᆫ 取本字之初音ᄒᆞ야 爲聲흠이라 字外에 加括弧者는 倣此ᄒᆞ니라

- 初聲獨用八字

ㅋ ㅌ 治 ㅍ 皮 ㅈ 之 ㅊ 齒 ㅿ 而 ㅇ 伊 ㅎ 屎

- 中聲獨用十一字

ㅏ 阿 ㅑ 也 ㅓ 於 ㅕ 余 ㅗ 五 ㅛ 要 ㅜ 牛 ㅠ 由 ㅡ (應) ㅣ (伊) · (思) (應)不用終聲(伊)只用中聲(思)不用初聲

- 五音初聲

角 : 牙音 ㄱㅋㆁ

徵 : 舌音 ㄷㅌㄴ

商 : 齒音 ㅈㅊㅅ

羽 : 脣音 ㅂㅍㅁ◇

宮 : 喉音 ㅇㅎ

變徵 : 半舌音 己 洪武正韻作半徵半商

變宮 : 半喉音 洪武正韻作半商半徵

- 七音出聲

角爲牙音ᄒᆞ니 聲出之牙ᄒᆞ야 縮舌而躍ᄒᆞ고 張齒湧吻ᄒᆞ니 通圓實樸ᄒᆞ야 平出於前ᄒᆞ고

徵爲舌音ᄒᆞ니 聲出至舌ᄒᆞ야 齒合脣啓ᄒᆞ고 回緩舒遲ᄒᆞ니 迭振而起ᄒᆞ야 自邪降出ᄒᆞ고

商爲齒音ᄒᆞ니 聲出至齒ᄒᆞ야 口開齶張ᄒᆞ고 騰上歸中ᄒᆞ니 明達堅剛ᄒᆞ야 雖出若留ᄒᆞ고

羽爲脣音ᄒᆞ니 聲出至脣ᄒᆞ야 齒開吻聚ᄒᆞ고 淸微逈亮ᄒᆞ야 飄振而擧ᄒᆞ고 若留而去ᄒᆞ며

宮爲喉音ᄒᆞ니 聲出於喉ᄒᆞ고 合口而通ᄒᆞ야 麗大沉雄ᄒᆞ니 舌則居中ᄒᆞ고 自內直上ᄒᆞ며

變徵ᄂᆞᆫ 爲半舌音ᄒᆞ니 開口發氣에 半響於舌而舌帖ᄒᆞ고 逆升於喉而喉舞ᄒᆞ며

變宮은 爲半喉音ᄒᆞ니 齊齒發氣ᄒᆞ야 起響於喉而喉靜ᄒᆞ고 輕出於喉而舌搖ᄒᆞ니라

- 現今全地球世界各國의 所用文字

大韓字 二十七 英舌利 二十六 日本 五十 佛蘭西 二十三 西班牙 二十七 希臘 二十四 斯格納窩尼亞 二十七 德意志 二十六 意太利 二十 俄羅斯 四十一 拉丁 二十三 希伯流 二十二 梵字 五十 波斯 三十二 土耳其 三十三 亞利伯 二十八

- 文字

書의 功用이 思想의 代表物로 以ᄒᆞ야 他人의 目前에 置호ᄃᆡ 一覽에 人으로 ᄒᆞ야금 其意思ᄅᆞᆯ 理會ᄒᆞ도록 ᄒᆞᄂᆞᆫᄃᆡ 在ᄒᆞ나 然ᄒᆞ나 人으로 理會ᄒᆞ기 最易ᄒᆞᆫ 者ᄂᆞᆫ 畵와 如ᄒᆞᆫ 者ㅣ 無ᄒᆞᆫ 故로 太古時代의 震旦의 文(今漢文) 埃及古文 巴比倫尼亞 古代의 象形字ᄅᆞᆯ 用ᄒᆞᆷ이 以畵爲文字ᄒᆞ야 以通思想이러니 後에 漸進ᄒᆞ야 文과 字의 二派에 分ᄒᆞ니 文者ᄂᆞᆫ 象形을 謂ᄒᆞᆷ이오 字者ᄂᆞᆫ 字乳而浸多也ㅣ라 又文字의 部分을 六書의 類에 別ᄒᆞ니 一은 象形이니 日月山川의 類오 二ᄂᆞᆫ 會意ㅣ니 武信이 是也오 三은 指事ㅣ니 上下가 是也오 四ᄂᆞᆫ 諧聲이니 江河가 是也오 五ᄂᆞᆫ 轉注이니 考老가 是也오 六은 假借이니 令長이 是也ㅣ라 更進而爲字母調音之文字ᄒᆞ니라

我大韓의 國文은 卽字母調音의 文字이라 我世宗朝에 刱造ᄒᆞ시니 卽訓民正

音이 是也라 其字體ᄂᆞᆫ 古文篆籒ᄅᆞᆯ 摸象ᄒᆞ고 其字音은 梵音을 權輿ᄒᆞ고 其字學은 字乳而浸多ᄒᆞ야 生生不已홈이러라

凡文字ᄂᆞᆫ 言語로 더부러 人의 思想을 表著ᄒᆞᄂᆞᆫ 二原素ㅣ니 今에 我國文의 二十七子母音으로 綴合ᄒᆞ야 其言語를 著出홀ᄉᆡ 世界言語의 三大派ᄅᆞᆯ 釋ᄒᆞ노라

第一大派 … 梵語-大韓語-日本語/精語(波斯之古語)/希臘語/拉丁語/印度及歐羅巴語

第二大派 … 希伯流語/亞剌比亞語/非尼西亞語-巴比倫語/亞西亞尼亞語-加地治語

第三大派 - 支那語-西藏語-後印度語-匈牙利語

내용 요약

이 글은 초성, 중성, 종성의 글자 목록을 소개하고 있다. 훈민정음에서와 같이 초성을 우리 고유의 음계인 '궁, 상, 각, 치, 우'에 대응시키고 있으며, 여기에 '변치, 변궁'을 더해 칠음의 소리가 어떻게 나는지 그 방법과 인상을 묘사하고 있다.

또 다른 나라는 몇 개의 문자를 사용하는지 그 목록을 보여주고 있고, 훈민정음을 한자의 육서와 연관시키고 있으며, 훈민정음이 발음기관을 본뜬 것이 아니라 고문전주를 본뜬 것이라고 말한다. 게다가 훈민정음의 음을 범(산스크리트)음과 연결시키고 있다. 그리고 마지막에는 세계의 언어를 세 가지 갈래로 나누어 구분한다.

개념어	초성, 중성, 종성, 국문(國文), 언어(言語), 자모(字母), 글자, 사상, 상형, 지사, 회의, 해성, 전주, 가차

14. 국어와 국문의 필요[1]

주시경

대체로 글에는 두 가지가 있으니, 하나는 형상을 본 떠 만든 글이고, 다른 하나는 말소리를 기호로 나타낸 글이다. 형상을 본 떠 만든 글은 옛날 덜 열린 시대에 쓰던 글이고, 말을 표하는 글은 근래 열린 시대에 쓰는 글이다. 그러나 형상을 본 떠 만든 글을 지금까지 쓰는 나라도 적지 않으니, 지나(支那, 중국)의 한문 같은 글들이요, 그 외는 다 말을 기록하는 글들인데 이탈리아, 프랑스, 독일, 영국 글과 일본 '가나'와 우리나라 '정음' 같은 글들이다. 대개 글이라 하는 것은 일을 기록하여 내 뜻을 남에게 전달하고 남의 뜻을 내가 알고자 하는 것뿐이다. 따라서 물건의 형상이나 또는 형상 없는 뜻을 구별하여 표하는 글은 말 외에 따로 배우는 것이고 말을 표하는 글은 이왕 아는 말의 음을 표하는 것이다.

그러므로 형상을 본 떠 만든 글은 일 한 가지가 더해져 그 글을 배우는 것이 타국 말을 배우는 것과 같이 세월과 힘이 허비될 뿐 아니라, 천하 각종 물건의 무수한 이름과 각색 사건의 무수한 뜻을 다 각각 표로 구별하여 그림을 만들었기 때문에 글자가 많고 자획이 번다하여 배우고 익히기가 지극히 어렵다. 그러나 말소리를 기호로 나타낸 글은 음의 십여 가지 분별만 나타내어 돌려쓰므로 자획이 적어 배우기와 익히기가 지극히 쉬울 뿐 아니라 읽으면 곧 말이기 때문에 그 뜻을 알기도 말 듣는 것과 같고 지어서 쓰는 것도 말하는 것과 같으니,

1 ≪西友≫ 2호, 1907. 1. 1.

그 편리함이 형상을 본 떠 만든 글보다 몇 배가 쉬운 것을 말하지 않아도 알 것이다.

또 이 지구상 육지가 자연적으로 구획되어 그 구역 안에 사는 한 부류의 인종이 그 풍토의 선천적으로 타고난 토음(土音)에 적당한 말을 지어 쓰고, 또 그 말 음의 적당한 글을 지어 쓰고 있다. 그러므로 한 나라에 특별한 말과 글이 있다는 것은 곧 그 나라가 이 세상에 천연으로 한 몫 자주국되는 표이고, 그 말과 그 글을 쓰는 인민은 곧 그 나라에 속하여 한 단체되는 표이다. 그러므로 남의 나라를 빼앗고자 하는 자가 그 말과 글을 없애고 자기 나라 말과 자기 나라 글을 가르치려 하며, 그 나라를 지키고자 하는 자는 자국의 말과 자국의 글을 유지하여 발달하게 하고자 하는 것은 고금천하 역사 기록에 많이 나타난 바이다. 그런즉 내 나라 글이 다른 나라만 못하다 할지라도 내 나라 글을 숭상하고 잘 고쳐 좋은 글이 되게 해야 한다.

우리 반도에 태곳적부터 우리 반도 인종이 따로 있고 말이 따로 있었으나 글이 없어서 중국과 통한 후로 한문을 사용하다가, 우리 왕조 세종대왕께서 지극히 뛰어나시어 각국이 다 그 나라 글이 있어 그 말을 기록하여 쓰되, 홀로 우리나라는 글이 완전하지 못함을 개탄하시고, 국문을 교정하여 나라 안팎으로 반포하셨으니 참 거룩하신 일이다. 그러나 후생들이 그 뜻을 본받지 못하고 오히려 한문만 숭상하여 어릴 때부터 이삼십까지 아무 일도 아니하고 한문만 공부로 삼았으나, 능히 글을 알아보고 능히 글로 그 뜻을 짓는 자가 백에 하나가 못된다. 이는 다름 아니라 한문은 형상을 본 떠 만든 글일 뿐더러 본래 타국 글인 까닭에 이처럼 어려운 것이다.

사람의 일평생에 두 번 오지 아니하는 시기를 다 한문 한 가지 배우기에 허비하니 어찌 개탄하지 아니하겠는가? 지금 뜻이 있는 이들이 '교육교육'하니 이왕 한문을 배운 사람만 교육하고자 함이 아니겠고, 또 이십년 삼십년을 다 한문을 가르친 후에야 여러 가지 학문을 가르치고자 함도 아닐 것이다. 그러면 영어나 일어로 가르치고자 하는가? 영어나 일어를 누가 알겠는가? 영어, 일어는 한문보다 더 어렵다. 지금 같은 세상에 특별히 영국, 일본, 프랑스, 독일 등 여러 외국 말을 배우는 이도 반드시 있어야 할 것이다. 그러나 전국 인민의 사상을 돌리며 지식을 다 넓혀주려면 마땅히 국문으로 각색, 학문을 저술하며 번역하여 남녀를 가리지 않고 다 쉽게 알도록 가르쳐 주어야 될 것이다. 영국, 미국, 프랑스, 독일 같은 나라들은 한문을 구경도 못하였으나 저렇듯 부강함을 보라. 우리나라도 사천여년 전부터 개국한 이천만 중 사회에 시시때때로 통용하는 말을 입으로만 서로 전하던 것도 큰 흠절(欠節)인데, 국문이 만들어진 후 수백 년에 자전 한 책도 만들지 않고 한문만 숭상한 것이 어찌 부끄럽지 않겠는가? 지금 이후로 우리 국어와 국문을 업신여기지 말고 힘써 그 규범과 이치를 궁구하며, 자전 문법과 독본을 잘 만들어 더 좋고 더 편리한 말과 글이 되게 할 뿐 아니라 우리 온 나라 사람이 다 국어와 국문을 우리나라 근본의 주장 글로 숭상하고 사랑하여 쓰기를 바란다.

입력 원문

국어와 국문의 필요

쥬시경

대져 글은 두 가지가 잇스니 ᄒᆞ나흔 형샹을 표ᄒᆞᄂᆞᆫ 글이오 ᄒᆞ나흔 말을 표ᄒᆞᄂᆞᆫ 글이라. 대개로만 말ᄒᆞ면 형샹을 표ᄒᆞᄂᆞᆫ 글은 녯적 덜 열닌 시ᄃᆡ에 쓰던 글이오 말을 표ᄒᆞᄂᆞᆫ 글은 근ᄅᆡ 열닌 시ᄃᆡ에 쓰ᄂᆞᆫ 글이라. 그러나 형상을 표ᄒᆞᄂᆞᆫ 글을 지금ᄭᆞ지 쓰ᄂᆞᆫ 니라도 젹지 아니ᄒᆞ니 지나(支那) 한문 ᄀᆞᆺ흔 글들이오 그 외는 다 말을 긔록ᄒᆞᄂᆞᆫ 글들인ᄃᆡ 의국(伊國), 법국(法國), 덕국(德國), 영국(英國)글과 일본 가나(假名)와 우리나라 졍음(正音) ᄀᆞᆺ흔 글들이라. 대개 글이라 ᄒᆞᄂᆞᆫ 거ᄉᆞᆫ 일을 긔록ᄒᆞ여 내 뜻을 남의게 통ᄒᆞ고 남의 뜻을 내가 알고져 ᄒᆞᄂᆞᆫ 것 ᄲᅮᆫ이라. 물건의 형샹이나 형샹 업ᄂᆞᆫ 뜻을 구별ᄒᆞ여 표ᄒᆞᄂᆞᆫ 글은 말 외에 ᄯᅡ로 배호ᄂᆞᆫ 거시오 말을 표ᄒᆞᄂᆞᆫ 글은 이왕 아ᄂᆞᆫ 말의 음을 표ᄒᆞᄂᆞᆫ 거시라.

이럼으로 형상을 표ᄒᆞᄂᆞᆫ 글은 일 ᄒᆞᆫ 가지가 더ᄒᆞ여 그 글을 ᄇᆡ호ᄂᆞᆫ 거시 타국 말을 ᄇᆡ호ᄂᆞᆫ 것과 ᄀᆞᆺ치 셰월과 힘이 혜비될 ᄲᅮᆫ 아니오 텬하 각죵 물건의 무수ᄒᆞᆫ 일홈과 각ᄉᆡᆨ ᄉᆞ건의 무수ᄒᆞᆫ 뜻을 다 각각 표로 구별ᄒᆞ여 그림을 만달매 글ᄌᆞ가 만코 ᄌᆞ획이 번다ᄒᆞ여 ᄇᆡ호고 닉히기가 지극히 어려오나 말을 표ᄒᆞᄂᆞᆫ 글은 음의 십여가지 분별만 표ᄒᆞ여 돌녀씀으로 ᄌᆞ획이 젹어 ᄇᆡ호기와 닉히기가 지극히 쉬울 ᄲᅮᆫ 아니라 닑으면 곳 말인즉 그 뜻을 알기도 말 듯ᄂᆞᆫ것과 ᄀᆞᆺ고 지어쓰기도 말 ᄒᆞᄂᆞᆫ 것과 ᄀᆞᆺᄒᆞ니 그 편리ᄒᆞᆷ이 형샹을 표ᄒᆞᄂᆞᆫ 글 보다 몃ᄇᆡ가 쉬울 거ᄉᆞᆫ 말ᄒᆞ지 아니ᄒᆞ여도 알지라.

ᄯᅩ 이 디구샹 륙디가 텬연으로 구획되여 그 구역 안에 사ᄂᆞᆫ ᄒᆞᆫ ᄯᅦ기 인죵이

그 풍토의 품부ᄒᆞᆫ 토음에 뎍당ᄒᆞᆫ 말을 지어쓰고 ᄯᅩ 그 말 음의 뎍당ᄒᆞᆫ 글을 지어쓰ᄂᆞᆫ 거시니 이럼으로 ᄒᆞᆫ 나라에 특별ᄒᆞᆫ 말과 글이 잇ᄂᆞᆫ 거슨 곳 그 나라가 이 셰상에 텬연으로 ᄒᆞᆫ목 ᄌᆞ쥬국되ᄂᆞᆫ 표요 그 말과 그 글을 쓰ᄂᆞᆫ 인민은 곳 그 나라에 쇽ᄒᆞ여 ᄒᆞᆫ 단톄되ᄂᆞᆫ 표라 그럼으로 남의 나라ᄅᆞᆯ ᄲᅢ앗고져 ᄒᆞᄂᆞᆫ 쟈ㅣ 그 말과 글을 업시ᄒᆞ고 제 말과 제 글을 ᄀᆞᄅᆞ치려 ᄒᆞ며 그 나라ᄅᆞᆯ 직히고져 ᄒᆞᄂᆞᆫ 쟈ᄂᆞᆫ 제 말과 제 글을 유지ᄒᆞ여 발달코져 ᄒᆞᄂᆞᆫ 것은 고금텬하 사긔에 만히 나타난 바라. 그런즉 내 나라 글이 다른 나라만 못ᄒᆞ다 ᄒᆞᆯ지라도 내 나라 글을 슝샹ᄒᆞ고 잘 곳쳐 죠흔 글이 되게 ᄒᆞᆯ 거시라

우리 반도에 ᄐᆡ고젹브터 우리 반도 인죵이 ᄯᅡ로 잇고 말이 ᄯᅡ로 잇스나 글은 업더니 지나를 통ᄒᆞᆫ 후로 한문을 일삼다가 아죠 셰죵대왕ᄭᅴ셔 지극히 밝으샤 각국이 다 그 나라글이 잇서 그 말을 긔록ᄒᆞ여 쓰되 홀노 우리나라는 글이 완젼치 못홈을 개탄ᄒᆞ시고 국문을 교졍ᄒᆞ샤 즁외에 반포ᄒᆞ셧스니 참 거룩ᄒᆞ신 일이로다 그러ᄂᆞ 후ᄉᆡᆼ들이 그 ᄯᅳᆺ을 본밧지 못ᄒᆞ고 오히려 한문만 슝상ᄒᆞ여 어릴 ᄯᅢ브터 이삼십ᄭᆞ지 아모 일도 아니ᄒᆞ고 한문만 공부로 삼으되 능히 글을 알아보고 능히 글노 그 ᄯᅳᆺ을 짓ᄂᆞᆫ 자ㅣ ᄇᆡᆨ에 ᄒᆞ나이 못되니 이는 다름 아니라 한문은 형샹을 표ᄒᆞᄂᆞᆫ 글일 ᄲᅮᆫ더러 본ᄅᆡ 타국 글인 고로 이ᄀᆞᆺ치 어려온지라

사ᄅᆞᆷ의 일평ᄉᆡᆼ에 두 번 오지 아니ᄒᆞᄂᆞᆫ ᄯᅢ를 다 한문 ᄒᆞᆫ 가지 ᄇᆡ호기에 허비ᄒᆞ니 엇지 개탄치 아니ᄒᆞ리오. 지금 유지ᄒᆞ신 이들이 교휵교휵ᄒᆞ니 이왕 한문을 ᄇᆡ혼 사ᄅᆞᆷ만 교휵코져홈이 아니겟고 ᄯᅩ 이십년 삼십년을 다 한문을 ᄀᆞᄅᆞ친 후에야 여러 가지 학문을 ᄀᆞᄅᆞ치고져 홈도 아닐지라. 그러면 영어나 일어로 ᄀᆞᄅᆞ치고져 ᄒᆞᄂᆞ뇨. 영어나 일어를 뉘 알니오. 영어 일어는 한문 보다 더 어려올지라. 지금 ᄀᆞᆺ흔 셰상을 당ᄒᆞ여 특별히 영일 법덕 등 여러 외국 말을 ᄇᆡ호ᄂᆞᆫ 이도 반다시 잇셔야 ᄒᆞᆯ지라. 그러나 젼국 인민의 ᄉᆞ샹을 돌니며 지식을 다 녈펴주랴면 불가불 국문으로 각ᄉᆡᆨ 학문을 져슐ᄒᆞ며 번역ᄒᆞ여 무론 남녀ᄒᆞ고 다 쉽게 알도록 ᄀᆞᄅᆞ쳐 주어야 될지라. 영미 법덕 ᄀᆞᆺ흔 나라들은 한문을 구경도 못ᄒᆞ엿스되 뎌럿틋 부강홈을 보시오. 우리동반도 ᄉᆞ쳔여년 젼브터 ᄀᆡ국ᄒᆞᆫ 이쳔만즁 ᄉᆞ회에 날로 ᄯᅢ로 통용ᄒᆞᄂᆞᆫ 말을 입으로만 서로 젼ᄒᆞ던 것도 큰 흠졀이어늘

국문 난후 긔ᄇᆡᆨ년에 ᄌᆞ뎐 ᄒᆞᆫ ᄎᆡᆨ도 만달지 안코 한문만 슝샹ᄒᆞᆫ 거시 엇지 븟그럽지 아니ᄒᆞ리오. ᄌᆞ금 이후로 우리 국어와 국문을 업수히 녁이지 말고 힘써 그 법과 리치를 궁구ᄒᆞ며 ᄌᆞ뎐과 문법과 독본들을 잘 만달어 더 죠코 더 편리ᄒᆞᆫ 말과 글이 되게 홀ᄲᅮᆫ아니라 우리 왼 나라 사ᄅᆞᆷ이 다 국어와 국문을 우리 나라 근본의 쥬쟝글노 슝샹ᄒᆞ고 사랑ᄒᆞ여 쓰기를 ᄇᆞ라노라.

내용 요약

주시경은 '글'에는 형상을 본 떠 만든 글과 말소리를 기호로 나타낸 글이 있다고 보고, 중국어는 '형상을 본 떠 만든 글'로 자획이 많아 배우고 익히기 어려운 반면, 우리나라의 '정음'을 비롯하여 일본의 '가나'와 이탈리아, 프랑스, 독일, 영국의 글은 '말소리를 기호로 나타낸 글'로 자획이 적고 배우고 익히기 쉽다고 보고 있다. 이런 점에서 국문은 뛰어난 교육 수단이 될 수 있으므로, 한문 공부하면서 아까운 시간을 낭비하지 말고, 국민의 지식과 사상을 넓힐 수 있도록 외국의 학문을 우리말로 번역하여 쉽게 알고 받아들이는 것이 중요하다고 역설한다. 이에 국문 교육에 힘쓰고 자전과 문법과 독본들을 잘 만들어서 우리말과 글을 더욱 발전시키는데 노력을 기울여야 한다고 주장하고 있다.

개념어 형샹을 표ᄒᆞᄂᆞᆫ 글, 말을 표ᄒᆞᄂᆞᆫ 글, 국어, 영어, 일어, 국문, 한문, 외국말, 디구, 륙디, 텬연, 구획, 구역, 인죵, 풍토, 셰상 ᄌᆞ쥬국, 인민, 단톄, 발달, 교휵, 학문, 부강 ᄌᆞ뎐, 문법, 독본

15. 국문의 편리함과 한문의 폐해에 대하여[1] (國文便利 及 漢文弊害의 說)

강전(姜荃)

옛말에 이르기를 저울질한 후에 경중(輕重)을 알고 재어본 후에 장단(長短)을 안다[2] 하였다. 무릇 천하의 일은 모두 경험에 기초해 관찰력을 길러 학문상 강마(강론과 연마)와 사업상 발전을 이로 말미암아 이해(利害)를 구별하고 취사(取捨)를 결정한다. 만일 방향을 가리키는 바늘을 잘 사용하지 못하고, 꿈과 깸의 관문을 뚫고 나오지 못하면 결국에 그 과오는 자신에게만 그치는 것이 아니라 가정과 국가를 슬픈 지경에 빠뜨리는 여러 재앙의 근원이 되니 이것을 조심스럽게 돌이켜 헤아리지 않을 수 없다.

대저 문자라 이르는 것은 언어를 직접 드러내어 사물을 형용하고 대표하는 것에 지나지 않는다. 또 그 응용의 변화는 각 지방 언어의 차이에 따라 형식과 음조의 다름과 같음이 있으나, 사물의 실제 뜻은 조금도 다름이 없다. 또 무엇이든지 처음의 명명함을 따라 칭호가 생기고, 그 칭호 역시 자연스럽게 고유성을 가진 것이요, 결코 매우 어려운 다른 언어로 규정하여 사람으로 하여금 강제로 배우게 하는 것은 아니다.

지금 성라기포(星羅碁布)[3]처럼 지구상의 각국이 다 문자가 서로 달라 서로

1 ≪太極學報≫ 6호, 1907. 1. 24.

2 ≪孟子≫「梁惠王 上」에, "權然後知輕重, 度然後知長短, 物皆然, 心爲甚, 王請度之"(저울질을 한 뒤에야 경중을 알며, 재어본 뒤에야 장단을 알 수 있습니다. 사물이 다 그러하거니와 그 중에도 마음이 유독 심하니, 왕께서는 청컨대 이것을 헤아리소서.)라는 구절이 있다.

교통하는 것에 제한이 있지만, 각 나라 민족은 그 문자에 의거하여 인류사회의 질서를 유지하고, 학술의 발전 정도를 제고하는 기관을 활동하게 하며, 일하는 것과 언행의 기회를 친밀케 한다. 이에 반해 다른 나라의 문자를 의지해 믿고 사용하면 해로움이 퍼지는 것이 대수롭지 않은 자잘한 일들에만 국한되지 않는 고로, 조국의 인정이 빠르게 변하고 세습과 풍속이 섞여 타인을 존경하는 관념이 심해지고, 비굴스레 자신을 굽히는 추한 모습이 나타나게 된다. 이와 같은 사상이 머리에 흘러 들어가 습관이 눈귀에 물들면 알지 못하는 사이에 시간은 계속 흘러 감정 없이 가는 세월은 동쪽으로 흐르는 물을 뒤쫓아 잠시도 멈추지 않는데, 국민사회는 점점 그 형세와 높은 뜻이 흩어져 인심이 썩어 문드러지고 나라의 근본이 시드는 데 이르는 것을 역사상에서 이루 다 손꼽을 수 없을 만큼 많다. 공경하여 생각건대 우리나라 세종조에 어필(御筆)로 다듬어 정리하신 훈민정음은 우리 거룩하신 선왕께옵서 어침(御寢)[4]을 편안히 못 이루시고 전전반측(輾轉反側)하시며 성심(聖心)[5]에 매우 애태우신 것이다. (그리하여) 입 안 공기의 통하고 막힘과 음조(音調)의 운행(運行) · 변화의 심오한 기기묘묘함을 만리 먼 곳이라도 어전(御前)의 계단 보듯 빠짐없이 통찰하시어 정교하고 완전한 국문을 만드시기에 이르러 인민에게 내려주시어 지식을 깨치게 하고 복리를 향유하게 하신 바, 선왕의 높디높고 넓디넓으신 성덕의 대단함이 시간이 지날수록 더욱 분명해짐을 어찌 다 감히 형언하고 또 엎드려 절하여 감사할 것인가. 내가 생각건대 우리 대한의 독립정신은 이 시대의 국문이 원인이 되었으나, 오늘에 이르도록 공로를 능히 아뢰지 못함은 다만 이용하는 방법을 넓히지 못한 까닭이다. 그런즉 지금부터 마음과 기운을 가다듬어 힘쓰는 것을 크게 더해 국문을 사용하는 길을 넓히면 마땅히 수많은 세월이 지나도록 백번 꺾이더라도 절대로 굽히지 않아 세계에 우뚝 솟을 독립의 기초가 여기에 있다 할 것이다. 국문의 편리는 글 자체의 결구가 정밀하면서도

3 성라기포(星羅碁布): 별이나 바둑돌이 넓게 펼쳐져 있다는 뜻으로, 물건이 많이 벌여 있음.

4 어침(御寢): 임금이 잠자리에 듦을 이르던 말.

5 성심(聖心): 임금의 마음을 높여 이르는 말.

합당하고 자모 합음의 변화가 상세하면서도 간결하며 규모가 확실하고 의미가 어수선하지 않아 학습하기 매우 쉽다. 그러니 비록 어린 아이와 광대, 하인 같이 미천한 신분이라도 3~4일만 공부하면 막힘없이 깨달아 날마다 사용하는 사물과 오고가는 편지에 일을 처리하기가 매우 빨라 평생 동안 사용해도 끝이 없을 것이다. 한문의 폐해는 상투를 틀고 책을 읽어 밤늦게까지 기름 등불을 사르며 공부하는 일로 세월을 보내 머리털이 듬성해지고 이가 다 빠질 만큼 늙도록 부지런히 입에 읊기를 그치지 않고, 손에 잡기를 멈추지 않더라도 일이 잘 되는 날에는 케케묵은 투식구의 예문(例文)만 주워 모아 자신의 키와 같은 높이의 책을 얻는 데 지나지 않는다. 탁월한 학문을 발명하거나 현혁한 빛나는 업적을 세우기도 하여 국민적 의무를 다하기 어렵고, 혹 세상에 나가 출셋길에 오르는 사람은 한때의 요행 덕분에 간혹 그렇게 될 뿐 그 수는 대단히 드물다. 통틀어서 논하면 한학자는 평생토록 책벌레가 되어 귀로 듣고 눈으로 보는 것이 고루하여 사리에 어둡고 팔다리를 게을리하며 콩인지 보리인지 분별하지 못하는 어리석은 자가 많으니, 하는 일 없이 먹고 노는 밥통에 불과하고, 돌 도깨비 나무인형과 같아 그 신세가 쓸쓸한 형편에 처할 뿐 아니라 국가의 진취적 세력을 나눠가진 신민의 직책을 책임지지 못할 것이다.

아! 오늘날 세계는 어떠한가. 성인이 말한바 천지사방(六合) 바깥에는 다른 구역이 존재한다고 하는데, 이 구역은 야만적인 인종의 습관을 벗어나고, 개화한 나라가 되어 예전에 보고 듣지 못하던 각국의 인물이 지혜와 재주를 다투어 펴고 기계를 정비하여 화차·기선이 바다와 육지를 연결함으로써 천하를 횡행하여 침략과 약탈의 수단을 도처에 서로 시험하였다. 불행하게도 아시아의 여러 나라들은 천하의 대세를 알지 못하여서 옛날에 알던 것만 굳게 지킨 채 바깥 실정에는 까맣게 어둡다가 국방력이 날로 위축되고 국민의 권리는 점점 침삭되니, 황황급급 놀라 아침에 당장 가까운 저녁 일도 도모하지 못할 정도가 되었다. 오직 일본만은 능히 세계의 풍조를 헤아려 국문을 천명하고 교육에 부지런히 힘써서 변법자강한 지 사십 년간에 동양의 패권을 장악하는 데에 이르렀으니, 누가 그 앞을 내다보는 능력과 용감하게 나아가는 뜻에 감탄하지 않으리오.

입력 원문

國文便利 及 漢文弊害의 說

姜荃

古語에 曰 權흔 後에 輕重을 知흐고 度흔 後에 長短을 知흔다 흐니 凡 天下의 事는 다 經驗的으로 觀察力을 惹起흐야 學問上 講磨와 事業上 發展을 此로 由흐야 利害의 分을 定흐고 取舍의 志를 決흐느니 만일 方向의 針을 善用치 못흐고 夢覺의 關을 透出치 못흐면 終局의 僨誤는 一身에 止할 뿐 아니라 一家와 一國을 悲境에 陷케 흐는 種種의 禍胎를 釀成흐느니 엇지 此에 愼重 顧慮치 아니리요.

大抵 文字라 云흐는 者는 言語를 直接으로 發表흐야 事物을 形容代表흐는 者에 過치 못흐고 또 其 應用의 變化는 各 地方言語의 差異로 隨흐야 體裁와 音調의 異同이 有흐느 事物에 就흐야 實際的 意義는 죠곰도 差別과 損益이 無흐고 또 何事何物이던지 始의 命名홈을 從흐야 稱號가 生흐고 其 稱號는 亦 自然的으로 固有的을 成立홈이요. 決코 極艱甚難흔 異種의 言語로 制作흐야 人으로 흐야금 强히 學케 홈은 아니로다.

今世界의 星羅碁布홈과 如히 地球上에 環列흔 各國이 다 其 文字가 互殊흐야 此方彼域에 往來交通은 實노 拘碍의 狀態를 呈흐느 各各 其國 民族은 其 文字를 憑據흐야 人類社會의 秩序를 維持흐고 學術程度의 機關을 活動흐며 經營云爲의 期會를 親密케 흐느니 此에 反흐야 他邦의 文字를 依賴信用흐면 弊端의 滋蔓홈이 尋常흔 薄物細故에 屬치 안는 故로 卽 祖國의 人情이 變幻흐고 俗風이 混淆홈을 因흐야 他人을 尊敬흐는 觀念이 重흐고 自家를 卑屈흐는 麤貌를

現ᄒᆞᄂᆞ니 此와 如ᄒᆞᆫ 思想이 頭腦에 灌注ᄒᆞ고 習慣이 耳目에 侵染ᄒᆞ면 不知不覺ᄒᆞᄂᆞᆫ 間에 日來月往ᄒᆞ고 風馳電擊ᄒᆞ야 情緖업시 去ᄒᆞᄂᆞᆫ 光陰은 東流水를 逐ᄒᆞ야 片時도 停止치 안ᄂᆞᆫᄃᆡ 國民社會ᄂᆞᆫ 漸漸 其 形勢와 志尙이 渙散ᄒᆞ야 人心이 朽敗ᄒᆞ고 邦本이 萎靡ᄒᆞᄂᆞᆫᄃᆡ 至ᄒᆞᆷ을 歷史上에 指로 摟치 못ᄒᆞᆯ지로다.

欽惟我韓의 世宗朝 御筆刪定ᄒᆞ옵신 訓民正音은 卽我 聖神ᄒᆞ옵신 先王ᄭᅴ옵셔 丙枕을 屢回ᄒᆞ옵시고 宸襟을 寔煩ᄒᆞ옵셔 風氣通塞과 音調運化의 蘊奧奇妙ᄒᆞᆷ을 階前萬里에 洞察無遺ᄒᆞ옵셔 精巧完全ᄒᆞᆫ 國文을 編成ᄒᆞ옵시기에 至ᄒᆞ야 人民에게 頒賜ᄒᆞ옵셔 智識을 開牖ᄒᆞ고 福利를 享有케 ᄒᆞ옵신 바 先王의 巍巍蕩蕩ᄒᆞ옵신 盛德懿烈이 愈久愈著ᄒᆞ심을 엇지 다 敢히 名言ᄒᆞ야 拜謝ᄒᆞ리요. 余ᄂᆞᆫ 謂ᄒᆞ되 我韓의 獨立精神은 此 時代의 此 國文에 胚胎ᄒᆞ얏스나 今日에 至토록 效績을 能히 奏치 못ᄒᆞᆷ은 但 利用ᄒᆞᄂᆞᆫ 方法을 擴張치 못ᄒᆞᆫ 緣故인즉 從玆以往으로 奮勵를 大加ᄒᆞ야 用路를 恢拓ᄒᆞ면 맛당이 億千萬年을 閱ᄒᆞ도록 百折不回ᄒᆞ야 世界에 屹立ᄒᆞᆯ 獨立基礎가 此에 在ᄒᆞ다 ᄒᆞ노라.

國文의 便利ᄂᆞᆫ 其 字體의 結搆가 精當ᄒᆞ고 子母合音의 變化가 詳簡ᄒᆞ며 規模가 確實ᄒᆞ고 意味가 眩亂치 아님으로 學習키 甚히 容易ᄒᆞ야 雖 三尺의 童과 倡優隷儓의 賤이라도 三四日의 工夫만 勉ᄒᆞ면 豁然 解了ᄒᆞ야 日用事物과 往復書翰에 隨機酬應ᄒᆞ기가 極히 敏速ᄒᆞ야 平生에 用ᄒᆞ야도 限이 無ᄒᆞ고

漢文의 弊害ᄂᆞᆫ 髮을 結ᄒᆞ고 書를 讀ᄒᆞᄆᆡ 膏油를 焚ᄒᆞ고 日光을 繼ᄒᆞ야 孜孜矻矻히 頭童齒闊토록 口에 吟ᄒᆞ기를 絶치 안코 手에 披ᄒᆞ기를 停치 안트릭도 成業ᄒᆞᄂᆞᆫ 日에ᄂᆞᆫ 陳腐ᄒᆞᆫ 套句例題만 掇拾ᄒᆞ야 等身의 書를 得ᄒᆞ기에 過치 못ᄒᆞ고 卓越ᄒᆞᆫ 學問을 發明ᄒᆞ거ᄂᆞ 顯赫ᄒᆞᆫ 勳烈를 建樹ᄒᆞ기도 ᄒᆞ야 國民的 義務를 盡키 難ᄒᆞ고 或 世에 出ᄒᆞ야 榮進의 塗에 登ᄒᆞᆫ 者ᄂᆞᆫ 一時 僥倖에 付ᄒᆞ야 ᄌᆞ못 鮮少ᄒᆞᆫ즉 統計ᄒᆞ야 論ᄒᆞ면 漢學者ᄂᆞᆫ 畢生토록 蠹書蟲을 作ᄒᆞ야 耳聞目見이 固陋頑迷ᄒᆞ고 肢胚를 惰怠ᄒᆞ며 菽麥을 不辨ᄒᆞᄂᆞᆫ 者가 多ᄒᆞ니 肉袋飯囊에 不過ᄒᆞ고 石怪木偶에 是同ᄒᆞ야 其 身勢가 淸冷ᄒᆞᆫ 境遇를 當ᄒᆞᆯ ᄲᅮᆫ 아니라 國家 進取的 勢力의 分子된 臣民의 職責을 擔任치 못ᄒᆞᄂᆞᆫ도다.

噫라. 今日의 世界ᄂᆞᆫ 엇더ᄒᆞᆫ 世界ㄴ가. 卽 聖人의 云ᄒᆞᆫ 바 六合의 外ᄂᆞᆫ 存ᄒᆞ야

勿論ᄒᆞᆫ다ᄂᆞᆫ 區域이 다 蠻種의 習을 脫ᄒᆞ고 開明의 國을 化ᄒᆞ야 前日에 見치도 못ᄒᆞ고 聞치도 못ᄒᆞ던 各國의 人物이 智巧를 爭逞ᄒᆞ고 機械을 精備ᄒᆞ야 火車汽船이 陸海에 聯絡홈으로 宇內에 橫行ᄒᆞ야 侵伐奪略의 手段을 到處에 相試ᄒᆞᄂᆞᆫᄃᆡ 不幸ᄒᆞ야 亞細亞 諸國은 天下大勢를 通치 못ᄒᆞ야 古聞을 株守ᄒᆞ고 外情에 茫昧ᄒᆞ다가 國防이 日縮ᄒᆞ고 人權이 漸削ᄒᆞ니 汲汲遑遑ᄒᆞ야 朝에 夕을 謀치 못ᄒᆞ고 惟 日本은 能히 世界의 風潮를 測度ᄒᆞ야 國文을 闡明ᄒᆞ고 教育을 勤務ᄒᆞ야셔 變法自强ᄒᆞᆫ지 四十年間에 東洋의 覇柄을 握ᄒᆞ기에 至ᄒᆞ엿스니 누가 其 先見의 鑑과 勇進의 志를 欽歎치 안으리요.(未完)

내용 요약

이 논설은 강전이 국문의 편리성과 한문의 폐해를 알리기 위해 쓴 글로 《태극학보》 6호에 실려 있으며, 그 내용은 다음과 같다.

세종대왕이 정교하고 완전한 훈민정음을 만들었으니 다른 나라의 문자를 의지해 사용하지 말고 국문을 인민에게 널리 알려 지식을 깨치게 해야 할 것이다. 나라의 독립 정신은 국문이 원인이 되었으나 이용하는 방법을 넓히지 못했으니 국문을 사용하는 길을 힘써 넓히면 오랜 세월이 지나 독립의 기초가 될 것이다. 국문이 편리한 이유는 글자체의 결구가 자세하고 규모가 있으며 자모 합음의 변화가 자세하면서 간결하고 규모가 확실하며 의미가 어수선하지 않아 학습하기 매우 쉽기 때문이다. 그리고 교육은 나라를 부강하게 하는데, 일본만은 이런 대세를 이해하고 교육에 힘쓰므로 아시아에서 우뚝 솟을 수 있었다.

개념어 문자, 언어, 지방언어, 훈민정음, 국문, 한문, 자연적, 고유성, 인류사회, 국민사회, 인민, 독립, 국민, 신민, 국가, 만종(야만적인 인종), 동양, 기계, 화차, 기선

속편 : 국문의 편리함과 한문의 폐해에 대하여[6]
(國文便利 及 漢文弊害의 說(續))

강전(姜荃)

우리 대한제국이 열강 사이에 끼어서 오늘날에 처한 위급한 사정을 하나하나 열거하여 말하기가 차마 어려우나, 한 가닥 남은 희망이 실로 교육에 있기에 몇 가지의 개선책이 차차 드러나고 있다. 지난 날 한학의 뿌리 깊은 폐단에서 벗어나지 못해서, 일반 인사들은 비록 신문과 잡지 등을 보더라도 순한문으로 기재한 것은 애독하고, 학교의 교과서도 사서(四書)와 기타 문장(文章), 사(詞), 구(句)를 가르친다 하고, 또 지방 벽촌에 학교도 갖추지 못한 곳에서는 전해 내려오는 한학자의 도학과 문장의 옛 자취를 계승하여 서술하니, 높은 길만 걷고 깨끗한 일만 행하며 세상과 풍속을 달아나 피하는 자를 어찌 뜻있는 선비라 칭할 수 있겠는가? 어찌 옛날의 도(道)로 오늘날의 속(俗)을 되돌리며 또 한학으로 능히 사람의 지혜를 개발하고 국권을 신장시킬 수 있겠는가? 실로 우리 대한제국의 교육 행정이 분명하지 못하기 때문에 빈약해지는 병이 점점 깊어져 아주 절박한 시기를 맞이하였으니 어찌 기(杞)나라 사람의 우환[7]

6 ≪太極學報≫ 7호, 1907. 2. 24.

7 우환(憂患): 기우(杞憂)의 고사를 이르는 말이다. 열자(列子) 천서편(天瑞篇)에 의하면, "옛날 중국의 기국(杞國)에 하늘이 무너지면 몸둘 바가 없을 것이라 걱정하여 침식을 전폐하는 사람이 있었는데, 이 소리를 들은 어떤 사람이 이를 딱하게 여겨 일부러 그 사람에게 가서 깨우쳐 말하되 "하늘은 기운이 가득 차서 이루어진 것이니 어찌 무너져서 떨어지리요?" 그 사람이 말하되 "하늘이 과연 기운이 쌓여 이루어졌다면 해와 달과 별은 마땅히 떨어지지 않으리요." 일깨워 주는 사람이 말하되 "해와 달과 별도 또한 기운이 쌓여 있는

과 칠실(漆室)의 탄식[8]을 면하리오. 이에 천 가지 생각 중 하나를 얻은 바 어리석은 소견과 망령된 말을 감히 늘어놓으니, 읽어주시는 학식 넓고 단아한 군자분들께서는 그 광망하고 경솔함을 너그러이 용서해 주시고 저급함을 굽어 살펴 불쌍히 여겨주시길 간절하게 바란다.

첫째는 위로 정부를 필두로 제고(制誥) · 칙어 등 조칙(詔勅)의 글과 조정대신이 임금에게 올리는 상소문의 형식 및 문장부호를 번잡한 것은 깎아내고 간결한 것을 취하며, 옛것을 버리고 새로운 것으로 나아가고, 국한문을 반씩 넣어서 형태를 새롭게 개발함으로써 전국의 표준을 만들고 인민이 나아갈 방향을 정할 것이오.

둘째는 학부(學部-학부아문)로부터 전국 각 학교의 교과서적을 일체 국한문으로 개정하고, 순한문은 중학교의 4~5년생부터 교육하도록 하나, 다만 문장에 마땅한 한두 권의 책을 선별하여 편찬하여 교육하며, 또 장래에 대학을 건설하거든 문학부에는 특별히 (순한문 교과서를) 보충하여 사용할 것이다.

셋째는 사회의 여러 분야에서 사용하는 각종 장부와 유행하는 소설, 잡지 등에서도 모두 국한문을 혼용하도록 할 것이니,

이 세 가지 조항 중 현재 우리나라에서 대략 실행 중인 것도 있다. 그러나 만일 지난 전철을 경계하고 앞으로의 효과를 거두고자 할 때, 오래된 관습을 과감히 근절하고 새로운 규칙을 실천하여 상하계층이 서로 권면하고 의지를 새롭게 다진다면 이를 통해 자국의 정신을 증진시키고 다른 민족으로부터의 멸시를 벗어날 비결과 승산을 모두 얻을 수 있을 것이다.

가운데 빛이 있는 것이라. 비록 떨어지더라도 또한 능히 맞아서 상하는 바가 없느니라." 그 사람이 말하되 "어찌 땅은 무너지지 않으리오." 일깨워 주는 사람이 말하되 "땅은 기운이 뭉쳐서 이루어진 것이니 어찌 그 무너지는 것을 근심하리요?" 그 사람이 근심을 풀고서 크게 기뻐하고 일깨워 준 사람도 걱정을 풀고서 크게 기뻐하더라."

8 칠실(漆室)의 탄식: 춘추시대 노(魯)나라의 칠실이란 읍(邑)에 과년한 처녀가 자신이 시집가지 못하는 것은 걱정하지 않고, 임금은 늙고 태자가 어린 국사(國事)의 위급함을 걱정하며 기둥에 기대어 울었다고 한다. ≪출처: 漢 劉向 列女傳 卷3 漆室女≫여기서 유래하여 '칠실(漆室)'은 분수에 지나친 근심, 더 나아가 일반적으로는 국사를 걱정하는 마음을 나타내는 겸사로 쓰인다.

살펴보건대, 국문과 한문 사이의 날카로움과 무딤, 느림과 빠름의 차이는 전편에서 설명한 것과 같은데도 무슨 까닭에서인지 우리 대한제국의 고유한 국문은 배우기에 매우 쉽고 쓰기에 매우 편한데도, 암글이라 부르며 내버리고, 한문은 머리가 하얗게 세도록 노력하여도 특별한 결과가 없거늘, 수글이라고 부르며 연구하기에 바쁘니 슬프고 가엾다. 인의(仁義)와 충효(忠孝)의 감화에 담뿍 젖어있던 우리 대한제국의 이천만 동포여, 불행하고 불행하다. 나라를 세운지 사천 여년 만에 처음으로 맞이하는 오늘날 이러한 세상에서 어찌하여 오래된 폐해를 깊이 반성하며 새로운 학문을 수입하지 않고 낡은 관습이나 폐단을 벗어나지 못하고 당장의 편안함만을 취하면서, 단지 지나 학문의 조박(糟粕)[9]만 맛보고 규범만 수식하기에 애쓰는지 모르겠다. 큰 나라가 작은 나라를 병합하고 약육강식하는 오늘날에 한문의 힘만으로 열강의 무력이 난무하는 위협을 능히 방어하여 물리칠 수 있겠는가? 말과 생각이 여기에 미치니, 모골이 송연함을 견디지 못하겠다.

가령, 한문을 십년이나 공부하여 깨달을 정력을 삼사일이면 통달할 국문에 옮겨 쏟아서 학문과 사업에 나아간다면 일 년 걸려 할 일도 이삼일에 끝낼 것이고, 십년에 할 일도 두세 달 안에 완성시킬 수 있을 것이니, 그 신속함은 꼭 명석한 이가 아니라 하더라도 알만한 일이다. 국문을 사용하더라도 어떻게 든지 그 사람만 지혜롭고 그 나라만 부강하면 충분히 학식(學識)이 높고 사리(事理)에 밝은 사람이 될 수 있으며, 충분히 패국이 될 수 있을 것이니, 어찌 무능하고 구차하게 한문만 잘하기를 바라겠는가? 또한 그 폐해는 일신에만 그치는 것이 아니라 일가의 운이 기울 것이고 일국의 힘이 일으켜지지 못하는 결과를 초래할 것이니 어찌 그 경중과 장단, 이해를 따져보아 무엇을 선택할 것인지 뜻을 정하지 않을 수 있겠는가?

9 조박(糟粕): 옛사람이 다 밝혀서 지금은 새로운 의의가 없는 것을 이르는 말.

입력 원문

國文便利 及 漢文弊害의 說(前號續)

姜荃

我韓이 列强間에 介入ᄒᆞ야 今日에 當ᄒᆞᆫ 危急ᄒᆞᆫ 情狀은 枚擧ᄒᆞ야 忍說키 不能ᄒᆞ나 一線의 餘望은 實노 敎育에 在ᄒᆞ야 幾何改良案이 漸次로 發見ᄒᆞᄃᆡ 오히려 曩日 漢學의 痼弊를 免치 못ᄒᆞ야 一般人士ᄂᆞᆫ 비록 新聞과 雜誌 等을 覽ᄒᆞ드ᄅᆡ도 純然ᄒᆞᆫ 漢文으로 記載ᄒᆞᆫ 거ᄉᆞᆫ 愛讀ᄒᆞ고 ᄯᅩ 學校에 敎科書도 四書와 其他 文章詞句를 敎授ᄒᆞᆫ다 ᄒᆞ고 又 其他 遐鄕僻陬에 學校도 備치 못ᄒᆞᆫ 處ᄂᆞᆫ 由來의 漢學者의 道學과 文章의 古跡을 繼述ᄒᆞ니 高蹈潔行ᄒᆞ고 遁世逸俗ᄒᆞᄂᆞᆫ 者를 可히 志士라 稱ᄒᆞ깃ᄂᆞᆫ가. 能히 古의 道로 今의 俗을 反ᄒᆞ깃ᄂᆞᆫ지 ᄯᅩ 此 漢學으로써 能히 人智를 開發ᄒᆞ고 國權을 伸張ᄒᆞ리요. 實노 我韓의 學政이 明치 못ᄒᆞᆷ으로 貧弱의 病을 馴致ᄒᆞ고 存亡의 秋를 遭逢ᄒᆞ엿스니 엇지 杞人의 憂와 漆室의 歎을 免ᄒᆞ리요. 玆에 千慮一得의 愚見妄言을 敢히 列陳ᄒᆞ오니 電覽ᄒᆞ시ᄂᆞᆫ 博雅君子ᄂᆞᆫ 其 狂率ᄒᆞᆷ을 寬恕ᄒᆞ시고 謭劣ᄒᆞᆷ을 俯憐ᄒᆞ옵시기 懇乞ᄒᆞ노라.

第一은 上으로 政府에 始하야 制誥勅語 等 絲綸과 ᄯᅩ 庭僚大臣의 奏御疏章의 體格과 句讀을 删繁取簡하며 祛舊就新ᄒᆞ고 國漢文을 相半插入ᄒᆞ야 面目을 另開ᄒᆞ야써 全國의 標準을 作ᄒᆞ며 人民의 趍向을 定ᄒᆞᆯ 거시오.

第二ᄂᆞᆫ 學部로부터 全國 各 學校의 敎科書籍을 一切히 國漢文으로 改定ᄒᆞ고 純然ᄒᆞᆫ 漢文은 中學校의 四五年生이나 다만 文章에 適宜ᄒᆞᆫ 一二冊을 編選ᄒᆞ야 敎ᄒᆞ며 ᄯᅩ 將來에 大學을 建設ᄒᆞ거던 文學部에ᄂᆞ 特別히 充用ᄒᆞᆯ 거시오.

第三은 諸般社會의 應用ᄒᆞᄂᆞᆫ 各種 簿書와 流行小說雜誌라도 다 國漢文을 混用케 홀거시니,

右三條ᄂᆞᆫ 現時에 本國에서 略行ᄒᆞᄂᆞᆫ 事도 有ᄒᆞ나 만일 往轍을 戒ᄒᆞ고 來效를 收홀진ᄃᆡ 積習을 勇斷ᄒᆞ고 新規를 實踐ᄒᆞ야 上下가 相勸하고 氣象을 丕新ᄒᆞ면 自國의 情神을 增進ᄒᆞ고 他族의 侵侮를 解說ᄒᆞᄂᆞᆫ 祕訣勝算을 다 此로 從ᄒᆞ야 得ᄒᆞ깃다 云ᄒᆞ노라.

試觀ᄒᆞ건ᄃᆡ 國文과 漢文의 利鈍遲速의 分岐됨은 上陳홈과 如ᄒᆞ거니와 何故로 我韓의 固有ᄒᆞᆫ 自國國文은 學ᄒᆞ기 甚히 易ᄒᆞ고 用ᄒᆞ기 極히 便ᄒᆞᆫ 거슬 雌文이라 稱ᄒᆞ야 抛棄ᄒᆞ고 漢文은 靑春으로 白首에 至로록 攻苦ᄒᆞ여도 特效가 蔑ᄒᆞᆫ 거슬 雄文이라 稱ᄒᆞ야 鑽硏ᄒᆞ기에 奔走ᄒᆞ니 哀홉고 憫ᄒᆞ다. 我韓의 仁義에 涵濙ᄒᆞ고 忠孝에 薰陶ᄒᆞ던 二千萬 同胞여 不幸ᄒᆞ고 不幸ᄒᆞ다. 立國以來 四千餘年에 쳐음으로 當ᄒᆞᄂᆞᆫ 今日 此 世界에 엇지ᄒᆞ야 舊非를 猛省ᄒᆞ며 新學을 輸入치 안코 因循姑息ᄒᆞ면셔 다만 支那學問의 糟粕만 哺啜ᄒᆞ고 節文만 修飾ᄒᆞ기에 盡力ᄒᆞ니 不知커라. 大兼小竝ᄒᆞ고 弱肉强食ᄒᆞᄂᆞᆫ 時代에 處하야 漢文의 力으로 能히 强暴ᄒᆞᆫ 國의 劍霜砲雨의 交集衝突ᄒᆞᄂᆞᆫ 獰威銳氣를 捍禦掃却ᄒᆞ깃ᄂᆞᆫ가. 言念이 此에 及ᄒᆞᄆᆡ 毛竦骨懍홈을 堪치 못ᄒᆞ깃도다.

假使漢文을 十年間에 讀ᄒᆞ야 成就ᄒᆞᄂᆞᆫ 精力으로 三四日間에 能通ᄒᆞᄂᆞᆫ 國文에 移ᄒᆞ야 此로써 學問上과 事業上에 進步ᄒᆞ면 一年에 홀 事ᄂᆞᆫ 二三日에 畢홀 거시요 十年에 홀 事ᄂᆞᆫ 數三朔에 完홀 거시니 然즉 其 迅速ᄒᆞ미 智者를 待치 안코 知홀지라. 何如턴지 國文을 用ᄒᆞ드ᄅᆡ도 其人만 賢良ᄒᆞ고 其國만 富强ᄒᆞ면 人으로 足히 哲人도 作홀 거시요 國으로 足히 覇國을 成홀 거시니 엇지 碌碌區區ᄒᆞ게 漢文만 能하기를 求ᄒᆞ리요. 또 其 弊害ᄂᆞᆫ 一身에만 止홀 ᄲᅮᆫ 아니라 一家의 運이 此로써 零替ᄒᆞ고 一國의 勢가 此로써 興振치 못ᄒᆞᄂᆞ니 엇지 其 輕重과 長短과 利害를 觀察하야 取舍의 志를 確定지 아니리요.

내용 요약

관서지방 출신 동경유학생 중심의 '태극학회'에서 발행한 ≪태극학보≫에 실린 글로, 제6

호에 실린 같은 제호 논설의 속편이다. 본문에서 필자 강전은 열강침략에 대한 위기감을 드러내고 있으며, 국권신장을 위해 국한문 혼용체 사용, 국문 교육 등의 구체적인 방안을 제시한다. 대략적 내용은 다음과 같다.

우리 대한제국이 열강 사이에 끼여 오늘날 처한 위급한 사정이 급박하니, 앞으로의 가장 절실한 희망은 교육에 있다. 그러나 일반에서는 여전히 지난날 한학의 뿌리 깊은 폐단을 벗어나지 못했다. 이러한 고질병을 벗어나기 위해서는 정부가 주도하여 국문의 표준을 정하고, 전국 각 학교의 교과서적을 일체 국한문으로 개정하며, 사회 제반에서 응용하는 각종 문서도 다 국한문으로 고쳐야 한다. 이러한 방법으로 한문의 폐단을 근절하고 신속하게 습득할 수 있는 국문을 보급시킨다면 자국의 정신을 증진시키고 다른 민족의 침략과 멸시를 극복할 수 있을 것이다.

개념어 국권(國權), 정부(政府), 인민(人民), 학부(學部), 지나(支那), 패국(覇國), 교육(教育), 한학(漢學), 신문(新聞), 잡지(雜誌), 교과서(教科書), 학정(學政), 전람(電覽), 중학교(中學校), 대학(大學), 문학부(文學部), 사회(社會), 소설(小說), 대겸소병(大兼小竝), 약육강식(弱肉强食), 한문(漢文), 국한문(國漢文), 국문(國文), 암글(雌文), 수글(雄文)

16. 국어유지론(國語維持論)[1]

박태서(朴太緖)

시사평론

유럽의 어느 학자는 국가의 3대 요소가 토지, 인민, 법률이라 하였다는데, 나는 국가의 요소가 토지, 인민, 법률에만 그칠 뿐 아니라, 그 외에도 국가와 관계가 깊어 잠깐이라도 떼놓을 수 없는 3요소가 있다고 보니, 국어, 종교, 역사가 그것이다. 종교, 역사는 후일에 또 반드시 논의할 때가 있을 것이므로 여기서는 번잡하게 군더더기 말을 할 필요가 없고 국어의 원리와, 현재 우리나라가 반드시 국어를 유지 보호할 사정 및 이유, 그리고 국어 유지의 방책을 서술하겠다.

무릇 언어라는 것은 우리의 가슴에 있는 의사와 사상을 서로 표현하는 천부적인 무형의 도구이다. 사람이 세상에 나면 반드시 그 나라가 있고, 나라가 있으면 반드시 국어가 있다. 국어는 일국의 사상을 발표하고 국시(國是)를 연역하여 이끌어 내며, 문장을 대표하여 인민을 교육하고, 역사를 서술해서 후대에 전하는 천연적인 무형의 도구이다. 그러므로 완전히 독립한 국어가 없으면 인민도 교육할 수가 없고, 역사도 전할 수가 없으며 국시도 통일될 수가 없다. 어째서 그런가? 사람이 나서 돌이 되면 말을 할 수 있고, 말을 할 수 있으면 점점 국어를 터득하게 되는 것인데, 그 순결하고 티 없는 천연의 뇌수에 국가

1 《夜雷》 1호, 1907. 2. 5.

적 사상을 각인하고 국어에 익숙한 할아버지 아버지가 독립한 국어로 국가사상을 주입하며 역사적 설화를 날마다 이야기해 주면, 아직 아무것도 모르는 아이라도 점차 감화되어 저도 모르는 사이에 국어에 능통하게 되고 국민적 애국사상을 함양하게 되는 것이다. 이렇게 선천적으로 성립된 사상은 어떠한 압박과 유혹을 받아도 포기하고 바꾸기 어렵게 되어 이와 같이 불굴의 꺾이지 않는 사상이 바로 국가를 형성하게 하는 것이니 그러므로 국어가 없는 나라는 완전히 독립한 나라라고 하기 어려운 것이다.

현재 세계열강을 한번 보면 국어가 없는 나라가 없다. 영국에는 영어가 있고 독일에는 독어가 있으며 프랑스에는 불어가 있고 러시아에는 러시아어가 있고 청나라에는 청나라어가 있으며 일본에는 일어가 있다. 또 기타 네덜란드, 스페인, 이태리 등등 소위 문명국이라 하는 나라들은 모두 그 국어가 있어서 그것의 유지에 힘쓰고 있으며 또 보호 확장하여 세계어를 삼으려고 서로 경쟁하니, 강국은 그러한 과정에서 손해 볼 것이 없으나 약소국은 여러 가지 해를 면하기 어렵다. 경쟁 확장하는 주의는 바로 약소국을 정신적으로 침탈하고 그 인민의 애국 사상을 은연중에 점진적으로 소멸케 하는 순전한 점탈주의(占奪主義)이기 때문이다. 이런 사실로 볼 때, 국어는 강국의 약탈하는 무기의 하나요, 약소국이 정신적으로 침탈당하는 하나의 적이 될 수도 있는 것이다. 그 예로는 영국이 인도를, 러시아가 폴란드를, 일본이 유구(오키나와, 琉球)를 침략한 것 등을 들 수 있다. 이 세 나라가 병탄된 지 여러 해가 지났지만 다시 원래의 상태를 회복하지 못하고 있는 것은 병탄당한 때부터 점령국들이 자신들의 국어로 편찬한 교과서를 가지고, 그들의 방식으로 새로 세운 수많은 학교에서, 원수라도 감화될 만한 그들의 역사를 교육하고, 어리석은 아이들도 흠모할 만한 제도를 가르쳐서, 그 노후한 국민의 뇌수를 혹은 감언이설로 유혹하고 혹은 힘으로 타파하여 정신적 애국 사상과 역사적 부흥의 기회가 용솟음치고 싹터 나올 겨를이 없도록 했기 때문이니, 어찌 심히 두렵지 않은 일인가?

우리 대한도 수천 년간 전해 내려오는 완전 독립한 국어가 있건마는, 요즘 인사들은 국어를 살피지 않고 열강이 하는 것처럼 연구, 확장하는 것은 고사하고 외국어만 열심히 숭상하여 우리 대한의 원기를 소멸케 하면서도 반성할 줄을 모른다. 그들은 어학을 신학문을 연구하는 예비 과정으로 인정하지 못하고 강자를 뒤쫓고 이익을 취하는 데 빠지고 미혹되어 우리 국가의 원소(元素)가 소멸하는 원인을 배태(胚胎)하고 있다. 사람깨나 지나가는 길거리에서, 또 사람 많은 자리에서 한번 보고 익숙히 들은즉, 어디나 백발이 성성한 노인부터 어린 아이까지 외국말을 한두 마디라도 능통하게 구사하지 못하는 이가 없으니, "곤니찌와, 오하이요" 따위의 말은 으레 쓰고, 그 밖에 사물의 이름 같은 것은 입에서 나오는 대로 지껄이며 이 말을 못 알아듣는 자를 도리어 놀리는 지경이다. 자국을 멸시함이 야만인들보다 심하며 동포를 압박함이 노예보다 더하다 하지 않을 수 없다. 남산의 호랑이인 척 꾸민 여우가 내려와서는 온갖 나쁜 짓을 하면서도 거리낌이 없으니 어찌 통곡하지 않을 수 있겠는가. 이것은 외국어를 이익을 취하고 강자를 뒤쫓기 위한 목적으로만 알고 형식적으로 공부할 뿐 심중에는 줏대도 없고 임금이나 나라를 생각하는 마음도 없기 때문에 자연히 빠지고 미혹된 것이며, 본국의 국어를 착실히 연구하거나 정신적 교육을 받은 적이 없기 때문이다. 금일 이와 같은 현상에 대하여 본심을 회복하기를 바라는 것은 나무에서 물고기를 찾고 호랑이를 잡으려고 돌을 던지는 것과 같은 짓이다. 이익이 없는 데서 그치는 것이 아니라, 반드시 해가 미칠 것이니, 이를 장차 어떻게 하겠는가? 이 폐단을 바로잡을 방책이 아래에 있으니 조항을 나누어 논해 보겠다.

(1) 강자를 좇고 잇속만을 차리기 위해 외국어를 환히 깨우쳐 무리를 일으키는 자는 화외폐민(化外弊民)으로 인정하여 국민적 대우와 국민적 교제를 정지시킬 것.
(2) 국어학교와 국어연구소를 설치하여 일반 인민들이 열심히 배우고 공부하게 할 것.
(3) 국어 독본을 편찬하여 학교 갈 나이가 된 아이들에게 국어의 정신을 교육하고 국어사전을 편찬하여 국어를 일정하게 하고 영구히 보존하여 준용할 것.

(4) 국민적 교육을 받지 못하였거나 받았다 하더라도 국민적 사상이 견고하지 못한 자와 미성년자(법률로 정한 일정 연령에 미치지 못한 자), 지능이 현저히 낮은 자는 외국 유학이나 외국어 공부를 허가치 않을 것.
(5) 정부와 기타 일반 인민의 부형 및 보호자는 외국인과 직접 관계가 있을 때와 일정한 장소(외국어를 연구하는 학교나 기타 연구소와 외국인의 집) 외에는 외국어를 남용하는 일을 금지할 것.

이상 서술한 것을 읽어 보고 이는 외국어를 잘 못하여 외국인과 의사소통해야 하는 형편이나 그 이익 등을 모르는 자의 시기하는 소리라 반대할 자가 있을 터이나, 나 역시 일찍이 다년간 외국어를 공부해 보았고 우리 대한에서 오늘날 이른바 외국어 학자들의 차마 행할 수 없는 짓거리와 악착스럽고 좀스런 행위가 능히 국어를 사멸케 할 뿐만 아니라, 또 국어를 유지할 의사와 방침이 없어 국가의 원기가 소진될 지경에 이르렀음을 개탄하지 않을 수 없으므로 간략하고 거칠게나마 몇 자 적어 보는 것이니, 외국어를 실제로 연구하여 국가적 사상을 내던지지 않은 동포는 이에 힘쓰고 또 이에 경계하여 국어를 국가적 사상을 더욱 더 배양하여, 그놈이 그놈이라는 씻기 힘든 조롱과 치욕을 면하시기 바랄지어다.

입력 원문

國語維持論

朴太緖

時事評論

歐洲學者ᄂᆞᆫ 國家의 三大 要素가 土地, 人民, 法律이라 云ᄒᆞ나 余ᄂᆞᆫ 以爲호ᄃᆡ 國家의 要素가 土地, 人民, 法律에만 止ᄒᆞᆯᄲᅮᆫ아니라 此外에도 國家와 相互 關係가 有ᄒᆞ야 須臾難分ᄒᆞᆯ 三要素가 又有ᄒᆞ니 國語, 宗教, 歷史ㅣ라 宗教 歷史ᄂᆞᆫ 後日에 必有論時ᄒᆞ겟기로 煩不贅筆ᄒᆞ고 國語의 原理와 現今 我邦이 不可不 國語를 維持 保護할 形便及理由와 國語 維持의 方策을 論述ᄒᆞ노라

夫 言語者ᄂᆞᆫ 吾人의 胸懷에 伏在에 意志思想을 相互 發表하ᄂᆞᆫ 天賦的 形無運用器라 人生斯世ᄒᆞ면 必有 其國ᄒᆞ고 旣有其國이면 必有國語라 國語ᄂᆞᆫ 一國思想을 發表ᄒᆞ고 國是ᄅᆞᆯ 演起케ᄒᆞ며 文章을 代表ᄒᆞ야 人民을 教育하고 歷史ᄅᆞᆯ 述傳ᄒᆞᄂᆞᆫ 天然的 無形 運用器라 故로 完全 獨立ᄒᆞᆫ 國語ㅣ 無ᄒᆞ면 人民도 難教오 歷史도 難傳이며 國是도 難一이라 何則고 人生 朞歲면 能通 言語오 能通 言語면 稍成 國語라 其純潔無瑕ᄒᆞᆫ 天然 腦髓에 對ᄒᆞ야 其 國家的 思想에 鑄印ᄒᆞ고 國語에 鍊熟ᄒᆞᆫ 乃祖乃父가 其獨立ᄒᆞᆫ 國語로 國家 思想을 注射ᄒᆞ며 歷史的 說話ᄅᆞᆯ 日試ᄒᆞᆷ으로 雖沒覺無識ᄒᆞᆫ 孩提라도 漸次 感化ᄒᆞ야 不識不知中에 國語ᄅᆞᆯ 能通ᄒᆞ며 國民的 愛國 思想을 涵養하ᄂᆞᆫ지라 如斯히 先天的으로 成ᄒᆞᆫ 思想은 如何ᄒᆞᆫ 壓迫과 如何ᄒᆞᆫ 權愈ᄅᆞᆯ 受ᄒᆞ야도 難抛難變이라 此等에 不折不撓ᄒᆞᄂᆞᆫ 思想이 國家를 組成ᄒᆞ나니 故로 國語ㅣ 無ᄒᆞᆫ 國은 完全 獨立ᄒᆞᆫ 國이라 難稱이로다 現今 世界 列强을 試見ᄒᆞ면 國語ㅣ 無ᄒᆞᆫ 國이 無ᄒᆞᆫ지라 英有英

語ᄒᆞ고 德有德語ᄒᆞ고 佛有佛語ᄒᆞ며 俄有俄語ᄒᆞ고 淸有淸語ᄒᆞ며 日有日語ᄒᆞ고 其他 和蘭, 西班牙, 伊太利, 所謂 文明之國은 皆有國語ᄒᆞ야 務講維持ᄒᆞ며 保護 擴張ᄒᆞ야 世界語를 삼으랴고 相互 競爭ᄒᆞ니 强國은 不受其害나 弱國은 難免其害라. 其爭競擴張ᄒᆞᄂᆞᆫ 主義ᄂᆞᆫ 弱國을 精神的으로 占奪ᄒᆞ고 旣往占奪ᄒᆞᆫ 國은 其人民의 愛國思想을 潛消暗削케ᄒᆞᄂᆞᆫ 純一占奪主義라 由此觀之컨대 國語ᄂᆞᆫ 强國의 略奪ᄒᆞᄂᆞᆫ 一武器오 弱國의 精神的 被呑ᄒᆞᄂᆞᆫ 一外敵이라 其例ᄅᆞᆯ 擧ᄒᆞ면 英之印度와 俄之波蘭과 日之琉球라. 上三國이 被幷ᄒᆞᆫ지 許多年에 不能興復者ᄂᆞᆫ 被幷 當時로 自ᄒᆞ야 各其占奪國이 其本國語로 編纂ᄒᆞᆫ 敎科書로 其本國法式으로 新設ᄒᆞᆫ 許多 學校 內에서 雖讎敵이라도 感化될 만ᄒᆞᆫ 其本國歷史及事情과 雖愚稚라도 欽羨ᄒᆞᆯ 만ᄒᆞᆫ 制度와 矩模ᄅᆞᆯ 敎授ᄒᆞ야 其老朽ᄒᆞᆫ 國民의 腦髓ᄅᆞᆯ 利說로 誘惑ᄒᆞ고 强制로 打破ᄒᆞ야 精神的 愛國 思想과 歷史的 興復 機會가 湧出萌生ᄒᆞᆯ 餘暇가 無케 홈이니 豈不重且懼哉아

惟我韓도 其千年 傳來ᄒᆞᆫ 完全 獨立ᄒᆞᆫ 國語ㅣ 有ᄒᆞ건마ᄂᆞᆫ 現今 人士 等은 國語을 置之度外ᄒᆞ야 列强과 如ᄒᆞ게 硏究 擴張은 姑舍ᄒᆞ고 外國語學만 熱心 崇尙ᄒᆞ야 我韓 元氣ᄅᆞᆯ 消滅케호되 反不省覺ᄒᆞ며 語學은 新學問 硏究의 豫備 科程으로 不忍ᄒᆞ고 趍强取利로 陷惑ᄒᆞ야 國家 元素ㅣ 消滅ᄒᆞᄂᆞᆫ 基因ᄅᆞᆯ 胎釀ᄒᆞᄂᆞᆫ 지라 每於路上에 試見ᄒᆞ고 稠座예 慣聽ᄒᆞᆫ 則 自霜髮老人으로 至於黃口幼兒ᄭᆞ지 外國語ᄅᆞᆯ 雖 一二라도 無不通曉오, 곤니찌,와,오ᄒᆞ요(日語) 等句ᄂᆞᆫ 依例 當用ᄒᆞ며 其外 物名 等語ᄂᆞᆫ 率口 代用ᄒᆞ며 此ᄅᆞᆯ 不知ᄒᆞᄂᆞᆫ 者ᄅᆞᆯ 反譏ᄒᆞ고 自國을 蔑視홈이 土蠻에 甚ᄒᆞ고 同胞을 壓迫홈이 奴隷에 甚ᄒᆞ고 南山虎威ᄅᆞᆯ 擬狐假來ᄒᆞ야 諸般 惡事ᄅᆞᆯ 做出無忌ᄒᆞ니 豈不痛哭處耶아. 是ᄂᆞᆫ 外國語ᄅᆞᆯ 取利趨姜의 目的으로 知ᄒᆞ고 形式的으로 硏究ᄒᆞ다가 中無所主ᄒᆞ고 心無君國ᄒᆞᆫ 所致로 自然 陷惑홈이오 本國 國語ᄅᆞᆯ 着心 硏究ᄒᆞ고 精神的 敎育을 不受ᄒᆞᆫ 緣故라. 今日 如此 人事에 對ᄒᆞ야 回復 本心ᄒᆞ기ᄅᆞᆯ 望홈은 緣木求魚의 類ᄲᅮᆫ 아니오 望虎投石의 類라 非徒無益이오 必受其害ᄒᆞ리니 此 將奈何오 其矯獘方策이 惟右一焉ᄒᆞ니 分條論左ᄒᆞ노라

[一] 趨强取利的으로 外國語ᄅᆞᆯ 通解ᄒᆞ야 無理ᄅᆞᆯ 行ᄒᆞᄂᆞᆫ 자ᄂᆞᆫ 化外獘民으로 認

定ᄒᆞ야 國民的 待遇와 國民的 交際를 停止 謝絶홀 事

[二] 國語學校와 國語硏究所를 設施ᄒᆞ야 一般 人民으로 熱心 講究케 홀 事

[三] 國語讀本를 編ᄒᆞ야 學齡 兒童으로 國語 精神的 教育을 受케ᄒᆞ고 國語辭典를 編纂ᄒᆞ야 國語를 一定ᄒᆞ고 永久히 保存ᄒᆞ야 准用할 事

[四] 國民的 教育을 不受ᄒᆞ얏거나 此를 受ᄒᆞ야도 國民的 思想이 不固ᄒᆞᆫ 者와 未成年者 (法律上 制定ᄒᆞᆫ 一定 年齡에 未達ᄒᆞᆫ 者) 及 白痴者ᄂᆞᆫ 外國에 留學ᄒᆞ며 外國語 硏究를 不許할 事

[五] 政府와 其他 一般 人民의 父兄 及 保護者ᄂᆞᆫ 外國人과 直接 關係가 有ᄒᆞᆫ 時와 一定ᄒᆞᆫ 處所 (外國語 硏究ᄒᆞᄂᆞᆫ 學校 及 其他 硏究所와 外國人家) 外에ᄂᆞᆫ 外國語 濫用ᄒᆞᄂᆞᆫ 事을 禁斷홀 事

以上 論述한 者를 讀閱ᄒᆞ면 此論은 外國語를 不解ᄒᆞ고 外國人과 意思疏通ᄒᆞᄂᆞᆫ 形便, 利害, 不知ᄒᆞ난 者에 猜忌之說이라 反對홀 者ㅣ 有할 터이나 余嘗多年에 外國語를 少許 硏究ᄒᆞ고 我韓 今日에 所謂 外國語學者의 不忍ᄒᆞᆫ 行動과 齷齪한 所爲가 能히 國語를 堙滅케 ᄒᆞ고 又 國語의 維持홀 意思와 方針이 無ᄒᆞ야 國家 元氣가 喪盡홀 境遇에 至홈을 不勝 慨歎ᄒᆞ야 略述 蕪議ᄒᆞ노니 外國語를 實地 硏究ᄒᆞ야 國家的 思想을 不抛ᄒᆞ신 同胞ᄂᆞᆫ 勉於此 戒於此ᄒᆞ야 國語維持를 講論ᄒᆞ며 國家的 思想을 去益培養ᄒᆞ야 厥漢이 亦是 厥漢이라ᄂᆞᆫ 難洗之嘲耻을 可免홀지어다.

내용 요약

박태서는 국가의 요소를 종교, 역사, 국어로 보고 이 글에서 '국어의 원리, 우리나라가 국어를 유지 보존해야할 이유, 국어 유지의 방책' 등을 말하고 있다. 우선 그가 보기에 언어는 자신의 의사와 의지를 발표하는 천부적인 도구인데, 사람은 반드시 국가에 속하고, 국가는 또 그 언어인 국어를 갖는다. 이때 중요한 것은 완전히 독립된 국어가 없으면 교육, 역사, 국사 등이 불완전해진다는 사실이다. 이는 국어를 배우면서 국가적 사상을 함양하게 되기 때문이다. 그렇기 때문에 세계 모든 문명국은 자국의 국어를 보호 확장하여 세계어를 삼으려고 경쟁하고 있다. 이는 다시 말해 약소국을 정신적으로 점탈하려는 것으로서, 강국의 국어는 약국을 약탈하는 무기이자 외적이다. 약소국이 식민 상태에서 회복하지 못하는 것 역시 본국의 국어로 교육하고 새 제도로 감화하여 애국 사상이 생길 수 없게 만들기 때문이다. 우리에게도 완전 독립한 국어가 있건만, 이를 연구 확장할 생각은 않고 외국어만 숭상하고 있으니 통탄할 일이라는 게 지은이의 생각인데, 그는 이를 시정하기 위해서 다음의 다섯 가지를 방책을 제시하고 있다.

일. 외국어를 무리하게 쓰는 자는 국민 자격을 상실할 것.

이. 국어 학교와 국어 연구소를 설치할 것.

삼. 국어 독본, 사전을 편찬하여 아동들에게 정신적 교육을 하고 국어를 영구히 보존할 것.

사. 국민적 사상이 불완전한 이들은 외국 유학을 금지할 것.

오. 불필요한 외국어 사용을 금지할 것.

개념어 국가(國家), 토지(土地), 인민(人民), 법률(法律), 국어(國語), 종교(宗敎), 역사(歷史), 국시(國是), 국가사상(國家思想), 애국사상(愛國思想), 문명지국(文明之國). 세계어(世界語), 순일점탈주의, 아한원기(我韓元氣) 국가원소(國家元素), 국민적 대우(待遇), 국민적 교제(交際), 언어(言語), 의사사상(意志思想), 천연적(天然的) 무형(無形) 운영기(運用器), 외국어학(外國語學)

17. 국문과 한문의 관계(國文과 漢文의 關係)[1]

한흥교

오늘날 우리가 문자로 인해 누리는 이익은 수다한 말들로 표현할 수 없다. 대저 인류 사회가 형성된 이래 생활 방식이 점점 더 복잡하게 되어, 드디어 사상을 기록하여 표현할 문자를 요구하게 되었다. 이러한 이유로 이집트의 상형문자와 바빌론의 설형문자 같은 일종의 기호가 발명되어, 마침내 오늘날 서구 문자의 기원이 되니, 이것이 서구의 문자의 유래이다. 그렇다면 동양 문자의 기원은 어떠한가? 황제시대[2]에 창힐[3]이 그림 문자를 만들었으되, 형체만 모사하여 이해하기 심히 어렵고, 요순시대 이후로는 과두문자(蝌蚪文字)를 사용하고, 주나라 초에 사주(史籒)는 비로소 대전체(大篆體)로 개정하였으나 아직도 편리하지 못했다. 진나라 때 소전(小篆)과 예서(隷書)가 고안되었고, 한나라 이후로는 해서, 행서, 초서로 변환하여 우리가 지금 실제로 사용하는데 큰 편리를 주었다. 이러한 발생 연혁을 숙고해 보면 결코 하루아침 하루저녁에 쉽게 조성된 것이 아니다. 그러나 문자가 번다하고 중첩되어 있으며 어미가 변하지 않아 오늘날 새로운 학술을 명료하게 기록하기 어려우니, 이것이 곧 한자의 가장 큰 폐단이다. 더불어 우리나라의 고유한 문자가 아님으로 인해

1 ≪大韓留學生會學報≫ 1호, 1907. 3. 3.

2 황제시대(皇帝時代): 기록상 최초의 중국 왕조시대로 전설적 왕조이다. 전설의 시대(기원전 2,500~기원전 1,700 경)에는 오제가 있었다. 1. 황제, 2. 전욱, 3. 제곡, 4. 요, 5. 순

3 창힐(倉頡): 중국 고대의 전설적인 제왕인 황제(黃帝) 때의 좌사(左史). 새와 짐승의 발자국을 본떠서 처음으로 문자를 만들었다고 한다.

편리함도 없고 이익도 없다는 사실을 하나씩 열거하여 서술할 겨를도 없다.

하지만 우리 국문은 우리나라 사람의 고유한 사상을 기록하기 위하여 자연스런 이치와 형세로 발현된 문자이다. 그 글자의 수는 비록 일본 '가나'와 로마 문자보다 많으나, 습득하기 쉽고, 응용하기 편리한 점에서 세계에 그에 비할 바 없다 하겠다. 아아! 무슨 연고로 우리나라 사람들은 500년간 내려온 고유한 문자를 쓸모없는 물건처럼 완전히 버려두고, 다른 지역에서 수입된 한문만을 숭상하여, 사성을 구별하고, 팔체서[4]를 습득하는 데 일생을 허송한단 말인가? 소위 학문 탐구라는 것이 이태백과 두보의 시와, 한유와 유종원의 문장에서 벗어나지 못하니, 어느 겨를에 실학을 탐구할 것인가? 마침내 수천 년 폐단의 근원이 콸콸 흐르는 탁류가 되었다. 이 탁류의 마지막 폐단은 인민의 지식이 몽매하여 오늘날 20세기에 이와 같이 부패한 국가를 만들었으니, 어찌 통탄해 마지않겠는가? 일본은 우리나라로부터 전수받은 한문을 이용하여 마지막 순간에 '가나'를 만들어냈으며, 일본어와 한문 두 문자를 섞어 사용하는 법을 만들었으니, 극히 간단하고 포괄적이며, 평이할 뿐 아니라 서양의 학문을 번역하는 데도 큰 효력이 있으므로 백성의 지식이 빠르게 발달하여 불과 40년 만에 서양의 열강과 경쟁하고 있다. 이로 비교해 볼 때 문자와 국가의 관계가 심상치 아니함을 알 수 있다.

그러나 국한문의 관계를 피상적으로 이해하는 사람은 번잡한 한문은 완전히 폐하고, 간단한 국문만 사용하는 것이 편리하다고 하니, 이는 그 상세한 내막과 밀접한 관계를 알지 못하는 것이다. 이는 무슨 말인가? 우리 국문은 원래 일반 인민의 순수한 어음으로 조직되어서 각 글자의 의미가 없으므로 한문과 함께 써야 비로소 해석이 분명하니, 만일 한문과 조화될 수 없다면 어찌 언어로 설명할 수 있겠는가? 가령 "효제충신(孝悌忠信)"과 "인의례지(仁義禮智)"를 한갓 음(音)으로만 인민을 교육한다면 무슨 의미가 그 속에 함유되어 있는지 확실히 알지 못할 것이다. 이런 이유로 오늘날 일본에서는 한문을 폐지

4 팔체서(八體書): 중국 秦나라 때에 쓰인 여덟 가지 서체(書體). 곧 대전(大篆), 소전(小篆), 각부(刻符), 충서(蟲書), 모인(摹印), 서서(署書), 수서(殳書), 예서(隷書)를 일컫는다.

하자는 논자가 일어나 다년간 운동을 할 뿐 아니라 심지어 국한문을 병행해서 쓰는 것을 폐지하고 순전히 로마문자를 사용하자고 협회를 조직하고, 당국자에게 건의까지 하였으나, 시대의 흐름에 적당하지 못하여 단번에 실행되지 못했다. 현재 일본의 경우에도 이렇거늘, 하물며 한문만 숭상한 우리나라이겠는가? 이것은 과도하게 어리석은 논거요, 다시 고찰할 필요조차 없다. 오직 시대에 적합한 것은 국한문을 조화롭게 병용하는 법뿐이다.

나의 논변이 비록 보잘 것 없으나, 진심으로 권고하노니 우리나라 내 동포는 오늘날 20세기의 우수한 자는 이기고 열등한 자는 패하는 모습을 열심히 고찰하고, 40년 이래로 시 · 부(詩 · 賦)나 읊던 습관을 단번에 뉘우쳐 지금 이후로는 고질적인 폐단이 있고 내팽겨 쳐져 쇠퇴한 한학의 뇌수에 신선한 공기를 주입하여, 지극히 간단하고 평이한 국한문 조화법을 실시하되, 먼저 일본을 본으로 삼아 조속히 서구의 신학문을 연구하여 세계 제일의 문명국이 되기를 진심으로 힘써 빌고, 충심으로 열망한다.

입력 원문

國文과 漢文의 關係

韓興敎

今日吾人이 文字로 因ᄒᆞ야 享受ᄒᆞᄂᆞᆫ 利益은 不庸多言이어니와 大抵 人類社會가 形成된 以後, 生活의 方法이 逐漸複雜ᄒᆞ게 되야 드듸여 思想을 記現ᄒᆞᆯ 文字를 要求ᄒᆞ게 되니 於是乎埃及의 象形文字와 巴比倫의 楔形文字ᄀᆞᆺ흔 一種의 記號가 發明되야 맛참ᄂᆡ 今日 西歐文字의 本源이 되얏스니 此ᄂᆞᆫ 다만 西文의 由來어니와 至若東洋文字의 起源은 如何ᄒᆞ뇨. 黃帝時에 蒼頡이 비로소 圖畫的 文字를 造成ᄒᆞ엿스되 形體만 摸寫ᄒᆞ야 理解키 極難ᄒᆞ고 唐虞以後로ᄂᆞᆫ 蝌蚪文字ᄅᆞᆯ 用ᄒᆞ고 周初에 史籒ㅣ 비로소 大篆體로 改正ᄒᆞ나, 아직도 便利치 못ᄒᆞ야 秦時에 小篆과 隸書가 案出되얏고 漢 以後로 楷行草三體가 變遷되야 吾人의 只今實地應用上에 一大便宜를 與ᄒᆞ니 그 由來ᄒᆞᆫ 沿革을 稽考ᄒᆞ면 決코 一朝一夕에 容易造된 것은 아니ᄂᆞ 然이ᄂᆞ 文字의 煩疊ᄒᆞᆷ과 語尾의 無變ᄒᆞᆷ으로 슈日 新 學術을 明瞭히 記出키 難ᄒᆞ니 此ᄂᆞᆫ 卽 漢字의 一大弊端이오 兼ᄒᆞ야 我國의 固有ᄒᆞᆫ 文字가 아님으로 不便不利ᄒᆞᆷ이 不遑枚述이라.

然이ᄂᆞ 我國文은 邦人의 固有ᄒᆞᆫ 思想을 記出ᄒᆞ기 爲ᄒᆞ야 自然ᄒᆞᆫ 理勢로 發見된 文字니 字數ᄂᆞᆫ 비록 日本假名(諺文)과 羅馬字보담 數多ᄒᆞᄂᆞ 習得키 容易ᄒᆞ고 應用에 便利ᄒᆞᆷ은 世界에 無比라 可謂ᄒᆞᆯ지라 嗟홉다 何故로 邦人은 五百年來, 固有ᄒᆞᆫ 文字를 無用件ᄀᆞᆺ티 專然棄置ᄒᆞ고 ᄒᆞᆫ갓 他邦으로 輸入된 漢文만 崇尙ᄒᆞ야 四聲을 辯別ᄒᆞ고 八體를 學習ᄒᆞᄂᆞᆫ 間에 一平生을 虛度ᄒᆞ니 所謂 學究라 ᄒᆞ면 李杜의 詩와 韓柳의 文에 不出ᄒᆞ니 何暇에 實學을 探究ᄒᆞ리오 맛춤

니 數千年弊源이 滾滾濁流가 되야 末流의 弊가 드듸여 人民의 智識이 蒙昧ᄒᆞ야 今日 二十世紀上에 如斯히 腐敗ᄒᆞᆫ 國勢를 自作ᄒᆞ얏스니 엇지 痛哭大息티 아니 하리오 日本은 最後에 我國으로서 傳敎된 漢文을 移用ᄒᆞ야 假名을 製出ᄒᆞ며 和(日本)漢兩文의 調用法을 實施ᄒᆞ니 極히 簡括ᄒᆞ고 平易ᄒᆞᆯ ᄲᅮᆫ 아니라 西學의 翻譯에도 大效力이 有ᄒᆞᆫ 고로 民智가 速히 發達되야 不過四十年에 歐米列强과 爭雄ᄒᆞ니 此로 因ᄒᆞ야 比較ᄒᆞ면 文字의 國家의 關係가 尋常티 아니 ᄒᆞᆷ을 可知ᄒᆞ리로다.

然而國漢文의 關係를 皮解ᄒᆞᄂᆞᆫ 者ᄂᆞᆫ 煩雜ᄒᆞᆫ 漢文은 全廢ᄒᆞ고 簡易ᄒᆞᆫ 國文만 收用ᄒᆞᆷ이 便宜ᄒᆞ다 ᄒᆞ니 此ᄂᆞᆫ 그 詳細ᄒᆞᆫ 裏由의 密接ᄒᆞᆫ 關係를 不知ᄒᆞᆷ이로다 何者오 我國文은 原來一般人民의 純粹ᄒᆞᆫ 語音으로 組織되야 個字의 意味가 無ᄒᆞᆷ으로 漢文과 倂用ᄒᆞ여야 비로소 解繹이 分明ᄒᆞ니 萬一漢文과 調和키 不能ᄒᆞ면 엇지 言語上 說明을 得ᄒᆞ리오. 假令 孝悌忠信과 仁義禮智를 한갓 音으로만 人民을 敎育ᄒᆞᆯ딘ᄃᆡ 무삼 意味가 其 中에 含有ᄒᆞᆫ지 確知티 못ᄒᆞᆯ디라. 由是로 現今 日本에셔ᄂᆞᆫ 漢文廢止ᄒᆞ댜ᄂᆞᆫ 論者가 起ᄒᆞ야 多年運動ᄒᆞᆯ ᄲᅮᆫ더러 甚至於國漢文을 幷廢ᄒᆞ고 純全히 羅馬字를 採用ᄒᆞ댜 ᄒᆞ야 集會를 組織ᄒᆞ고 當局者의게 建議ᄒᆞᆺ다 ᄒᆞ얏스나 時勢에 適當티 못ᄒᆞᆷ으로 遽然히 實行되디 못ᄒᆞ니 以若日本의 現勢로 오히려 如此ᄒᆞ거든 하믈며 漢文만 專尙ᄒᆞ든 我韓이리오. 此ᄂᆞᆫ 過度ᄒᆞᆫ 愚論이라 顧察ᄒᆞᆯ 必要가 更無ᄒᆞ거니와 오즉 時宜에 合ᄒᆞᆫ 者ᄂᆞᆫ 國漢文을 調和幷用ᄒᆞᄂᆞᆫ 一法ᄲᅮᆫ이라.

余의 論辯이 비록 庸㤼ᄒᆞᄂᆞ 誠心으로 勸告ᄒᆞ노니 我國內同胞ᄂᆞᆫ 今日 二十世紀의 優勝劣敗ᄒᆞᄂᆞᆫ 形影을 猛察ᄒᆞ고 四十年來로 曰詩曰 賦ᄒᆞ던 習慣을 翻然改悟ᄒᆞ야 自玆以往으론 弊痼沈塞ᄒᆞᆫ 漢學腦髓에 新鮮ᄒᆞᆫ 空氣를 注入ᄒᆞ야 至簡至易ᄒᆞᆫ 國漢文調和法을 實施ᄒᆞ되 몬져 日本으로 前鑑삼아 早速히 歐米新學問을 硏究ᄒᆞ야 世界上 第一等文明國되기를 心香으로 勞祝ᄒᆞ고 葵誠으로 熱望ᄒᆞ노라.

내용 요약

구한말과 일제 강점기 항일운동에 앞장섰던 한흥교는 우리글을 국문과 한문의 조화로 완성해야 한다고 주장한다. 한문은 비음성어적 특성과 우리 고유의 언어가 아니라는 이유에서 우리의 생각을 표기하기에 적합하지 않고, 국문은 소리를 적는 데는 이로우나 그 뜻을 드러내기에는 한계가 있어 온전한 글이 아니라는 것이다. 일본이 가나를 만들어 자기 글을 쉽게 기록하듯 우리도 우리글과 한문을 조화시키면 일본이 그러하듯 열강에 빨리 다가갈 수 있으리라한다. 그는 우리가 미개한 상태에 있는 이유로 글을 깨우치지 못한 사람이 너무 많아서이고, 한문과 한글의 적절한 조화로 이 문제를 해결할 수 있으리라 본다.

개념어 국한문조화, 상형문자, 그림문자, 과두문자(蝌蚪文字), 폐고침색(弊痼沈塞), 문명국

18. 우리의 말과 글을 반드시 받들자(必尙自國文言)[1]

주시경(周時經)

동물 경쟁

우리 지구가 생겨난 뒤로 그 위에 동물이 아닌 것과 동물이 생겨났다. 동물이 아닌 것은 초목, 금석 등처럼 감각이 없고 움직이지 못하는 물질이다. 동물은 우리 사람 및 모든 짐승, 바다동물, 곤충 등과 같이 감각이 있고 움직이는 물체다. 이 지구상에 동물이 처음 생겨나니 각각 식욕이 있어서 강자는 약자를 잡아먹고 약자는 강자의 먹이가 되었다. 호랑이와 표범 등의 무리는 힘이 강하고 발톱이 날카로워서 노루, 사슴, 개, 토끼 등의 무리를 잡아먹으며, 매나 솔개 등의 무리는 새 중에 깃이 민첩하고 부리가 날카로워 참새, 비둘기, 꿩 등을 잡아먹는다. 거미는 그물을 만들어 날아다니는 벌레를 잡아먹으며, 물에 사는 동물도 서로 모여서 큰 물고기는 중간 물고기를 잡아먹고 중간 물고기는 작은 물고기를 잡아먹는다. 까치는 솔개가 그 집을 빼앗아서 차지하면 무리에게 도움을 청해서 무리의 힘으로 솔개를 내쫓는다. 벌은 무리를 지어 살면서 법칙을 약속해 정하고, 봄, 여름, 가을에 함께 일해서 꿀을 모아 겨울을 대비하며 그 꿀을 빼앗아가고자 하는 사람이 오면 많은 벌들이 무리를 지어 나타나 (침을) 쏜다.

사람이 가장 강한 동물

사람이라 부르는 동물은 타고난 체구는 몹시 연약하나 지혜는 만물 중에

1 ≪皇城新聞≫ 2442호, 1907. 4. 1. / ≪皇城新聞≫ 2447호, 1907. 4. 6.

뛰어나며 무리지어 사는 것을 좋아하여 동족을 서로 보호하며 산다. 지혜와 꾀로 손재주를 익혀서 금석, 초목, 물불을 다스리고 사용하여 생활을 강구함에 각종 맹수 및 기타 물과 육지에 사는 모든 동물을 제압하여, 먹을 수 있는 것은 먹고 사용할 수 있는 것은 사용한다. 그래서 천하에 제일 강성한 동물은 사람이라 부르는 동물이다.

글과 말로써 가장 강한 권력을 누리게 된 사람

사람이라 부르는 동물이 이와 같은 권리를 능히 향유하는 까닭은 무엇인가? (맹수와 비교하여) 그 실제를 궁구해보면 맹수는 몸에 갖춘 것의 사납고 날카로움이 사람보다 몇 십 배 더 강하고 지혜도 적지 않은데, 단 언어가 부족하며 문자가 없어 그 생활의 방법을 융통성 있게 처리할 줄 모른다. 사람이 다른 동물과 특별히 다른 것은 지혜가 가장 많을 뿐만 아니라 언어가 갖추어져 있고 문자를 만들어 사용하기 때문이다. 큰일은 개인이 혼자의 힘으로는 능히 이루지 못하는 법이니, 언어라 하는 것이 그 지혜로 궁리하여 경영하는 의사를 발표해서 서로 간에 알리고 응하며 서로 이끌고 돕게 하는 매개체이다. 사람이 각종 동물 중에 서로 사랑하는 윤리 · 의리와 서로 돕는 경륜이 가장 많으나, 그 도가 실행되는 것은 언어가 가장 갖추어져서 그 뜻을 의심 없이 서로 통하게 하기 때문이다. 사람의 일이 점차 흥함에 따라 지혜와 꾀를 더욱 발달시켜 그 도와 그 업을 더 정밀하게 하려고 문자를 제정하여 사실을 기재하며 학식을 강구했다. 제도를 만들어 베풂이 더욱 잘 이루어져서, 이에 사람의 도가 끝까지 갖추어져 있어서 만물로 그것을 굽어 사용하는 것으로 삼으니, 사람이 천하에 가장 강한 권력을 능히 얻음이 모두 글과 말이 구비된 데에서 이루어졌더라.

글, 말과 관계있는 인류 경쟁

옛날에 인간이 점점 번성하니 각자 생활의 욕심을 위하여 다른 종류의 동물들과만 경쟁할 뿐만 아니라 사람끼리도 그 무리를 각각 만들어서 서로 빼앗기 시작하였다. 이로부터 인종의 경쟁이 크게 일어나 저 무리는 이 무리와 싸워서 빼앗기를 도모하며, 이 무리는 저 무리를 방어할 계획을 세우니 인간 세상에 지혜와 꾀를 강구함이 더욱 요긴해졌다. 이에 글과 말을 익히고 또 익혀 그 무리의 지혜와 꾀를 정밀하고 또 정밀하게 하는 자는 다른 무리를 억압하고 복종시키며 흥성하게 되고, 글과 말을 다스리지 않으며 그 무리의 지혜와 꾀가 흥하지 않는 자는 다른 무리의 압도적인 기세를 받아 약해지고 망하게 된다. 그래서 글과 말을 닦고 닦지 않는 것의 이해관계가 이와 같더라.

세계의 지역 및 인종의 구별

천하 열국의 언어는 각각 같지 않다. 이는 지구 위에서 육지가 자연적으로 경계가 나누어져 오대주가 생기고, 오대주가 또 나누어져 산악이나 강해의 한계로 천연의 구역을 이루는 것처럼, 인종도 이를 따라서 황, 백, 흑, 종(棕, 갈색), 적 다섯 가지 종으로 자연적으로 각각 나누어지고, 다섯 가지 큰 종이 또 나누어져 그 거주하는 구역에 따라 각각 다르더라.

지역에 따라 인종이 다르듯, 글과 말 역시 다르다.

인종은 각각 자연적으로 구별된 지방의 물과 흙, 바람의 기운을 받아서 생겨났다. 언어도 각각 그 지역, 그 종에 적합한 대로 자연스럽게 발음되어 그 소리로 물건과 의사를 명명하여 그 같은 지역 같은 종 안에 통용하는 언어가 되었다. 또 각각 이에 마땅한 문자를 만들어 사용하니, 이 때문에 천연적으로 각기 다른 구역과 인종을 따라 언어와 문자도 천연적으로 같지 않더라.

> 자국의 문자를 터득하는 것이 자국 독립의 지표인데,
> 남에게 업신여김을 당한다면 그 해가 어떠하겠는가?

이와 같은 자국의 언어문자는 천연적으로 같지 않은 구역의 사람들이 천연적으로 하나의 단체 자유국이 되는 특성의 지표이다. 그 사회 무리에게 뜻이 서로 통하게 하며 경영을 서로 도와 하나의 단체가 되게 하는 언어가 다른 무리의 글과 말에 의해 업신여김을 당해서 문란하고 혼잡해지면 그 무리의

사상과 단체도 문란하고 분잡해져서 국가 자주의 보전을 바라고 기약하지 못하게 될 것이다.

글과 말을 전파함으로써 다른 나라를 빼앗다.

아! 이 때문에 옛날의 로마가 강성할 때에 그 글과 말을 유럽, 서아시아, 북아프리카의 여러 나라에 전파하여 마침내 이로써 위엄을 떨쳐서 혹은 복종시키고 혹은 병탄하였다. 동아시아의 중국도 자고로 그 문자를 사방의 가까운 각국에 전하여 습득하게 하여 이로써 억압하고 혹은 귀속시키고 혹은 병탄한 폐가 역사의 기록에 역력하고, 오늘날에는 그 폐가 더욱 심함을 눈이 있는 자는 다 목도하는 바이다.

자국의 문자를 만들어 사용하는 이유

어떤 국가든지 지혜롭고 총명한 인물이 태어나면 자국에서 통용되기에 편리하고, 자국 독립의 지표를 삼기 위해, 그리고 다른 글과 말의 침략을 방어하기 위해 자국의 문자를 만들어 사용한다. 이는 일시적인 정치적 책략이 아니라 그 국가 인민이 다른 종과 같지 않은 표적을 가져서 다른 종과 섞이지 않고 영구히 다른 나라에 의지하지 않고 독립할 단체가 되게 하기 위한 것이다. 예를 들어보면 동쪽 섬나라 일본은 신라 설총의 한문 자획으로 임시로 만든 이두를 본떠서 가나를 만들어 사용하고, 우리 반도 본조 세종대왕께서는 정음을 처음 만드시고, 청 태조는 만문(滿文-만주 글자를 적는 글자)을 처음 만들었더라.

천하 글과 말의 수

천하의 언어가 삼천여 종인데 널리 행하는 것이 칠십 여니, 우리 반도 우리나라의 언어가 그 칠십 여종 중에 하나이다. 천하의 문자가 칠백여 종인데 널리 쓰이는 것이 삼십 여개이니 우리 반도 우리나라의 언어가 그 삼십 여종 중에 하나이다.

상형(象形)과 기음(記音), 두 가지 문자의 시대

천하의 문자가 두 종류가 있으니 하나는 상형문자요 다른 하나는 기음문자다. 옛날에 그리스는 기음문자를 만들어 사용하고, 중국은 오히려 지금 상형문자를 배워 사용하나, 대개로 헤아려 보면 상형문자는 옛날의 미개한 시대에 만들어 사용하던 것이고, 기음문자는 오늘날의 문명한 시대에 만들어 사용하는 것이다. 상형문자는 중국의 한문과 같은 종류들이고 기음문자는 우리나라의 정음과 같은 종류들이더라.

상형(象形)과 기음(記音), 두 문자의 이로움과 해로움에 대한 고찰

상형문자는 언어 외에 따로 배우는 것이기 때문에 배울 것이 많아서 그 문자를 학습함이 다른 나라 국어를 학습함과 같이 세월과 정력을 허비한다. 또 천하에 허다한 각종 사물과 무수한 각종 일들을 일일이 구별하여 그림으로 나타낸바, 글자 수가 심히 많고 글자의 생긴 것이 복잡하여 배워서 사용하기가 극히 어렵다. 기음문자는 자연스런 십여 종의 음을 표로 만들어 수시로 전환하여 자국의 일상 언어를 기록하는 것이기 때문에 학습하기가 매우 쉽고, 그 문자를 읽으면 곧 언어가 되는 고로 문장의 뜻을 해득하기도 언어를 듣는 것과 같고, 작문하기도 언어를 하는 것과 같다. 그렇기 때문에 기음문자가 상형문자보다 편리함이 몇 배나 되는지 비교할 수 없다.

우리나라의 글과 말

우리나라의 언어는 태고에 우리 반도가 처음 열리고 인종이 처음 태어났을 때부터 이 반도 지역에 선천적으로 타고난 때의 성질로 자연스럽게 발음되어 이어 나가서 전하는 하나의 언어요, 그 법은 격을 표하는 것이니 세계 우등 어법의 하나이다. 우리나라의 정음 문자는 언어를 기록하고 사용하도록 하는 것이니 세계에서 가장 편한 기음문자의 하나다.

필히 자국의 글과 말을 닦아야 한다.

남의 나라를 빼앗고자 하는 자는 남의 나라의 글과 말을 먼저 쇠하게 하고, 그 나라의 글과 말을 퍼뜨려 전하며, 자국을 흥성하게 하고자 하거나 보전하고자 하는 자는 자국의 글과 말을 먼저 닦아야 백성의 지혜를 발달시키고 단합을 공고하게 할 수 있을 것이다. 그러므로 자국 글과 말이 어떤 타국의 글과 말만 못할지라도 불가불 자국 글과 말을 애호하고 개선하여 마땅히 사용함이 옳다.

자국 글과 말을 닦지 않는 것의 화(禍)

예로부터 지금에 이르기까지 조상들 중에 자국 글과 말을 힘쓰지 않고 타국 글과 말을 좋아하고 배우다가 큰 수치와 큰 화를 입은 나라가 얼마인가. 그 말이 있으나 익히지 않아서 근거할 바가 없고, 그 문자가 있으나 단련하지 않으며 멀리하고 천하게 여기다가 천하가 대통하는 오늘날에 이르러서야 그 땅을 빼앗기고 그 인민까지 줄어드는 나라가 미주, 아프리카 주, 대양주 및 다른 육지에 얼마나 되는지 그 수를 낱낱이 들어서 말할 수 없도다.

글과 말의 사용은 기관(機關)과 같다.

국가사회는 무리들이 뜻을 서로 통하고 그 힘을 서로 합하여 생활을 경영하고 보전하고자 하며, 이로써 서로 의지하고 신뢰하는 데에 이르게 된다. 그런데 이런 일은 모두 글과 말로 말미암지 않는 경우가 없다. 그러므로 글과 말은 사회를 조직하며 백성의 지혜를 발하고 국정을 행하게 하는 기관이다. 이 기관을 잘 다스리고 정밀하게 연마하면 인민의 단합도 공고해지고 동작도 재빠르고 활발해질 것이지만, 익히지 않고 둔하게 하면 인민의 단합도 시들고 느슨해지며 동작도 멈추고 둔해질 것이다. 이러한즉 이 기관을 익히지 않고야 어찌 그 사회를 떨치게 하여 발흥케 할 수 있겠는가? 이 기관을 익히지 않으면 그 이롭지 않음이 단지 여기에만 그치지 않을 것이다. 점차 더욱 해가 되어 병폐가 여러 가지로 생겨나면 (이 기관이) 쓸모없어지게 되고 사회도 쇠망하는 것을 면하기 어려울 것이다. 나라를 다스리고자 하며 나라를 지키고자 하는 사람들아, 자국의 글과 말을 닦지 않고서 무엇을 도모하리오.

세종대왕이 만든 정음

태고의 개벽으로부터 우리 반도의 인종이 특별히 있었고, 우리 반도의 언어가 특별히 있었으나 우리 반도의 문자가 없어서 중국을 통한 후로 총명하고 뛰어난 자는 한문을 익혀 사용했다. 본조 세종대왕께서 탁월하게 지혜롭고 총명하시어 정음을 처음 만드시니 그 친서에 이르기를

〈정음친서〉

나라의 말이 중국과 달라서 문자가 한문과 서로 통하지 않는다. 그래서 어리석은 백성은 말하고자 하는 바가 있어도 끝내 그 뜻을 펴지 못하는 자가 많다. 내가 이를 불쌍히 여겨 새로 28자를 만드니 사람들로 하여금 새롭게 익히게 하고 매일 사용하는 데에 편하게 하라 하시니라.

정음서 해석

이 성스러운 서문을 공경하며 읽고 그 뜻을 곰곰이 생각하니, 우리나라의 말이 중국과 다르다 하심은 우리나라와 중국은 자연스럽게 구역이 같지 않으니, 기후와 땅과 물과 성질과 풍습도 서로 달라서 중국의 문자가 우리나라에 맞지 않으므로 통하지 못한다 한 것이다. 우리나라에서는 우리나라에 딱 맞는 문자가 있어야 잘 통할 것이라 한 것이다. 고로 어리석은 백성은 말하고자 하는 바가 있어도 끝내 그 뜻을 펴지 못하는 자가 많다고 한 것은 중국의 글자는 우리나라 인민이 학습하기가 매우 어려워서 지혜로운 사람이 아니면 능히 해내지 못하므로 나머지 일반적인 어리석은 백성은 다 지극히 억울함을 안고도 그 뜻을 기록하여 나타내지 못해서 원통함을 말할 방법이 없다 하신 것이다. 중국의 문자가 우리나라에서는 익혀 사용하기가 극히 어려워서 잘 통하지 못하는 것의 증거와 그 해로움의 곡진한 모습을 예를 들어 보이신 것이다. 그 '많다(多)'라는 글자는 세상에 지혜로운 사람은 적고 어리석은 사람은 많으

니, 국민의 다수가 능히 문자를 익히고 사용하지 못하여 그 해로움이 매우 많다고 하심이다. 내가 이를 근심한다고 하심은 우리나라에 맞지 않는 한문을 사용함으로 인해서 지혜로운 사람이라도 그 문자를 학습하느라 세월을 지나치게 허비하여 더 지혜로워지는 것에 해가 되고 어리석은 자는 지혜로워질 길이 모두 막혀 인민의 학식과 재주가 흥하지 못하고 국가의 정사가 미흡하여 전국에 막심한 해가 되고 다른 나라 국문을 계속 사용하면 그 해로움도 계속되어 민국이 오래도록 이어져나가는 데에 큰 폐가 될 것임을 근심한다고 한 것이다. 새로 스물여덟 자를 만드니 사람들로 하여금 쉽게 익히게 하고 매일 사용하는 데 편리하게 하기 위함이다 하셨다. 이 스물여덟 자는 우리나라에 적당해서 지혜롭거나 어리석거나 귀하거나 천하거나 돈이 많거나 가난하거나 나이가 많거나 적거나 남자거나 여자거나를 가리지 않고 학습하기 쉬우며 사용하기 편하다 하신 것이다.

아름답도다, 성인의 말씀이여. 백성들을 모두 살펴보고 공평히 아끼시어 그 원하는 것과 지혜를 각각 이루도록 하시도다. 훌륭하도다, 성인의 업적이여. 우리 반도 우리 민국이 세계에서 천연적으로 아주 뛰어남을 드러내는 우리나라의 문자를 처음 만드시니 만세토록 영원히 향유하고 불후할 우리 민국의 큰 업적이도다.

후생이 성스러운 뜻을 본받지 않고 오히려 한문을 숭상하는 것을 탄식하다.

그러나 후생들이 이와 같은 성스러운 계획과 성스러운 업적을 이해하지 못하고 오히려 국문을 천시하며 한문을 귀하게 여기고 숭상하여 어린아이로부터 이삼십 세가 되도록 한문 한 과목만 전업하되, (이렇게 하여도) 그 글을 능히 해석하며 그 뜻을 능히 아는 사람은 백 명 중 한 명을 찾기가 어렵다. 이것은 무슨 까닭인가? 한문은 본래 다른 나라의 문자요 더불어 상형문자인 고로 익혀서 사용하기가 이와 같이 극히 어렵다. 아! 인생에서 다시 오지 않는 청년의 시절을 한문자 하나를 학습하기에 다 허비하고도 그 업을 성취하는 자는 이와 같이 매우 적으니, 한문은 자국의 문자였지만 익혀 사용하기가 편리하지 않다 하여 상형문자는 그만 사용하도록 하고 기음문자를 통용하자 하고 기음문자를 새로 만들어 펴내고 반포하였다. 그런데 우리나라의 선비들은 이 폐단을 이해하지 못함이 어찌 그리도 심하던가.

전국의 뜻 있는 모든 군자와 모든 동포들에게 권함

오늘날에 이르러 뜻있으신 분들이 교육, 교육하니 이미 한문을 학습한 사람에게만 교육하고자 하는 것이 아닐 것이고, 한문을 이해하지 못하는 자는 몇십 년이든지 따지지 않고 한문을 교수한 후에 업을 이루기를 기다려 모든 다른 학문과 기술을 그제야 교육하고자 하심도 아닐 것이다. 그러한즉 영문이나 일어로 교육하고자 하시는가? 영문이나 일어를 우리 백성이 어찌 알 수 있으리오? 한문보다도 갑절로 어려울 것이다. 이와 같은 시대에 이르러 특별히 영국, 독일, 프랑스, 일본, 중국, 러시아 등의 나라의 글과 말을 학습하는 사람도 반드시 있어야겠으나, 전국 인민의 사상을 변화시키며 지식을 발흥케 하려면 불가불 국문으로 각종 학문을 저술하며 번역하여 주어야 할 것이다. 영국, 프랑스, 독일 등의 나라는 한문의 형상도 알지 못하는데 그처럼 부강하고 진흥하였다. 우리 반도에서 사천여년 전부터 기틀을 닦은 이천만 무리의 사회에 때때로 통용하던 언어를 말로 전해서 보전하던 것도 막대한 잘못이거늘, 국문이 반포된 지 사백육십 여년에 어전(語典) 한 권도 만들지 않고 한문만 오히려 사용하는 것이 어찌 부끄럽지 아니하냐? 지금 이후로는 국문을 천시하는 천한 습관을 바꾸어 우리나라 글과 말의 법칙과 쓰임과 의미(法 · 兵 · 義)를 힘을 다해 강구하고, 자전(字典), 문전독본(文典讀本)을 만들어 펴내서 더욱 뛰어나고 예리한 글과 말이 되게 할 뿐만 아니라, 우리 모든 나라 상하가 국문을 우리나라의 본체로 숭상하며 사용하여 우리나라가 세계에 자립하는 특성의 표본을 견지하고 자유 만만세를 오래도록 누리기를 바라나이다.

입력 원문

必尙自國文言

주시경(周時經)

動物競爭

吾地球가 成體된 後로 其上에 不動物과 動物이 生ᄒᆞ니. 不動物은 草木 金石之屬 感覺性업고 動作지 못ᄒᆞ는 物質이요. 動物은 吾人及禽獸 魚鼈 昆虫之屬 感覺性人이잇고 動作ᄒᆞ는 物體라. 此地球上에 動物이 始生ᄒᆞᄆᆡ 各各食慾이 有ᄒᆞ여 强者는 弱者를 捕食ᄒᆞ고 弱者는 强者의 肉이 되니. 虎豹 等屬은 力强爪銳ᄒᆞ여 獐鹿 犬兎 等屬을 捕食ᄒᆞ며 鷹鷂 等屬은 羽捷嘴利ᄒᆞ여 鳥雀 鳩雉 等屬을 捕食ᄒᆞ며. 蜘蛛ᄂᆞᆫ 設網ᄒᆞ여 飛虫을 捕食ᄒᆞ며 水族도 相食ᄒᆞ야 大魚는 中魚食ᄒᆞ고 中魚는 小魚食ᄒᆞ며. 鵲은 鳶이 其巢를 奪據ᄒᆞ면 同類를 請ᄒᆞ여 衆力으로 退出ᄒᆞ며. 蜂은 羣居를 作ᄒᆞ야 法則를 約定ᄒᆞ고 春夏秋節에 同役貯蜜ᄒᆞ여 冬節를 備ᄒᆞ며 其蜜을 奪取ᄒᆞ코자 ᄒᆞᄂᆞᆫ 者ㅣ 來ᄒᆞ면 衆蜂이 羣出여 쏘더라.

人爲最强動物

人이라 稱ᄒᆞ는 動物은 天然體具ᄂᆞᆫ 甚히 軟弱ᄒᆞ나 智慧는 萬物에 特越ᄒᆞ며 羣居를 好ᄒᆞ여 同類를 相護ᄒᆞ며. 智術로 手藝를 習ᄒᆞ여 金石 草木 水火를 治用ᄒᆞ여 生活을 講求ᄒᆞ매 各種 猛獸及其他 水陸一般 動物을 制壓ᄒᆞ여 可食者는 食ᄒᆞ고 可用者는 用ᄒᆞ여. 天下에 第一强盛ᄒᆞ는 動物은 人이라 稱ᄒᆞ는 動物이러라.

人以文言得享最强之權

人이라 稱ᄒᆞ는 動物이 如此ᄒᆞᆫ 權利를 能享ᄒᆞ는 것은 其實際를 窮究ᄒᆞ면 猛獸는 軆具의 猛利ᄒᆞᆷ이 人보다 몃 十倍더 强ᄒᆞ고 智慧도 不少ᄒᆞ되 但 言語가 不足ᄒᆞ며 文字가 업셔 其生活의 法을 變通ᄒᆞᆯ 줄 몰나. 今日 虎窟이 古日 虎窟과 如ᄒᆞᆯ 것이요 今日 鵲巢가 古日 鵲巢와 如ᄒᆞᆯ지라. 人이 他動物과 特異ᄒᆞᆫ 것은 智慧가 最多ᄒᆞᆯ ᄲᅮᆫ더러 言語가 具備ᄒᆞ며 文字를 制用ᄒᆞ는 緣由라. 大事는 個人의 獨力單旋으로 能成치 못ᄒᆞᄂᆞ니 言語라 ᄒᆞᄂᆞᆫ 것은 其智慧로 窮理ᄒᆞ야 經營ᄒᆞ는 意思를 發表ᄒᆞ야 相告相應ᄒᆞ며 相導相助케 ᄒᆞᄂᆞᆫ 紹介라. 人이 各種 動物中에 相愛ᄒᆞ는 倫義와 相助ᄒᆞ는 經綸이 最多ᄒᆞ나 其道의 實行됨은 言語가 最備ᄒᆞ여 其意를 無疑相通ᄒᆞᆷ이요. 人事가 漸興ᄒᆞ는ᄃᆡ로 智術를 더욱 發達ᄒᆞ여 其道 其業을 益精케 ᄒᆞ랴고 文字를 乃制ᄒᆞ여 事實을 記載ᄒᆞ며 學識을 講究ᄒᆞ니. 制度作設이 益善ᄒᆞ여 於是焉 人道가 極備ᄒᆞ여 萬物로다 그 屈用을 삼으니 人이 天下에 最强ᄒᆞ는 權을 能得ᄒᆞᆷ이 다 文言이 具備ᄒᆞᆷ에셔 成ᄒᆞ더라.

人類競爭文言有關

古昔에 人種이 漸漸 繁盛ᄒᆞ매 各自生活之慾을 爲ᄒᆞ여 他種動物과만 競爭ᄒᆞᆯ ᄲᅮᆫ이 안이라 人種ᄭᅵ리도 其黨을 各結ᄒᆞ여 相奪ᄒᆞ기를 始作ᄒᆞ니. 自是로 人種競爭이 大起ᄒᆞ여 彼黨을 此黨을 擊取ᄒᆞ기 圖謀ᄒᆞ며 此黨은 彼黨을 防禦ᄒᆞ기 經營ᄒᆞ니 人世에 智術을 講求ᄒᆞᆷ이 더욱 要緊ᄒᆞᆯ지라. 이에 文言을 修益修ᄒᆞ여 其衆의 智術를 精益精케 ᄒᆞᄂᆞᆫ 者ᄂᆞᆫ 他衆를 壓服ᄒᆞ며 興盛ᄒᆞ고 文言을 不修ᄒᆞ며 其衆의 智術이 不興ᄒᆞᄂᆞᆫ 者ᄂᆞᆫ 他衆의 壓勢를 受ᄒᆞ며 衰亡ᄒᆞᄂᆞ니. 是以文言修不修의 利害關係가 如斯ᄒᆞ더라.

天下區域及人種之不同

然而 天下列國의 言語가 各各不同하니. 此ᄂᆞᆫ 地球上에 陸地가 天然으로 分界하야 五大洲가 되고 五大洲가 又分하야 山岳이나 江海의 限界로 天然의 區域을 成하니 人種도 此를 隨하야 黃白黑棕赤五大種이 天然으로 各殊하고 五大

種이 又分하야 其居住하ᄂᆞᆫ 區域ᄃᆡ로 各異하더라.

隨區域人種之不同而文言亦不同

人種이 各各天然으로 句別된 地方의 水土 風氣를 稟ᄒᆞ여 生ᄒᆞᄆᆡ. 言語도 各各 其域 其種의 適宜ᄒᆞᆫᄃᆡ로 自然發音되여 其音으로 物件과 意思를 命名ᄒᆞ야 其同域 同種內에 通用ᄒᆞᄂᆞᆫ 言語가 되고. ᄯᅩ 各各 此에 適宜ᄒᆞᆫ 文字를 制用ᄒᆞ니 是以로 天然的의 各殊ᄒᆞᆫ 句域과 人種을 ᄯᆞᆯ아 言語와 文字도 天然的으로 不同ᄒᆞ더라. (未完)

自國文覺爲自國特立之表而或被他弄則其害之如何

如是ᄒᆞᆫ 自國의 言語文字는 天然的으로 不同ᄒᆞᆫ 區域의 人衆이 天然的으로 一個團體自由國되는 特性의 表準이라. 其社會人衆을 志意相通ᄒᆞ며 經營相助ᄒᆞ야 一團體되게 ᄒᆞ는 言語가 他衆之文言의 弄絡을 被ᄒᆞ야 紊亂混雜ᄒᆞ면 其衆의 思想과 團體도 紊亂分離ᄒᆞ야 國家自主의 保全을 期望키 不能ᄒᆞ더라.

廣文言以奪人國

噫라 是以로 古昔羅馬가 强盛ᄒᆞᆯ 時에 其文言을 歐洲 西亞 北非 列邦에 播傳ᄒᆞ야 竟以布威ᄒᆞ고 或服 或呑ᄒᆞ엿고. 東亞에 支那도 自古로 其文字를 四近各國에 傳習ᄒᆞ야 因以壓頭ᄒᆞ고 或附 或幷ᄒᆞ는 弊가 史載에 歷歷ᄒᆞ고 現今에는 此弊가 愈甚ᄒᆞᆷ을 具眼者는다 目覩ᄒᆞ는바더라.

自國文制用之由

何國이던지 英明ᄒᆞᆫ 人物이 生ᄒᆞ면 自國通用의 便宜ᄒᆞᆷ과 自國特立의 表柄됨과 他文言의 侵畧을 拒禦ᄒᆞ기 爲ᄒᆞ야 自國文字를 制用ᄒᆞ니. 此는 一時에 政畧이 안이라 其國人民이 他種과 不同ᄒᆞᆫ 表的을 持ᄒᆞ야 他種에 混雜지 안코 永久히 特立ᄒᆞᆯ 團體가 되게 ᄒᆞᆷ이라. 其例를 概擧ᄒᆞ면 東島國日本은 新羅薛聰의 漢文字畫으로 假作ᄒᆞᆫ 吏讀을 效倣ᄒᆞ야 假名을 制用ᄒᆞ고 我半島本朝世宗大王ᄭᅴ셔

는 正音을 始制ᄒᆞ시고 淸太祖는 滿文을 始制ᄒᆞ엿더라. (未完)

天下文言之數

天下言語가 三千餘種에 廣行者가 七十餘니 我半島我國言語가 此七十餘種에 居其一焉이요. 天下文字가 七百餘種에 廣用者가 三十餘니 我半島我國文字가 此三十餘種에 居其一焉이러라.

象形記音兩文之時代

天下文字가 二種이 有ᄒᆞ니 一은 象形文字요 一은 記音文字라. 古昔에 希臘은 記音文字를 制用ᄒᆞ고 支那ᄂᆞᆫ 尙今 象形文字를 習用ᄒᆞ나 大概로 計ᄒᆞ면 象形文字ᄂᆞᆫ 古昔未開ᄒᆞᆫ 時代에 制用ᄒᆞ던 것이오 記音文字ᄂᆞᆫ 近世文明ᄒᆞᆫ 時代에 制用ᄒᆞᄂᆞᆫ 것이니. 象形文字ᄂᆞᆫ 支那漢文과 如ᄒᆞᆫ 種類들이요 記音文字ᄂᆞᆫ 我國正音과 如ᄒᆞᆫ 種類들이더라.

象形記音兩文利害考

象形文字ᄂᆞᆫ 言語外에 特習ᄒᆞᄂᆞᆫ 것인 故로 一事가 多ᄒᆞ여 其文을 學習ᄒᆞᆷ이 他國語를 學習ᄒᆞᆷ과 如히 歲月과 精力을 虛費ᄒᆞ며. 또 天下에 許多ᄒᆞᆫ 各種物과 無數ᄒᆞᆫ 各項事를 一一히 區別ᄒᆞ여 圖繪ᄒᆞᆫ 바 字數가 甚多ᄒᆞ고 字畫이 複雜ᄒᆞ여 習用ᄒᆞ기가 極難ᄒᆞ나. 記音文字ᄂᆞᆫ 自然ᄒᆞᆫ 音의 十餘種 되ᄂᆞᆫ 것이 表로만 隨時轉換ᄒᆞ여 自國의 常用ᄒᆞᄂᆞᆫ 言語를 記ᄒᆞᄂᆞᆫ 것인 故로 學習ᄒᆞ기가 至易ᄒᆞ고 此文를 讀ᄒᆞ면 곳 言語ᄒᆞᄂᆞᆫ 故로 文意를 解得ᄒᆞ기도 言語를 聞ᄒᆞᆷ과 如ᄒᆞ고 作文ᄒᆞ기도 言語ᄒᆞ기와 如ᄒᆞ니. 記音文字가 象形文字보담 便利ᄒᆞᆷ이 幾倍나 되는지 比較ᄒᆞᆯ 수 업도다.

我國文言

我國言語ᄂᆞᆫ 太古에 我半島가 初闢ᄒᆞ고 人種이 祖産ᄒᆞᆯ 時븟터 此半島區域의 稟賦ᄒᆞᆫ 時性으로 自然發音되여 繼傳ᄒᆞᄂᆞᆫ 一種言語요 其法은 格을 表ᄒᆞᄂᆞᆫ 것

이니 世界優等語法에 一也오. 我國正音文字는 言語를 記用ᄒᆞ라 ᄒᆞ는 것이니 世界에 最便ᄒᆞᆫ 記音文字에 一也라.

必修自國之文言

人國을 奪코자 ᄒᆞ는 者는 人國의 文言을 先衰케 ᄒᆞ고 佢國의 文言을 播傳ᄒᆞ며 自國을 興盛코자 ᄒᆞ거나 保全코져 ᄒᆞ는 者는 自國의 文言을 先修ᄒᆞ여야 民智를 發達ᄒᆞ고 團合을 鞏固케 ᄒᆞᆯ지니 是以自國文言이 某國文言만 못ᄒᆞᆯ지라도 不可不 自國文言을 愛護改善ᄒᆞ여 當用ᄒᆞᆷ이 可ᄒᆞ도다. (未完)

自國文言不修之禍

自古及今에 其祖先에 自國文言을 不務ᄒᆞ고 他國文言을 好學ᄒᆞ다가 巨羞大禍를 被ᄒᆞᆫ 國이 幾何며. 其言이 有ᄒᆞ나 不修ᄒᆞ야 無稽ᄒᆞ고 其文이 有ᄒᆞ나 不鍊ᄒᆞ며 踈陋ᄒᆞ다가 天下가 大通ᄒᆞ는 今世를 當ᄒᆞ야 其地를 見奪ᄒᆞ고 其人民ᄭᆞ지 滅種되는 者가 美洲 非洲 大洋洲及他陸에 幾國이나 되는지 其數를 枚擧ᄒᆞᆯ 수 업도다.

文言之爲用如機關

國家社會는 衆人이 其意를 相通ᄒᆞ고 其力을 相聯ᄒᆞ야 生活을 經營ᄒᆞ고 保全을 圖謀ᄒᆞ야 相依相賴ᄒᆞ는 因緣의 達ᄒᆞᆷ은 다 文言을 由치 아니ᄒᆞᆷ이 無ᄒᆞ니. 是以로 文言은 社會를 組織ᄒᆞ며 民智를 發ᄒᆞ고 國政을 行케 ᄒᆞ는 機關이라. 此機關을 善理精鍊ᄒᆞ면 其人民의 團合도 鞏固ᄒᆞ고 動作도 敏活ᄒᆞᆯ 것이오 不修魯鈍ᄒᆞ면 其人民의 團合도 零踈ᄒᆞ고 動作도 窒頑ᄒᆞ리니. 然則 此機關을 不修ᄒᆞ고야 엇지 그 社會를 鼓振ᄒᆞ야 發興케 ᄒᆞᆯ 수 잇스리오. 此關을 不修ᄒᆞ면 其不利ᄒᆞᆷ이 非徒止此라 漸緣愈傷ᄒᆞ야 獘瘼이 多端ᄒᆞ면 必至無用에 社會도 難免衰亡이니. 欲治其國ᄒᆞ며 欲保其國者야 自國의 文言을 不修코 何圖ᄒᆞ리오. (未完)

世宗大王始制正音

我半島가 自太古開闢으로 我半島人種이 特有ᄒᆞ고 我半島言語가 特有ᄒᆞ나 我半島文字가 無ᄒᆞ야 支那를 通ᄒᆞᆫ 後로 聰俊ᄒᆞᆫ 者ᄂᆞᆫ 漢文를 習用ᄒᆞ더니. 本朝世宗大王ᄭᅴ서 卓越英明ᄒᆞ샤 正音을 始制ᄒᆞ시니 其親序에

正音親序

國之語音이 異乎中國ᄒᆞ여 與文字로 卽漢文不相流通이라. 故로 愚民은 有所欲言而終不得伸其情者ㅣ 多矣라. 予ㅣ 爲此憫然ᄒᆞ여 新制二十八字ᄒᆞ니 欲使人人易習ᄒᆞ고 便於日用이로라 ᄒᆞ시니라.

正音序解釋

此 聖序를 敬讀ᄒᆞ고 其義를 竊想ᄒᆞ니 國之語音이 異乎中國이라 ᄒᆞ심은 我國과 支那ᄂᆞᆫ 天然의 區域이 不同ᄒᆞᄆᆡ 氣候水土와 性質習尙도 相異ᄒᆞ여 支那의 文字가 我國에 不適ᄒᆞᆷ으로 流通치 못ᄒᆞᆫ다 ᄒᆞ심이니. 我國에셔ᄂᆞᆫ 我國에 適宜ᄒᆞᆫ 文字가 有ᄒᆞ여야 잘 流通되리라 ᄒᆞ심이요. 故로 愚民은 有所欲言而終不得伸其情者ㅣ 多矣라 ᄒᆞ심은 支那文은 我國人民이 學習ᄒᆞ기 極難ᄒᆞ여 智者가 안이면 不能ᄒᆞᆷ으로 其餘凡常ᄒᆞᆫ 愚者ᄂᆞᆫ 다 至極히 抑屈ᄒᆞᆷ을 抱ᄒᆞ고도 其情을 記出치 못ᄒᆞ여 伸寃ᄒᆞᆯ 道가 업다 ᄒᆞ심이니. 支那의 文字가 我國에셔ᄂᆞᆫ 習用ᄒᆞ기 極難ᄒᆞ여 流通되지 못ᄒᆞᄂᆞᆫ 証據와 其害의 曲盡ᄒᆞᆫ 情景을 例擧ᄒᆞ심이요. 그 多字ᄂᆞᆫ 世上에 智者ᄂᆞᆫ 少ᄒᆞ고 愚者ᄂᆞᆫ 多ᄒᆞᄆᆡ 國民의 多數가 能히 文字를 習用치 못ᄒᆞ여 其害가 隨多ᄒᆞ다 ᄒᆞ심이요. 予ㅣ 爲此憫然이라 ᄒᆞ심은 或國에셔 我國에 不適ᄒᆞᆫ 漢文을 用ᄒᆞᆷ으로 智者라도 其文字를 學習ᄒᆞ노라고 歲月을 過費ᄒᆞ여 더 藝智ᄒᆞ여지기에 害가 되고 愚者ᄂᆞᆫ 智ᄒᆞ여질 道가 全塞ᄒᆞ여 人民의 學識과 才藝가 不興ᄒᆞ고 國家의 政事가 未洽ᄒᆞ여 全國에 莫甚ᄒᆞᆫ 害가 되고 他國文을 永用ᄒᆞ면 此害도 永久ᄒᆞ여 民國萬世에 大弊가 됨을 憫然히 역이노라 ᄒᆞ심이요. 新制二十八字ᄒᆞ니 欲使人人易習ᄒᆞ고 便於日用이로라 ᄒᆞ심이요. 此二十八字ᄂᆞᆫ 我國에 適當ᄒᆞ여 智愚貴賤貧富老少男女無論ᄒᆞ고 學習ᄒᆞ기 易ᄒᆞ며 日用ᄒᆞ기 便ᄒᆞ다 ᄒᆞ심이라.

美哉라 聖言이여. 其民을 一視均愛ᄒᆞ사 其願與智를 各達케 ᄒᆞ시도다. 大哉라 聖業이여. 我半島我民國이 世界에 天然的으로 特立됨이 發表ᄒᆞᄂᆞᆫ 自國文字를 始制ᄒᆞ시니 我民國萬世에 永享不朽ᄒᆞᆯ 洪業이로라. (未完)

後生不效 聖意猶尙漢文之歎

然이나 後生들이 如斯ᄒᆞᆫ 聖謨聖業을 未解ᄒᆞ고 오히려 國文을 賤視ᄒᆞ며 漢文을 貴崇ᄒᆞ여 自孩提로 至二三十歲히 漢文 一科만 全業ᄒᆞ되 能解其書ᄒᆞ며 能着其意者ᄂᆞᆫ 百難求一이라. 是何緣也오. 漢文은 本來 他國文字요 兼ᄒᆞ여 象形文字字 故로 習用ᄒᆞ기가 如是極難ᄒᆞᆫ지라. 噫라 人生이 再來치 안ᄂᆞᆫ 靑年一世를 漢文字一科學習ᄒᆞ기에 다 虛費ᄒᆞ고도 其業을 成就ᄒᆞᄂᆞᆫ 者ᄂᆞᆫ 如是鮮少ᄒᆞ니 엇지 漢文은 自國의 文字로되 習用키 不便타 ᄒᆞ여 象形文字ᄂᆞᆫ 廢ᄒᆞ고 記音文字를 通用ᄒᆞ자 ᄒᆞ고 記音文字를 新制刊布ᄒᆞ거날 我國人士ᄂᆞᆫ 此獘를 不解ᄒᆞᆷ이 何其甚也오.

勸告全國有志諸君與上下同胞

今日을 當ᄒᆞ여 有志ᄒᆞ신 이들이 敎育敎育ᄒᆞ니 旣往漢文을 學習ᄒᆞᆫ 者에게만 敎育코자 ᄒᆞ심이 안이겟고 漢文을 不解ᄒᆞᄂᆞᆫ 者ᄂᆞᆫ 幾十年이던지 不計ᄒᆞ고 漢文을 敎授ᄒᆞᆫ 後 成業됨을 待ᄒᆞ여 諸他學術을 乃敎코자 ᄒᆞ심도 안일지라. 然則 英文이나 日語로 敎育코자 ᄒᆞ시ᄂᆞ뇨. 英文이나 日語를 我民이 何以知之리오. 漢文보다도 倍難ᄒᆞᆯ지라. 如今之世를 當ᄒᆞ여 特別이 英德法日淸俄 等國의 文言을 學習ᄒᆞᄂᆞᆫ 者도 必有ᄒᆞ여야겟으나 全國人民의 思想을 變化ᄒᆞ며 智識을 發興케 ᄒᆞ랴면 不可不 國文으로 各種 學文을 著述ᄒᆞ며 繙譯ᄒᆞ여 주어야 될지라. 英法德 等國은 漢文의 形狀도 不知ᄒᆞ되 如彼히 富强興進ᄒᆞᄂᆞᆫ지라. 我半島가 四千餘年前부터 開基ᄒᆞᆫ 二千萬衆社會에 時時로 通用ᄒᆞᄂᆞᆫ 言語를 以口報傳ᄒᆞ던 것도 莫大欠事어날 國文頒布된지 四百六十餘年에 語典 一券도 不製ᄒᆞ고 漢文만 猶事ᄒᆞᄂᆞᆫ 것이 엇지 羞愧치 안니ᄒᆞᆫ요. 自今以後로ᄂᆞᆫ 國文을 賤視ᄒᆞᄂᆞᆫ 陋習을 變ᄒᆞ여 我國文言의 法兵義를 極力講求ᄒᆞ고 字典 文典 讀本을 著成ᄒᆞ

여 더욱 精利훈 文言이 되게 훌 뿐더러 我全國上下가 國文을 我國의 本體로 崇用ᄒᆞ여 我國이 世界에 特立되는 特性의 表柄을 堅持ᄒᆞ고 自由萬萬歲를 永享ᄒᆞ기 伏乞ᄒᆞᄂᆞ이다. (完)

내용 요약

이 글은 주시경이 황성신문(皇城新聞)에 실은 글로, 우리가 우리의 언어와 문자를 사용하여야 나라가 바로 설 수 있음을 주장하고 있다. 지구에 있는 수많은 동물 가운데 인간이 가장 강한 동물인 것은 언어와 문자가 있기 때문이며, 인간들 사이에서도 경쟁이 일어나는데 이 또한 언어와 문자가 관련이 되어 있다고 이야기한다. 그러면서 지구의 각 나라에 서로 다른 종류의 사람들이 서로 다른 언어와 문자를 사용하여 살아가며, 그 언어에는 상형 문자와 기음 문자가 있는데 기음 문자가 상형 문자보다 우수하다고 한다. 우리의 문자는 기음 문자로 세계에서 가장 우수한 문자 중 하나인데, 후생들이 한문만 숭상하는 태도를 안타까워하며 우리의 언어와 문자를 사용하여야 비로소 나라가 바로 설 수 있음을 말하고 있다.

개념어	언어, 문자, 상형, 기음, 격, 어법, 어전, 자전, 문전, 독본, 한문, 영문, 일어, 천하, 구역, 인종, 번성, 지방, 경영, 의사, 경쟁, 사회, 국정, 단합, 교육, 학습, 자유국, 단체, 국가, 자주, 보전, 흥성, 쇠망, 고석, 근세, 미개, 문명

19. 국문론[1]

매심자

천하 각국이 다 각각 통하기 쉽고 똑똑한 본국 글자가 있어서, 세계상 고금 역사와 각양 학문과 각 지방 어음도 형용하여 통하므로 온갖 이치며 각국 풍속·정치며 지구상 산천·수륙과 일월성신과 지구의 도수를 기록함이 똑똑하다. 그리하여 보고 배울 수 있기 때문에 전국 인민의 남녀노소를 불문하고 무식을 능히 면하는 이가 많다. 그런데 유독 우리 대한은 몇 천 년 동안에 배우기 어렵고 문리가 매우 모호한 한문만 숭상함으로 인민의 무식한 이가 열에 여덟이나 아홉이 되어, 세계상 이치는 고사하고 본국 사적도 아는 이가 얼마 없으며 심지어 어음도 바로 부르지 못하여 말의 뜻도 현란해졌다. 이런 까닭에 신라 때에 학사 설총이 한문으로 "이(是)·고(遣)·온(乎)·ᄒᆞ(爲)·ᄉᆞᆲ(白)·지(只)" 같은 이두를 만들었으나 또한 별로 신통함이 없어서 문자로 두루 쓰기에는 한결같이 모호하여 실로 답답한 면이 있었다. 그러다가 우리 왕조에 이르러 제4대 세종대왕께서 즉위 28년(병인)에 갖출 것을 갖추지 못한 국체의 초라함과 인민의 무식함을 민망히 여기시어 국문(본국 글이라는 말) 28자를 만드셨다. 국문의 글자 모양이며 서로 합하여 소리를 내는 것은 범서(인도국 글자)를 본받고, 초성과 중성을 분별하며 종성을 받쳐서 말소리의 자연스러움을 따라 반절하였으므로, 종성을 떼어 두 자(초성과 중성)로 한 말도 되게 하시며, 두 중성을 합하여 한 음도 되게 하셨다. 그리고 국문청을 대전(大殿)

1 ≪京鄕新聞≫ 30호, 1907. 3. 28. / ≪京鄕新聞≫ 31호, 1907. 4. 6.

안에 차려 놓고 신숙주(申叔舟), 성삼문(成三問), 정인지(鄭麟趾), 정항(鄭恒) 등 여러 학사와 오음과 청탁 고저를 정하셨다. 그 때에 마침 중국 학사 황찬(黃瓚)이(큰 학사이다)[2] 요동에 귀양 와 있으므로 성삼문을 요동에 십여 차례 보내어 국문에 관해 문의하고 교정하여 확실히 정하고 훈민정음[3]이란 책을 만드셨다. 훈민정음은 그 변통하여 쓰는 법식이 기묘하고 그 성음의 자연스러움이 심히 넓어서 천하 각국 방언과 음률을 능히 통하고 또 배우기 편리하여 남녀간에 무지를 면하기 쉽다. 그러나 더없이 인자하신 성상의 뜻으로 우매한 늙은이와 어린 아이들을 오히려 염려하시어 28자모 중에서 더 편리하게 초성과 중성을 합하여 한문자와 같이 우리 왕조 글자를 하나씩 만드시고 자모의 음과 모양이 비슷한 것은 합치시고 종성 붙이는 법을 만들어 주시니 이것이 지금 언문 15줄이다. 그 고저 청탁을 온전히 표하지 못하나 사정을 통함과 온갖 뜻을 기록하는 문서와 장부상에는 분명하고 자세하게 적을 수 있으니 더욱 쉬운, 지름길에 해당되는 방법이다. 또 기존의 그릇된 어음과 모든 말의 근본 뿌리와 바뀌며 나누어져 나가는 규구(規矩)를 대개 가르쳐 보이는 책을 만드시니 이름이 '훈몽자회[4]'이다. 백성에게 반포하시어 이전 어둡던 것을 밝히시며 모호하던 것을 여시니 대한 세세에 지극하신 사업이며 만만 백성에게 망극

2 황찬(黃瓚): 중국 명대(明代) 선종(宣宗) 때의 학자. 자는 의장(宜璋). 훈민정음 창제 때 크나큰 영향을 준 학자라고 와전(訛傳)되어 오는 인물이다. 세종 27년(1445)을 전후해서 신숙주(申叔舟) 등이 당시 요동(遼東)에서 귀양살이하고 있던 황찬을 찾아간 것은 사실이나, 이것은 당시 조선 한자음 및 중국자음(中國字音)을 정리하려던 세종대왕의 뜻을 받들어 찾아갔던 것이고, 훈민정음 창제와는 아무런 관련도 없는 사실이었다. 또 그는 중국음운학자(中國音韻學者)가 아니었기 때문에 신숙주 등의 욕구를 충족시켜 주지 못했었다(신숙주의 ≪홍무정운역훈≫서문 참조). 다만 신숙주의 문집(文集)인 ≪보한재집(保閑齋集)≫의 보유(補遺)에 수록된 〈희현당시(希賢堂詩)〉에는 정통(正統) 10년(1445) 4월 8일자로 된 황찬의 서문이 있다. 황찬은 선덕(宣德) 4년(1429)에 고향(江西吉安府吉林縣)에서 향시(鄕試)에 뽑혀 1433년(宣德 8년 癸丑)에 한림원(翰林院) 진사(進士)가 되었으며 형부(刑部)의 관리를 지냈다. 그 뒤 이유는 분명치 않으나 요동(遼東)에서 적거(適居) 중 사망했는데, 인품은 깨끗하고 정직하였다고 한다. (출처: 국어국문학자료사전, 1994.)

3 훈민정음(訓民正音): 1446년(세종 28) 창제된 ≪훈민정음예의본(訓民正音例義本)≫과 ≪훈민정음해례본(訓民正音解例本)≫으로, 목판본 2권 2책.

4 훈몽자회(訓蒙字會): 1527년(중종 22) 최세진(崔世珍)이 지은 한자 학습서.

하신 은혜이건만, 슬프다! 무엄하고 완만(頑慢)한 인사들이 감격할 줄을 모를 뿐더러 도리어 비루하다 속되다 이르며 아이 장난으로 알아 던져 버리고, 배우기 어렵고 문리가 매우 모호한 한문만 생각하여 알지 못하는 사이에 심력(心力)과 세월을 허비하다가 결국 한문을 잘 알지도 못하고 어느새 5~60, 7~80 년의 세월을 몇 십 권 한문책 글자 위에서 다 보내고, 여간 풍월 글귀나 행문 줄글이나 하며, 시(詩) · 부(賦)나 표(表) · 책(策)[5]이라 하는 것을 버리면 천하에 당할 수 없는 기재 인품으로만 알고 있으나, 이는 겉만 선비 모양일 뿐이지 실학이 아니다. 이런 고로 이학, 화학, 격물 궁리라 하는 온갖 실학은 생각으로 나오지도 못하니 이로 인하여 조선 인민이 매사에 무식하여 외국인에게 업신여김을 심하게 받으며, 더욱 가여운 일은 제나라 말도 똑똑히 모르는 것이다.

애달프도다. 물론 어느 나라든지 언어에 일정하고 바꾸지 못하는 규구(規矩)와 글자 쓰기에 법칙이 있는 것은 사람의 어음이 오래 되면 차차 변하기 때문이다. 만일 일정한 규구(規矩)와 글자 쓰는 것이 없이 변하는 대로 내버려두면 얼마 못 가서 어음이 현란해지고 말의 본뜻까지 잃어버려 무엇을 가르치는 말인지 무슨 뜻을 이르는 말인지 모르게 될 것이다. 가령 지금으로 이를 것 같으면 '도로혀(도리어)'를 '되려'라 하고 '기와집'을 '기ㅇ집', 혹 '갸집'이라 하고 '쟝악원(장악원)'을 혹 '쟈관' 혹 '지관'이라 하고 무슨 피륙에 '몇 자인가' 하는 말을 '몇 잔가' 혹 '몇 진가' 하여 이렇게 변음된 말이 수없이 많으니, 서로 말을 주고받을 때에는 혹 알아듣는다 해도, 만일 편지 왕래나 문서, 장부에도 이렇게 쓰면 어음이 변한 대로 글자가 현란해져서 서로 사정을 통하지 못할 것이다. 더구나 요긴한 문적(文蹟)이나 막중한 도리책 같은 것은 어떻게 하리오. 이렇게 마구 여러 해를 지내면 결국 어음과 글자가 크게 바뀌어 서로 통하

5 시부표책(詩賦表策): 시(詩), 부(賦), 표(表), 책(策)을 아울러 이르는 말이다.
표(表): 마음에 품은 생각을 적어서 임금에게 올리는 글. 표문(表文).
책(策): 옛 한문 문체 이름. 임금이 정치상의 문제를 신하에게 묻는 것을 책문(策問), 이에 대한 대답을 대책(對策)이라 하고, 유사가 선비를 시험하는 것을 시책(試策), 선비가 스스로 정사에 관해 의견을 올리는 것을 진책(進策)이라 한다. (출처: 교학사 대한한사전)

지 못하는 지경이 될 것이다. 아아! 우리 대한도 각 말의 뿌리와 변화되는 갈래와 각각 쓰는 본 글자에 일정한 법식이 있어 결단코 조금도 바꾸지 못하는 것인데, 몇 백 년 동안에 선비나 백성들이 한문만 높고 좋은 글로 알고 국문은 속되고 천하게 여겨 버려둔 고로 그 규칙을 기록한 책이나 문적(文蹟)을 휴지로 알아 없애고 혹 남아 있다 하여도 나라집 책고 먼지 속에 묻혀 도무지 볼 수 없어서 수백 년을 이 모양으로 온 것이다. 국문 없던 때와 같이 막막하여 말의 규구(規矩)와 글자의 고저와 어음의 청탁이 무엇인지 모르고, 다만 '가', '갸', '거', '겨' '가'자에 '기역'하면 '각'하고 '가'자에 '니은'하면 '간'하는 것으로 여간 편지나 소설을 기록했으나 풍속이 이를 비루하게 아이 장난 같이 여기고 던져 버리니 그 신묘한 규식(規式)과 넓게 쓰는 법칙을 어찌 다시 찾을 수 있겠는가. 측량 못할 묘한 이치로다. 일백여년 전에 천주 성교가 대한에 전교(傳敎)되어 외국 신사들과 여간 본국 선비들이 국문의 요긴함을 알고 그 근본과 규식을 찾기 시작하였으나, 모든 일이 근심스럽고 여러 번의 군란에 겨를이 없어 다 자세히 찾아내지 못하였다. 그로부터 교중 선비들이 대를 이어 모든 규칙을 찾기로 항상 마음을 쓰더니 지금 황상 즉위 3년 병인년[6]에 치명(致命)하신 주교 '안토니[7]씨께서 조선에 전교(傳敎)하시는 이십년 동안에 남승지 종삼씨[8]와 같이 박학한 여러 선비를 많이 사귀며 높은 재주와 신통한 정신으로 멀리 묻고 널리 찾아 용재총화[9](慵齋叢話), 동각진기합서(東閣進記合書), 신숙주비문[10]

6 고종 3년(1866년) 병인박해(丙寅迫害): 1866년(고종 3)부터 1871년까지 계속되었던 우리나라 최대 규모의 천주교 박해로, 이 박해는 네 차례에 걸쳐 파동으로 전개되었다. 첫 번째는 1866년 봄에, 두 번째는 1866년 여름에서 가을까지, 세 번째는 1868년, 네 번째는 1871년으로 이어져 도합 8,000여 명 이상의 순교자를 내었다. 1868년의 세 번째를 무진사옥, 1871년의 네 번째를 신미사옥이라고 부르기도 하나 대원군에 의해 계속 추진된 것이므로 병인박해에 포함시키는 것이 통례이다. 따라서 병인박해는 병인년(丙寅年)인 1866년 한 해의 박해를 가리키는 것이 아니라 그 뒤 6년간에 걸친 박해를 모두 지칭하는 용어이다. (출처: 한국민족문화대백과)

7 마리 니콜라 안토니 다블뤼(Marie Nicolas Antoine Daveluy) 주교

8 남종삼(南鍾三): 1817(순조 17)~1866(고종 3). 조선 말기의 천주교 순교자.

9 용재총화(慵齋叢話): 조선 전기 1525년에 문신 성현(成俔)이 지은 필기 잡록류(筆記雜錄類)에 속하는 책.

(申叔舟碑文), 홍무정운[11](洪武正韻) 등 이 외에 여러 검토할 옛 문적과 훈민정음(訓民正音)과 훈몽자회(訓蒙字會) 등 책을 구하여 얻었다. 혹 못 얻은 것도 있으나 국문의 근본과 글자의 청탁 경중과 어음의 고저장단과 말의 뿌리며 나누인 갈래와 바뀐 형용을 각각 분별하여 서로 헷갈리지 못하는 일정한 규칙을 많이 찾아 자전을 만들어 총명한 아동들을 가려내어 가르쳤으니 한국 천지에 국문이 다시 있어서 가히 중흥(中興)이었다고 하겠다. 그러나 애처롭도다. 아직 미처 발명하지 못한 몇 가지도 있는 중에 병인년에 이르러 주교와 남승지가 치명(致命)하시고 전후에 없는 혹독한 풍파 칠팔년에 모든 교우가 하나도 보존치 못하니, 백유여년 그 애쓰며 힘써 찾아 모았던 문적과 서책이 흩어져 없어지고 배웠던 선비들도 혹 치명(致命)하시며 산지사방에 전우구학[12](轉于

10 한국고전번역원 DB 소재 한국고전번역원 역 ≪續東文選≫〈高靈府院君申叔舟文忠公墓碑銘 并書〉의 번역문에서, 한글 창제와 관련된 내용을 옮긴 것이다.

"세종께서 여러 나라가 각기 글자를 제정하여 자기 나라 언어를 기록하고 있는데, 유독 우리 나라만이 글자가 없음으로 자모(字母) 28자를 제정하여 이름을 언문이라 하고, 서국(書局)을 대궐 안에 설치하고 문신(文臣)을 선택해서 찬정(撰定)하게 하였다. 공이 홀로 내전에 출입하여 친히 성지(聖旨)를 받들어 그 오음·청탁(五音·清濁)의 분별과 유자(紐字) 해성(偕聲)의 법을 정하고 여러 유사(儒士)는 수성(守成)할 따름이었다. 세종께서 또 언문 글자로써 화음(華音)을 번역하고자 하여 한림학사 황찬(黃瓚)이 죄로써 요동에 유배되었다는 말을 듣고 공에게 명하여 조경사(朝京使)를 따라 요동에 들어가서 황찬을 보고 질문하게 하였다. 공은 말만 들으면 문득 해득하여 털끝만큼도 틀리지 아니하니 황찬은 크게 기특히 여겼으므로 이로부터 요동에 갔다온 것이 무릇 13번이었다. 정묘년 가을에 중시(重試)에 4등으로 합격하여 집현전(集賢殿)응교(應教)로 뛰어 올랐다. 경오년 봄에 한림시강(翰林侍講) 예겸(倪謙) 등이 조서를 써가지고 우리 나라에 당도하자 세종은 공에게 명령하여 종유하게 하니, 대개 중국의 전고를 물어서 알고 또 운어(韻語)를 배우게 하자는 것이었다. 한림이 한 번 보고 친한 친구와 같이 여겨 서로 창수(唱酬)하며 공을 동방의 거벽(巨擘)이라 칭하였다. 한림이 설제등루부(雪霽登樓賦)를 지으니 공이 그 운자(韻字)에 따라 화답하였는데, 그가 돌아가서 시를 보내오기를, '사부(詞賦)는 일찍이 굴송(屈宋, 굴원(屈原)과 송옥(宋玉)을 말함)의 단에 올랐으니, 명성을 전하여 온 조정이 알고 있네.' 하였으니, 그들이 이와 같이 공경하고 중히 여긴 것을 볼 수 있다."

11 홍무정운(洪武正韻): 중국 명나라 태조(太祖) 연간인 1375년에 황제의 명으로 악소봉(樂韶鳳)·송염(宋濂) 등이 편찬한 15권의 운서(韻書).

[참고] 홍무정운역훈(洪武正韻譯訓): 1455년 한자의 중국음을 정확히 나타내기 위하여 편찬한 중국음에 대한 한글주음문서

12 전우구학(轉于溝壑): 도랑과 골짜기를 전전하거나 그 속에 시체가 나뒹군다는 뜻이다. 출전은 ≪孟子≫의 다음 용례 참조.

溝壑)하는 중 다 사라지고 그 중에 혹 한 두 사람이 남아 있으나 죄화(罪禍)를 입은 집안의 자손으로 세상에 나서지도 아니한다. 혹 국문 이야기를 친지간에 한다 하여도 지금 선비들은 본디 생소한 것이라서 혹 비웃고 듣는 체도 안 하니 다시 찾아 일으킬 바람이 없다. 이에 고루 무식한 이 사람이 이왕에 좀 배워 듣고 짐작이 있는 고로 생각나는 대로 국문 규칙 조목을 따라 약간 기록하는 것은 총명 준예(俊乂)한 이들이 다시 일어나 찾고 밝히길 바라기 때문이다. 또 이것이 우리 선왕 성의를 받들어 널리 알리며 삼백여 년 잃어 버렸던 것을 이십여 년 노심초사하심으로 찾아내신 우리 주교 성덕을 드러내기에 혹 도움이 될까 간절히 바라고 원하는 바이다.

---

① ≪孟子≫「公孫丑 下」 "흉년에 그대의 백성 중에 노약자들은 개천과 구렁에 뒹굴고 장성한 자들은 흩어져 사방으로 가는 자가 몇 천 명이던가?"(凶年饑歲, 子之民, 老羸<u>轉於溝壑,</u> 壯者散而之四方者, 幾千人矣).

② ≪孟子≫「滕文公 下」 "지사는 시신이 도랑에 버려질 것을 잊지 않고, 용사는 자기 머리를 잃을 것을 잊지 않는다."(志士不忘在溝壑, 勇士不忘喪其元).

입력 원문

국문론

ᄆᆡ심ᄌᆞ

텬하 각국이 다 각각 통ᄒᆞ기 쉽고 ᄯᅩᆨᄯᅩᆨᄒᆞᆫ 본국 글ᄌᆞ가 잇서 셰계샹 고금 력ᄉᆞ와 각양 학문과 각 디방 어음도 형용ᄒᆞ야 통ᄒᆞᄂᆞᆫ 고로 온갓 리치며 각국 풍쇽 졍치며 디구샹 산쳔 슈륙과 일월셩신과 디구의 도수를 긔록ᄒᆞᆷ이 ᄯᅩᆨᄯᅩᆨᄒᆞ야 보고 ᄇᆡ호ᄂᆞᆫ 고로 젼국 인민의 무론 남녀 로유ᄒᆞ고 무식을 능히 면ᄒᆞᄂᆞᆫ 이가 만흐ᄃᆡ 유독 우리 대한은 몃 쳔년 동안에 ᄇᆡ호기 어렵고 문리가 만히 모호ᄒᆞᆫ 한문만 슝샹ᄒᆞᆷ으로 인민의 무식ᄒᆞᆫ 이가 십샹팔구가 되여 셰계샹 리치ᄂᆞᆫ 고샤ᄒᆞ고 본국 ᄉᆞ젹도 아는 이가 얼마 업ᄉᆞ며 심지어 어음도 바로 브르지 못ᄒᆞ여 말의 ᄯᅳᆺ이 현란ᄒᆞᆷ으로 신라 ᄯᅢ에 학ᄉᆞ 셜총이 한문으로 이고온ᄒᆞ술지(是遺乎爲白只) ᄀᆞᆺᄒᆞᆫ 리두 吏頭를 ᄆᆞᆫᄃᆞ나 ᄯᅩᄒᆞᆫ 별노 신통ᄒᆞᆷ이 업서 문ᄌᆞ샹 통용ᄒᆞ기ᄂᆞᆫ ᄒᆞᆫ결 ᄀᆞᆺ치 모호ᄒᆞ매 실노 답답ᄒᆞᆫ 일이더니 아죠에 니ᄅᆞ러 뎨ᄉᆞ위 셰종대왕ᄭᅴ옵셔 즉위 이십팔년에[병인] 국톄의 초초ᄒᆞᆷ과 인민의 무식ᄒᆞᆷ을 민망히 넉이샤 국문[본국 글이란 말] 이십 팔ᄌᆞ를 ᄆᆞᆫᄃᆞ실ᄉᆡ 글ᄌᆞ 모양이며 서로 합ᄒᆞ야 소ᄅᆡ를 냄은 범셔(인도국 글ᄌᆞ)를 의방ᄒᆞ시고 ᄯᅩ 초셩과 즁셩을 분별ᄒᆞ고 ᄯᅩ 죵셩을 밧치여 구음의 ᄌᆞ연ᄒᆞᆷ을 ᄯᆞ라 반졀ᄒᆞ야 죵셩을 ᄢᅦ여 ᄂᆞ려 두ᄌᆞ에 ᄒᆞᆫ 말도 되게 ᄒᆞ시며 두 즁셩을 합ᄒᆞ여 ᄒᆞᆫ 음도 되게 ᄒᆞ신 후에 국문텽을 대ᄂᆡ에 ᄇᆡ셜ᄒᆞ고 신슉쥬, 셩삼문, 졍린지, 졍ᄒᆞᆼ(申叔舟, 成三問, 鄭麟趾, 鄭恒)등 여러 학ᄉᆞ를 ᄃᆞ리시고 오음과 쳥탁 고뎌를 뎡ᄒᆞ신지라. 그 ᄯᅢ에 마츰 즁국학ᄉᆞ 황찬이(큰학ᄉᆞㅣ라) 요동에 귀향와 잇슴으로 셩삼문을 요동에 십여ᄎᆞ을 보내샤 문의 교졍ᄒᆞ여 확실히 뎡ᄒᆞ고 훈민졍음이란 칙을 ᄆᆞᆫᄃᆞ시니 그 변통ᄒᆞ여 쓰ᄂᆞᆫ 법식이 긔묘ᄒᆞ고 그 셩음의 ᄌᆞ연ᄒᆞᆷ이 심히 넓어 텬하 각국 방언과 음률을 능히 통ᄒᆞ고 ᄯᅩ ᄇᆡ호기 편이ᄒᆞᆷ으로 남녀간에 무식을 면ᄒᆞ기 쉬울지라 그러나 지인ᄒᆞ신 셩의에 우몽ᄒᆞᆫ 로유들을 오히려 념려ᄒᆞ샤 이십 팔 ᄌᆞ모 즁에서 더 편이ᄒᆞ게 초셩과 즁셩을 합ᄒᆞ야 한문ᄌᆞ와 ᄀᆞᆺ치 아조 글ᄌᆞ ᄒᆞ나식 ᄆᆞᆫᄃᆞ시고 ᄌᆞ모의 음과 모양이 비슷ᄒᆞᆫ 거ᄉᆞᆫ 합치시고 죵셩 부치ᄂᆞᆫ 법을 ᄆᆞᆫᄃᆞ라 주시니 지금 언문 열 다ᄉᆞᆺ줄이라. 그 고뎌 쳥탁이 온젼이 표ᄒᆞ지 못ᄒᆞ나 ᄉᆞ졍을 통ᄒᆞᆷ과 온갓 ᄯᅳᆺ을 긔록ᄒᆞᄂᆞᆫ 문부샹에ᄂᆞᆫ 쇼샹ᄒᆞᆷ이 마ᄎᆞᆫ가지니 더옥 쉬운 쳡경이오 ᄯᅩ 이왕에 그릇된 어음과 모든 말의 근본 ᄲᅮᆯ희와 밧고이며 ᄂᆞᆫ호여 나가ᄂᆞᆫ 규구를 대개 ᄀᆞᄅᆞ쳐 뵈이ᄂᆞᆫ 칙을 ᄆᆞᆫᄃᆞ시니 일홈이 훈몽ᄌᆞ회라. ᄇᆡᆨ셩의게 반포ᄒᆞ샤 이젼 어둡던 거ᄉᆞᆯ ᄇᆰ히시며 모호ᄒᆞ던 거ᄉᆞᆯ 열어 닐ᄋᆞ시니 대한 셰셰에 지극ᄒᆞ신 ᄉᆞ업이며 만만ᄇᆡᆨ셩의에 망극ᄒᆞ신 은혜여ᄂᆞᆯ 슬프다. 무엄ᄒᆞ고 완만ᄒᆞᆫ 인ᄉᆞ들이 감격ᄒᆞᆯ 줄을 모롤 ᄲᅮᆫ더러 도로혀 비루ᄒᆞ다 쇽되다 닐ᄋᆞ며 ᄋᆞ희 작란으로 알아 더져 ᄇᆞ리고 ᄇᆡ호기 어렵고 문리가 십분 모호ᄒᆞᆫ 한문만 ᄉᆡᆼ각ᄒᆞ여 부지즁 심력과 셰월을 허비ᄒᆞ다가 필경은 한문 리유를 ᄶᅩᆨᄶᅩᆨ히 아지도 못ᄒᆞ고 어언간 오륙십칠팔십 년광을 몃십 권 한문칙 글ᄌᆞ 우헤다 ᄒᆞ고 ᄯᅩ 여간 풍월귀나 힝문줄이나 ᄒᆞ며 시부라 표칙이라 ᄒᆞᄂᆞᆫ 거ᄉᆞᆯ 버리면 텬하에 당ᄒᆞᆯ 수 업ᄂᆞᆫ 긔지 인품으로만 아나 이ᄂᆞᆫ 밧겻헤 션ᄇᆡ 모양ᄲᅮᆫ이오 실학이 아니라. 이런 고로 리학이라 화학이라 격물 궁리라 ᄒᆞᄂᆞᆫ 온갓 실학은 ᄉᆡᆼ각에 나오지도 못ᄒᆞ니 이로 인ᄒᆞ야 죠션 인민이 ᄆᆡᄉᆞ에 무식ᄒᆞ야 외국인의게 릉압을 몹시 밧으며 더욱 ᄀᆞ엽ᄉᆞᆫ 일은 제나라 말도 ᄶᅩᆨᄶᅩᆨ이 모롬이라.

ᄋᆡ닯도다. 무론 모국ᄒᆞ고 언어에 일뎡ᄒᆞ고 밧고지 못ᄒᆞᄂᆞᆫ 규구와 글ᄌᆞ 쓰기에 법측이 잇ᄂᆞᆫ 거ᄉᆞᆫ 사ᄅᆞᆷ의 어음이 오래면 ᄎᆞᄎᆞ 변ᄒᆞᄂᆞᆫ 연고ㅣ라. 만일 일뎡ᄒᆞᆫ 규구와 글ᄌᆞ 쓰ᄂᆞᆫ 거시 업시 변ᄒᆞᄂᆞᆫ 대로 ᄇᆞ려 두면 얼마 못ᄒᆞ여 어음이 현란ᄒᆞ며 말의 본ᄯᅳᆺᄭᆞ지 일허ᄇᆞ려 무어ᄉᆞᆯ ᄀᆞᄅᆞ치ᄂᆞᆫ 말인지 무슴 ᄯᅳᆺ을 닐ᄋᆞᄂᆞᆫ 말인지 모롤지라. 가령 지금으로 닐ᄋᆞ량이면 도로혀를 되려라ᄒᆞ고 기와집을 혹 기ᄋᆞ집 혹 갸집이라 ᄒᆞ고 쟝악원을 혹 쟈관 혹 ᄌᆡ관이라 ᄒᆞ고 무슴 필육에 몃자인가 ᄒᆞᄂᆞᆫ 말을 혹 몃ᄌᆞᆫ가 혹 몃진가 ᄒᆞ야 이러케 변음된 말이 무수ᄒᆞ니 슈쟉ᄒᆞᆯ

ᄯᅢ에ᄂᆞᆫ 혹 알아듯ᄂᆞᆫ다 ᄒᆞ나 만일 셔ᄌᆞ샹 왕복이나 아모 문부샹에 이러케 쓰면 어음 변ᄒᆞᆫ 대로 글자가 현란ᄒᆞ야 서로 ᄉᆞ졍을 통치 못ᄒᆞᆯ 거시오 더고나 요긴ᄒᆞᆫ 문젹이나 막즁ᄒᆞᆫ 도리칙 ᄀᆞᆺ흔 거ᄉᆞᆫ 엇더케 ᄒᆞ리오. 이러케 마고 여러ᄒᆡ를 지내면 필경 어음과 글ᄌᆞ가 크게 밧고여 서로 통치 못ᄒᆞᄂᆞᆫ 디경이 되리로다. 오홉다. 우리 대한도 각 말의 ᄲᅮᆯ희와 변ᄒᆞ야 되ᄂᆞᆫ 갈내와 각각 쓰ᄂᆞᆫ 본 글ᄌᆞ의 일뎡ᄒᆞᆫ 법식이 잇서 결단코 조곰도 밧고지 못ᄒᆞᄂᆞᆫ 거시여ᄂᆞᆯ 몃ᄇᆡᆨ년 동안에 션ᄇᆡ나 ᄇᆡᆨ셩들이 한문만 놉고 됴흔 글노 알고 국문은 쇽되고 쳔ᄒᆞ다 ᄒᆞ야 ᄇᆞ려온 고로 그 규식을 긔록ᄒᆞᆫ ᄎᆡᆨ이나 문젹을 휴지로 알아 업시ᄒᆞ고 혹 ᄂᆞᆷ아 잇다 ᄒᆞ여도 나라 집 ᄎᆡᆨ고 몬지 속에 무쳐 도모지 볼 수 업서셔 수ᄇᆡᆨ 년을 이 모양으로 온지라. 국문 업던 ᄯᅢ와 ᄀᆞᆺ치 막막ᄒᆞ여 말의 규구와 글ᄌᆞ의 고뎌와 어음의 청탁이 무어신지 모로고 다만 가갸거겨 가ᄌᆞ에 기역ᄒᆞ면 각ᄒᆞ고 가ᄌᆞ에 니은ᄒᆞ면 간ᄒᆞᄂᆞᆫ 거ᄉᆞ로 여간 편지니 쇼셜이니 긔록ᄒᆞ나 풍쇽이 비루ᄒᆞ게 ᄋᆞ히 작란 ᄀᆞᆺ치 넉여 더져 ᄇᆞ리니 그 신묘ᄒᆞᆫ 규식과 넓게 쓰ᄂᆞᆫ 법측을 엇지 다시 ᄎᆞ즈리오. 측량 못ᄒᆞᆯ 묘화 리치로다. 일ᄇᆡᆨ 여년젼에 텬쥬 셩교ㅣ 대한에 젼교되매 외국 신ᄉᆞ들과 여간 본국 션ᄇᆡ들이 국문의 요긴ᄒᆞᆷ을 알고 그 근본과 규식을 ᄎᆞᆺ기 시작ᄒᆞ엿ᄉᆞ나 범ᄉᆞ에 초창ᄒᆞᆷ과 여러 번 군난에 겨를이 업서 다 ᄌᆞ세히 ᄎᆞ자내지 못ᄒᆞ고 그로브터 교중 션ᄇᆡ들이 ᄃᆡ를 니어 모든 규식을 ᄎᆞᆺ기로 ᄒᆞᆼ샹 ᄆᆞ음들을 쓰더니 지금 황샹 즉위 삼년 병인에 치명ᄒᆞ신 주교 안안도니씨ᄭᅴ셔 죠션에 젼교ᄒᆞ시ᄂᆞᆫ 이십년 동안에 남승지 죵삼씨와 ᄒᆞᆫ가지로 박학ᄒᆞᆫ 여러 션ᄇᆡ를 만히 사괴며 놉흔 ᄌᆡ조와 신통ᄒᆞᆫ 졍신으로 멀니 뭇고 널니 ᄎᆞ자 용ᄌᆡ총화(慵齋叢話)며 동각진긔합셔(東閣進記合書)며 신슉쥬비문(申叔舟碑文)이며 홍무졍운(洪武正韻)이며 이 외에 여러 빙고ᄒᆞᆯ 녯 문젹과 훈민졍음(訓民正音)과 훈몽ᄌᆞ회(訓蒙字會)등 ᄎᆡᆨ을 구ᄒᆞ야 엇고 혹 못 엇은 것도 잇ᄉᆞ나 국문의 근본과 글ᄌᆞ의 청탁 경즁과 어음의 고뎌 쟝단과 말의 ᄲᅮᆯ희며 ᄂᆞᆫ호인 갈내와 밧고이ᄂᆞᆫ 형용을 각각 분별ᄒᆞ여 서로 셕갈니지 못ᄒᆞᄂᆞᆫ 일뎡ᄒᆞᆫ 규식을 만히 ᄎᆞ자 ᄌᆞ뎐을 ᄆᆞᆫᄃᆞ시며 춍명ᄒᆞᆫ 동몽들을 ᄀᆞᆯ희여 ᄀᆞᄅᆞ치니 한국 텬디에 국문이 다시 잇서 가히 즁흥이라 ᄒᆞ겟더니 아쳐롭도다. 아직 밋쳐 발명치 못ᄒᆞᆫ 몃 가지도 잇ᄂᆞᆫ 즁에 병인년에

니ᄅᆞ러 쥬교와 남승지가 치명ᄒᆞ시고 젼후에 업ᄂᆞᆫ 혹독ᄒᆞᆫ 풍파 칠팔년에 모든 교우ㅣ ᄒᆞ나도 보존치 못ᄒᆞ니 ᄇᆡᆨ유여년 그 애쓰며 힘써 ᄎᆞ자 모홧던 문젹과 셔칙이 산망ᄒᆞ고 ᄇᆡ홧던 션ᄇᆡ들도 혹 치명ᄒᆞ시며 산지ᄉᆞ방에 젼우구학ᄒᆞᄂᆞᆫ 즁 다 멸망ᄒᆞ고 그 즁에 혹 ᄒᆞᆫ두 사ᄅᆞᆷ이 ᄂᆞᆷ아 잇ᄉᆞ나 화가여ᄉᆡᆼ으로 세샹에 나서지도 아니ᄒᆞ고 혹 국문 리약이ᄅᆞᆯ 친지간에 ᄒᆞᆫ다 ᄒᆞ여도 지금 션ᄇᆡ들은 본ᄃᆡ ᄉᆡᆼ소ᄒᆞᆫ 거시라 혹 비웃고 듯ᄂᆞᆫ 톄도 아니ᄒᆞ니 다시 ᄎᆞ자 진긔ᄒᆞᆯ ᄇᆞ람이 업ᄂᆞᆫ지라. 이에 고루 무식ᄒᆞᆫ 이 인물이 이왕에 좀 ᄇᆡ화 듯고 짐쟉ᄒᆞᆷ이 잇ᄂᆞᆫ 고로 ᄉᆡᆼ각나ᄂᆞᆫ 대로 국문 규식 됴목을 ᄯᆞ라 략간 긔록ᄒᆞᄂᆞᆫ 거ᄉᆞᆫ 총명 쥰예ᄒᆞᆫ 이들이 다시 니러나 ᄎᆞᆺ고 ᄇᆞᆰ혀 우리 고 션왕 셩의ᄅᆞᆯ ᄃᆡ양ᄒᆞ며 삼ᄇᆡᆨ여 년 일허 ᄇᆞ렷던 거ᄉᆞᆯ 이 십여년 로심쵸ᄉᆞ ᄒᆞ심으로 ᄎᆞ자 내신 우리 쥬교 셩덕을 드러내기에 혹 도음이 될가 근졀히 ᄇᆞ라고 원ᄒᆞᆸ.

내용 요약

세계 각국은 그 나라의 글자가 있어 남녀노소 불문하고 무지를 면하는 이가 많지만, 우리나라는 배우기 어려운 한문만 숭상하여 무지한 사람들이 많다. 신라 때 설총이 한문으로 이두를 만들었으나 통용하기가 모호하였고, 세종대왕이 훈민정음을 만들었으나 국문을 비루하고 속되다 무시하며 한문만 사용해왔다. 그 결과 어려운 한문을 익히느라 시간을 낭비했으며, 이학, 화학, 격물, 궁리 등 정작 중요한 실학은 이루어지지 못하고 발전도 늦어졌다. 국문을 속되고 천하다고 여겨 그 법식을 기록한 책도 제대로 남겨 두지 않았는데, 어음이 오래되어 변하고 말의 본뜻까지 잃게 되니 실로 큰 문제가 아닐 수 없다. 이에 주교 '안토니'와 몇몇 선비들이 국문의 요긴함을 알고 그 근본과 규식을 찾기 시작하고, 자전을 만들어서 총명한 아이들을 가르쳤으나, 병인양요로 그동안 찾아 모았던 문적과 서책이 없어지고 배웠던 선비들도 죽어서, 지금 선비들은 국문 이야기를 해도 생소해 한다. 이에 필자가 생각나는 대로 국문 규식을 기록하는 것은 다시 이를 찾고 밝혀 찾아서 선왕의 성의를 널리 알리고 주교 '안토니'의 성덕을 드러내고자 함이다.

개념어	글ᄌᆞ, 글, 국문, 한문, 각국 방언, 언어, 어음, 음률, 언문, 범서, 훈민졍음, 구음, 리두(吏頭), 규구, 규식, 법식, 법측, 인민, ᄇᆡᆨ셩, 본국 션ᄇᆡ, 외국 신ᄉᆞ, 외국인, 졍치, 디구, 리학, 화학, 격물, 실학, 도수, 디방 쵸션, 대한, 국체, 본국, 외국, 모국

20. 국민신보 발간[1]

작자 미상

본 기자가 한국 사람에게 한마디 말로 질문하고자 한다. 대저 삼천리강토와 이천만 인구로 자주 독립하지 못할 걱정이 없어야 할 터인데, 무슨 연고로 오늘날에 나라 권세를 온전히 잃고 사람의 권리가 전혀 없어져 무궁히 비참한 경우에 빠졌는가? 그 원인을 논해 보면, 자고이래로 한국인이 편리한 국문은 버리고 편리하지 못한 한문을 숭상하는 폐단에서 비롯된 것이다. 모든 한문가들은 이 말에 대해 노여워하며 이상하게 여기는 자도 있겠지만, 이것은 한국 내에 큰 마귀의 방해인즉 이제 이 문제를 설명하지 않을 수 없다.

대체로 세계 열국이 각기 자기 나라 국문과 국어로 자기 나라 정신을 완전하게 하는 기초로 삼고 있는데, 오직 한국은 자기 나라 국문을 버리고 타국의 한문을 숭상하여 제 나라 말까지 잃어버린 자가 많으니 어찌 능히 제 나라 정신을 보존하겠는가? 그 국문을 버리고 한문을 숭상한 폐단을 대강 말하면 여러 가지이다.

한 가지는 국문을 배우지 않고 한문만 배워 말과 글이 한결 같지 못하여 공부하는데 심히 어렵다는 점이다. 만일 평생을 바친 전문가가 아니면 배우지 못하는 까닭에 국민의 보통 지식을 개발하는 길이 심히 좁다. 또 한 가지는 배우기 쉽고 쓰기 편한 국문은 버리고 배우기 어렵고 쓰기 불편한 한문을 괴롭게 공부하여 청춘부터 장을 치고 늙은이가 되도록 경서를 궁리한다 해도 지혜

1 ≪大韓每日申報≫ 1호, 1907. 5. 23.

의 원천(慧竇)이 더욱 막혀가고 실제 효과가 더욱 없어져서 자기 집안을 다스리고 꾸려나가기도 어려운데, 어찌 부국강병할 능력이 있겠는가? 지식이 막히고 실업이 약해지고 염치가 없어진 것이 다 이것으로 비롯된 것이다. 또 한 가지는 자기 나라 국문은 천하고 가볍게 여기고 남의 나라 한문은 귀하고 중히 여기는 까닭에, 자기 나라를 자기가 업신여기고 남의 나라를 우러러보는 노예의 성품을 양성하고 독립의 명의는 도대체 알지도 못하니 어찌 독립사상이 있겠는가?

그러므로 한국 내에 문학가는 지리와 역사에 대해 청국의 산천구역, 세대사적, 풍토물산은 다 입으로 흐르는 듯이 외우고 눈으로 손바닥 보듯이 훤히 보면서, 자기 나라 산천구역과 세대사적, 풍토물산은 저마다 캄캄하니, 이야말로 노예의 학문이라 할 수 있다. 이 어찌 가소롭지 않겠는가? 그 쓰이는 곳은 한국 내에 제일 높은 문자가 홍문관 규장각의 제고문, 상표, 전문, 상량문이니 이는 불과 여러 시문체들 중 하나일 뿐이지만, 그 글도 잘하려면 진실로 전문으로 공부하지 않으면 또한 능히 하지 못하나 그 실제 효과를 말하려면 국가에나 민간에나 조금도 이롭지 않다. 소위 과거꾼들은 시, 부, 의, 책문을 공부하는데, 그 총명과 재주, 슬기를 다하여 허다한 세월을 허비하며, 그 성취를 연구하더라도 실로 정치상에 이익이 없고 도리어 나라를 다스리고 꾸려 나가는 데에 있어서 방해로우니, 슬프고 애석하다. 이 나라 삼천리 내에 예로부터 총명 준수하며, 재주 있고 슬기로운 선비가 다 한문에만 빠져 능히 그 사업을 발달시키지 못하고 마침내 적막히 늙어 죽는 것을 면치 못하는 자 얼마인가? 이것이 나라를 약하게 하고 가난하게 한 원인이니, 약하고 가난하면 어찌 자주 독립할 수 있겠는가?

혹은 이르기를 대한의 예의와 문물이 자고로 아름다워 동방에 유명한 나라가 된 것은 한문을 숭상한 효험이라 하나, 청국 성현이 지은 책을 만약 국문으로 번역하여 가르쳤으면 인민이 보통 학식을 밑천으로 삼는 것이 어찌 더욱 편치 아니하며, 예의와 법도를 한결같이 밝히기가 어찌 더욱 쉽지 아니하겠는가? 하물며 오늘날 이 세계에서 다만 청국 학문의 조박(糟粕, 찌꺼기)만 가지고 문장의 멋을 꾸미면 어찌 능히 강포한 열국의 서리 같은 검과 우박 같은 대포가 얽혀 충돌하는 모진 위험과 예기를 막겠는가?

가령 한문을 십년 동안 일궈서 성취하는 정력을 삼사일간에 능통할 수 있는 국문에 옮겨 학문상과 사업상이 발달하게 한다면 일 년에 될 일은 이삼일에 마칠 것이오, 십년에 될 일을 이삼 개월에 마칠 것이니, 그리하면 둔하고, 편하며 불편한 것은 지혜롭지 못한 자라도 가히 알 것이다.

대저 국문의 공부로도 그 사람이 현량하고 그 나라가 부강하면 그 사람은 어질고 사리에 밝은 사람이 되고, 그 나라는 으뜸 나라가 될지니 어찌 구구히 한문의 능불능을 말하겠는가? 이런저런 말할 것 없이, 한국은 국문이 발달되어 사람의 지혜가 열리고 나라 힘이 충실한 나라이다. 그러므로 본사에서 국문신보 일부를 다시 발간하여 국민의 정신을 깨워 일으키기로 주장한지가 오래였는데, 지금에서야 제반 마련이 다 준비되어 내달부터 발행을 시작하니, 한국 진보의 기관은 우리 국문신보가 확장되는 정도로 징험하게 될 것이니 첨군자는 이 뜻을 같이 하기를 간절히 바란다.

입력 원문

국민신보 발간

본긔쟈ㅣ 이 한국 사름을 디ᄒᆞ야 ᄒᆞᆫ마디 말노 질문코져 ᄒᆞ노니 대져 삼쳔리 강토와 이천만 인구로 ᄌᆞ쥬독립ᄒᆞ지 못ᄒᆞᆯ 걱정이 업거ᄂᆞᆯ 무슴 연고로 오ᄂᆞᆯ날에 나라 권셰를 온젼히 일코 사름의 권리가 젼혀 엽서져 무궁히 비참ᄒᆞᆫ 경우애 빠졋ᄂᆞ뇨. 그 원인을 의론컨디 ᄌᆞ긔로 한국인이 편리ᄒᆞᆫ 국문은 바리고 편리치 못ᄒᆞᆫ 한문을 숭샹ᄒᆞᄂᆞᆫ 폐막으로 말미암이라 ᄒᆞ노니 모든 한문가에셔는 혹 이 말에 디ᄒᆞ야 노여ᄒᆞ며 괴이히 녁이ᄂᆞᆫ 자도 잇ᄉᆞ려니와 이것슨 한국닉에 큰 마귀의 저희인즉 일쟝 셜명ᄒᆞ야 법과치 아니치 못ᄒᆞᆯ지로다

대져 셰계 렬국이 각기 졔나라 국문과 국어(나라 방언)로 제나라 정신을 완젼케 ᄒᆞᄂᆞᆫ 긔초를 삼ᄂᆞᆫ 것이어ᄂᆞᆯ 오직 한국은 제나라 국문을 ᄇᆞ리고 타국의 한문을 슝샹ᄒᆞᆷ으로 제나라 말ᄭᆞ지 일허ᄇᆞ린 쟈가 만ᄒᆞ니 엇지 능히 졔나라 정신을 보존ᄒᆞ리오 그 국문을 ᄇᆞ리고 한문을 슝샹ᄒᆞᆫ 폐막을 대강 말ᄒᆞ랴면 여러 가지라

한가지ᄂᆞᆫ 국문을 ᄇᆡ호지 안코 한문만 ᄇᆡ홈으로 말과 글이 ᄒᆞᆫ골 ᄀᆞᆺ지 못ᄒᆞ야 공부ᄒᆞᄂᆞᆫ디 심히 어려우니 만일 평ᄉᆡᆼ 젼문가이 아니면 사름마다 ᄇᆡ호지 못ᄒᆞᄂᆞᆫ 고로 국민의 보통 지식을 ᄀᆡ발ᄒᆞᄂᆞᆫ 길이 심히 좁고 ᄯᅩ 한가지ᄂᆞᆫ ᄇᆡ호기 쉽고 쓰기 편ᄒᆞᆫ 국문은 ᄇᆞ리고 ᄇᆡ호기 어렵고 쓰기 불편ᄒᆞᆫ 한문을 괴로히 공부ᄒᆞᆷ으로 쳥츈브터 장을 치고 ᄇᆡᆨ슈가 되도록 경셔를 궁리ᄒᆞ되 혜두가 더옥 막혀가고 실효가 더욱 업서져셔 제집안의 경제도 ᄒᆞ기 어렵거든 엇지 부국강병ᄒᆞᆯ 능력이 잇스리오 지식이 막히고 실업이 쇠ᄒᆞ고 렴치가 업셔진 거시 다 일노 말미암이오 ᄯᅩ 한가지ᄂᆞᆫ 졔나라 국문은 쳔히 녁이며 경히 녁이고 남의 나라 한문은 귀히 녁이며 즁히 녁이ᄂᆞᆫ 고로 졔나라를 제가 업수히 보고 남의 나라를

쳐다보는 노예의 셩픔을 양성ᄒᆞ고 독립의 명의는 도모지 아지도 못ᄒᆞ니 엇지 독립ᄉᆞ샹이 잇ᄉᆞ리오

이럼으로 한국 ᄂᆡ에 문학가는 디리와 력ᄉᆞ 등셔에 청국의 산쳔구역과 셰ᄃᆡ ᄉᆞ젹과 풍토물산은 다 입으로 흐르는 듯시 외오고 눈으로 손바닥 ᄀᆞᆺ치 발키 보되 제나라의 산쳔구역과 셰ᄃᆡᄉᆞ젹과 풍토물산은 저마다 캄캄ᄒᆞ니 ᄎᆞ소위 노예의 학문이라 엇지 가쇼롭지 아니리오 그 쓰이는 ᄃᆡ는 한국 ᄂᆡ에 뎨일 놉흔 문ᄌᆞ가 홍문관 규쟝각의 졔고문과 샹표와 젼문과 샹량문이니 이는 불과 시문 채즁 ᄒᆞᆫ가지 일이언마는 그 글도 잘ᄒᆞ랴면 진실노 젼문으로 공부ᄒᆞ지 아니면 ᄯᅩᄒᆞᆫ 능치 못ᄒᆞ나 그 실효를 말ᄒᆞ랴면 국가에나 민간에나 조금도 리익홈이 업고 소위 과거 ᄉᆞᆫ들은 시라 부라 의라 ᄎᆡᆨ문이라 ᄒᆞ는ᄃᆡ 그 총명과 ᄌᆡ지를 다ᄒᆞ야 허다ᄒᆞᆫ 셰월을 허비ᄒᆞ야도 그 셩취를 궁구ᄒᆞᆯ진대 실노 졍치샹에 리익이 업고 도로혀 경제샹에 방히로옴이 잇도다 슬푸고 가셕ᄒᆞ도다 이 나라 삼쳔리 ᄂᆡ에 녜로부터 총명 쥰슈ᄒᆞ고 ᄌᆡ지 잇는 션비가 다 ᄒᆞᆫ문 과졍에만 ᄲᅡ져 능히 그 사업울 발달치 못ᄒᆞ고 ᄆᆞᆺ참내 젹막히 늘거 죽는 것슬 면치 못ᄒᆞ는 쟈 열마뇨 이것시 그 나라흘 약ᄒᆞ게 ᄒᆞ고 가난ᄒᆞ게 ᄒᆞᆫ 원인이니 약ᄒᆞ고 가난ᄒᆞ고야 엇지 ᄌᆞ쥬 독립ᄒᆞᆯ 능력이 잇ᄉᆞ리오

혹은 닐ᄋᆞ기를 대한의 례의와 문물이 ᄌᆞ고로 혁혁ᄒᆞ야 동방에 유명ᄒᆞᆫ 나라이 된 것슨 ᄒᆞᆫ문을 슝샹ᄒᆞᆫ 효험이라 ᄒᆞ나 그러나 청국 셩경현젼을 만약 국문으로 번역ᄒᆞ야 ᄀᆞᄅᆞ쳐스면 인민의 보통 학식을 ᄌᆞ뢰ᄒᆞ기가 엇지 더욱 편치 아니ᄒᆞ며 례의와 법도를 ᄒᆞᆫ갈ᄀᆞᆺ치 발키기가 엇지 더욱 쉽지 아니ᄒᆞ리오 ᄒᆞ물며 오늘날 이 셰계에 잇셔셔 다ᄆᆞᆺ 청국 학문의 조박만 가지고 문채를 ᄭᅮ미면 엇지 능히 강포ᄒᆞᆫ 렬국의 셔리ᄀᆞᆺ은 검과 우박ᄀᆞᆺ흔 대포가 교집ᄒᆞ야 츙돌ᄒᆞ는 령독ᄒᆞᆫ 위염과 예긔들 막으리오.

가령 ᄒᆞᆫ문을 십년 동안 일거 셩취ᄒᆞ는 졍력을 삼ᄉᆞ일간에 능통ᄒᆞ는 국문에 옴겨 학문샹과 사업샹에 진보ᄒᆞ면 일년에 될 일은 이삼일에 필ᄒᆞᆯ 것이오 십년에 될 일을 수삼삭에 필ᄒᆞᆯ 것이니 그리ᄒᆞ며 둔홈과 편ᄒᆞ며 불편ᄒᆞᆫ 것슨 지혜롭지 못ᄒᆞᆫ 쟈라도 가히 알지라

대져 국문의 공부로도 그 사룸이 현량ᄒᆞ고 그 나라이 부강ᄒᆞ얏스면 그 사룸은 현쳘ᄒᆞᆫ 사룸이 되고 그 나라ᄒᆞᆫ 웃듬 나라이 될지니 엇지 구구히 한문의 능불능을 말ᄒᆞ리오 폐일언ᄒᆞ고 한국은 국문이 발달되야 사룸의 지혜가 열니고 나라 힘이 츙실ᄒᆞᆯ지라 이러홈으로 본샤에셔 국문신보 일부를 다시 발간ᄒᆞ야 국민의 정신을 ᄭᆡ여 니르키기로 쥬의ᄒᆞᆫ지가 오래엿더니 지금셔야 제반 마련이 다 쥰비되여 ᄅᆡ월 일 이브터 발힝을 시작ᄒᆞ오니 한국진보의 긔관은 우리 국문신보의 확쟝되는 졍도로써 징험ᄒᆞᆯ지니 쳠군ᄌᆞ는 이 쥬의와 ᄀᆞᆺ치 ᄒᆞ기를 십분 ᄀᆞᆫ졀이 ᄇᆞ라노라.

내용 요약

이 글은 ≪대한매일신보≫ 1호에 실린 사설로 '국민신보 발간'의 의의에 대해 다루고 있다. 글의 저자는 세계열강이 자기 나라의 국문과 국어로 자국의 정신을 다지는 기초로 삼고 있는 이 시점에, 우리나라는 한문만 숭상하여 제 나라 정신을 보존하지 못하고, 결국 나라의 권세와 자주성을 잃고 있다며 문제를 제기한다. 국문은 쉽게 배울 수 있기에 국문으로 공부하면 부국강병할 수 있으므로, 한문을 그대로 공부하기보다는 번역하여 국문으로 지식을 익힐 것을 주장하고 있다.

개념어	국문, 국어(나라 방언), 한문, 한국 사룸, 한국인, 국가, 삼쳔리 강토, 이천만 인구, ᄌᆞ쥬 독립, 독립 ᄉᆞ샹, 나라 권셰, 사룸의 권리, 부국강병, 셰계 렬국, 강포ᄒᆞᆫ 렬국, 긔쟈, 젼문가, 민간, 마귀

21. 대한국문설(大韓國文說)[1]

송촌 지석영(松村 池錫永)

결승(結繩)[2] 시대 이후 서계(書契)[3]가 비로소 만들어지니 '문(文)'과 '자(字)'라 이르는 것은 다른 쓰임을 위한 것이 아니라 말(言)과 일(事)을 기록하는 도구에 지나지 않는다. 그러므로 사황(史皇)[4]과 조적전(鳥跡篆)[5]으로부터 주나라의 전주(篆籒)[6], 진(秦)나라의 전서(篆書), 한나라의 예서(隷書)를 거쳐 진(晉)나라의 해서(楷書)에 이르기까지 서체가 무릇 다섯 번이 바뀌었으나[7], 경전의 깊은 뜻을 잃어버린 적이 없으니, 문자는 다만 그 뜻을 취할 뿐 그 형태에 구애받지 않는 것임을 알 수 있다. 이로부터 천하는 모두 자국의 글(文)을 갖고 있어 서로 번역하여 서술하니, 대한 국문은 즉 그 중에 하나이다. 아! 우리 세종대왕께서는 타고나신 지혜로[8] 만물의 이치에 밝게 통달하여 일을 성취하

1 ≪大韓自强會月報≫ 11호, 1907. 5. 25.

2 결승(結繩): 문자가 없었던 때이므로 새끼로 매듭을 맺어 일을 표(表)하던 것을 뜻한다.

3 서계(書契): 사물(事物)을 나타내는 부호(符號)로서의 글자.

4 사황(史皇): 성은 창, 이름은 힐로 눈이 넷이고 글자를 처음 만들었다는 사황씨(史皇氏)이다. 황제(黃帝) 이전의 사람이라고도 함.

5 조적전(鳥跡篆): 옛날에 조적전(鳥跡篆)이란 자체(字體)가 있었는데, 그것은 모래 위에 찍힌 새의 발자취를 모방하여 만든 것이라 한다.

6 전주(篆籒): 서체(書體)의 한 가지인 대전(大篆)을 말한다. 주 선왕(周宣王)의 태사(太史) 주(籒)가 지었다 한다.

7 육체(六體): 여섯 종류의 글씨체. ≪한서(漢書)≫ 예문지(藝文志)에 따르면, 육체는 고문(古文)·기자(奇字)·전서(篆書)·무전(繆篆)·예서(隷書)·충서(蟲書). ≪소학감주(小學紺珠)≫ 예문류(藝文類)에 따르면 육체는 대전(大篆)·소전(小篆)·팔분(八分)·예서(隷書)·행서(行書)·초서(草書).

시고 훈민정음 28자를 창제하셔서 수많은 글자를 표현하도록 하고 명백하고 간이하게 만드시니, 어린 아이나 여자나 할 것 없이 모두 (글자를) 알 수 있게 되어 족히 천하의 글을 다 아우르고 사방의 말을 통하게 되었다. 진실로 황실의 보배이자 문화 교육의 도구 가운데 나침반이 된 것이다. 그러나 애석하게도 세월이 오래되고 가르침이 나태해져 진정한 의미(참뜻)를 많이 잃어버리게 되었다.[9] 또한 학자들은 연구할 생각은 하지 않고 단순하고 조악한 자들에게 일임해 버려서 민간에서 아이에게 글을 가르치는 일이 점차 잘못되어 가고 그릇된 방향으로 바뀌었으니, 뜻이 있는 자들이 함께 근심하는 바가 되었다. 예전에 강추금(姜秋琴)[10]선생과 더불어 글을 읽을 적에 일찍이 듣기로는 언문에서 매 행(行)의 처음과 끝이 같은 음이라고 하는데, 아마도 반드시 그렇지는 않을 것이란 생각이 들었다. 이 일로 인하여 이러한 의심을 품은 지 수년 뒤에 승선[11] 서상집(徐相集)[12]과 교유하다가 비로소 끝 자가 본음인 것을 깨달았는데, 다만 그 중성이 어디에 의거해서 음이 나는 것인지까지는 상세히 알지 못하였다. 그러다가 근래에 '이'와 '아'의 합음이 '야'가 되는 묘를 깨달아서 번갈아가며 써내려가 그 소리를 얻으니, 이에 14자가 그 원음을 회복했다. 이에 그 이치를 밝혀 설명하는 글 한 편을 짓고 '대한국문설'이라 제목을 붙였으니, 이는 감히 자랑하고자 한 것이 아니라 요컨대 이로써 정음의 잃어버린 바를 정리하려는 것이다. 문법에 관해서는 주시경군이 저술한 대한국어문법이 있으니, 여기서는 쓸데없이 덧붙이는 말을 하지 않을 것이다.

---

8 참고로, ≪중국 한어대사전≫의 용례에 따르면, "천종(天縱)"이란 "天所放任, 意謂上天賦予" 즉, 하늘이 부여했다는 의미이며, "后常用以諛美帝王"즉, 이후에는 제왕을 찬미하는 뜻으로 늘상 쓰이게 되었다고 한다. 또한, 옛 한문 문장에서 "睿智天縱"는 "(왕 혹은 임금의) 예지가 하늘에서 나오다"라고 번역된다.

9 참고로, ≪중국 한어대사전≫의 용례에 따르면, "진제(眞諦)"는 "原爲佛教語。與俗諦合稱爲"二諦"。亦泛指最眞實的意義或道理。"즉, 본래 불교 용어로 속제(俗諦)와 함께 더불어 "이제"라 칭하였으며 가장 진실한 의의(가치)나 도리를 의미한다.

10 추금(秋琴): 강위(姜瑋)의 호 / 강위(姜瑋, 1820~1884): 조선 말기의 한학자 · 시인.

11 승선(承宣): 고려와 조선시대에 왕명의 출납을 관장한 관직.

12 서상집(徐相集, 1865~1897): 조선 말기의 문신이다. 부교리 · 부응교 · 부호군 · 공무아문 참의 등을 역임하였으며, 1894년 갑오개혁 후 군국기무처의 회의원으로 참석하였다.

광무 9년, 음력 4월, 송촌〈송촌거사〉 지음.

훈민정음

어제(御製)[13], 나라의 말이 중국과 달라 문자로는 서로 통하지 아니한 고로 어리석은 백성이 이르고자 하는 바가 있어도 마침내 그 뜻하는 바를 펴지 못하는 자가 많다. 이에 불쌍히 여겨 새로 28자를 지어 사람마다 쉽게 익혀 날로 씀에 편안하게 할 따름이다.

ㄱ 아음은 군(君)의 초성과 같고 과(蝌)의 초성과 같게 쓴다.

ㅋ 아음은 쾌(快)자의 초성과 같다.

ㅇ 아음은 업(業)자의 초성과 같다.

ㄷ 설음은 두(斗)자의 초성과 같고 담(覃)자의 초성과 같게 쓴다.

ㅌ 설음은 탄(呑)자의 초성과 같다.

ㄴ 설음은 나(那)자의 초성과 같다.

ㅂ 순음은 별(彆)자의 초성과 같고 보(步)자의 초성과 같게 쓴다.

ㅍ 순음은 표(漂)자의 초성과 같다.

ㅁ 순음은 미(彌)자의 초성과 같다.

ㅈ 치음은 즉(卽)자의 초성과 같고 자(慈)자의 초성과 같게 쓴다.

ㅊ 치음은 침(侵)자의 초성과 같다.

ㅅ 치음은 수(戌)자의 초성과 같고 사(邪)자의 초성과 같게 쓴다.

ㆆ 후음은 파(把)자의 초성과 같다.

ㅎ 후음은 허(虛)자의 초성과 같고 홍(洪)자의 초성과 같게 쓴다.

ㅇ 후음은 욕(欲)자의 초성과 같다.

ㄹ 반설음은 려(閭)자의 초성과 같다.

△ 반치음은 양(穰)자의 초성과 같다.

13 어제(御製): 임금이 지은 글.

· 는 탄(呑)자의 중성과 같다.
ㅡ 는 즉(卽)자의 중성과 같다.
ㅣ 는 침(侵)자의 중성과 같다.
ㅗ 는 홍(洪)자의 중성과 같다.
ㅏ 는 담(覃)자의 중성과 같다.
ㅜ 는 군(君)자의 중성과 같다.
ㅓ 는 업(業)자의 중성과 같다.
ㅛ 는 욕(欲)자의 중성과 같다.
ㅑ 는 양(穰)자의 중성과 같다.
ㅠ 는 수(戌)자의 중성과 같다.
ㅕ 는 별(彆)자의 중성과 같다.

종성은 초성을 다시 사용한다. 순음 아래 ㅇ을 이어 쓰면 순경음[14]이 된다. 초성과 마찬가지로 종성도 병서하며 ·ㅡㅗㅜㅛㅠ가 초성의 아래에 쓰고 ㅣㅓㅏㅑㅕ를 오른쪽에 쓴다. 모든 글자는 반드시 합하여 음을 이루고 왼쪽에 점 하나를 붙이면 거성, 두 개면 상성, 없으면 평성으로, 입성은 점을 똑같이 붙이되 빠르고 급하다.
본조 세종 28년 어제 훈민정음
상기한 것처럼 여러 나라가 각기 문자를 지음으로써 그 나라 방언을 기록하는데 오로지 우리나라만 없어서 마침내 자모 28자를 지어 언문이라 이름 짓고, 궁중에 관청을 열어 정인지(鄭麟趾), 신숙주(申叔舟), 성삼문(成三問), 최항(崔恒) 등에게 명하여 이를 찬수해 정하도록 하였다. 대개 전통적인 전자(篆字)를 본떠서 초·중·종성으로 글자를 나누었는데, 비록 간이하더라도 수많은 형태로 바꿀 수 있어서 여러 기록할 수 없는 언어, 문자들이 모두 통해 막힘이 없게 되었다. 중국 한림학사 황찬(黃瓚)[15]이 요동에 귀양갔을 때 삼문(三問)

14 예: 'ㅱ', 'ㅸ', 'ㅹ', 'ㆄ'.
15 황찬(黃瓚): 154쪽 역주 참조..

등에게 명하여 찬(瓚)에게 음운을 질문하게 하니, 모두 13번 요동을 왕래하였다.

예조판서 정인지는 훈민정음의 서문에서 말하기를, "천지자연의 소리(聲)가 있으면 반드시 천지의 글(文)이 있다. 그리하여 옛 사람들이 소리에 따라 글자를 만듦으로써 만물의 뜻(情)을 통하게 하고, 이로써 삼재인 하늘(天)과 땅(地)과 사람(人)의 도(道)를 표현했으므로 후세에도 능히 바꿀 수 없었다. 그러나 사방의 풍토가 나뉘어 소리의 기운 또한 (이에) 따라 크게 다른데, 대개 외국의 말(語)은 소리가 있으나 그에 맞는 글자가 없어서 중국의 글자를 빌려 그 쓰임을 통하게 하였으니, 이는 네모난 자루와 둥근 구멍처럼 서로 어긋나는 것과 같다. 그러니 어찌 능히 통달하여 막힘이 없을 수 있겠는가? 요컨대 모두 각자 처한 바에 따라 편안하게 해야 하지, 억지로 강요해서 같아지도록 해서는 안 되는 것이다. 우리 동방의 예악과 문물은 중화(中華)와 견주어 다를 바가 없으나 다만 방언 속어(俚語)가 (중국의 그것과) 같지 않다. 글 배우는 이는 그 뜻을 깨치기 어려움을 근심하고 옥사를 다스리는 자는 그 곡절(曲折)의 통하기 어려움을 괴롭게 여긴다. 옛날에 신라의 설총(薛聰)이 처음으로 이두(吏讀)를 만들어 관청과 민간에서는 지금도 그것을 행한다. 그러나 모두 글자를 빌려서 사용하므로, 어떤 것은 어색하고 어떤 것은 (우리말에) 들어맞지 않아서 비단 천하고 터무니없을 뿐만 아니라 말소리를 적는 데 이르러서는 만분의 일도 통달하지 못하는 것이다. 계해년 겨울에 우리 성상께서 정음 28자를 창제하셔서 간략하게 예의(例義)를 들어 보이시고 그 이름을 훈민정음이라 지으셨으니, 상형이되 글자 모양은 옛 전자를 모방하고 소리에 따라 음은 칠조(七調)[16]에 맞고 삼극(三極)의 뜻과 이기(二氣)[17]의 묘(妙)를 포괄하지 않은 것이 없다. 28자를 가지고도 끝없이 바꿀 수 있어서 간이하면서도 요긴하고 정밀하면서도 통하는 까닭에 지혜로운 자(智者)는 하루아침이 지나기도 전에 통하고 어리석은 자라도 열흘이면 배울 수 있다. 이로써 글을 해석하면 가히 그 뜻을

16 칠조(七調): 우리나라 음악에서, 평조와 계면조의 선법에 각각 둔 일곱 가지 조(調). ≪악학궤범≫에 나온다.

17 이기(二氣): 음양(陰陽).

알 수 있고, 이로써 송사(訟事)를 심리하더라도 그 실정을 알 수 있게 되었으며 글자의 운은 청탁을 능히 구별하고 악가는 율려가 고르게 되어 쓰는 데마다 갖추어지지 않은 바가 없고 가는 데마다 통달하지 않는 곳이 없으니, 비록 바람소리, 학의 울음, 닭의 울음, 개 짖는 소리일지라도 모두 쓸 수 있게 되었다. 마침내 우리 신하들에게 명하여 상세한 글자의 해석을 덧붙여 이로써 여러 사람들을 깨우치게 하시니, 보는 사람으로 하여금 스승이 없어도 스스로 깨우치도록 바랐으나 그 깊은 연원이나, 정밀한 뜻의 묘리는 우리 신하들이 능히 발휘할 수 있는 바가 아니다. 공손히 생각하건대, 우리 주군께서는 하늘이 내리신 성인으로 지으신 법도와 베푸심이 모든 왕을 초월하여, 정음을 지으신 일도 어떤 선인(先人)의 설을 이어 받으심이 없이 자연에서 이룩하신 것이니 그 지극한 이치가 있지 않은 곳이 없어서 인위의 사사로움이 아닌 것이다. 무릇 동방에 나라가 있음이 오래되지 않은 것이 아니나, 문물을 열고 업적을 이루는 큰 지혜는 모두 오늘을 기다린 것이구나.

화동정음통석

다섯가지 음의 초성 - 다섯가지 음에 두 음을 더하여 일곱가지 음이 된다.

각, 아음은 ㄱㅋㆁ

치, 설음은 ㄷㅌㄴ, 변치 - 반설음 ㄹ은 홍무정운[18]에는 반치, 반상으로 되어 있다.

상, 치음은 ㅈㅊㅅ

우, 순음은 ㅂㅍㅁ◇

궁, 후음은 ㅇㅎ

18 홍무정운(洪武正韻): 명(明)나라 태조(太祖) 홍무 8(1375)년에 악 소봉, 송 염 등이, 양(梁)나라 심 약이 만들어 800여 년 동안 쓰여온 사성의 체계를 북경 음운을 표준으로 삼아 고쳐 펴낸 운서. ≪훈민정음(訓民正音)≫과 ≪동국정운(東國正韻)≫을 짓는 데 참고자료가 되었음. 15권 / 홍무정운역훈(洪武正韻譯訓): 조선 세종 31(1449)년에 신숙주, 성삼문, 조 변안 등이 ≪홍무정운(洪武正韻)≫의 한글 번역을 시작해, 단종 3(1445)년에 펴낸 운서. 16권 8책이었으나 14권 7책만이 전해진다.

변궁, 반후음 △은 홍무정운에는 반상, 반치로 되어 있다.

언문 초중종 3성 구별

초성 · 종성은 8개의 글자를 통용한다.

ㄱ 기역

ㄴ 니은

ㄷ 지(귿)

ㄹ 리을

ㅁ 미음

ㅂ 비읍

ㅅ 시(옷)

ㅇ 이응

기니디리미비시이 8개의 음은 초성에 쓰고, 역은(말)을음읍(의)[19]응 8개의 음은 종성에 쓴다. '말 · 의(末 · 依)' 두 글자는 다만 원래 글자의 해석을 취하고 속어의 소리(귿 · 옷)를 삼는다.

초성은 오직 8개의 글자를 쓴다.

ㅋ 기

ㅌ 치

ㅍ 피

ㅈ 치

△ 면

ㆁ 이

ㆆ 시

ㅇ

'기(箕)'자 또한 원래 글자의 해석을 취하고 속어의 소리(키)를 삼는다.

19 '末' 자는 '끝 말' 자인데, 예외적으로 '末'자의 음이 아니라 뜻인 '끝'을 차용했기 때문에, 괄호 안에 넣어서 표현한 것이다. '시(옷)'에서 '옷'도 같은 방식으로, '衣' 자의 음이 아닌 뜻 부분을 빌려오는 방식을 취했기에 괄호 안에 표기했다.

중성은 오직 11개의 글자를 쓴다.

ㅏ 아
ㅑ 야
ㅓ 어
ㅕ 여
ㅗ 오
ㅛ 요
ㅜ 우
ㅠ 유
ㅡ '응'에서 초성은 쓰지 않는다.
ㅣ '이'에서 중성만을 쓴다.
ㆍ '사'에서 초성은 쓰지 않는다.

입력 원문

大韓國文說

松村 池錫永

大韓國文說 松村 池錫永

序

結繩以後始有書契曰文曰字非爲他用不過是記言紀事之具也是以自史皇鳥跡篆歷周籒秦篆漢隷逮至晉楷體凡五易而經傳奧旨未嘗有失可知文字但取其義不拘乎其形也由是天下皆有自國之文互相譯述大韓國文卽其一也猗我
世宗大王睿智天縱開物成務刱制訓民正音二十八字轉換無窮明白簡易童穉婦孺可以與知足以盡天下之文通四方之語洵
皇室之寶文敎具中指南也惜乎世遠敎弛多失眞諦且學問家不思硏究一任鹵莽民間訓蒙轉轉訛誤爲有志者所共憂往年與姜秋琴先生唔也曾聞諺文每行頭尾之同音恐必不然因以懷訝有年後從徐承宣相集遊始覺尾字之本音但未詳其中聲之據何而發音也近悟伊阿合音爲也之妙遞而下之爰得其聲於是乎十四字復其原音迺搆辨說一篇顔之曰大韓國文說非敢誇也要以整正音之有失也至若文法有周君時經所著大韓國語文法此不贅焉
光武九年 孟夏 松村 居士書

訓民正音

御製國之語音異乎中國與文字不相流通故愚民有所欲言而終不得伸其情者多矣予爲此憫然新制二十八字欲使人人易習便於日用耳

ㄱ 牙音如君字初發聲並書如虯字初發聲

ㅋ 牙音如快字初發聲

ㆁ 牙音如業字初發聲

ㄷ 舌音如斗字初發聲並書如覃字初發聲

ㅌ 舌音如呑音初發聲

ㄴ 舌音如那字初發聲

ㅂ 脣音如彆字初發聲並書如步字初發聲

ㅍ 脣音如漂字初發聲

ㅁ 脣音如彌字初發聲

ㅈ 齒音如卽字初發聲並書如慈字初發聲

ㅊ 齒音如侵字初發聲

ㅅ 齒音如戌字初發聲並書如邪字初發聲

ㆆ 喉音如挹字初發聲

ㅎ 喉音如虛字初登聲並書如洪字初並聲

ㅇ 喉音如欲字初發聲

ㄹ 半舌音如閭字初發聲

ㅿ 半齒音如穰字初發聲

ㆍ 如呑字中聲

ㅡ 如卽字中聲

ㅣ 如侵字中聲

ㅗ 如洪字中聲

ㅏ 如覃字中聲

ㅜ 如君字中聲

ㅓ 如業字中聲

ㅛ 如欲字中聲

ㅑ 如穰字中聲

ㅠ 如戌字中聲

ㅕ 如彆字中聲

終聲復用初聲ㆁ連書唇音之下則爲唇輕音初聲合用則並書終聲同·ㅡㅗㅜㅛㅠ附書初聲之下ㅣㅓㅏㅑㅕ附書於右凡字必合而成音左加一點則去聲二則上聲無則平聲入聲加點同而促急

本朝 世宗二十八年 御製訓民正音 上以爲諸國各製文字以記其國之方言獨我國無之遂製子母二十八字名曰諺文開局禁中命鄭麟趾申叔舟成三問崔恒等撰定之蓋倣古篆分爲初中終聲字雖簡易轉換無窮諸言語文字所不能記者悉通無碍中國翰林學士黃瓚時謫遼東命三問等見瓚質問音韻凡往來遼東十三度

禮曹判書鄭麟趾序訓民正音曰有天地自然之聲則必有天地之文所以古人因聲制字以通萬物之情以載三才之道而後世不能易也然四方風土區別聲氣亦隨而異焉蓋外國之語有其聲而無其字假中國之字以通其用是猶枘鑿之鉏鋙也豈能達而無礙乎要皆各隨所處而安不可强之使同也吾東方禮樂文物侔擬中夏但方言俚語不與之同學書者患其旨趣之難曉治獄者病其曲折之難通昔新羅薛聰始作吏讀官府民間至今行之然而皆假字而用或澁或窒非但鄙陋無稽而已至於言音語之間則不能達其萬一焉祭亥冬我

聖上倉制正音二十八字略揭例義以示之名之曰訓民正音象形而字倣古篆因聲而音協七調三極之義二氣之妙莫不該括以二十八字而轉換無窮簡而要精而通故智者不崇朝而通愚者可浹旬而學以是解書可以知其義以是聽訟可以得其情字韻則清濁之能辨樂歌則律呂之克諧無所用而不備無所往而不達雖風聲鶴唳鷄狗吠皆得而書矣遂命臣等詳加解釋以喩諸人庶使觀者不師而自悟若其淵源精義之妙則非臣等之所能發揮也恭惟我主上天縱之聖制度施爲超越百王正音之作無所祖述而成於自然豈以其至理之無所不在而非人爲之私也夫東方有國不爲不久而開物成務之大智蓋有待於今日也歟

華東正音通釋

五章初聲 五音合二 變爲七音

角 牙音 ㄱㅋㅣㆁ

徵 舌音 ㄷㅌㄴ 變徵半舌音 己 洪武韵作半徵半商

商 齒音 ㅈㅊㅅ

羽 脣音 ㅂㅍㅁㆁ

宮 喉音 ㅇㅎ 變宮 半喉音 ㅿ洪武韻作半商半徵

諺文初中終三聲辨

初聲終聲通用八字

ㄱ 其役 ㄴ 尼隱 ㄷ 池(末) ㄹ 梨乙 ㅁ 眉音 ㅂ 非邑 ㅅ 時(衣) ㅇ 異凝 其尼池梨眉非時異八音用於初聲役隱

(末)乙音邑(衣)凝八音用於終聲ㅇ

末衣兩字只取本 字之釋俚語爲聲

初聲獨用八字

ㅋ(箕) ㅌ(治) ㅍ(皮) ㅈ(齒) ㅿ(面) ㅇ(伊) ㅎ(屎) ㅇ 箕亦取本字之字釋俚語爲聲

中聲獨用十一字

ㅏ 阿 ㅑ 也 ㅓ 於 ㅕ 余 ㅗ 吾 ㅛ 要 ㅜ 牛 ㅠ 由 ㅡ 應 不用初聲 ㅣ伊只用中聲, 思不用初聲

未完

내용 요약

1905년에 간행된 지석영의 ≪大韓國文說≫실은 글로, ≪대한자강회월보≫ 제11호 및 제13호 두 호에 걸쳐 게재되어 있다. 본문에서 지석영은 훈민정음의 원문을 발췌하여 소개하고 있으며 이를 바탕으로 대한국문의 토대를 세울 것을 제의한다. 참고로 ≪대한국문설≫은 지석영이 1905년에 상소한 국문개혁안인 ≪新訂國文≫의 이론적 근거를 제시한 글로 평가된다.

본문의 간략한 내용은 다음과 같다. 천하는 모두 자국의 글(文)을 갖고 있어 서로 역술하는데, 대한국문도 그 중 하나이다. 우리 세종대왕께서 훈민정음 28자를 창제하셔서 끝없이 바꿀 수 있으며 명백하고 간이하게 만드셨으나 세월이 오래되어 본래의 음을 잃어버린 경우가 많다. 근래에 'ㅣ · ㅏ'의 합음이 'ㅑ'가 되는 묘를 깨달아서 아래에 있는 14자의 소리를 비로소 알게 되어 이 글을 짓는다. (발췌 내용 - 훈민정음 세종의 서문, 해례, 정인지의 해례 서문)

개념어	문자(文字), 자국지문(自國之文), 대한국문(大韓國文), 합음(合音), 본음(本音)/원음(原音), 정음(正音), 문법(文法)

속편 : 대한국문설(大韓國文說)[20]

송촌 지석영(松村 池錫永)

이상 삼가 기록한 바, 국문의 시작과 관계가 이렇게 긴요한데, 아아! 세상 사람이 소홀하게 간과하고 깊이 생각하지 못하여 어린아이를 가르쳐 깨우칠 때에 초중성을 병합하여 소리를 이룰 방법을 찾지 못하였다. 다만 글자를 이룬 후 소리로 섞어 읽어 그릇되게 변했기에 '사, 샤, 서, 셔, 소, 쇼, 수, 슈' 여덟 자를 '사, 사, 서, 서, 소, 소, 수, 수' 4음으로 읽으며, '자, 쟈, 저, 져, 조, 죠, 주, 쥬' 여덟 자를 '자, 자, 저, 저, 조, 조, 주, 주' 4음으로 읽으며, '차, 챠, 처, 쳐, 초, 쵸, 추, 츄' 여덟 자를 '차, 차, 처, 처, 초, 초, 추, 추' 4음으로 읽는다. 또 '댜'를 '쟈'와 같게 읽고, '뎌'를 '져'와 같게 읽고, '됴'를 '죠'와 같게 읽고, '듀'를 '쥬'와 같게 읽고, '디'를 '지'와 같게 읽고, '탸'를 '챠'와 같게 읽고, '텨'를 '쳐'와 같게 읽고, '툐'를 '쵸'와 같게 읽고, '튜'를 '츄'와 같게 읽고, '티'를 '치'와 같게 읽는다. 이러니 그 자음은 고저의 정해진 기준을 잃어 자연히 눈(雪)과 눈(目)의 뜻이 섞이고, 동(東)과 동(動)의 음이 같아 한문에 근거하지 않으면 변별할 방법이 없으니 이 어찌 성인이 글자를 만드신 본래 뜻이리요. 영조 갑자본(甲子本) 소학언해 범례에 이르되, '모든 글자의 음의 고저를 모두 방점에 따르니, 무점은 평이하면서 낮고, 2점은 급하면서 높으며, 1점은 곧고 높으니라. 훈몽자회에 평성은 무점이오, 상성은 2점이오, 거성과 입성은 1점' 이라고 했는데, 근세에 세속의 음에서 상성과 거성이 서로 섞여 끝내 바꾸기

20 ≪大韓自强會月報≫ 13호, 1907. 7. 25.

가 어렵다. 만약 옛 소리를 전부 다 사용한다면 요즘 사람들 듣기에 해괴한 점이 있을 것이므로, 무인본(戊寅本)에서 "상성, 거성 두 소리에 점(방점)을 쳤기에 지금 이 예를 따라 독자들을 편하게 한다."라고 하였다. 안타깝도다. 이 예의 전수를 잃음이여. 또 매행 말미의 'ᄀᆞ, ᄂᆞ, ᄃᆞ, ᄅᆞ, ᄆᆞ, ᄇᆞ, ᄉᆞ, ᄋᆞ, ᄌᆞ, ᄎᆞ, ᄏᆞ, ᄐᆞ, ᄑᆞ, ᄒᆞ' 자로 말하면 각각 그 본음이 있거늘 지금의 '가, 나, 다, 라, 마, 바, 사, 아, 자, 차, 카, 타, 파, 하'자와 통용하여 혹 제1자와 음은 같되 고저의 구별이 있다 하니, 만약 그러하다면 상성의 가(可)자에 '가'를 사용하고 평성의 가(家)자에 'ᄀᆞ'를 사용하며 평성의 사(斯)자에 'ᄉᆞ'를 사용하고 거성의 사(四)자에 '사'를 사용할 것이다. 그런데 옥편과 어정시운(御定時韵)[21]을 살펴보니 可(가)와 家(가)에 '가'를 통용하고, 斯(사)와 四(사)에 'ᄉᆞ'를 통용하였으니, 고저의 증거가 없음은 다시 논할 것도 없다. 생각건대 훈민정음에 'ㅏ'자는 담(覃)자의 초성이요, 'ㆍ'자는 탄(呑)자의 중성이라 하였고, 화동정음통석에 'ㅏ'자에는 아(阿)로 석음하고 'ㆍ'자는 사(思)의 초성에 사용하지 않는다 하였으며, 중국음(華音)을 다시 살펴보건대 아(阿)자 음은 '아'요, 사(思)자 음은 '스'니 'ᄀᆞ, ᄂᆞ'와 같은 글자에 각기 그 본음이 있음을 미루어 알 수 있다. 생각건대 오랜 세월 동안 가르침이 해이해져 진실을 전하지 못한 것이다. 훈민정음 28자 중에는 ㆁ, ㆆ, ㅿ자가 있고, 화동정음통석의 오음 초성에는 ㆆ자가 없고, ◇자를 더하였는데 이제는 ㆁ, ㆆ, ㅿ, ◇ 네 자 초성이 전하지 않는다. 또 종성 중에 ㄷ자가 있는데 이제는 오로지 ㅅ자를 사용하고 ㄷ자는 폐하였으니 이를 미루어 보면 'ᄀᆞ, ᄂᆞ'와 같은 글자가 오랜 세월 와전되어 본음을 잃고 '가, 나'에 섞여 같이 사용됨이 확실하다. 또 살펴보건대 'ㅏ, ㅑ, ㅓ, ㅕ, ㅗ, ㅛ, ㅜ, ㅠ' 여덟 자는 글자에 따라 조금씩 변하여 그 음을 이루었는데 'ㅡ, ㅣ, ㆍ' 자에 이르러서는 글자 음이 서로 같지 않아 위의 여덟 자의 음이 이어져서 서로 부합하는 것과 같지 않고, 글자 모양으로 말하더라도 위의 여덟 자는 점 하나, 점 둘 식으로 규칙을 이루지만 아래 세 자는 가로획 하나, 세로획

21 1846년(헌종 12년)에 간행된 운서(韻書)로 주로 한시를 창작할 때 운자를 찾아보는 사전으로 이용되었다.

하나, 점 하나로 규칙을 이룰 수 없을 듯하다. '아, 야, 어, 여, 오, 요, 우, 유'의 규칙을 가지고 보면 'ᄋᆞ'자 다음에 'ᄋᆖ' 모양자가 반드시 있어야 하거늘 '이'자로 이어지는 것이 법칙에 어긋나는 것과 같고, 글자음으로 말하면 'ᄋᆞ'자 다음에 이어져 서로 비슷하면서 조금 음이 변한 글자를 잇고자 할 적에 '이'자와 'ᄋᆞ'자를 병합하여 발음하는 소리를 집어넣는다면 위의 여덟 자의 글자가 글자에 따라 조금씩 변하는 법칙과 부합될 것이니, 그 위치는 부득불 'ᄋᆞ, ᄋᆞ, 이' 식으로 되어야 할 것이다. 다음 세 자의 위치가 당초에는 분명 앞과 같던 것이 시간이 흘러 변한 듯하다. (훈민정음에는 중성자 순서가 'ㆍ, ㅡ, ㅣ, ㅗ, ㅏ, ㅜ, ㅓ, ㅛ, ㅑ, ㅠ, ㅕ'로 했던 것이 지금은 'ㅏ, ㅑ, ㅓ, ㅕ, ㅗ, ㅛ, ㅜ, ㅠ, ㅡ, ㅣ, ㆍ'로 하니 그 변천을 알 수 있다.) 어째서인가? 'ᄋᆞ'자 다음에 'ᄋᆖ'자를 사용함이 당연한데 'ᄋᆢ'자를 사용하는 것은 특별히 필획을 줄이는 법칙을 써서 두 획을 합해 점 하나를 만든 것이다. 마지막에 'ㅣ'자를 배치함은 'ㅣ'자가 상하를 통하여 이어지는 모양을 본뜬 것이다. 무슨 까닭으로 반드시 그렇게 된다는 것을 아는가? 'ㅣ'에 'ㅏ'를 합독하면 'ㅑ'가 되고, 'ㅣ'에 'ㅓ'를 합독하면 'ㅕ'가 되고 'ㅣ'에 'ㅗ'를 합독하면 'ㅛ'가 되고 'ㅣ'에 'ㅜ'를 합독하면 'ㅠ'가 되고 'ㅣ'에 'ㅡ'를 합독하면 'ᅟᆖ'가 되니, 이는 'ㅣ'자가 상하를 관철한 증거가 확실한 것이다. 아아! '이ᄋᆞ'를 나란히 병합해서 발음하는 새로운 소리를 가지고 'ᄋᆞ'자 아래에 두어 중성을 이루면 얻는 새로운 음이 300여 종에 이르니 어찌 대단하지 않겠는가. 다만 'ᄋᆢ'자를 '아'자와 똑같이 발음하는 것이 행해진 지 오래되었다. 지금 비록 새로 정한 소리로 명할지라도 섞이고 막히는 폐가 반드시 있을 것이니 'ᄋᆢ'자를 'ᄋᆖ'자로 바꿔 'ㅏ, ㅑ, ㅓ, ㅕ, ㅗ, ㅛ, ㅜ, ㅠ, ㅡ, ᅟᆖ, ㅣ'로 차례를 정함이 타당할 듯하기에 감히 직언하는 바이다. 망령되이 붓을 놀린 죄는 면하기 어려우나 아동들을 교육하는 데 절실하여 그러한 혐의를 피할 겨를이 없으니, 고명하신 군자들께서는 너그러이 용서하시고 밝게 살펴 바로잡으시기를 몹시 바란다.

신정국문오음상형변(新訂國文五音象形辨)

ㄱ	牙音象牙形	ㅋ	牙音重聲	ㅎ	牙喉間音象喉扁形ㅇ(음이 진짜음을 잃었기에 지금 우선 빼둔다.)		
ㄴ	舌音象舌形	ㄷ	舌音像掉舌形	ㅌ	舌音重聲	ㄹ	半舌音象捲舌形
ㅁ	脣音象口形	ㅂ	脣音象半開口形	ㅍ	脣音象開口形		
ㅅ	齒音象齒形	ㅈ	齒舌間音象齒齦形	ㅊ	齒音重聲	ㅿ	半齒音象半啓齒形ㅇ(음이 진짜음을 잃었기에 지금 우선 빼둔다.)
ㅇ	ㅇ淺喉音象喉形	ㆆ	喉齒間音象喉齒形ㅇ(음이 진짜음을 잃었기에 지금 우선 빼둔다.)				
ㅎ	深喉音						

신정국문초중종삼성변(新訂國文初中終三聲辨)

초성종성통용팔자(初聲終聲通用八字)

ㄱ 기윽 ㄴ 이은 ㄷ 디읃 ㄹ 이을 ㅁ 미음 ㅂ 비읍 ㅅ 시읏 ㅇ 이응

'기, 니, 다, 리, 미, 비, 시, 이' 8음은 초성에 사용한다.

'윽, 은, 읃, 을, 읍, 읏, 응' 8음은 종성에 사용한다.

초성독용륙자(初聲獨用六字)

ㅈ 지 ㅊ 치 ㅋ 키 ㅌ 티 ㅍ 피 ㅎ 히

중성독용십일자(中聲獨用十一字)

ㅏ아 ㅑ야 ㅓ어 ㅕ여 ㅗ오 ㅛ요 ㅜ우 ㅠ유 ㅡ으 ᆖ으 이으 합음ㅣ 이

신정국문합자변(新訂國文合字辨)

초성 ㄱ자를 중성 ㅏ자와 나란히 쓰면 '가'자를 이루고 종성의 ㅇ자를 '가'자에 합하면 '강'자가 되니 나머지도 이와 같다.

신정국문고저변(新訂國文高低辨)

상성과 거성은 일점을 더하고(우리나라 속음에 상거성이 별로 차등이 없다), 평성과 입성은 점이 없고, 또 말할 때 ㄲ는 소리에 역시 일점을 더한다.

자음고저표(字音高低標)
動[움직일동] 同[한가지동] 禦[막을어] 魚[고기어]와 같은 부류이다. 나머지는 이와 같다.

주어예성표(做語曳聲標)
簾[발렴] 足[발족] 列[버릴(벌릴)열] 捐[버릴연] 과 같은 부류이다. 나머지는 이와 같다.

신정국문첩음산정변(新訂國文疊音刪正辨)
'ᄀᆞ, ᄂᆞ, ᄃᆞ, ᄐᆞ, ᄆᆞ, ᄇᆞ, ᄉᆞ, ᄋᆞ, ᄌᆞ, ᄎᆞ, ᄏᆞ, ᄐᆞ, ᄑᆞ, ᄒᆞ' 14자는 '가, 나, 다, 라, 마, 바, 사, 아, 자, 차, 카, 타, 파, 하'의 첩음으로 사용하기에 산정(刪正)함이라.

신정국문중성리정변(新訂國文重聲釐正辨)
'ㄲ, ㄸ, ㅃ, ㅉ는 ㄱ, ㄷ, ㅂ, ㅅ, ㅈ, ㅊ'의 중성이라 옛날에는 'ᄭᅡ, ᄯᅡ, ᄲᅡ, ᄊᆞ, ᄶᅡ'로 사용하더니 후대 사람이 한문 첩자의 겹침을 본떠 '까, 따, 빠, 싸, 짜'로 사용함이 편리한 데로 돌아간 것이나 '以(이)'자는 '써(~로써) 이'자이기에, 'ㅅ' 옆에 'ㅂ'을 나란히 하는 것을 폐지함이라.

입력 원문

大韓國文說

池錫永

以上 恭錄ᄒᆞᆫ바 國文의 原始와 關係가 如斯히 綦重하거날 嗚呼라 世人은 等閒이 看過ᄒᆞ고 深思함에 不及하야 幼蒙을 敎誨할 時에 初中聲을 倂合하야 成音ᄒᆞᆯ 줄을 講究치 못하고 但 成字한 後 音으로 混淪讀去하야 轉轉訛誤하기에 사샤서셔소쇼수슈 八字를 沙沙書書疎疎垂垂 四音으로 讀ᄒᆞ며 자쟈저져조죠주쥬 八字를 孜孜低低曹曹周周 四音으로 讀ᄒᆞᆫ며 차챠처쳐초쵸추츄 八字를 差差萋萋初初趨趨 四音으로 讀ᄒᆞ며 댜與쟈로 同讀 뎌與져로 同讀 됴與죠로 同讀 듀與쥬로 同讀 디與지로 同讀 탸與챠로 同讀 텨與쳐로 同讀 툐與쵸로 同讀 튜與츄로 同讀 티與치로 同讀하고 其 字音은 高低의 定准을 失ᄒᆞᆷ으로 自然히 雪目이 混義ᄒᆞ고 東動이 同音ᄒᆞ야 漢文에 原依치 아니면 卞別할 道가 無하니 是엇지 聖人의 作字ᄒᆞ신 本意리요 英廟甲子本 小學諺解凡例에 曰호ᄃᆡ 凡字音 高低를 皆以傍點爲准이니 無點은 平而低ᄒᆞ고 二點은 厲而擧하고 一點은 直而高하니라. 訓蒙字會에 平聲은 無點이오 上聲은 二點이오 去聲入聲은 一點而近世時俗之音이 上去相混ᄒᆞ야 難以卒變이라. 若盡用古音이면 有駭聽故로 戊寅本에 上去二聲을 從俗爲點일ᄉᆡ 今依此例ᄒᆞ야 以便讀者ᄒᆞ니라 ᄒᆞ얏시니 惜乎라 此例의 失傳ᄒᆞᆷ이며 且 每行 尾末의 ᄀᆞᄂᆞᄃᆞᄅᆞᄆᆞᄇᆞᄉᆞᄋᆞᄌᆞᄎᆞᄏᆞᄐᆞᄑᆞᄒᆞ 字로 言ᄒᆞᆯ진ᄃᆡ 各其 本音이 有ᄒᆞ거ᄂᆞᆯ 今에 가나다라마바사아자차카타파하 字와 通用ᄒᆞ야 或云 第一字와 音은 同ᄒᆞ되 高低之別이 有ᄒᆞ다 ᄒᆞ니 若然이면 上聲의 可字에 用가ᄒᆞ고 平聲의 家字에 用 ᄀᆞᄒᆞ며 平聲의 斯字에 用 ᄉᆞᄒᆞ고 去聲의 四字에 用

사홀 거시여놀 玉篇과 御定詩韻을 按ᄒᆞ니 可家에 가를 通用ᄒᆞ고 斯四에 ᄉᆞ를 通用ᄒᆞ얏스니 高低의 證據가 無홈은 不須更論이오 謹按 訓民正音에 ㅏ字ᄂᆞᆫ 如覃字 初聲이오 · 字ᄂᆞᆫ 如呑字 中聲이라 ᄒᆞ얏고 華東正音通釋에 ㅏ字에ᄂᆞᆫ 阿로 釋音ᄒᆞ고 · 字ᄂᆞᆫ 思에 不用初聲이라 ᄒᆞ얏스며 華音을 更考ᄒᆞ건ᄃᆡ 阿字音은 아요 思字音은 ᄉᆞ니 然則 ᄀᆞᄂᆞ等 字의 各 其 本音이 有홈은 推可知也로다. 想컨ᄃᆡ 世遠教弛ᄒᆞ야 眞諦를 未傳홈이라. 訓民正音 二十八字 中에난 ㆁㆆㅿ等 字가 有ᄒᆞᆫ데 華東正音通釋의 五音 初聲에ᄂᆞᆫ ㆆ字가 無ᄒᆞ고 ◇字를 添ᄒᆞ얏는데 今에ᄂᆞᆫ ㆁㆆㅿ◇等 四字 初聲이 不傳ᄒᆞ고 又 終聲 中에 ㄷ字가 有ᄒᆞᆫ데 今에 ㅅ字를 專用ᄒᆞ고 ㄷ字ᄂᆞᆫ 廢ᄒᆞ얏시니 此를 推ᄒᆞ면 ᄀᆞᄂᆞ等 字가 世久訛傳ᄒᆞ야 本音을 失ᄒᆞ고 가나에 混同홈이 的確ᄒᆞ도다 且按 ㅏㅑㅓㅕㅗㅛㅜㅠ 八字ᄂᆞᆫ 逐字少變ᄒᆞ야 其音을 成ᄒᆞ얏거놀 ㅡㅣ · 字에 至ᄒᆞ야ᄂᆞᆫ 字音이 互相齟齬ᄒᆞ야 上項八字의 連貫吻合홈과 不如ᄒᆞ고 字樣으로 言ᄒᆞ더래도 上八字ᄂᆞᆫ 一點二點으로 例를 成ᄒᆞ얏거놀 下三字ᄂᆞᆫ 一橫一竪一點으로 爲홈이 不然홀 듯ᄒᆞ도다 아야어여 오요우유의 例로 觀ᄒᆞ면 으字 下에 의樣字가 必有홀 거시여놀 이字로 續홈이 例에 違홈과 如ᄒᆞ고 字音으로 言ᄒᆞ면 으字 下에 連貫相似ᄒᆞ고 少히 變音ᄒᆞᆫ 字를 續ᄒᆞ고져 홀진ᄃᆡ 이字와 으字를 併合ᄒᆞ야 發ᄒᆞᄂᆞᆫ바 音으로 位之ᄒᆞ면 上項 八字의 逐字少變 例에 吻合홀거시니 位置ᄂᆞᆫ 不得不 으ᄋᆞ이로 될거시라. 此三字의 位置가 當初에ᄂᆞᆫ 分明 如右ᄒᆞ든 것이 世遠ᄒᆞ야 變移ᄒᆞᆫ 듯ᄒᆞ도다 (按 訓民正音에ᄂᆞᆫ 中聲字 次序가 · ㅡㅣㅗㅏㅜㅓㅛㅑㅠㅕ로 ᄒᆞ얏든 것이 今에ᄂᆞᆫ ㅏㅑㅓㅕㅗㅛㅜㅠㅡㅣ · 로 行ᄒᆞ니 其沿革變遷을 可知홈)何者오. 으字 下에 의字를 用홈이 當然ᄒᆞ거놀 ᄋᆞ字로 用홈은 特히 省筆法으로 二劃을 合ᄒᆞ야 一點을 作홈이오 末端에 ㅣ字를 置홈은ㅣ字가 上下를 通ᄒᆞ야 連貫홈을 象形홈이라. 何 由其必然홈을 知ᄒᆞᄂᆞ요 ㅣ에 ㅏ를 合讀ᄒᆞ면 ㅑ가 되고 ㅣ에 ㅓ를 合讀ᄒᆞ면 ㅕ가 되고 ㅣ에 ㅗ를 合讀ᄒᆞ면 ㅛ가 되고 ㅣ에 ㅜ를 合讀ᄒᆞ면 ㅠ가 되고 ㅣ에 ㅡ를 合讀ᄒᆞ면 二가 되니 此ᄂᆞᆫ ㅣ字가 上下를 貫徹ᄒᆞᆫ 證據가 的確ᄒᆞ도다. 噫라 이으 併合ᄒᆞ야 所發ᄒᆞᄂᆞᆫ 新音으로 으字下에 位ᄒᆞ야 中聲을 爲ᄒᆞ면 得ᄒᆞᆫ 바 新音이 三百餘種에 至ᄒᆞ리니 豈不偉哉아 但 ᄋᆞ字가 아字로 與ᄒᆞ야 同音홈이 行之久矣라. 今에

비록 新定혼 音으로 命홀지라도 混淆호고 防碍홀 弊가 必有호리니 ᄋᆞ字를 으字로 換호야 ㅏㅑㅓㅕㅗㅛㅜㅠㅡ二ㅣ로 定例홈이 妥當홀 듯호기에 敢히 質言호노니 妄筆의 罪는 逭호기 難호나 訓蒙호기에 切호야 避嫌홈에 未暇호오니 高明호신 君子들은 恕而容之호시고 斤而正之호심을 厚望호노라.

新訂國文五音象形辨

ㄱ 牙音象牙形　ㅋ 牙音重聲　ㆁ 牙喉間音象喉扇形○音失其眞今姑闕之

ㄴ 舌音象舌形　ㄷ 舌音像掉舌形　ㅌ 舌音重聲　ㄹ 半舌音象捲舌形

ㅁ 脣音象口形　ㅂ 脣音象半開口形　ㅍ 脣音象開口形

ㅅ 齒音象齒形　ㅈ齒舌間音象齒齦形　ㅊ 齒音重聲　ㅿ 半齒音象半啓齒形○音失其眞今姑闕之

ㅇ ○淺喉音象喉形　ㆆ 喉齒間音象喉齒形○音失其直今姑闕之

ㅎ 深喉音

新訂國文初中終三聲辨

初聲終聲通用八字

ㄱ 기윽 ㄴ 이은 ㄷ 디읏 ㄹ 이을 ㅁ 미음 ㅂ 비읍 ㅅ 시읏 ㅇ 이응

기니다리미비시이 八音은 用於初聲

윽은읃을음읍읏응 八音은 用於終聲

初聲獨用六字

ㅈ 지 ㅊ 치 ㅋ 키 ㅌ 티 ㅍ 피 ㅎ 히

中聲獨用十一字

ㅏ아 ㅑ야 ㅓ어 ㅕ여 ㅗ오 ㅛ요 ㅜ우 ㅠ유 ㅡ으 二으 이으 合音ㅣ 이

新訂國文合字辨

初聲 ㄱ字를 中聲 ㅏ字에 倂하면 가字를 成하고 終聲ㅇ字를 가字에 合하면 강字가 되니 餘倣此하니라.

新訂國文高低辨

上聲去聲傍加一點(我東俗音에 上去聲이 別노 差等이 無함이라)하고 平聲入聲은 無點이오 且凡做語之曳聲에 亦加一點하니라.

字音高低標

動움즉일동 同한가지동 禦막을어 魚고기어 之類餘倣此하니라.

做語曳聲標

簾발렴 足발족 列버릴열 捐 버릴연 之類餘倣此하니라.

新訂國文疊音刪正辨

ᄀᆞᄂᆞᄃᆞᄅᆞᄆᆞᄇᆞᄉᆞᄋᆞᄌᆞᄎᆞᄏᆞᄐᆞᄑᆞᄒᆞ 十四字난 가나다라마바사아자차카타파하字의 疊音으로 用하기에 刪正함이라.

新訂國文重聲釐正辨

ㄲㄸㅃㅉ난 ㄱㄷㅂㅅㅈㅊ의 重聲이라 古昔에난 까따빠싸짜로 行ᄒᆞ더니 後人이 漢文 疊字의 疊를 倣하야 ᄭᅡᄶᅡᄲᅡ싸ᄶᅡ로 用함이 還屬便利로ᄃᆡ 以字를 벼로 釋함은 無由하기 ㅅ傍에 ㅂ를 倂함을 廢止함이라.

내용 요약

지석영이 1905년 ≪대한자강회월보≫ 제11호 및 제13호 두 호에 걸쳐 실은 글 ≪대한국문설≫의 두 번째 논설로, ≪新訂國文≫에 대한 이론적 근거를 밝힌 글이다. 또한 논설 말미에는 〈신정국문〉의 내용을 덧붙여 이해를 돕고 있다. 내용을 요약하면 다음과 같다.

(1) 초중성을 병합하여 소리를 이룰 때, 단모음과 이중모음을 구별하지 않으며, ㄷ이 초성에 나올 때 ㅈ과 같은 소리로 읽는다. (2) 고저의 기준을 잃어 동음자와 동의자의 경우 한문에 의존치 않으면 변별할 방법이 없으며, ·와 ㅏ를 통용하여 문제가 있다. (3) ‘ㅏ, ㅑ, ㅓ, ㅕ, ㅗ, ㅛ, ㅜ, ㅠ’와 ‘ㅡ, ㅣ, ·’의 글자를 이루는 것이 법칙에 어긋난다. 중성자의 연관문합을 살펴볼 때 ㅡ 다음에는 ᅟᆖ가 와야 마땅하므로 ‘ᄋᆞ’자를 ‘으’자로 바꾸어 ‘ㅏ, ㅑ, ㅓ, ㅕ, ㅗ, ㅛ, ㅜ, ㅠ, ㅡ, ᅟᆖ, ㅣ’로 순서를 정함이 마땅할 것이다.

개념어	국문(國文), 훈민정음(訓民正音), 화음(華音), 평성(平聲), 상성(上聲), 거성(去聲), 입성(入聲)

22. 교수와 교과에 대하여(教授와 教科에 對ᄒᆞ야)[1]

장응진(張膺震)

교수(教授)의 목적은 현재까지 인류가 이룩한 개화를 적당히 이해할 만한 내용을 전수하여 아동의 지능을 계발하기 위해서이다. 대개 국민 교육의 목적은 사람이 세상에 나면 일개인으로 또는 국가 사회의 일원으로 적당한 품격을 보유하여 각자의 임무를 다하게 함이다. 그러므로 이 목적을 달성하고자 하면 각 개인으로 하여금 현 세계를 이해하게 하며, 국민의 자격으로 국가 전체의 목표를 깨닫고 세상에서 살아가는 데 필요한 지식과 기능을 배우고 익히며 점차 주의(主義)를 키워나가, 관찰을 영민하게 하고 기억력과 상상력을 증진하며 추리와 판단을 정확하게 하여, 세상을 살아가는 데 불편함이 없게 해야 하는 것은 말할 필요가 없다. 따라서 교육상에 제일 필요한 것은 그 시대정신에 가장 적합한 교과 교재를 정선(精選)함에 있는 것이다. 만일 많은 지식을 주입하는 것을 위주로 하여 정신적 도야(陶冶)를 무시하고 잡다한 재료를 기계적으로 쌓기만 하면 그 사람의 인격을 고상하게 할 수 없을 뿐만 아니라, 습득한 지식도 활용할 길이 없어 교수의 본래 목적이 효과를 거두지 못할 것이다. 그러하므로 정신적 수련을 또한 경시할 수 없는 것이다. 그러나 또 만일 정신적 도야만을 유일한 목적으로 삼고 지식의 수양을 경시하게 되면 왕왕 좁은 편견이나 아집에 빠질 위험이 있을 뿐만 아니라, 세상일에 멀어지고 어수룩해져서 생활상에 실용의 효과를 거두기 어려울 것이다. 그러므로 교수의 좋은 방책은 한편으로는

1 《太極學報》 13호, 1907. 9. 24.

지식의 재료로 감관(感官)을 연마하여 관찰을 정밀히 하고 기억력과 예측력을 증진하며 추리 판단을 정당히 하고, 다른 한편으로는 정신적 단련에 노력하여 사상을 고상하게 하고 감정을 조화롭게 하며 의지를 굳게 해야 할 것이다. 이렇게 지적 도야와 정신적 수양이 치우치지 않은 상태로 양자가 함께 진전한 연후에야 교수의 진정한 효과를 기대할 수 있을 것이니, 그러므로 교과의 재료 선택과 그 순서 배열과 모든 과목의 결합, 통일 방법이 좋고 나쁜 정도가 교육 목적을 달성하느냐 못하느냐를 가르는 가장 큰 관건이다.

상고시대로부터 오늘날에 이르도록 어떤 시대와 어떤 지역에서도 학교에서 교수하는 과목은 다 당시의 이상적인 목적을 따라 선택하는 것이니, 그러므로 교과를 선택하는 방법이 그 시대 이상의 변천에 따라 달라지는 것은 자연스러운 일이다. 예전 동양 여러 나라 가운데 특히 우리나라에서는 수신 도덕을 유일한 학문으로 삼아 고대 성현이 남긴 문헌을 속속들이 이해하고 문자를 배워 문장을 짓는 것에만 힘을 쏟았고, 그 후 과거(科擧) 제도가 시행된 뒤에는 교육의 통일이 이루어지지 않아 교수 방법이 일치되지 않았는데, 교육의 목적이 또한 일변하여 결국 적당한 문장을 찾아 문구를 따다 넣는 것을 학문으로 했던 옛 폐단이 오늘에까지 이어졌으되, 완고한 유생과 경박한 개화의 무리들은 시대를 통찰하여 이러한 잘못을 만회할 방책은 구하지 않고 쓸데없는 견해만을 주장하거나 벼슬하려는 허망한 몽상에 빠져 4천 년 헛된 꿈에서 깨어날 기회를 살리지 못하니 어찌 탄식하지 않을 수 있겠는가. 서양의 고대를 상고해 보면 희랍에서는 교육의 목적이 심신을 원만히 조화롭게 발달시켜 인생을 고상하고 완미(完美)하게 하는 데 주안점을 두었다. 따라서 그 교과는 체조와 문예로 크게 구별되었으니, 전자는 신체를 연마하고 후자는 정신을 도야하여 양자가 서로 돕고 조화를 이룬 후에야 완전한 교육을 실시할 수 있다 하였고, 그 후 문명이 점진함에 따라 이른바 문명적 교과는 최초에는 독법(讀法), 서법, 음악, 창가(唱歌) 등으로 편성하였다가 그 후에 다시 문법, 습자(習字), 변론(辯論), 산술, 음악, 기하(幾何), 천문의 7과로 기본 교과를 만들었는데, 이 제도가 중세까지 계속되었다. 로마에서는 희랍의 이상적 견해와 달리 실제적 교과를 주로 채택함에 따라,

직접적인 필요와 공통의 이익을 위하여 언어의 숙달과 변론의 효능을 학과의 중심에 두고, 문법을 중요한 교과로 삼았었다. 그러다가 중세에는 종교의 세력이 확장되어 종교, 라틴어 문법, 습자, 변론술 등이 주요한 교과가 되었으며, 인도주의가 부흥할 때에는 옛 학문에 주안점을 두고, 실과주의(實科主義)가 왕성할 때에는 자연과학과 수학이 기본 교과로 설정되었으며, 실업주의(實業主義)가 세력을 확장할 때에는 실제 생활에 이익이 되는 교과, 가령 독서, 산술, 외국어, 실업과 등이 주요한 과목이 되었다. 근세에 이르러서는 각 과학이 현저하게 발전함에 따라 이러한 과학을 전문으로 연구하고 또 각 과학을 학교 교과 가운데 편입하자는 의견을 주장하는 데까지 이르렀으니, 이와 같이 학교 교과는 각 시대가 생각하는 이상의 변천을 따라 달라지게 마련이다. 또한 교육이 어떠한가는 국가의 성쇠와도 직접적인 관계가 있다. 현재 개명한 국가에서는 대개 교육을 감독하고 간섭하는 것을 국가의 중요한 임무로 삼아 교과와 같이 교육상에 중요한 요소는 국가가 이상으로 삼는 목적에 맞추어 규정을 세우고 방침을 지도하는 데 이르렀다. 그러나 국가가 이상으로 삼는 목적도 고정 불변하는 것이 아니라, 시세와 인정에 따라 변하는 것이므로 항상 이런 것들을 참작하여 개정하지 않을 수 없는 것이다. 또 같은 나라 안에서도 각 지방의 인정과 지역의 상태에 따라 이 규정에는 변화가 있을 수 있다.

그러므로 보통 교육을 실시하는 데에 있어 교과는 어떠한 표준을 따를 것인가 하면, 제일 교과는 국민 개화의 전 범위를 포괄하는 모든 요소를 선택할 것이요, 교수의 재료는 국민의 개화 생활에 관한 전 범위에서 선택해야 할 것이다. 그렇지 않으면 현재를 정당하게 이해하기 어렵고 교수의 목적을 달성하기 불가능할 것이다. 이러한 요소는 대개 오늘날 이른바 과학과 기술에 포괄될 수 있겠으나, 이러한 과학 기술도 학교에서 직접적으로 교수할 교과가 있고, 또 직접적으로 교수할 수 없어 각자 자유로이 습득해야 하는 과목이 있으니, 대략적으로 말하면 교과는 각국이 당시의 상황을 고찰하여 취사선택하는 것이고, 또 교과라는 것이 개화의 전반을 포괄해야 하는 것이므로, 과학도 또한 정신과학과 물질과학이 정당히 조화롭게 통일된 세계관을 가지게 하는 것이 필요하다. 그러나 각 나라의 상황이 각기 달라 교과 선택의 방법이 같이 않되 대개 주요한 과목을 차례로 거론하면 아래와 같다.

(1) 수신과(修身科)

수신과는 예로부터 우리 동양의 선진적인 여러 나라가 시행한 교육 중에서 가장 필요한 과목으로 모든 교과의 가장 윗자리를 점했던 것이다. 서양 여러 나라들에서는 옛날에 희랍 로마 시대로부터 별도로 수신과가 없었고, 중세에 이르러 예수교가 전파된 이후로 각국이 교육상에 종교과를 특별히 설치하고 (프랑스와 그 외 몇 나라는 제외) 신학을 교수하였는데, 이것으로 모든 교과의 으뜸을 삼아 오늘날에 이르도록 이 신학이 각 교과를 통일 연결하는 기초가 된 듯하다. 그러나 동양 여러 나라에서는 사정이 이와 달라 예로부터 수신 도덕이 거의 유일한 교과였으므로 인민의 사상이 이로부터 함양되어 도덕의 관념이 은연중에 뇌수에 각인되었던 것이다. 그렇기 때문에 지금 이후로 교육의 길에 나선 자라면 이러한 데서 단점은 버리고 장점은 취하여 이를 점차 개선하고 완성하면 될 것이고, 이를 근본적으로 변경할 필요는 없을 것이다.

대개 아동의 양심을 배양하고 덕성을 함양하고자 하면 이들을 먼저 지식의 방면으로 유도하여 선악의 구별을 정확히 하고 선량한 이상을 구성하여 행위의 결과를 판단케 하는 능력을 계발해야 할 것이다. 또한 수신과를 올바르게 가르칠 수 있다면, 도덕적 소양이 배양되고 선을 행하고자 하는 의사가 생길 것이다. 우리는 원래 발달할 만한 능력이 있어서 이것이 자기와 타인의 경험을 바탕으로 발달하는 것이니, 그러므로 교육상의 순서를 올바르게 하고 감화를 베풀어 도덕의 실천을 주장하는 것이 필요한 것이다. 혹자가 말하되, 보통교육상에 특별히 수신과를 마련할 필요가 없고 교수할 때에 각 교과를 수신에 관계가 있게 전수하는 것이 편리하다 하나, 도덕과 수신은 각 교과의 고유한 목적이 아니므로 그와 같이 해서는 만족할 만한 결과를 거두기 어려울 것이다. 그러므로 오늘날 동양 여러 나라를 대체로 살펴보면, 수신과를 통해 질서 있는 도덕적 교육을 실시하고, 이로써 각 교과를 통일하게 하는 것이 필요할 듯하다.

입력 원문

教授와 教科에 對ᄒᆞ야

張膺震

教授의 目的은 現世人類의 開化를 適當히 理解ᄒᆞᆯ 만ᄒᆞᆫ 必要ᄒᆞᆫ 內容을 傳授ᄒᆞ야 兒童의 知能을 啓發ᄒᆞᄂᆞᆫ 作用이라. 蓋 國民教育의 目的ᄒᆞᄂᆞᆫ 바ᄂᆞᆫ 人이 此 世에 生ᄒᆞ면 一個人으로 又ᄂᆞᆫ 國家社會의 一員으로 相當ᄒᆞᆫ 品格을 保有ᄒᆞ야 各自의 任務를 盡케 홈이니 此 目的을 達코져 ᄒᆞ면 各 個人으로 ᄒᆞ여금 現世를 理解ᄒᆞ며 國民의 資格으로 國家全體의 理想 目的을 覺知ᄒᆞ고 世上에 處ᄒᆞᄂᆞᆫ데 必要ᄒᆞᆫ 知識과 技能을 傳習ᄒᆞ며 漸次 其 主義를 陶冶ᄒᆞ야 觀察을 穎敏히 ᄒᆞ고 記憶像想의 作用을 增進ᄒᆞ며 推理判斷을 精確ᄒᆞ게 ᄒᆞ야 處世上에 不便이 無케 ᄒᆞᆯ 거슨 論을 不待ᄒᆞ고 自明ᄒᆞᆫ 거시나 教授上에 最必要ᄒᆞᆫ 거슨 其 時代精神에 最適合ᄒᆞᆫ 教科材料를 精撰홈에 在ᄒᆞᆫ지라. 萬一 知識의 多量을 注入홈으로써 爲主ᄒᆞ야 心的 陶冶를 不顧ᄒᆞ고 다못 雜多ᄒᆞᆫ 材料를 機械的으로 蓄積ᄒᆞ면 其 人의 人格을 高尙케 못ᄒᆞᆯ ᄲᅮᆫ만 아니라 習得ᄒᆞᆫ 知識도 活用키 無路ᄒᆞ야 教授의 本意가 無效에 歸ᄒᆞ리니 然則 心的 修鍊을 ᄯᅩᄒᆞᆫ 輕視치 못ᄒᆞᆯ 거시라. 然이ᄂᆞ ᄯᅩ 萬一 心的 陶冶로ᄡᅥ 唯一의 目的을 삼고 知識의 修養을 輕視ᄒᆞᄂᆞᆫ 端이 有ᄒᆞ면 往往 偏見挾量에 陷ᄒᆞᆯ ᄲᅮᆫ만 아니라 世事에 疎遠ᄒᆞ고 實際에 迂闊ᄒᆞ야 生活上에 實用의 效果를 收키 不能ᄒᆞ리니 故로 教授의 良方은 一邊으로ᄂᆞᆫ 知識의 材料로ᄡᅥ 感官을 鍊磨ᄒᆞ야 觀察을 精密히 ᄒᆞ고 記憶豫想을 增進ᄒᆞ며 推理判斷을 正當히 ᄒᆞ고 他邊으로ᄂᆞᆫ 心的 鍛鍊을 更加ᄒᆞ야 思想을 高尙히 ᄒᆞ고 感情을 調和ᄒᆞ며 意志를 鞏固케 ᄒᆞ야 如此히 知的 陶冶와 心的 修養이 不偏不倚ᄒᆞ야 兩兩幷進ᄒᆞᆫ 然後에야 教授의

眞正ᄒᆞᆫ 效果를 可期ᄒᆞᆯ지니 然則 教科의 材料撰擇과 其 順序排列과 全科結合統一方法의 良否ᄂᆞᆫ 以上의 教授目的을 成ᄒᆞ고 成치 못ᄒᆞᄂᆞᆫ데 最大ᄒᆞᆫ 關鍵이라. 上古로브터 今日에 止ᄒᆞ도록 何時代와 何地方을 勿論ᄒᆞ고 學校에셔 教授ᄒᆞᄂᆞᆫ 科目은 다ㅣ 當時의 理想 目的을 從ᄒᆞ야 撰擇ᄒᆞᄂᆞᆫ 거시니 故로 教科의 撰擇ᄒᆞᄂᆞᆫ 方法이 其 時代理想의 變遷을 從ᄒᆞ야 相異ᄒᆞᆯ 거슨 自然ᄒᆞᆫ 理勢라. 舊日 東洋諸國中에 特히 我國에셔 擇用ᄒᆞ든 거스로 觀ᄒᆞ면 修身道德으로 唯一의 學問을 삼아 古代聖賢의 遺書를 通解ᄒᆞ고 文字를 知ᄒᆞ며 文章을 作ᄒᆞᆷ으로써 唯一의 教科를 삼앗고 其 後 科擧法이 行ᄒᆞᆫ 以後로ᄂᆞᆫ 教育의 統一이 缺ᄒᆞ야 教授의 方法이 不一ᄒᆞ고 教育의 目的이 又 一變ᄒᆞ야 畢竟 有名無實ᄒᆞᆫ 尋章摘句의 餘弊가 今日에 至ᄒᆞ여스되 頑冥ᄒᆞᆫ 腐儒와 輕薄ᄒᆞᆫ 開化者 類ᄂᆞᆫ 時代를 洞察ᄒᆞ야 此를 挽回ᄒᆞᆯ 方策을 不究ᄒᆞ고 迂論僻見을 主張치 아니ᄒᆞ면 榮利宦夢에 沈濕ᄒᆞ야 四千年 迷夢을 永久히 醒覺ᄒᆞᆯ 機會가 無ᄒᆞ니 嘆惜치 아니리오. 西洋의 古代를 溯考ᄒᆞ면 希臘에셔ᄂᆞᆫ 教育의 目的이 心身을 圓滿히 調和發達ᄒᆞ야 人生을 高尙完美케 ᄒᆞᆷ으로써 主眼을 作ᄒᆞᆫ지라. 其 教科ᄂᆞᆫ 體操와 文藝 二科에 大別ᄒᆞ니 前者ᄂᆞᆫ 身體를 鍛鍊ᄒᆞ고 後者ᄂᆞᆫ 精神을 陶冶ᄒᆞ야 兩者가 相助調和ᄒᆞᆫ 然後에야 完全ᄒᆞᆫ 教育을 施ᄒᆞᆫ다 ᄒᆞ엿고 其 後 文明이 漸進ᄒᆞᆷ을 從ᄒᆞ야 所謂 文明的 教科ᄂᆞᆫ 最初에ᄂᆞᆫ 讀法 書法 音樂 唱歌 等으로 編成ᄒᆞ얏더니 其 後에 다시 文法 習字 辯論 算術 音樂 幾何 天文의 七科로 基本教科를 作ᄒᆞᆷᄋᆡ 此 制度가 中世紀ᄭᆞ지 繼續ᄒᆞ엿고 羅馬에셔ᄂᆞᆫ 希臘의 理想的 見解와 反ᄒᆞ야 實地的 教科를 主張ᄒᆞ고 直接의 必要와 共通의 利益을 爲ᄒᆞ야 言語의 熟達과 辯論의 巧能으로써 學科의 中心을 삼고 文法으로써 重要ᄒᆞᆫ 教科를 作ᄒᆞ엿더니 中世紀頃 宗教의 勢力이 擴張된 後로ᄂᆞᆫ 宗教 羅典語 文法 習字 辯論術 等으로 主要ᄒᆞᆫ 教科를 作ᄒᆞ엿고 人道主義가 復興ᄒᆞᆯ 時代에ᄂᆞᆫ 古學을 主眼ᄒᆞ고 實科主義가 旺盛ᄒᆞᆯ 時에ᄂᆞᆫ 自然科學과 數學으로 基本教科를 作ᄒᆞ엿고 實業主義가 勢力을 擴張ᄒᆞᆯ 時에ᄂᆞᆫ 實際生活에 利益이 有ᄒᆞᆫ 教科 卽 讀書 算術 外國語 實業科 等으로 主要ᄒᆞᆫ 科目을 作ᄒᆞ엿고 近世에 至ᄒᆞ야ᄂᆞᆫ 各 科學의 發展이 著大ᄒᆞᆷ을 從ᄒᆞ야 此等 科學을 專門으로도 研究ᄒᆞ고 ᄯᅩ 各 科學을 學校 教科中에 編入ᄒᆞᆯ 意見을 主張ᄒᆞᆷ에 至ᄒᆞ엿스니 如此히 學校

教科는 時代理想의 變遷을 從ᄒᆞ야 相異ᄒᆞ도다. 또 教育의 如何는 國家盛衰에 直接ᄒᆞᆫ 大關係가 有ᄒᆞᆷ으로 現時開明ᄒᆞᆫ 各國에셔는 國家가 大概 教育을 監督ᄒᆞ고 此를 干涉ᄒᆞᆷ으로써 一大任務를 삼아 教科와 如히 教育上의 重要ᄒᆞᆫ 要素는 國家가 其 理想ᄒᆞ는 目的을 從ᄒᆞ야 規定을 立ᄒᆞ고 方針을 指導ᄒᆞᆷ에 至ᄒᆞᆫ지라. 然이ᄂᆞ 國家의 理想ᄒᆞ는 目的도 一定不變ᄒᆞ는 거시 아니라 時勢와 人情을 從ᄒᆞ야 變ᄒᆞᆯ 거시미 此를 恒常 參酌 改定치 아니치 못ᄒᆞᆯ 거시오. 또 一國內에셔라도 各 地方의 人情과 土地의 狀態를 從ᄒᆞ야 此 規定을 斟酌치 아니치 못ᄒᆞᆯ 거시라. 然則 普通教育을 施ᄒᆞ는데 教科는 如何ᄒᆞᆫ 標準을 因ᄒᆞᆯ고 ᄒᆞ면 第一 教科는 國民開化의 全範圍를 包含ᄒᆞᆫ 總要素를 撰擇ᄒᆞᆯ 거시오. 教授의 材料는 國民開化的 生活의 全範圍에셔 撰擇치 아니ᄒᆞ면 現在를 正當히 理解키 不能ᄒᆞ고 教授의 目的을 達키 不能ᄒᆞ리니 此等 要素는 大概 今日 所謂 科學과 技術에 包括ᄒᆞᆷ을 得ᄒᆞ깃스ᄂᆞ 此等 科學技術도 學校에셔 直接으로 教授ᄒᆞ는 教科와 直接으로 教授키 不能ᄒᆞ야 各自 自由로 習得ᄒᆞ는 科目이 不無ᄒᆞ니 慨言ᄒᆞ면 教科는 各 國이 當時의 狀況을 顧察ᄒᆞ야 取捨撰擇ᄒᆞ는 거시오. 또 教科는 開化의 全般을 包括치 아니치 못ᄒᆞᆯ 거신 卽 科學도 또ᄒᆞᆫ 心的 科學과 物的 科學이 適宜히 調和ᄒᆞ야 統一ᄒᆞᆫ 世界觀을 得케 ᄒᆞ는 거시 必要ᄒᆞ도다. 然이나 各 國의 狀況이 各異ᄒᆞ야 教科撰擇의 方法이 亦 不一ᄒᆞ되 大概 主要ᄒᆞᆫ 科目을 次第로 擧論ᄒᆞ면 左와 如ᄒᆞ니라.

(一)修身科

修身科는 古來 我東洋 先進 諸國 教育上에 最必要ᄒᆞᆫ 科目으로 各 教科의 首位를 占ᄒᆞᆫ 者라. 西洋 諸國에는 昔日 希臘 羅馬時代로브터 別노히 修身科가 無ᄒᆞ엿고 中世紀頃에 至ᄒᆞ야 耶蘇教가 傳播된 以後로 各 國이 教育上에 宗教科를 特設ᄒᆞ고 (法國과 其他 數國은 除外)神學을 教授ᄒᆞ야 此로써 各 教科의 首科를 삼아 今日에 至ᄒᆞ도록 此 神學이 各 教科를 統一連結ᄒᆞ는 基礎가 된 듯ᄒᆞ나 東洋 諸國에셔는 事情이 此와 異ᄒᆞ야 古來로 修身道德이 거의 唯一의 教科가 되엿슴으로 人民의 思想이 此 間에 涵養되여 道德의 觀念이 隱然히 腦髓에 印ᄒᆞ엿슨

則 今後로 敎育의 路에 當ᄒᆞᄂᆞᆫ 者가 捨短取長ᄒᆞ야 此를 漸次 改善 完成케 홀 道理ᄂᆞᆫ 容易ᄒᆞ거니와 此를 根本的으로 變更홀 必要ᄂᆞᆫ 無ᄒᆞᆯ깃도다.

大抵 兒童의 良心을 啓培ᄒᆞ고 德性을 涵養코져 ᄒᆞ면 此를 몬져 智識의 方面으로 誘導ᄒᆞ야 善惡의 區別을 眞正히 ᄒᆞ고 善良ᄒᆞᆫ 理想을 構成ᄒᆞ야 行爲의 結果를 判斷케 ᄒᆞᄂᆞᆫ 作用을 啓發홀 ᄲᅮᆫ만 아니라 修身科의 敎授가 適當홈을 得ᄒᆞ면 道德的 要素를 培養ᄒᆞ고 善을 行코져 ᄒᆞᄂᆞᆫ 意思의 働作을 興奮홀 거시라. 吾人은 元來 發達홀 만ᄒᆞᆫ 力量이 有ᄒᆞ야 此가 自己와 밋 他人의 經驗으로 由ᄒᆞ야 發達ᄒᆞᄂᆞ니. 故로 敎授上에 秩序를 正히 ᄒᆞ고 感化를 施ᄒᆞ야 道德의 實踐을 主張ᄒᆞᄂᆞᆫ 거시 必要ᄒᆞ도다. 或은 謂ᄒᆞ되 普通敎育上에 特別히 修身科를 設홀 必要가 無ᄒᆞ고 敎授홀 時에 各 敎科를 修身에 關係가 有ᄒᆞ게 傳授ᄒᆞᄂᆞᆫ 거시 便利ᄒᆞ다 ᄒᆞᄂᆞ 此ᄂᆞᆫ 各 敎科의 固有ᄒᆞᆫ 目的이 아닌 則 다못 如此히 ᄒᆞ여서ᄂᆞᆫ 滿足ᄒᆞᆫ 結果를 收키 難ᄒᆞ리니 然則 今日 東洋 諸國의 大體로 觀ᄒᆞ면 修身科로써 秩序잇ᄂᆞᆫ 道德的 敎育을 施ᄒᆞ야 此로ᄡᅧ 各 敎科를 統一케 ᄒᆞᄂᆞᆫ 거시 必要홀 듯 ᄒᆞ도다.(未完)

내용 요약

필자는 국민 교육의 목적을 국민이 자신의 임무를 깨닫고, 세상을 살아나가는 데 필요한 지식을 습득하는 데 있다고 보고 그 과정에서 가장 중요한 것으로 시대정신에 제일 적합한 교과 재료를 정선함을 꼽고 있다. 따라서 지식의 습득(지적 도야), 또는 심적 도야(심적 수양) 한쪽으로만 치우쳐서는 곤란하다고 역설한다.

우리는 고래로부터 수신 도덕만 공부해 왔고 과거가 생긴 이래로는 문장을 찾아 구절을 따 넣는데 급급했으며, 그 폐단은 아직도 남아 있다. 그러나 유럽에서는 시대의 이상이 변함에 따라 교과가 바뀌어 왔다. 교육은 국가의 성쇠에 직접적으로 관계가 있으므로, 개명한 국가에서는 대개 국가가 교육을 감독 간섭한다. 각국의 상황이 달라 교과 선택의 방법이 같지는 않겠으나, 주요한 과목을 순서대로 거론하면 다음과 같다. 우선은 수신과이다. 동양에서는 수신 도덕이 거의 유일의 교과였으므로 근본적 변경 없이 이의 단점을 개선하면 될 듯하다.

개념어	개화, 국가, 사회, 국민의 자격, 시대정신, 동양, 서양, 희랍, 고대, 중세, 근세, 교수, 교과, 국민교육, 보통교육, 문법, 변론, 산술, 음악, 기하, 천문, 신학, 종교

속편 : 교수와 교과에 대하여(敎授와 敎科에 對ᄒᆞ야)[2]

장응진(張膺震)

(2) 언어과(국어와 외국어)

언어 수양과 마음의 도야는 밀접한 관계를 가지고 있으니, 보통교육을 할 때 언어의 수양은 가장 필요한 것이다. 우리는 언어를 의사표시와 사상발전의 중요한 수단으로 사용할 뿐 아니라, 이로 말미암아 인류발전의 경로와 국민개화에 커다란 영향을 미친 허다한 기록을 이해할 수 있다. 따라서 아주 옛날부터 교육을 설비할 때 처음에는 언어를 가르쳐서 서책(書冊)을 읽을 수 있게 하고, 또 그 의의의 이해를 중요한 과목으로 삼았다. 이것은 필경 이것들을 배우고 익힘으로써 그 시대 국민의 정신생활을 유지하게 하고, 또 보통교육의 기초를 만들려는 이유에서이다.

오늘날 보통교육을 하는 학교에서 정도의 여하를 불문하고 일반적으로 자국어로 중심을 삼는데, 이것은 세계 각국이 동일하다. 아득한 옛날 인도주의가 부흥했을 때는[3] 고어를 연구하여 고대인이 남긴 책을 이해하는 것만을 일삼았으며, 외국어를 자국어보다 도리어 중히 여기는 폐단이 있었다. (우리나라의 과거 교육이 우리의 국문을 비천하다 하여 배척하고, 사용하지 않았으며, 한문만 귀하게 여겼다. 한문에서도 고자(古字),[4] 전자(篆字)[5]와 궁벽한 문자 등을

2 ≪太極學報≫ 14호, 1907. 10. 24.

3 르네상스의 인문주의를 지칭하는 것으로 보인다. 이 시기에는 중세 기독교 세계관에서 벗어나기 위한 방편으로 고대 그리스의 문헌과 예술의 탐구에 몰두하였다.

4 고자(古字): 예서(隸書) 이전의 고대 문자.

많이 탐구하여 옛 서적들을 많이 해석함으로써 학식이 뛰어난지 그렇지 않은지를 비교했는데, 우리의 이런 사례들과 비슷하다. 이런 잘못된 견해는 과거시대에 속하고, 각국이 다 자국어로 교육의 중심을 삼는다. 이것은 곧 국민으로 하여금 각자의 의무를 다하게 하려면 일찍이 국가의 명분과 의리에 동질감을 표시하여 애국의 정을 불러일으키려는 것이다. 또 국어는 그 국민의 사상과 감정을 표출하는 것이기에, 동포를 결합시키는 데 있어 가장 유력한 방편이다. 이런 이유로 초등학교 정도에서는 자국어로 국민의 현시대 상황을 환히 깨닫는 것으로 만족할 것이다. 그 상황에서 한 단계 더 나아가 그 연구·이해의 힘을 더 심오하게 사용하고자 할 경우 유래의 연혁을 밝게 고찰하고, 타국의 개화와 비교하며, 타국민의 사상과 감정을 탐구할 필요가 있다. 그런즉 초등학교 이상 정도의 학교에서 국어를 공부하고 외국어를 공부하는 것은 불가피한 이치다. 특히 타국의 문화를 수입하여 자국의 발전을 공급하는 국가에서는 한층 그 필요성이 더 있어 보인다. 따라서 오늘날에는 어떤 국가를 막론하고 중학 정도 이상의 학교에서는 자기 나라와 가장 밀접한 연관이 있는 1-2개의 외국어를 공부하게 하며, 이와 동시에 자국의 문학을 한층 더 연구하여 자국문학의 진수를 맛보게 하고, 그 특징과 묘미를 느껴 체득하게 하며, 이로써 연설하고 문장을 만들 때 극도의 정교함을 힘써 도모하도록 하는 것이다.

(3) 수학과

수학은 지난날 동양의 학문세계에서 6예중 한 과로 중요한 것이다. 수학은 원래 외부 사물에 관한 지식을 연구하는 것이었다. 이로 인해 외부 세계에 관한 적당한 관념을 얻으며, 각종 현상과 관계를 이해할 수 있게 하고, 일상생활에서 들어오는 것을 계산하여 나가는 것을 절제하고, 작은 오차도 발생하지 않게 함으로써 처신을 적절하게 하고, 근검저축의 관념을 양성하고, 특히 상공업에 종사하는 자는 그 관념이 있은 연후에야 경제와 직업상에 적당한 위치를

5 전자(篆字) : 전체자(篆體字). 고대의 한자 서체인 전서(篆書)체로 쓰인 글자.

정할 것이다. 또한 최근에 각종 과학이 발달한 이래 수학의 지위가 한층 긴요함을 인정받게 되었다. 즉 수학은 자연계의 현상과 법칙에 대하여 정밀한 인식을 우리에게 부여하는 것이다. 수학은 따라서 과학발전의 중요한 원인이요, 또한 과학연구의 중요한 방편이다. 우리는 수학으로 인하여 확실한 진리를 인식하며, 감관(5관)으로 얻은 지각을 정당하게 하며, 경험 이외의 견식(見識)을 열어, 인과법칙을 정확히 하고, 또 그것을 엄밀히 증명하여, 자연력을 제어하고 이용하게 한다. 그리고 그 외의 각종 효용을 일일이 열거할 여유가 없다. 이렇듯 수학은 우리의 일상 생활에서만 필요한 것이 아니라 다른 학과를 공부하는 데도 기초가 되므로 각국이 초등학교에서는 일상에서 쉽게 접하는 사실에 대해 신속정확하게 계산하는 것을 위주로 산술을 가르치고, 중학 정도에 이르면 수학을 거의 모든 학과의 수위를 점하게 하는 경향이 있다.

(4) 역사과

역사는 인생의 고심경영과 사업성패와 행위의 선악과 국가사회의 흥망성쇠와 인류발달의 경로와 각종 과거의 사실을 일일이 명시함으로써 우리로 하여금 사람과 국가사회에서 일어난 일에 대하여 이해하게 하고, 양심을 분발시키며, 인생살이 전반에 대한 지식을 부여하는 것이다. 그러므로 역사는 수신(修身)과도 밀접한 연관이 있으며, 예부터 도덕적 교훈을 하고자 할 때 종종 역사를 든 사실이 있었다. 그러나 역사를 한 교과목으로 편입시켜 보통교육에서 이수케 한 것은 18세기경부터 시작하였고, 최근에 이르러서야 역사는 인격을 도야하고 국가관을 양성하고, 사회적, 정치적 지식을 전수하기에 적당한 것으로 인정하여 보통교육에서 중요한 교과가 되었다. 그러나 초등교육에는 자국역사에 주안점을 두고, 역사상의 관계를 보는 경우에 있어서도 자국 역사에 관한 내용으로 채워 넣을 것이다. 그래서 소학교 역사교과목은 각국이 대개 자국의 역사를 표준으로 한다. 그러나 어떤 국가를 막론하고 그 국가의 문화발전은 이와 밀접한 관계가 있는 타국의 영향을 받는 것이 적지 않으므로 자국의 개화발달의 연원을 탐구(推究)하고자 할 경우 불가피하게 이러한 관련국의 역사 또한 참고할 필요가 있다. 그러므로 중등 이상의 교육을 실시하는 학교에서는 외국역사를 교수하는 것이 오늘날 각국 교육계의 통칙이다.

(5) 지리과

지리학은 지구(내부-역자)와 지구의 표면 상태, 그리고 지구 위의 인류생활의 상태를 명확히 하고, 토지와 인류의 관계를 설명하는 학과다. 즉 지구가 천체와 맺는 관계, 지구 표면에 산재한 자연물과 그 현상, 그리고 지구 위에 생식하는 생물(동식물)과 인류 생활의 상태를 명시하고, 이것들 간에 존재하는 인과 관계를 설명하여, 사람에 대한 과목과 사물에 대한 과목의 두 지식을 결합하는 교과다. 본래 보통교육에서는 아동이 생활하고 있는 지역과 자기 나라 및 자기 나라와 중요한 관계가 있는 인접국의 지리적 현상을 교육한다. 이러한 사항은, 옛날 교통이 미개하여 나라 문을 닫고 자활하던 시대에는 직접적인 생활상의 필요성을 느끼지 못했던 것이다. 이런 까닭에 이 방면의 학문의 역사가 오래됨에도 불구하고 유치한 정도를 면치 못하다가, 근세에 이르러서야 비로소 교과에 편입되었다. 이것은 근대에 각종 교통기관이 크게 발달하여, 멀리 떨어진 땅을 가까운 곳과 마찬가지로 교통하기에 이르렀으니, 이러한 지리적 지식이 실제 생활상에 필요하게 된 데서 연유한 것이다. 특히 인류생활의 상태는 일일이 자연 상태의 영향을 피할 수 없으니, 인류의 생활을 이해하고자 하면 이것들 상호간의 관계를 연구하지 않을 수 없다. 그리고 또한 자신이 생활하는 지방과 자국의 정치경제상의 상태와 자국이 외국에 대해 갖는 지위 등은 타지방, 타국토와의 비교대칭을 통해 명확히 깨닫게 된다. 그러므로 지리교육은 국민 교육과 처세 생활에 중요한 가치가 있을 뿐만 아니라 이과 연구를 하는 데 있어서도 없어선 안 될 교과이다.

(6) 이과(理科)

이과의 목적은 자연물과 자연의 현상을 설명하여 이것들이 모두 일정한 법칙 아래 지배되고 있음을 증명하고, 또 자연물 상호간의 관계와 자연물이 인생과 맺는 관계를 이해하여, 한편으로 자연을 제어 이용하고, 다른 한편으로 우리 인류의 생활 상태를 증진케 하는 것이다. 그 범위는 동물, 식물, 광물의 세 세계로부터 물리적, 화학적 현상과 인체의 생리, 위생을 가로지르는 광대한 재료를 포괄한다. 이러한 모든 과목을 이와 같이 결합하여 초등학교에서 배우는 것은 초학자로 하여금 자연을 해석할 때에 상호 연관된 현상을 낱낱이 분할하지 아니하고, 다방면으로 관찰함으로써 정당한 이해를 얻게 하고자 함이다. 그러나 중등교육 이상의 정도에 이르면 점차 과학적 교육을 하지 않을 수 없으니 이 모든 재료를 각기 분과로 순서를 따라 교육하게 할 것이다. 우리 모두는 이 세상에 생활하는 이상 잠시라도 자연물 및 자연현상과 관계치 않음이 없는데, 이러한 자연물의 성질을 탐구하고 현상과 이치의 법칙을 명확히 고찰하는 것은 실제 생활상에 필요할 뿐 아니라 이것들을 이용할 경우 자연력을 제어하여 인생의 개화를 증진시키며, 현대 세계의 개화를 이해하는 데 있어 없어서는 안 될 교과이다. 그러하니 실로 산업의 발전과 물질적 진보는 결단코 국민의 이과적 지식의 진보에 달려 있다고 하겠다.

입력 원문

教授와 教科에 對하여(前號續)

張膺震

(二)言語科(國語 及 外國語)

言語修養과 心的 陶冶는 密接훈 關係를 有훈 거시니 普通教育上에 言語의 修養은 最必要훈 거시라. 吾人은 言語로뼈 意思表示와 思想發展의 重要훈 手端으로만 用홀 뿐이 아니라 此로 由ᄒᆞ야 人類發展의 經路와 國民開化에 多大훈 影響을 及훈 許多훈 記錄를 理解키 能ᄒᆞ나니. 故로 上古로브터 教育設備上에 最初에는 言語를 教授ᄒᆞ야 書冊을 讀케 ᄒᆞ고 또 此 義意를 理解홈으로뼈 重要훈 科目을 삼앗스니 此는 必竟 此等 學習으로뼈 時代國民의 心的 生活을 保有케 ᄒᆞ고 또 普通教育의 基礎를 作홈에 由홈이라.

今日 普通教育을 施ᄒᆞ는 學校에서 程度의 如何를 不問ᄒᆞ고 一般自國語로 中心을 삼는 거슨 世界各國이 一般이라. 古昔 人道主義가 復興홀 時代에는 古語를 研究ᄒᆞ야 古人의 遺書를 理解홈으로뼈 惟務ᄒᆞ고 外國語를 自國語보다 도리혀 尊重히 훈 弊端이 有ᄒᆞ엿스나(我國의 從來教育이 我國國文은 卑賤ᄒᆞ다 ᄒᆞ야 排斥不用ᄒᆞ고 漢文만 專尙ᄒᆞ엿스며 漢文에도 또 古字 篆字와 窮僻훈 文字等을 多數 探究ᄒᆞ야 古書를 多解홈으로뼈 學識의 尊卑를 比較홈과 如홈)此等 謬見은 過去時代에 已屬ᄒᆞ고 各國이 다ㅣ 그 自國語로뼈 教育의 中心을 삼나니 此는 卽 國民으로 ᄒᆞ여금 各自의 義務를 盡케 코져 ᄒᆞ면 일즉히 國家名義에 同情을 表ᄒᆞ야 愛國의 情을 喚起케 홀 거시오. 또 國語는 其 國民의 思想感情을 表出ᄒᆞ는 거시믹 同胞를 結合홈에 最有力훈 方便이라. 如此히 國

民學校 程度에셔는 다못 自國語로써 國民現時의 狀況을 了解홈으로써 滿足홀 거시나 萬一 一層을 更進ᄒᆞ야 此 硏究理解의 力을 深遠케 코져 ᄒᆞ면 其 由來의 沿革을 明察ᄒᆞ고 他國의 開化를 比較ᄒᆞ며 他國民의 思想感情을 探究홀 必要가 有ᄒᆞ도다. 然則 國民學校 以上 程度되는 學校에셔 國語를 課ᄒᆞ며 外國語를 課ᄒᆞᄂᆞᆫ 거슨 不得已ᄒᆞᆫ 理勢라. 特히 他國의 文化를 受入ᄒᆞ야써 自國의 發展을 供給ᄒᆞᄂᆞᆫ 國에셔는 一層 그 必要를 見ᄒᆞᄂᆞ니 故로 現時에는 何國을 勿論ᄒᆞ고 中學程度 以上되는 學校에셔는 自國과 最密接ᄒᆞᆫ 關係가 有ᄒᆞᆫ 一二個 外國語를 課케ᄒᆞ고 此와 同時에 自國文學을 一層 더 硏究ᄒᆞ야 自國文學의 眞髓를 翫味ᄒᆞ며 特質과 妙味를 感得케 ᄒᆞ야 演說과 文章上에 精巧를 極ᄒᆞ게 務圖ᄒᆞᄂᆞᆫ 거시라.

(三)數學科

數學은 舊日東洋 學問界에 六藝中 一科로 珍重ᄒᆞᆫ 거시라. 元來 數學은 外物에 關ᄒᆞᆫ 知識을 硏究ᄒᆞᄂᆞᆫ 者이니 此로 因ᄒᆞ야 外界에 關ᄒᆞᆫ 適當ᄒᆞᆫ 觀念을 得ᄒᆞ며 그 種種ᄒᆞᆫ 現象과 關係를 理解키 能ᄒᆞ고 日常生活上에 人을 計ᄒᆞ야 出을 節ᄒᆞ며 柴少의 誤謬가 不生케 ᄒᆞ야 處身을 適宜히 ᄒᆞ며 勤儉貯蓄의 觀念을 養成ᄒᆞ고 特히 商工業에 從事ᄒᆞᄂᆞᆫ 者ᄂᆞᆫ 此 觀念이 有ᄒᆞᆫ 然後에야 經濟上 職業上에 正當ᄒᆞᆫ 位置를 制定홀 거시오. 또 挽近以來 各種 科學이 發展된 以後로 數學의 地位가 一層 緊要홈을 認定ᄒᆞᄂᆞ니 卽 數學은 自然界의 現象과 法則에 對ᄒᆞ야 精密ᄒᆞᆫ 認識을 吾人에게 與ᄒᆞᄂᆞᆫ 者이미 數學은 卽 科學發展의 重要ᄒᆞᆫ 原因이오. 또 科學攻究의 重要ᄒᆞᆫ 方便이라. 吾人은 數學으로 因ᄒᆞ야 確實ᄒᆞᆫ 眞理를 認識ᄒᆞ며 感官(五官)으로 得ᄒᆞᆫ 知覺을 正當히 ᄒᆞ며 經驗以外의 見知를 闡開ᄒᆞ야 因果의 法則을 的確히 ᄒᆞ고 또 此를 嚴密히 證明ᄒᆞ야 自然力을 制禦利用ᄒᆞᄂᆞ니 其他 種種ᄒᆞᆫ 效用에 至ᄒᆞ야ᄂᆞᆫ 一一히 枚擧키 未遑ᄒᆞ도다. 如此이 數學은 吾人의 日常生活上에만 必要홀 뿐 아니라 他學科攻究에 基礎가 됨으로 各國이 初等學校에셔는 日常卑近의 事實에 對ᄒᆞ야 精確 迅速히 計算을 爲主ᄒᆞᄂᆞᆫ 算術을 敎授ᄒᆞ고 中學程度에 至ᄒᆞ면 數學으로써 거의 全學科의 首位

를 占居케 ᄒᆞᄂᆞᆫ 傾向이 有ᄒᆞ도다.

(四)歷史科

歷史ᄂᆞᆫ 人生의 苦心經營과 事業成敗와 行爲善惡과 國家社會의 盛衰興亡과 人類發達의 經路와 種種 過去의 事實을 一一히 明示ᄒᆞ야 吾人으로 ᄒᆞ여금 人에 對ᄒᆞ며 國家社會에 對ᄒᆞ야 同情을 振起ᄒᆞ고 良心을 興奮ᄒᆞ며 人生凡般에 對ᄒᆞᆫ 知識을 給與ᄒᆞᄂᆞᆫ 者이라. 然則 歷史ᄂᆞᆫ 修身과 ᄯᅩ 密接ᄒᆞᆫ 關係가 有ᄒᆞᆷ으로 昔日브터 道德的 教訓上에 往往 歷史를 採用ᄒᆞᆫ 事實이 有ᄒᆞ엿스ᄂᆞ 歷史를 一教科로 編入ᄒᆞ야 普通教育上에 課授케 ᄒᆞᆫ 거슨 十八世紀頃으로브터 始作ᄒᆞ엿고 挽近에 至ᄒᆞ야ᄂᆞᆫ 歷史ᄂᆞᆫ 人格을 陶冶ᄒᆞ고 國家的 觀念을 養成ᄒᆞ며 社會的 政治的 知識을 傳與ᄒᆞᄂᆞᆫ데 適當ᄒᆞᆫ 거스로 認定ᄒᆞ야 普通教育上에 重要ᄒᆞᆫ 教科가 된지라. 그러ᄂᆞ 初等教育에ᄂᆞᆫ 自國歷史를 主眼ᄒᆞ고 歷史上 關係를 示ᄒᆞᆯ지라도 自國歷史로 充足ᄒᆞᆯ 거신則 小學校 歷史教科ᄂᆞᆫ 各國이 大概 自國歷史를 標準ᄒᆞ도다. 然이ᄂᆞ 何國을 勿論ᄒᆞ고 其國의 文化發展은 此와 密接關係를 有ᄒᆞᆫ 他國影響을 被授ᄒᆞᆷ이 不少ᄒᆞᄆᆡ 自國 開化發達의 淵源을 推究코져 ᄒᆞ면 不得不 此等 關係國의 歷史를 ᄯᅩ 參考ᄒᆞᆯ 必要가 有ᄒᆞ니 故로 中等以上 教育을 施ᄒᆞᄂᆞᆫ 學校에셔ᄂᆞᆫ 外國歷史를 教授ᄒᆞᄂᆞᆫ 거시 今日 各國 教育界의 通則이라.

(五)地理科

地理學은 地球及地球의 表面狀態와 ᄯᅩ 地球上 人類生活의 狀態를 明瞭히 ᄒᆞ고 土地와 人類의 關係를 說明ᄒᆞᄂᆞᆫ 學科라. 卽 地球가 天體에 對ᄒᆞᆫ 關係와 地球表面上에 散在ᄒᆞᆫ 自然物及其現象과 地球上에 生殖ᄒᆞᄂᆞᆫ 生物(動植物)과 人類生活의 狀態를 明示ᄒᆞ고 ᄯᅩ 此間에 存在ᄒᆞᆫ 因果의 關係를 說明ᄒᆞ야 人的 教科와 物的教科의 兩智識을 結合ᄒᆞᄂᆞᆫ 教科라. 本是 普通教育에셔ᄂᆞᆫ 兒童의 生活ᄒᆞᄂᆞᆫ 本地方과 本國과 및 本國과 重要ᄒᆞᆫ 關係가 有ᄒᆞᆫ 隣國의 地理的 現象을 教授ᄒᆞᄂᆞᆫ 거시니 此等 事實은 昔日 交通이 未開ᄒᆞ야 鎖國自活ᄒᆞ든 時代에ᄂᆞᆫ 直接 生活上에 必要를 不感ᄒᆞᆷ으로 斯學의 歷史가 久遠ᄒᆞᆷ을 不拘ᄒᆞ고 幼稚

의 程度를 未免ᄒᆞ다가 近世에 至하야 비로셔 此를 教科에 編入ᄒᆞ여스니 此는 近時 各種의 交通機關이 大開ᄒᆞ야 遠隔의 地를 比隣과 如히 交通ᄒᆞᆷ에 至ᄒᆞ여스믹 此等 地理的 智識이 實際生活上에 必要를 生ᄒᆞᆷ으로 由ᄒᆞᆷ이라. 特히 人類生活 의 狀態는 一一이 自然的 狀態의 影響을 被치 아님이 無ᄒᆞ니 人類生活을 理解코져 ᄒᆞ면 此等 互相의 關係를 攻究치 아니치 못ᄒᆞᆯ 거시오. 또 自巳의 生活ᄒᆞ는 地方及自國의 政治經濟上의 狀態와 自國이 外國에 對ᄒᆞᆫ 地位等은 此를 他地方 他國土의 比較對稱으로 因ᄒᆞ야 明覺ᄒᆞᆷ을 得ᄒᆞᄂᆞ니 然則 地理教授는 國民教育과 處世生活上에 重要ᄒᆞᆫ 價値만 有ᄒᆞᆯ 쁜 아니라 理科 硏究上에 또 欠치 못ᄒᆞᆯ 教科니라.

(六)理科

理科의 目的은 自然物과 及 自然의 現象을 說明ᄒᆞ야 此가 總히 一定ᄒᆞᆫ 理法下에 支配ᄒᆞ는 거슬 證明ᄒᆞ고 또 自然物 互相間의 關係와 自然物이 人生에 對ᄒᆞᆫ 關係를 理解ᄒᆞ야 一邊으로 自然을 制禦 利用ᄒᆞ며 一邊으로는 吾人 人類의 生活狀態를 增進케 ᄒᆞ는 거시니 其 範圍는 動物 植物 鑛物 三界로브터 物理的 化學的 現象과 人身 生理 衛生에 涉ᄒᆞᆫ 廣大ᄒᆞᆫ 材料를 包括ᄒᆞ엿도다. 此等諸科를 如此히 結合ᄒᆞ야 初第學校에셔 教授케 ᄒᆞ는 거슨 初學者로 ᄒᆞ여금 自然을 解折ᄒᆞᆯ 時에 互相間에 關連ᄒᆞᆫ 現象을 個個히 分割치 아니ᄒᆞ고 多方面으로 觀察ᄒᆞ야쎠 正當ᄒᆞᆫ 理解를 得케 ᄒᆞᆷ이라. 然이나 中等教育以上 程度에 達ᄒᆞ면 漸次 科學的 教授를 施치 아니치 못ᄒᆞᆯ 거신則 此等 諸材料를 各히 分科로쎠 順을 從ᄒᆞ야 教授케 ᄒᆞ도다. 蓋吾人이 此世에 生活ᄒᆞ는 以上에는 須臾라도 自然物과 自然의 現象을 遭遇 相關치 아님이 無ᄒᆞᆫ 則 此等 自然物의 性質을 探究ᄒᆞ고 現象과 理法을 明察ᄒᆞ는 거슨 實際 生活上에만 必要ᄒᆞᆯ 쁜 아니라 此를 利用ᄒᆞ면 自然力을 制禦ᄒᆞ야 人生의 開化를 增進케 ᄒᆞ며 現世 開化를 理解ᄒᆞ는데 欠치 못ᄒᆞᆯ 教科니 實로 實業의 發展과 物質的의 進步는 全혀 國民의 理科的 智識進步 如何에 在ᄒᆞ도다.(未完)

내용 요약

전호에 이어 장응진은 학교에서 가르쳐야할 교과목을 나열하고 각 과목의 교수내용을 간략하게 소개한다. 그 내용은 언어, 수학, 역사, 지리, 이과로 구분되는데, 각 과목은 이전의 유학에 비해 다분히 현실적으로 응용 가능한 것이다. 언어나 역사에 대한 지식도 단순한 지적 호기심이나 고준담론을 위한 것이 아니라 실제 사업과 현실적 쓰임이라는 기준 아래서 의미 있는 것으로 기술된다.

개념어 보통교육, 안도주의, 외국어, 자국어, 애국, 초등학교, 경제상 직업상, 인과의 법칙, 제어이용, 인류발달, 국가적 관념, 자국개화발달, 쇄국자활, 물질적 진보

23. 학문[1]

박일삼

제一부, 제一공과

첫 주일 동안

○학문

글과 말이라

○ 나라가 있으면 백성이 있고, 백성이 있으면 말이 있고, 말이 있으면 글이 있는 것은 자연스러운 이치이다. 그러나 우리 대한에는 본래 말은 있었으나 글자는 없었다. 금년부터 삼천이백구십 년 전에 청나라에서 남녀 오천 사람을 데리고 우리나라에 건너오실 때에 사서삼경을 가지고 오신 이가 기자이시다. 이때로부터 삼강오륜이 시작되어 한나라의 말과 몽고의 말을 합하여 쓰다가 삼한 때에 와서 방언이 반 이상 변하고 또 와전이 많았다. 지금 시대에 쓰는 명사나 동사나 부사라고 하는 말은 없었다. 또한 나라 가운데에도 일정한 말이 없고, 각각 풍속을 따라 남북이 서로 통하지 못하고 경향이 같지 않았는데, 이는 다만 한문으로 인한 것이라. 피차에 말이 서로 통하기 어려웠는데 신라 때에 설총 선생께서 사서오경의 토를 다는 것과 주석을 지었으며, 상서나 소지 의송에 이두라 하는 것을 만들어 편리하도록 하였으니 아뢰겠다.

1 ≪自新報≫ 1호 1907. 10. 1.

토다는 것은 'ᄒᆞ니, ᄒᆞ야, ᄒᆞ다, 니라, 이, 은, 을, ᄒᆞ며, ᄒᆞ나ㅣ' 이러한 것과 같이 여럿이다.

이두라 하는 것은 '의몸, 발괄, 마기, 인지, 안직, 이시, 더러, 안인지, 하거날, 하거든, 하온바, 하살ㅂ제, 하숣두, 하숣고, 하누온, 하숣오며, 하숣더가, 이것을량, 하숣눈바ㅣ이' 여러 가지이다.

대강 이렇게 하였어도 오히려 글과 말이 편리하지 못하여 국민들이 탄식하기를 마지아니하다가 성덕이 장하고 문장이 거룩하신 세종대왕께서 즉위하신 28년에 자모 28자를 창조하시어 국문을 시작하시니 언문이라 정하셨다. 천지에 거스르지 않는 글자이고 만고에 참되신 어음이라 편리한 것은 부인이나 아이라도 보기에 쉬우니 문명의 기초요 세계에 장하도다. 이십팔 자의 본문은 다음에 기록하겠다.

제一부, 제二공과
둘째 주일 동안

ㅇ학문

언문의 자모 이십팔 자라

ㄱ　아음 어금니이니 '군' 할 때의 초성(처음 시작하는 것)이오

ㅋ　아음 어금니이니 '쾌' 할 때의 초성이오

ㆁ　아음 어금니이니 '업' 할 때의 초성이오

ㄷ　혈음 혀이니 '두' 할 때의 초성이오

ㅌ　혈음 혀이니 '탐' 할 때의 초성이오

ㄴ　혈음 혀이니 '나' 할 때의 초성이오

ㅂ　순음 입술이니 '보' 할 때의 초성이오

ㅍ　순음 입술이니 '표' 할 때의 초성이오

ㅁ　순음 입술이니 '미' 할 때의 초성이오

ㅈ　치음 이이니 '즉' 할 때의 초성이오

ㅊ　치음 이이니 '침' 할 때의 초성이오

ㅅ　치음 이이니 '수' 할 때의 초성이오

ㆆ　후음 목구멍이니 '읍' 할 때의 초성이오

ㅎ　후음 목구멍이니 '허' 할 때의 초성이오

ㅇ　후음 목구멍이니 '욕' 할 때의 초성이오

ㄹ　반혈음 반혀이니 '여' 할 때의 초성이오

ㅿ　반치음 반니이니 '양' 할 때의 초성이오

ㆍ　'탐' 할 때 중성(가운데 소리)이오　ㅡ　'즉' 할 때 중성이오

ㅣ　'침' 할 때 중성이오　ㅗ　'홍' 할 때 중성이오

ㅏ　'담' 할 때 중성이오　ㅜ　'군' 할 때 중성이오

ㅓ　'업' 할 때 중성이오　ㅛ　'욕' 할 때 중성이오

ㅑ　'양' 할 때 중성이오　ㅠ　'슈' 할 때 중성이오

ㅕ　'보'[2] 할 때 중성이오

제一부, 제三공과
셋째 주일 동안

○학문

언문의 다섯 가지 소리의 초성이라

각　어금니의 소리니 ㄱㅋㅣㆁ

치　혀의 소리니 ㄷㅌㄴ

상　이의 소리니 ㅈㅊㅅ

우　입술의 소리니 ㅂㅍㅁ◇

궁　목구멍의 소리니 ㆆㅎ

2 역자주) '벼'의 오기(誤記)인 듯하다.

변한 초성이 둘이라

치　절반은 혀의 소리니 ㄹ

궁　절반은 목구멍의 소리니 △

언문의 초성과 중성과 후성의 분별이라

一은 초성과 후성을 통용하는 것이 여덟 자라

ㄱ기역 ㄴ니은 ㄷ지귿 ㄹ니을 ㅁ미음 ㅂ비읍 ㅅ시옷 ㅇ이의

기 니 디 리 미 비 시 이　이 여덟 자는 초성이오

역 은 귿 을 음 읍 옷 의　이 여덟 자는 후성이오

二는 초성은 다만 이것만 쓰는데　여덟 자요

ㅋ키 ㅌ티 ㅍ피 ㅈ지 ㅊ치 △미 ㆁ의 ㆆ히 ㅇ이

三은 중성은 다만 이것만 쓰는 데 열한 자요

ㅏ아 ㅑ야 ㅓ어 ㅕ여 ㅗ오 ㅛ요 ㅜ우 ㅠ유 ㅡ으 ㅣ이 ㆍ ᄋᆞ

제四부, 제一공과

넷째 주일 동안

○학문

통용할 때 언해의 본문이다

○세종대왕께서 지으신 이십팔 자의 언해 본문은 임의로 기록하였거니와, 그 후에 차차 발달하여 점점 변해서 지금 통용할 때 언문 열다섯 줄이 있으니 보십시오.

	ㅏㅑ	ㅓㅕ	ㅗㅛ	ㅜㅠ	ㅡㅣ	ㆍ
ㄱ	가갸	거겨	고교	구규	그기	ᄀᆞ
ㄴ	나냐	너녀	노뇨	누뉴	느니	ᄂᆞ
ㄷ	다댜	더뎌	도됴	두듀	드디	ᄃᆞ
ㄹ	라랴	러려	로료	루류	르리	ᄅᆞ

ㅁ 마먀 머며 모묘 무뮤 므미 ᄆᆞ

ㅂ 바뱌 버벼 보뵤 부뷰 브비 ᄇᆞ

ㅅ 사샤 서셔 소쇼 수슈 스시 ᄉᆞ

ㅇ 아야 어여 오요 우유 으이 ᄋᆞ

ㅈ 자쟈 저져 조죠 주쥬 즈지 ᄌᆞ

ㅎ 하햐 허혀 호효 후휴 흐히 ᄒᆞ

ㅋ 카캬 커켜 코쿄 쿠큐 크키 ᄏᆞ

ㅌ 타탸 터텨 토툐 투튜 트티 ᄐᆞ

ㅍ 파퍄 퍼펴 포표 푸퓨 프피 ᄑᆞ

ㅊ 차챠 처쳐 초쵸 추츄 츠치 ᄎᆞ

과궈 놔눠 돠둬 롸뤄 뫄뭐 봐붜 솨숴 와워 좌줘 화훠 콰쿼 톼퉈 퐈풔 촤춰

학문

박일삼

뎨一부 뎨一공과

쳣주일동안

ㅇ학문

 글과말이라

ㅇ나라가 잇ᄉᆞ면 ᄇᆡᆨ셩이잇고 ᄇᆡᆨ셩이잇ᄉᆞ면 말이잇고 말이잇ᄉᆞ면 글이잇ᄂᆞᆫ거산 텬연ᄒᆞᆫ 리치라. 그러ᄒᆞ나 우리 대한에난 본ᄅᆡ 말은 잇셧스나 글자난 업셧난지라. 금년부터 三千二十九년젼에 청국으로 남녀五千 사ᄅᆞᆷ을 다리고 우리 나라에건너 오실ᄯᅢ에 四셔三경을 가지고 오신이난 곳 긔자ㅣ시니라. 이ᄯᅢ로 부터 三강五륜이 시작되야 한나라의 말과 몽고의 말과 합ᄒᆞ야 쓰다가 三한ᄯᅢ에 와셔 방언이태반이나 변ᄒᆞ여지고 혹 와젼이 만흠으로. 지금 시태에 쓰난 명ᄉᆞ라 동ᄉᆞ라 부ᄉᆞ라하ᄂᆞᆫ 말은 업셧고. ᄯᅩᄒᆞᆫ 나라가온ᄃᆡ도 일뎡ᄒᆞᆫ 말이업고 각각 풍속을 ᄯᅡ라 남북이 셔로통치못ᄒᆞ고 경향이 갓지 아니ᄒᆞᆫ거산 다만 한문ᄭᆡ달기라. 피차에 말이 셔로통ᄒᆞ기 어렵다가 신나ᄯᅢ에 셜춍션ᄉᆡᆼ씌셔 四셔 五경의 토다난것과 주석을지엇스며 상셔나 소지 의송에 이두라 할 때거살 만드사 편리토록ᄒᆞ엿스니 아ᄅᆡ와갓소.

 토다난산 ᄒᆞ니 ᄒᆞ야 ᄒᆞ다 니라 이 은 을 ᄒᆞ며 ᄒᆞ나ㅣ 이러ᄒᆞ온바 여러시오.

 이두리할 때거산 의몸 발괄 마기 인지 안직 이시 더러 안인지 하거날 하거든 하온바 하살ㅂ제 하ᄉᆞᆲ두 하ᄉᆞᆲ고 하누온 하ᄉᆞᆲ오며 하ᄉᆞᆲ더가 이것을량 하ᄉᆞᆲ눈바

ㅣ이 여러 가지오며.

대강 이갓치ᄒᆞ여셔도 오히려 글과 말이편리치못ᄒᆞ야 국민된자ㅣ탄식ᄒᆞ기를 마지아니ᄒᆞ다가 셩덕의 장ᄒᆞ옵고 문장의 거룩ᄒᆞ옵신 세종대왕ᄭᅴ옵셔 즉위ᄒᆞ신 二十八년에 자모 二十八자를 창조ᄒᆞ사 국문을 시작ᄒᆞ시니 언문이라 장ᄒᆞ시다. 텬디에 자연한 글자시오 만고에 참되신어음이라 편리ᄒᆞᆫ 거산 부인이나 아희라도 보기에 쉬우니 문명의 긔초요 셰계에 장ᄒᆞ도다. 二十八자의 본문은 다음에 긔록ᄒᆞ겟소.

뎨一부 뎨二공과

둘졔쥬일동안

학문

언문의 자모二十八자라

ㄱ 아음 억음니이니 군 할 때의 초성(처음시작ᄒᆞ라)이오

ㅋ 아음 억음니이니 쾌 할 때의 초성이오

ㅇ 아음 억음니이니 업 할 때의 초성이요

ㄷ 혈음 혀이니 두 할 때의 초성이요

ㅌ 혈음 혀이니 탐 할 때의 초성이요

ㄴ 혈음 혀이니 나 할 때의 초성이요

ㅂ 순음 입셜이니 보 할 때의 초성이요

ㅍ 순음 입셜이니 표 할 때의 초성이요

ㅁ 순음 입셜이니 미 할 때의 초성이요

ㅈ 치음 니이니 즉 할 때의 초성이요

ㅊ 치음 니이니 침 할 때의 초성이요

ㅅ 치음 니이니 수 할 때의 초성이오

ㆆ 후음 목구멍이니 읍 할 때의 초성이오

ㅎ 후음 목구멍이니 허 할 때의 초성이오

ㅇ 후음 목구멍이니 욕 할 때의 초성이오

ㄹ　반혈음 반혀이니 여 할 때의 초성이오

ㅿ　반치음 반니이니 양 할 때의 초성이오

ㆍ　탐 할 때 중셩 가운ᄃᆡ소리라 이오　ㅡ　즉 할 때 중셩이오

ㅣ　침 할 때 중셩이오　ㅗ　홍 할 때 중셩이오

ㅏ　담 ᄒᆞᄂᆞᆫ 중셩이오　ㅜ　군 할 때 중셩이오

ㅓ　업 할 때 중셩이오　ㅛ　욕 할 때 중셩이오

ㅑ　양 ᄒᆞᄂᆞᆫ 중셩이오　ㅠ　슈 할 때 중셩이오

ㅕ　보 ᄒᆞᄂᆞᆫ 중셩이오　　　　미완

뎨一부 뎨三공과

셋ᄌᆡ주일동안

학문

언문의 다삿가지 소ᄅᆡ의 초성이라

각　억음니의 소ᄅᆡ니 ㄱㅋㅣㅇ

치　혀의 소ᄅᆡ니 ㄷㅌㄴ

상　니의 소ᄅᆡ니 ㅈㅊㅅ

우　입셜의 소ᄅᆡ니 ㅂㅍㅁ◇

궁　목구멍의 소ᄅᆡ니 ㅇㅎ

변한 초성이 둘이라

치　졀반은 혀의 소ᄅᆡ니 ㄹ

궁　졀반은 목구멍의 소ᄅᆡ니 △

언문의 초성과 중셩과 후셩의 분별이라

一은 초성과 후셩을 통용 할 때것이 八자라

ㄱ기역 ㄴ니은 ㄷ지귿 ㄹ니을 ㅁ미음 ㅂ비읍 ㅅ시옷 ㅇ이의

기 니 디 리 미 비 시 이　이 여덜자난 초성이오

역 은 귿 을 음 읍 옷 의　이 八자ᄂᆞᆫ 후셩이오

二ᄂᆞᆫ 초성은 다만 이것만 쓰ᄂᆞᆫᄃᆡ　八자요

ㅋ키 ㅌ티 ㅍ피 ㅈ지 ㅊ치 ㅿ미 ㆁ의 ㆆ히 ㅇ이

 三은 중셩은 다만 이것만 쓰ᄂᆞᆫᄃᆡ 十一자요

ㅏ아 , ㅑ야 , ㅓ어 ㅕ여 ㅗ오 ㅛ요 ㅜ우 ㅠ유 ㅡ으 ㅣ이 ㆍᄋᆞ

뎨四부 뎨一공과

녜ᄉᆞ직주일동안

학문

 통용할 때 언희의 본문이외다

○세죵대왕ᄭᅴ오셔 지으신 二十八자의 언희 본문은 임의 긔록ᄒᆞ엿거니와 그 후에 차차 발달홈으로 졈졈변ᄒᆞ야 시방 통용할 때 언문 열다삿줄이잇ᄉᆞ니 보시옵소셔

	ㅏㅑ	ㅓㅕ	ㅗㅛ	ㅜㅠ	ㅡㅣ	ㆍ
ㄱ	가갸	거겨	고교	구규	그기	ᄀᆞ
ㄴ	나냐	너녀	노뇨	누뉴	느니	ᄂᆞ
ㄷ	다댜	더뎌	도됴	두듀	드디	ᄃᆞ
ㄹ	라랴	러려	로료	루류	르리	ᄅᆞ
ㅁ	마먀	머며	모묘	무뮤	므미	ᄆᆞ
ㅂ	바뱌	버벼	보뵤	부뷰	브비	ᄇᆞ
ㅅ	사샤	서셔	소쇼	수슈	스시	ᄉᆞ
ㅇ	아야	어여	오요	우유	으이	ᄋᆞ
ㅈ	자쟈	저져	조죠	주쥬	즈지	ᄌᆞ
ㅎ	하햐	허혀	호효	후휴	흐히	ᄒᆞ
ㅋ	카캬	커켜	코쿄	쿠큐	크키	ᄏᆞ
ㅌ	타탸	터텨	토툐	투튜	트티	ᄐᆞ
ㅍ	파퍄	퍼펴	포표	푸퓨	프피	ᄑᆞ
ㅊ	차챠	처쳐	초쵸	추츄	츠치	ᄎᆞ

과궈 놔눠 돠둬 롸뤄 뫄뭐 봐붜 솨숴 와워 좌줘 화훠 콰쿼 톼퉈 퐈풔 촤춰

내용 요약

이 글은 총 4주에 걸쳐 배우는 한글에 대한 내용을 담고 있다. 첫째 주일의 공과 내용은 한글이 창제되기까지 우리 겨레가 어떤 말을 써 왔으며, 또 한글이 언제, 누구에 의해 창제되었는지에 대한 내용을 담고 있다. 둘째 주일의 공과 내용은 언문의 자모 28자를 훈민정음의 내용에 따라 한 글자씩 설명하고 있다. 셋째 주일의 공과 내용은 각각의 소리와 궁상각치우가 어떻게 대응이 되는지를 보여주고, 초성, 중성, 후성(종성) 각각의 자리에 쓸 수 있는 글자를 말한다. 마지막 넷째 주일의 공과는 통용하는 언문 열다섯 줄을 보여주며 글을 끝맺고 있다.

개념어 말, 글, 글자, 방언, 한문, 언문, 어음, 풍속, 경향, 토, 주석, 이두, 자모, 초성, 중성, 후성

24. 한자통일회 개설에 관한 의견[1] (漢字統一會開設에 關ᄒᆞᆫ 議見)

일본에 한자 통일회가 있으니, 그 회장 마쓰다 다카요시(金子堅太郎)씨가 그 의견을 저술하였는데, 이를 오른쪽에 번역하여 기재하여 모든 동포가 참고할 수 있게 한다.

일본, 한국, 청국 세 나라에 수천 년간의 문명은 하나같이 한학의 힘으로 이루어졌다. 이 한학의 기초 위에 일본, 한국, 청국 세 나라의 정체(政體), 사상, 사회 조직, 도덕, 경제, 실업, 종교 등이 성립하였으므로 이 세 나라에서 한학을 없애고 장래 문명의 발달을 도모한다는 것은 도저히 있을 수 없는 일이다. 또 우리 일본에서는 천오백 년 전 대륙으로부터 한학이 전래한 이래로 오늘날까지 문명의 기초가 그 힘에 의지한 바가 많고 국민의 사상과 국가의 융운(隆運, 융성하는 운수)도 또 이 한학의 힘에 기초하고 있다는 것은 옛날부터 지금까지의 역사서에 비추어 징험해 보더라도 역력한 사실이다. 만약 우리나라의 역사를 정확하게 연구하여 일본 국체를 알며 대화민족(大和民族)의 정신을 알고자 하면 역시 한학의 힘을 빌림이 마땅하다.

구미의 문명이 우리나라에 수입됨에 있어서, 참신한 서양(泰西)의 과학에 힘입은 기계나 기타 여러 가지 문물이 다 로마자로 전달되니, 이에 우리나라가 서쪽으로는 한학을 바탕으로 조선, 지나, 인도 등의 문명을 수입하고 또 동쪽으로는 로마자로써 구미의 참신한 문물을 수입한 결과, 오늘날에는 동서 양반구의 문명이 섞여서 발전하게 되었다.

1 ≪西友≫ 13호, 1907. 12. 1.

그러므로 한편으로는 한문자를 폐하고 국어를 다 로마자로 바꾸는 것이 옳다는 의견이 나오고, 또 한편으로는 일본의 문화는 예로부터 내려오는 일본어-한자 혼합의 국어(일본어와 한자가 혼합된 것)로써 나아가야 한다는 설이 있어서, 이 두 파가 지금도 그 주장하는 바를 서로 앞장서서 부르짖으며, 갑은 을을 반박해 공격하고 을은 갑을 논란하여 학술계에 실로 결정되지 않은 하나의 큰 문제가 되는 데 이르렀다. 그러하나 세계의 대세를 달관하여 그 문제를 연구해보면, 우리들은 한학의 힘만으로 동양 발전의 대사업을 완성할 수 있다고 생각하지 않으며, 또 일본어를 로마자로 개조하여 이로써 동양발전의 대책임이 성공할 것으로도 생각하지 않는다. 그럼 어떻게 해야 일본국의 지위로부터 장래 동양 발전의 대사업을 계획할 수 있겠는가. 일본이 동쪽에서 로마자로 수입한 서양의 참신한 과학 기계 기타의 문물을 서쪽으로 아시아 대륙에 뿌리내리게 하여 우리 세력을 확장하며 우리 무역을 발전시키고자 한다면 한문자를 바탕으로 그 목적을 달성하는 것 외에 좋은 방법이 없다고 단언한다.

구미의 정치가 및 실업가(實業家)는 자고이래로 아시아의 외교와 무역을 꾀함에 있어서 대부분 한학을 중요하게 생각하지 않고, 아시아의 경영은 로마자를 사용하는 것이 옳다고 믿었지만, 식견이 밝은 독일 정부는 구미의 여러 나라들보다 앞서서 지나(중국)의 국정을 달관하고 베를린에 동양어학교를 설립하여 동양에 관한 어학을 앞서 연구하였다. 그러므로 열강이 착안하지 못하는 사이에 동양 발전상의 자기 위치를 빨리 점거하여 최근 사오년간에 이르러서는 동양에서 영국의 무역을 먼저 잠식하고, 요즘은 더 나아가서 미국과 함께 일본의 상업도 침략하였다.

이제 영미 여러 나라 영사(領事)의 보고를 보아도, 독일 상인이 아시아에서 무역을 계획함에 있어서, 지나어(중국어)로 능히 이야기하며 한문학을 능히 이해하여 지나인(중국인)과의 교제능력이 구미의 다른 나라 국민들보다 훨씬 뛰어나 상당히 밀접한 관계를 유지하고 있다. 지나인의 사상을 완미(玩味)하고 풍속 등을 환히 이해하여 그 무역의 실황(實況)을 앎에 있어서 극히 많은 편익을 누리는 것은 동양어학교를 설립한 결과로 돌아오는 것이 명백하며, 구미인도 오늘날 모두 이러한 사실을 믿어 의심하지 않는다.

또 미국에서도 일러전쟁 후에 장래의 세계의 무역시장은 아시아 대륙에 있을 것으로 보고, 그 중에서도 청·한 양국이 그 요추를 점할 것을 발견하여, 대학과 상업학교에 지나어학(중국어학)의 강좌를 설립하여, 지금 이후 지나에 대한 외교무역의 발전에 사용할 인재를 양성할 것을 기약하고 있다. 동국(同國) 정부에서는 북경에 있는 공사관에 열명의 지나어학 연구생과 동경에 있는 대사관에 여섯 명의 일본어학 연구생을 두기로 결의하고, 이미 그 인원을 파견하여 국어를 갈고 닦는 것에 온 마음을 쏟게 하여 장래 외교관, 영사관될 인물을 양성할 준비를 하는 동시에 또 민간에도 대학 및 기타학교에 일청 양국의 어학 강좌를 설립하여 성대히 동양 무역의 발달에 기여할 인물의 양성에 힘쓰니, 그 이유는 다른 까닭이 아니라 지나와 일본에서 외교무역의 발전을 기하고자 하면 먼저 양국의 국어를 연구하고 그 국어를 연습하여 능히 이해하고 능히 말하며 또 능히 읽는 세 가지의 기량을 갖추지 아니하면 아시아의 외교무역이 발달할 수 없음을 깨달았기 때문이다.

천오백년 전 우리나라에 한학이 도래한 이후로 한문자가 마치 우리 국어의 일부처럼 된 오늘날에 이르러서는, 한문자를 도저히 우리 국어에서 없애기 불가능하게 되었고, 또 일본의 역사, 정체(政體), 학문, 종교, 무역 기타 여러 가지 사업이 모두 이 한문자에 힘입지 않으면, 이를 계속하며 또 장래에 발전시키기 어려운 것도 사실이다. 하루아침에 이를 폐하고 로마자로 고치면 그 방침은 서양(泰西) 여러 나라들이 현재 계획하는 바와 전혀 반대 방향에서 나오게 되는 것이다.

오늘날 서양(泰西) 여러 나라들이 아시아의 무역을 촉진시키며 아시아의 개발을 행함에 있어서, 한문자를 닦아 체득하여 그 한문자의 힘으로 제반 '경영 계책을 시행하지 않을 수 없다고 여겨서 급급하게 이 목적을 위해 노력하니 우리나라 사람들은 무엇을 괴롭게 여겨 이 중요한 이기(利器)를 폐기하겠는가. 다행히 우리나라가 오늘날 새롭게 한문자를 사용하는 데 이르러서 이미 우리 국어가 되었으니 이를 더욱 개량하면 아시아 개발하는 목적을 어찌 충분히 이루지 못하겠는가.

우리나라가 구미의 여러 나라들과 대치하여 동양 발전상에 어떠한 위치를 점거하였는가 하면, 서양(泰西)의 학술에 기초한 기계적 공업과 사회적 무역에는 한 걸음 영미인에게 양보하였으나 지나 대륙 개발상에는 특별히 편리하고 이로운 점이 있다. 일본은 지나와 동문(同文)의 나라로서 그 발음이 달라서 담화는 불가능하나 문자는 동일하다. 이에 의거해 필담하며 서적도 얻어 읽는 까닭에 그 나라의 제도, 문물, 인정을 탐구함에 있어서는 비교적 쉽게 이를 얻을 수 있다. 또 이와 반대로 우리 국정을 청나라와 한국 양국 국민들에게 알게 하는 데 있어서도 우리 국어를 조금 고치면 곧 한문이므로, 아주 쉽게 적용할 수 있기 때문에 한문자는 그 두 나라를 결합시킬 좋은 연결고리일 뿐 아니라 양국인의 사상을 교환하며 또 무역을 발달케 함에도 둘도 없는 이로움이 있으니 이러한 이익은 구미 여러 나라의 인민이 갖지 못한 바이다. 구미 여러 나라들은 이를 갖지 못하여 아시아 대륙의 무역에서는 일본 국민의 뒤로 떨어질 불리한 위치에 놓여 있다. 이렇게 불리한 지위에 있음을 발견한 까닭에 그들이 이로 인하여 생기는 손해를 보충하기 위하여 이러한 어학 강좌를 설립하여 연습에 반드시 힘써야 할 필요를 느끼고, 근래 이를 위하여 열심히 노력하는 중에 있는 것이다.

입력 원문

漢字統一會開設에 關ᄒᆞᆫ 議見

日本에 漢字統一會가 有ᄒᆞ니 該會長金子堅太郎氏가 其 意見을 著述ᄒᆞ엿ᄂᆞᆫᄃᆡ 此를 左에 譯載ᄒᆞ야 諸同胞로 有所叅考케 ᄒᆞ노라.

日韓淸三國에 數千年間의 文明은 一因乎漢學之力이니 此 漢學의 基礎의 上에 日韓淸三國의 政體, 思想, 社會의 組織, 道德, 經濟, 實業, 宗敎 等이 成立ᄒᆞᆫ 故로 此 三介國에 漢學을 除去ᄒᆞ고 將來文明의 發達를 圖홈과 如홈은 到底不可得ᄒᆞᆯ 事也라 又 我日本에셔ᄂᆞᆫ 千五百年前 大陸으로브터 漢學이 傳來ᄒᆞᆫ 以來로 今日ᄭᆞ지의 文明基礎ᄂᆞᆫ 其力을 藉홈이 多ᄒᆞ고 國民의 思想과 國家의 隆運도 亦此漢學의 力에 基홈은 古來의 史乘에 徵ᄒᆞ야도 歷々ᄒᆞᆫ 事實이니 若 我國의 歷史를 確究ᄒᆞ야 日本國體를 知ᄒᆞ며 大和民族의 精神을 知코져 ᄒᆞ면 亦不可不 漢學의 力을 賴ᄒᆞᆯ지라 歐米의 文明이 一度我國에 輸入홈에 及ᄒᆞ야 斬新ᄒᆞᆫ 泰西의 科學으로 始ᄒᆞ야 機械其他百般文物이 皆羅馬字를 依ᄒᆞ야 傳達ᄒᆞ니 於是에 我國이 西로ᄂᆞᆫ 漢學을 藉ᄒᆞ야 朝鮮支那 印度 等의 文明을 輸入ᄒᆞ고 又東으로ᄂᆞᆫ 羅馬字로써 歐米의 斬新ᄒᆞᆫ 文物를 輸入ᄒᆞᆫ 結果로 現今에ᄂᆞᆫ 東西兩半球의 文明이 混化發展ᄒᆞᄂᆞᆫ 現象을 呈ᄒᆞᄂᆞᆫ지라 是故로 一方으로ᄂᆞᆫ 漢文字를 廢ᄒᆞ고 總히 國語를 羅馬字로 改造홈이 可ᄒᆞ다ᄂᆞᆫ 議論이 出ᄒᆞ고 又 一方으로ᄂᆞᆫ 日本의 文化ᄂᆞᆫ 舊來의 和漢混合의 國語로써 進ᄒᆞᆯ지라ᄂᆞᆫ 說이 有ᄒᆞ야 此 兩派가 今尙其主張ᄒᆞᄂᆞᆫ 바를 互相唱導ᄒᆞ야 甲은 乙를 駁擊ᄒᆞ고 乙은 甲을 論難ᄒᆞ야 學術界에 實로 未決ᄒᆞᆫ 一大問題됨에 至ᄒᆞᆫ지라 然ᄒᆞ나 世界의 大勢를 達觀ᄒᆞ야 其 問題를 討究ᄒᆞᄂᆞᆫ 時ᄂᆞᆫ 我輩ᄂᆞᆫ 漢學의 力ᄲᅮᆫ으로 東洋發展의 大事業을 完成ᄒᆞ기 可得ᄒᆞᆯ 것으로 思치 안이ᄒᆞ며 又 日本語를 羅馬字로 改造ᄒᆞ야 此로써 東洋發展의 大責

任이 成功홀 것으로도 思치 안이ᄒᆞ노라 然則如何히 ᄒᆞ여야 日本國의 地位로브터 將來東洋發展의 大事業을 計書ᄒᆞ깃ᄂᆞᆫ요 日本은 東으로 羅馬字로 依ᄒᆞ야 輸入ᄒᆞᆫ 泰西의 斬新ᄒᆞᆫ 科學 機械 其他의 文物를 西로 向ᄒᆞ야 亞細亞 大陸에 扶植ᄒᆞ야써 我勢力을 擴張ᄒᆞ며 我貿易을 發達코져 홀진ᄃᆡ 漢文字를 藉ᄒᆞ야 其 目的을 達ᄒᆞᄂᆞᆫ 外에 良計가 更無ᄒᆞ다 斷言ᄒᆞ노라.

歐米의 政治家 及 實業家ᄂᆞᆫ 古來 亞細亞의 外交와 貿易을 策홈에 當ᄒᆞ야 多히 漢學을 重要로써 視치 안이ᄒᆞ고 亞細亞의 經營은 羅馬字의 國語를 用홈이 滿足ᄒᆞᆫ 줄로 信ᄒᆞ나 眼이 烱ᄒᆞᆫ 獨逸政府ᄂᆞᆫ 歐米諸國에 先ᄒᆞ야 支那의 國情을 達觀ᄒᆞ고 伯林에 東洋語學校를 設ᄒᆞ고 東洋에 關ᄒᆞᆫ 語學을 夙爲硏究ᄒᆞ야 列强이 着眼치 못ᄒᆞᆫ 間에 東洋發展의 地步를 早造ᄒᆞᆫ 結果로 輓近四五年間에 東洋엣 英國의 貿易을 先爲蠶食ᄒᆞ고 昨今은 進ᄒᆞ야 米國과로 共히 日本의 商業도 侵畧ᄒᆞᄂᆞᆫ지라 現今 英米諸國의 領事의 報告를 見ᄒᆞ여도 獨逸商人의 亞細亞엣 貿易을 計劃홈에 支那語를 能談ᄒᆞ며 漢文學을 能解ᄒᆞ야 支那人과의 交際가 歐米他國民에 逈勝ᄒᆞ야 頗히 密接干繫를 保홈으로 支那人의 思想을 玩味ᄒᆞ며 風俗 等을 曉解ᄒᆞ야 其 貿易의 實況을 知홈에 便益이 極多홈은 東洋語學校設立ᄒᆞᆫ 結果에 歸홈이 明白ᄒᆞ야 歐米人도 今日一般信認ᄒᆞ야 疑치 안이ᄒᆞᄂᆞᆫ 바이니라.

又 米國에셔도 日露戰爭 後에 將來엣 世界의 貿易市場은 亞細亞 大陸에 在홀터인ᄃᆡ 就中淸韓兩國이 其 要樞를 占홀 것을 發見홈으로써 大學 又 商業學校中에 支那語學의 講座를 設ᄒᆞ야 今後支那에 對ᄒᆞᆫ 外交貿易의 發展上에 用홀 人材를 養成홈을 期ᄒᆞ고 同國政府에셔ᄂᆞᆫ 北京에 在ᄒᆞᆫ 公使館에 十名의 支那語學硏究生과 東京에 在ᄒᆞᆫ 大使館에 六名의 日本語學硏究生을 置ᄒᆞ기로 決議ᄒᆞ고 旣其人員을 派遣ᄒᆞ야 國語의 硏修에 專心從事케 ᄒᆞ야써 將來外交官, 領事官될 人物을 養成홀 準備를 ᄒᆞᄂᆞᆫ 同時에 又 民間에도 大學其他學校에 日淸兩國의 語學講座를 設ᄒᆞ야 盛히 東洋貿易의 發達에 可資홀 人物의 養成에 努ᄒᆞ니 其 理由ᄂᆞᆫ 無他라 支那 日本에셔 外交貿易의 發展을 期코져 ᄒᆞ면 몬져 兩國의 國語를 硏究ᄒᆞ고 其 國語를 練習ᄒᆞ야 能讀能談ᄒᆞ며 且 能書ᄒᆞᄂᆞᆫ 三伎倆를

備치 안이ᄒᆞ면 亞細亞의 外交貿易이 發達ᄒᆞᆯ 수 無ᄒᆞᆷ을 覺知ᄒᆞᆷ으로 因ᄒᆞᆷ이니라.

千五百年來漢學의 我國에 渡來ᄒᆞᆷ으로봇터 漢文字가 恰히 我國語一部된 今日에 及ᄒᆞ야ᄂᆞᆫ 漢文字가 到底히 我國語中에셔 削除ᄒᆞ기 不能ᄒᆞᆯ 深根據를 有ᄒᆞ고 又 日本의 歷史, 政體, 學問, 宗敎, 貿易 其他百般事業이 總是漢文字에 賴치 안이ᄒᆞ면 到底히 此를 繼續ᄒᆞ며 又此를 將來에 發展케 ᄒᆞ기 難ᄒᆞᆷ도 事實이라 一朝에 此를 廢ᄒᆞ고 羅馬字로 更ᄒᆞ면 其 方針이 泰西諸國의 現今 計劃ᄒᆞᄂᆞᆫ 바와 全然反對에 出ᄒᆞᆷ이라 今也泰西諸國이 亞細亞의 貿易을 進ᄒᆞ며 亞細亞의 開發를 行ᄒᆞᆷ에ᄂᆞᆫ 不可不漢文字를 修得ᄒᆞ야 其 漢文字의 力을 依ᄒᆞ야 庶般의 經營畫策을 施ᄒᆞᆯ지라 ᄒᆞ야 汲汲히 此目的의 下에 努力ᄒᆞ니 邦人은 何를 苦ᄒᆞ야 此 重要ᄒᆞᆫ 利器를 廢棄ᄒᆞ리오 幸히 我國이 今日ᄭᆞ지 漢文字를 用ᄒᆞᆷ에 及ᄒᆞ야 이믜 我國語가 되엿스니 此를 益益改良ᄒᆞ면 亞細亞 開發ᄒᆞᄂᆞᆫ 目的을 엇지 充分達得치 못ᄒᆞ리오.

我國이 歐米諸國과로 對峙ᄒᆞ야 東洋發展上에 如何ᄒᆞᆫ 地步를 占居ᄒᆞ얏ᄂᆞᆫ요 ᄒᆞ면 泰西의 學術에 基ᄒᆞᆫ 機械的 工業 又 社會的 貿易에ᄂᆞᆫ 一步를 英米人의게 讓ᄒᆞ나 支那大陸開發上에ᄂᆞᆫ 特種의 利便을 有ᄒᆞ니 日本은 支那로 同文의 國인ᄃᆡ 其 發音이 異ᄒᆞ야 談話ᄂᆞᆫ 不能ᄒᆞ나 文字ᄂᆞᆫ 同一ᄒᆞᆫ지라 隨ᄒᆞ야 筆談ᄒᆞ며 書籍도 讀得ᄒᆞᄂᆞᆫ 故로 彼國의 制度, 文物, 人情을 探究ᄒᆞᆷ에 就ᄒᆞ야ᄂᆞᆫ 比較的 容易히 此를 得爲ᄒᆞᆯ지오 又此와 反對ᄒᆞ야 我國情을 淸韓兩國人의게 知케 ᄒᆞᆷ에 當ᄒᆞ야도 我國語를 少更ᄒᆞ면 卽 漢文이라 容易히 適用ᄒᆞᆷ을 得ᄒᆞ깃ᄂᆞᆫ 故로 漢文字ᄂᆞᆫ 彼地兩國을 結合ᄒᆞᆯ 好連鎖될 ᄲᅮᆫ 안이라 兩國人의 思想을 交換ᄒᆞ며 又 貿易을 發達케 ᄒᆞᆷ에도 無二ᄒᆞᆫ 利益이 有ᄒᆞ니 此利益은 歐米諸國의 人民이 持치 못ᄒᆞᆫ 바이니 此를 持치 못ᄒᆞᆷ을 爲ᄒᆞ야 亞細亞 大陸의 貿易上에ᄂᆞᆫ 日本國民의 後에 不落ᄒᆞᆷ을 不得ᄒᆞᆯ 不利ᄒᆞᆫ 地位에 布ᄒᆞᆫ지라 如是不利ᄒᆞᆫ 地位에 立ᄒᆞᆷ을 發見ᄒᆞᆫ 故로 彼等이 此로 因ᄒᆞ야 生ᄒᆞᄂᆞᆫ 損害를 補ᄒᆞ기 爲ᄒᆞ야 此等語學의 講座를 設ᄒᆞ야 練習에 不可不勵ᄒᆞᆯ 必要를 感ᄒᆞᆫ지라 近來此로 爲ᄒᆞ야 銳意努力ᄒᆞᄂᆞᆫ 中에 在ᄒᆞ니라. (未完)

내용 요약

이 글은 ≪서우(西友)≫ 13에 실린 글로 일본 "한자통일회" 회장 金子堅太郎씨의 의견을 번역 정리하여 제시한 글이다. 요약 내용은 다음과 같다.

일본, 한국, 청국 세 나라의 문명은 한학의 힘으로 이루어졌고, 그 기초 위에서 정체(政體), 사상, 사회 조직, 도덕, 경제, 실업, 종교 등이 성립되었기에, 한학을 없애고 문명의 발달을 도모한다는 것은 도저히 있을 수 없는 일이다. 일본이 서양의 문물을 아시아 대륙에 전하고, 세력을 확장하여 무역을 발전시키는 '동양 발전 대사업'을 완성하기 위해서는 국어(일본어)의 일부가 된 '한문자'로 그 목적을 달성하는 것이 좋은 방법이다. 독일이 구미와 달리 동양에서 먼저 자기 위치를 점거한 것은 동양 어학을 연구하였기 때문이고, 이를 본 미국을 비롯한 서양 제국들도 뒤늦게 아시아 무역을 위해 한문자를 배우고 있다. 일본은 구미 제국보다 기계적 공업과 사회적 무역은 뒤쳐져 있으나, 중국과 같은 문자를 쓰므로 발음은 달라도 필담이 가능하여, 중국 대륙 개발에 있어서는 구미 제국보다 편이점을 갖고 있다. 그러므로 중국 대륙 개발을 위해 한문자 강좌를 설립하여 이를 갈고 닦는데 힘써야 한다.

개념어	한학(漢學), 한자(漢字), 한문자(漢文字), 한문(漢文), 국어(國語), 로마자(羅馬字), 어학(語學), 국가(國家), 정체(政體), 사상(思想), 사회(社會), 조직(組織), 도덕(道德), 경제(經濟), 실업(實業), 상업(商業), 사업, 공업(工業), 종교(宗敎), 역사(歷史), 풍속(風俗), 과학(科學), 동양(東洋), 태서(泰西), 기계(機械), 문물(文物), 문명(文明), 발전(發展), 문화(文化), 발달(發達), 개발(開發), 무역(貿易), 무역시장(貿易市場), 수입(輸入), 외교(外交), 외교무역(外交貿易), 경영(經營), 교제(交際), 세력(勢力), 정치가(政治家), 실업가(實業家), 연구생(硏究生), 외교관(外交官), 영사관(領事官), 강좌(講座), 대학(大學), 상업학교(商業學校), 장래(將來)

속편 : 한자통일회 개설에 관한 의견[2] (漢字統一會開設에 關흔 議見)

7~8년 전에 삼정물산(회사)의 사장 익전효(益田孝, 미쓰이 물산의 사장 마스다 다카요시) 군이 중국 이곳저곳을 돌아다닌 후에 나더러 말하되 「종래 삼정물산은 중국, 조선의 요지에 지점을 세우고 청·한에 대한 무역을 확장하기 위해서 영어에 숙달하며 상업상의 학설에 능통하고 또 구미 상공업의 실황을 두루 돌아다니며 살핀 자에게 이를 담당케 하였다. 중국에 들어가 중국인과 교섭할 경우 일본인이 양복을 입고 숙련치 못한 영어로 무역에 종사하는 것은 구미인과 맞서는 데 형세상 불리한 위치에 서지 않을 수 없다. 고로 후에 일본인이 중국 무역 시장에 서고자 하면 마땅히 중국어로 이야기하며 중국옷을 입고 친히 중국인과 교제하여 밀접한 사교상의 우의를 맺은 후에 무역업의 발전을 꾀함이 제1의 지름길이다」라고 하였다. 내가 당시에 이 말을 듣고 실제 적중한 명론이라 감복하였다. 요사이 구미인의 중국에 대한 무역상의 꾀함과 준비를 보건대 7~8년 전 익전 군이 말한 방침과 꼭 같은 방침으로 경영하고 있다. 돌이켜 생각해 보건대 이 방책은 결코 한순간의 수단에 그치지 않고 장차 청·한에 우리나라(일본)의 무역을 확장하며 또 정치상의 세력을 뿌리박으려는 이상 없어서는 안 되는 중요한 방법이니 중국어를 말하며 중국 글을 써 같은 글자의 편의를 이용하는 것이 일본인에게 필요하다.

'무역이 국기를 뒤따른다[3]'하는 것은 50년 전까지의 구미 외교가의 잠어(箴

2 ≪西友≫ 14호, 1908. 1. 1.

3 "The trade follows the flag"라는 영미권 속담을 번역한 것으로 보이며, '정치 군사적 세력의 확장에 의해서 자국의 선박이 기항하게 되는 지역에 새로운 시장이 개척되고 무역이 이루

語, 경계하는 말)인데, 이것은 고압수단을 쓰는 것이 외교 책략의 비결이라고 인식했던 당시에는 바꿀 수 없는 격언이 될지도 모르지만 지금 20세기에는 이미 진부한 말이 되어버렸다. 오늘날에는 고압수단(高壓手段)을 가지고 외교 책략의 비결이라 하는 것은 각국의 국교가 친밀해짐에 따라 점차 그 효력이 줄어들고, 사교상의 원만한 관계로 무역을 확장하여 국제간의 원만한 교의를 이루는 것이 무역을 발달케 하는 아주 중요한 요소라고 하는 데 이를 것이다. 그런즉 같은 글자를 사용하는 나라에서는 국적의 다름을 상관치 않고 국가 영토의 다름을 상관치 않고 문자가 미치는 곳은 무역의 범위로 인정하여도 부당하다 못할 것이니 이를 요사이 세계 무역상의 정세에 비추어 보면 나라 사이의 동일 문자의 사용은 사업의 확장에 가장 유력한 무기이다. 일·한·청 3개국의 같은 문자는 외교와 무역의 발전에 어떤 것도 견줄 것이 없는 좋은 인연인즉 3개국의 인민은 이를 기초로 삼아 친교를 맺어 국정을 서로 숙지하며 사상을 서로 교환하여서 무역의 발달을 계획함이 가장 중요하니 우리나라에서 만일 한문자를 폐하고 로마자를 사용하여 아세아 대륙에서 무역을 경영하더라도 일본인이 로마자로 편지를 쓰며 로마자를 신문 및 기타의 사상을 교환하는 기관에 사용함에는 도저히 구미인보다 뒤쳐지지 않을 수 없다. 이에 반하여 한문자로 상업문을 써 상업의 교섭을 하며 또 상업에 관한 교통 기관 및 기타를 경영하는 때에는 일본인이 확실히 구미인보다 앞선 자리를 차지함은 불을 보듯 확실하다. 고로 우리나라(일본)에서 한문자를 폐하고 로마자를 사용하여 각종의 사업을 계획하는 것은 동양 발전상에 가장 쓸데없는 계책이라 하지 않을 수 없다. 이제 천하의 형세를 관찰하여 우리나라(일본)의 지위를 연구하면 위에 서술한 것과 같으니 일본은 원래 로마자로 인해 구미의 문명을 수입하고 능히 이를 저작하며 소화하여 얻어진 결과를 한문자로 통하여 이를 조선과 중국에 수출할 큰 책임을 부담하였다. 세계에 나라를 세운 자가 많고 또 서양 문명의 정수를 모은 구미 선진국이 있으나 동서의 양 반구의 문화를

어지게 된다.'는 의미를 가지고 있다.

한 나라에 모아 이를 혼화 융합하고 그 결과를 다시 아세아 대륙에 발휘 확충할 좋은 지위를 차지한 나라는 일본을 제외하고 없음은 뚜렷한 사실이다.

이상 서술한 사실로부터 단정하면 동서의 양 반구의 문명을 한 나라에 모아 하나로 만들어 20세기에 신문명의 근본 바탕을 만들고 그 근본 바탕으로 인해 아세아 개발의 계획을 세우는 것은 실로 우리나라의 타고난 직분이요 장래의 중요한 사업이다. 이 사업을 완성함에는 일본 민족 이외에 이렇게 유망한 지위를 차지한 인종이 없으니 고로 우리나라의 한학은 더욱 발달케 하며 구미의 외국어도 십분 연구할 것이니 한학과 서양의 학술을 융화 혼합하여 아세아 발전의 큰 계획을 시도하면 구미 제국은 모두 우리나라의 방침에 따라 아세아에 대한 사업을 힘쓸 것이 틀림없다. 고로 나는 우리나라 대방(大方)의 뜻있는 모두에 대해 특히 위의 방침을 지켜 아세아 개발의 대사업을 경영함에 마음을 다해 애쓸 것을 희망한다.

위와 같이 일본 국민이 맡은 천직을 실지로 시행함에 나아가기 위해서는 그 적용할 방법이 많으나 먼저 일 · 한 · 청 3개국에 공통하는 한문자를 통일한 옥편적 자전이 필요하니 오늘날 이 자전이 없음은 우리가 의견을 실천하는 데에 큰 장애가 된다. 일 · 한 · 청 3개국이 문자는 동일하나 발음이 다르다. 고로 필담하면 뜻이 통하나 말로는 이해하기 어려워 몹시 불편하다. 오늘날 청국의 유학생 중 동경에 거한 자는 일만 정도요 조선의 유학생도 4~500명에 달하고 또 중국과 조선에 머무르는 일본인이 그 수가 수만이다. 이 무리가 일상 말로 이야기하는 바와 눈에 비치는 바와 서면으로 써서 왕복하는 바는 동일 문자가 됨에도 불구하고 그 상호 통하지 않는 발음은 어떻게 연구하고 어떻게 독습(혼자 배워 익힘)할지 그 길잡이가 될 입문서나 자전의 종류가 있는가 하면 이를 통일하여 편찬한 것이 오늘날 없다. 이에 우리들이 위에서 서술한 불리하고 불편한 점을 보완하기 위해 최근에 동지들과 서로 모의하여 한자통일회를 설립했으니 임시로 글자 수 약 6000을 한정하고 일 · 한 · 청에 공통인 실용적 문자를 자전으로 편찬할 계획이다. 3개국 발음은 가타가나에 따랐고 또 로마자로 적어 일 · 한 · 청의 인민은 물론이고 비록 구미인이라도 한 번이 자전을 펴면 필요한 한자의 발음을 쉽게 이해할 수 있게 편성하고 원고를 이미 완성하여 바로 인쇄에 착수하였으니 몇 개월이 지나면 출판할 수 있을 것이다.

앞에서 서술한 것과 같이 한문은 아세아 발전의 큰 요소라 하는 의견에서 비롯하여 이를 실시하는 방법의 첫 번째로 먼저 자전의 출판을 말하였는데, 이 자전은 청·한에 머무르는 일본인에게는 중국과 조선어의 발음을 연구하여 그로 이야기를 교환할 특별한 참고서가 될 것이다. 또 일본에 머무르는 청·한의 학생·관리·상업가에게는 이 자전을 이용하여 일본말의 발음과 뜻을 이해할 것이다. 또 동양 각지에 머무르는 구미인이 이 책을 읽으면 로마자로 기록한 발음으로 인하여 글자의 음을 배워 알기 편할 것이니 요컨대 본서의 출판은 우리나라(일본)의 천직인 대사업 실행의 착수를 위한 시작에 불과하나, 이 밖에 앞에 기술한 뜻을 수행함에 이르러서는 지금 각종의 방안을 강구하는 시기인즉 만일 세상의 학자에게와 실험가에게서 가르침을 받는 데 인색하지 않아서 우리들의 부족한 바를 도우며 미치지 못하는 바를 바로잡아서 이 사업을 대성하게 하면 실로 다행이라 하는 바이다.

입력 원문

漢字統一會 開設에 關한 意見 (續)

從今 七八年前에 三井物産會社의 社長益田孝君이 支那에 漫遊흔 後에 予다려 語ᄒᆞ야 曰「從來三井物産會社ᄂᆞᆫ 支那 朝鮮의 要地에 支店을 設ᄒᆞ고 清韓에 對흔 我貿易을 擴張ᄒᆞ기 爲홈에ᄂᆞᆫ 英語에 熟達ᄒᆞ며 商業上의 學說에 通ᄒᆞ고 且 歐米商工業의 實況을 視察흔 者로써 此를 擔任케 하얏ᄂᆞᆫᄃᆡ 支那의 內地에 入ᄒᆞ야 支那人과로 交涉ᄒᆞᄂᆞᆫ 境遇에 日本人이 洋服을 着ᄒᆞ고 熟鍊치 못흔 英語로 貿易에 從事홈과 如홈은 歐米人과로 對峙ᄒᆞᄂᆞᆫᄃᆡ 其勢 不利흔 地位에 不立ᄒᆞ기 不得홀지니 故로 今後 日本人이 支那의 貿易市場에 立코져 ᄒᆞ면 須是支那語를 談ᄒᆞ며 支那服을 着ᄒᆞ고 親히 支那人과로 交際ᄒᆞ야 密接흔 社交上의 友誼를 結흔 後에 貿易業의 發展을 圖홈이 第一捷徑이라」ᄒᆞ니 余가 當時에 此言을 聽ᄒᆞ고 實際的中흔 名論이리 感服ᄒᆞ얏노라 輓近歐米人의 支那에 對흔 貿易上의 企圖 及 準備를 見컨ᄃᆡ 七八年前 益田君의 語흔 바 方針과 恰同흔 方針으로 經營ᄒᆞ니 顧惟斯策이 決코 一時의 手段에 不止ᄒᆞ고 將來清韓地方에 我國의 貿易을 擴張ᄒᆞ며 又 政治上의 勢力을 扶植호려 ᄒᆞᄂᆞᆫ 以上不可缺홀 要訣이니 支那語를 談ᄒᆞ며 支那文을 書ᄒᆞ야 同文의 便宜를 利用홈은 日本人의 必要흔 바이니라.

貿易이 國旗로 伴흔다 홈은 此 五十年前ᄭᆞ지의 歐米外交家의 箴語라 此ᄂᆞᆫ 高壓手段으로써 外交政略의 秘訣이라 認흔 時代에ᄂᆞᆫ 不易홀 格言이 될지도 不知어니와 此 二十世紀에ᄂᆞᆫ 陳腐에 已屬ᄒᆞ니 今日에ᄂᆞᆫ 高壓手段으로써 外交政略의 秘訣이라 홈은 各國 相互의 國交가 親密를 加홈으로 從ᄒᆞ야 漸次 其 效力을 減ᄒᆞ고 社交上의 圓滿흔 關係로 因ᄒᆞ야 貿易을 擴張홈이 發達되야 國際

間의 圓滿호 交誼는 貿易을 發達케 ᄒᆞ는 一大要素라 홈에 至홀지라 然則 同文의 國에셔는 其 國籍의 異홈을 不拘ᄒᆞ며 國家의 領土의 異홈을 不拘ᄒᆞ고 文字의 及ᄒᆞ는 區域은 卽 貿易의 範圍로 認ᄒᆞ야도 不當타 못홀지니 此를 世界 貿易上의 近勢에 徵ᄒᆞ건ᄃᆡ 國際間엣 同一文字의 使用은 斯業의 擴張上에 最有力호 武器라 日韓淸三介國엣 同文은 此 三介國엣 外交 及 貿易의 發展上에 無比호 良緣인 즉 右三介國의 人民은 此로 基礎를 삼아 親交를 結ᄒᆞ야 國情을 互相熟知ᄒᆞ며 思想을 互相 交換ᄒᆞ고 因ᄒᆞ야써 貿易의 發達를 計홈이 最肝要ᄒᆞ니 我國에셔 萬一漢文字를 廢ᄒᆞ고 羅馬字를 用호야 亞細亞大陸에 出ᄒᆞ야 貿易을 經營ᄒᆞ는 時를 當ᄒᆞ야도 日本人이 羅馬字로써 書柬을 認ᄒᆞ며 羅馬字로써 新聞 其他의 思想을 交換ᄒᆞ는 機關에 使用홈에는 到底히 歐米人의 後에 不落홈을 不得홀지오 此에 反ᄒᆞ야 漢文字로써 商業文을 認하야 商業의 交涉을 ᄒᆞ며 又 商業에 關호 交通機關 其他를 經營ᄒᆞ는 時는 日本人이 確實히 歐米人의 首位를 占得홈은 火를 睹홈보다 明호지라 故로 我國에셔 漢文字를 廢ᄒᆞ고 羅馬字를 用ᄒᆞ야 各種의 事業을 計劃홈과 如홈은 東洋 發展上에 最拙策이라 不謂홈이 不可ᄒᆞ니라 方今宇內의 大勢上으로 達觀ᄒᆞ야 我國의 地位를 硏究ᄒᆞ면 上에 述홈과 如ᄒᆞ니 日本이 元來 羅馬字로 因ᄒᆞ야 歐米의 文明을 輸入ᄒᆞ고 能히 此를 咀嚼ᄒᆞ며 此를 消化ᄒᆞ야 其得호 結果를 漢文字로 通ᄒᆞ야 此를 朝鮮 支那에 輸出홀 大責任을 負擔호 者也라. 世界에 國을 建호 者 비록 多ᄒᆞ며 又 泰西文明의 精華를 蒐호 歐米先進國이 비록 有ᄒᆞ나 而東西兩半球의 文化를 一國에 萃ᄒᆞ야 此를 混化融合ᄒᆞ고 其 結果로 更히 亞細亞大陸에 對ᄒᆞ야 發撝擴充홀 好地位를 占호 國은 日本을 除호 外에 無홈은 歷然호 事實也니라.

以上 敍述호 事實로붓터 斷定ᄒᆞ면 東西兩半球의 文明을 一國에 蒐ᄒᆞ야 打爲一團ᄒᆞ야써 二十世紀엣 新文明의 原素를 釀成ᄒᆞ고 其 原素로 因ᄒᆞ야 亞細亞開發의 計劃을 立홈은 實로 我國의 天職이오 將來의 一大事業이라. 此 事業을 完成홈에는 日本民族以外에 如是有望호 地位를 占호 人種이 不有ᄒᆞ니 故로 我國의 漢學은 益益發達케 ᄒᆞ며 歐米의 外國語도 十分硏究홀지니 漢學과 泰

西의 學術과를 融化混合ᄒᆞ야 亞細亞發展의 大計劃을 試ᄒᆞ면 歐米諸國은 勢皆 我國의 方針에 擬ᄒᆞ야 亞細亞에 對ᄒᆞᆫ 事業을 進ᄒᆞᆷ이 必矣라. 故로 予ᄂᆞᆫ 我國 大方의 有志諸氏에 對ᄒᆞ야 特히 右의 方針을 確守ᄒᆞ야 亞細亞開發의 大事業을 經營ᄒᆞᆷ에 鋭意盡瘁ᄒᆞᆷ을 希望ᄒᆞᄂᆞᆫ 者也로라.

上과 如ᄒᆞᆫ 日本國民의 擔ᄒᆞᆫ 天職을 實地로 施行ᄒᆞᆷ에 就ᄒᆞ야ᄂᆞᆫ 其 可執ᄒᆞᆯ 方法이 多多ᄒᆞ나 第一日韓淸三介國에 共通ᄒᆞᄂᆞᆫ 漢文字를 統一ᄒᆞᆫ 玉篇的의 字書必要也니 今日此種字書의 存在치 안이ᄒᆞᆷ은 我輩의 持論의 遂行上엣 一大障碍也라 日韓淸三介國이 文字ᄂᆞᆫ 同一ᄒᆞ나 發音을 異히 ᄒᆞᄂᆞᆫ지라 故로 筆談ᄒᆞ면 意志疏通ᄒᆞ나 口語 로ᄂᆞᆫ 相解ᄒᆞ기 不得ᄒᆞ야 不便이 甚ᄒᆞ니라 現今 淸國의 留學生의 東京에 居ᄒᆞᆫ 者ᄂᆞᆫ 一萬有餘오 朝鮮의 留學生도 四五百名에 達ᄒᆞ고 又 日本人의 支那 朝鮮에 在留ᄒᆞᄂᆞᆫ 者가 其數 幾萬으로써 算ᄒᆞᆯ지라 此等人이 日常口로 談ᄒᆞᄂᆞᆫ 바와 眼에 映ᄒᆞᄂᆞᆫ 바와 書面으로 認ᄒᆞ야 往復ᄒᆞᄂᆞᆫ 바ᄂᆞᆫ 同一文字됨을 不拘ᄒᆞ고 其 互相 不通ᄒᆞᄂᆞᆫ 發音은 如何히 ᄒᆞ야 硏究ᄒᆞᆯᄂᆞᆫ지 如何히 ᄒᆞ야 獨習ᄒᆞᆯᄂᆞᆫ지 其 手引草, 字典의 類가 有乎아 ᄒᆞ면 此를 統一ᄒᆞ야 編纂ᄒᆞᆫ 者ᄂᆞᆫ 今日 皆無也라 於是乎我輩가 叙上의 不利不便을 補ᄒᆞ기 爲ᄒᆞ야 近時에 同志之士로 相謀ᄒᆞ야 漢字統一會를 設ᄒᆞ니 假컨ᄃᆡ 字數 約六千을 限ᄒᆞ고 日韓淸共通ᄒᆞᄂᆞᆫ 實用的 文字를 字典으로 編纂ᄒᆞᆯ 計劃이라 三介國의 發音은 片假名으로 附ᄒᆞ며 又 羅馬字로로 記ᄒᆞ야 日韓淸의 人民은 勿論ᄒᆞ고 雖歐米人이라도 一度此字典을 披ᄒᆞ면 必要ᄒᆞᆫ 漢字의 發音을 容易히 解ᄒᆞ기로 編成ᄒᆞ야 其 原稿가 既已完成ᄒᆞ야 目下印刷에 着手ᄒᆞ야신 즉 數月를 閱ᄒᆞ면 出版ᄒᆞᆷ에 至ᄒᆞᆯ지니라.

前陳과 如히 漢文은 亞細亞 發展의 一大要素라 ᄒᆞᄂᆞᆫ 持論에 基ᄒᆞ야 此를 實施ᄒᆞᄂᆞᆫ 方法의 第一着手로 몬져 字典의 出版을 語ᄒᆞ엿ᄂᆞᆫᄃᆡ 此 字典은 淸韓에 在留ᄒᆞᆫ 日本人을 爲ᄒᆞᆷ에ᄂᆞᆫ 支那 及 朝鮮語의 發音을 硏究ᄒᆞ야 彼로 談話를 交換ᄒᆞᆯ 特種의 參考書라 ᄒᆞᆯ지오 又 日本에 在留ᄒᆞᄂᆞᆫ 淸韓의 學生及 官 吏商業家ᄂᆞᆫ 此 字典으로 因ᄒᆞ야 日本의 發音과 字義를 解得ᄒᆞᆯ지오 又 東洋各地에 在留ᄒᆞᆫ 歐米人이 此書를 繙閱ᄒᆞ면 其 羅馬字로 記ᄒᆞᆫ 바의 發音으로 因ᄒᆞ야

字音을 學得ᄒᆞ기 便宜ᄒᆞᆷ에 至ᄒᆞᆯ지니 要컨ᄃᆡ 本書의 出版은 僅히 我國의 天職인 大事業의 實行에 着手ᄒᆞᆫ 一端緖에 不過ᄒᆞ나 此外 前述의 主義를 遂行ᄒᆞᆷ에 就ᄒᆞ야ᄂᆞᆫ 目下各種의 方案을 講究ᄒᆞᄂᆞᆫ 際인 즉 萬一世의 學者 及 實驗家에셔 垂教를 不吝ᄒᆞ야 吾輩의 不足ᄒᆞᆫ 바를 補ᄒᆞ며 不及ᄒᆞᆫ 바를 訂ᄒᆞ야써 斯業을 大成ᄒᆞᆷ을 得케 ᄒᆞ면 實로 至幸이라 ᄒᆞᄂᆞᆫ 바 也니라.

내용 요약

일본 '한자통일회' 회장 金子堅太郎 씨의 의견을 번역하여 ≪서우≫13호에 이어 연재한 것으로 내용은 다음과 같다.

무역이나 정치에서 중국과 무역을 할 때 중국어로 말하며 중국 글을 써 동문(한자)의 편이를 이용하는 것이 필요하며, 동문(한자)의 나라에서는 국적, 영토를 상관치 않고 문자가 미치는 곳을 무역의 범위로 인정해야 하는데 국제 정세에 따르면 동문의 사용은 사업 확장의 큰 무기가 된다. 그런데 자국(일본)에서 한문자를 폐하고 로마자를 사용하여 무역을 하는 것은 동양 발전상 최졸책이다. 일본은 로마자를 이용하여 구미의 문명을 수입하고, 이를 한문자를 이용해 조선과 중국에 수출해야 하는 큰 책임이 있다. 조선, 일본, 중국의 한자 중 약 6,000자 정도를 한정하여 책(자전)으로 편찬할 계획이다. 이 책은 3개국의 발음 중 한쪽에서 빌려온 이름으로 따르고 로마자로도 적어 일 · 청 · 한 인민과 구미인 모두가 한자의 발음을 쉽게 이해할 수 있게 할 것이다.

개념어 지나(支那), 조선(朝鮮), 일본(日本), 구미(歐米), 아세아(亞細亞), 청국(淸國), 태서(泰西), 동경(東京), 영어(英語), 한문자(漢文字), 상공업(商工業), 국적(國籍), 무역(貿易), 외교(外交), 수출(輸出), 한학(漢學)

25. 음향(音響) 이야기[1]

연구생(研究生)

우리들이 입을 열어 말을 하면 그 언어는 즉시 그 주위에 있는 사람에게 들린다. 이것이 어떤 이치에서 그렇게 되는지에 대해 사람들은 대답하되 우리는 두 개의 귀가 있어서 사람이 말하는 음성을 듣는다고 한다. 그러나 이것은 그 이치를 충분히 이해한 대답이라 말할 수 없다. 가령 우리들이 음식을 먹을 때에는 손이 이것을 운반하여 입 안에 넣어 주면 입은 이것을 씹고 삼켜 내려 보내는데, 언어는 이것을 운반하여 귀에 들어오게 해주는 것이 없는 듯하지만, 실상 눈에 보이지 않는 공기가 이 작용을 한다.

대저 음성이라 하는 것은 어떠한 것인가 하면, 우리들의 흉부에 있는 폐장 안에서 공기가 기도를 통해 위로 도달하면 인후부에 있는 성대(목젖)라 하는 극히 얇은 막에 부딪힌다. 이 막은 두 쪽이 인후 좌우로 서로를 향해 긴장하여 있고 그 중앙에는 협소한 틈이 있는데, 폐에서 위로 올라온 공기가 이 틈을 부딪치고 꺾여서 지나가면 그 막의 주변은 폐의 공기가 부딪치는 대로 진동하여 외부 공기 중에 또한 동일한 파동을 일으킨다. 이것이 점차 주위로 확대되어 퍼져 가는 상태는 못 가운데에 작은 돌을 던지면 수면에 원형의 파동이 발생하여 점차로 확대되는 모양과 흡사하다. 그러나 수면 위에 퍼져 가는 파동은 한 평면 위에 원형을 만들어 그리는 것이지만, 공기 중의 파동은 공간 상하, 전후, 좌우 팔방 주위로 같은 모양의 구형을 만들어 점차 전파되니, 이와 같이

1 ≪太極學報≫ 16호, 1907. 12. 24.

퍼지는 공기의 파동이 우리의 귀 안에 있는 고막이라 하는 얇은 막을 때리면 이때에 그 귀 안에 있는 고막은 이 음성을 발한 사람의 성대의 진동과 동일한 진동을 일으킨 까닭에 타인의 언어 음성을 그 말한 대로 우리들이 들을 수 있는 것이다.

음파가 공기 속에서 전달되는 속력, 즉 음의 속도는 대개 1초 사이에 천백 척 가량이고, 1시간에 39만 6천척이다. 이것을 우리나라 리(里)단위로 환산하면 1시간에 2천 4~5백리를 능히 전달하니, 음향의 속도는 실로 놀랄 만하다. 그러나 음향의 속도보다 또 몇 배나 더욱 빠른 광선의 속도가 있으니, 제군은 이와 같은 계산을 호사가들의 책상머리에서의 된 계산으로 오해치 말라. 이것은 오늘 발달된 물리학의 원칙과 방법으로 수많은 고심과 실측을 정확히 거친 후에 발표된 것이다. 보통 사람이라도 음향의 속도를 대략이나마 실측하고자 하면 용이한 방법은 다음과 같다.

음의 속도를 실측하고자 하면 두 사람(1인은 총을 갖고 다른 1인은 회중시계를 휴대하라)이 넓고 평탄한 들판으로 나가 서로 2리 혹 3리 사이 간격으로 떨어져 마주하고 서라. 총을 가진 1인이 총을 발포하면 시계를 갖고 있는 1인은 멀리서 그 발포 시에 연기가 일어나는 것을 보고 그 순간부터 시계를 보아 몇 초 후에 그 포성이 들려오는지를 알게 된다면 그 2인 사이의 거리를 이 초수로 나누어 1초 사이에 전파되는 음향의 속도를 알 수 있다.

음은 이와 같이 빠르게 전달되는 것인데, 다소 먼 곳에서 사람이 담화할지라도 그 음성이 바로 근처에서 말하는 자와 자못 동일하게 들려오며, 제군은 또 벌목하는 사람의 들어 올린 도끼가 그 나무에 내려찍히는 것을 본 후에 다소 시간이 경과되어 그 도끼 음이 비로소 귀에 도달함을 경험하였을 것이다.

공기 중에서 음파가 전파되는 도중에 막고 서 있는 어떤 물체에 닿으면 그 부분의 음파는 반대방향으로 다시 반환하는데, 이것은 연못 가운데 돌을 던질 때에 수면에 발생하는 원형의 파동이 전파하는 도중에 어떠한 암초에 닿으면 반대방향으로 반환하는 것과 자못 동일하다. 이를 실험하는 방법은 다음과 같다.

사람은 1초 사이에 다섯 가지 음을 명확히 말하는 것이 가능하고 또 음은 1초 사이에 천백 척을 나아가매 1초의 5분의 1시간에는 5분의1, 즉 2백 이십 척, 대강 37간(間)[2]을 나아가니 제군이 커다란 건축물의 장벽에서 총 19간, 즉 37간의 절반 거리에 마주 서고 높은 음으로 가령「쟈미가 있다」고 말하면 1초간의 최초 5분 1시간에 그 '쟈'의 음은 19간을 나아가 장벽에 부딪히고 다시 되돌아와 '쟈'의 음이 다시 귀에 들어오고, 이때에 그 다음에 '미' 음도 또한 장벽에 부딪히고 다시 되돌아와 귀에 들리며 다음에는 '가' 음, 그 다음에 '다' 음이 차례로 장벽에 부딪치고 차례로 되돌아와 음(音)을 발한 지 1초 끝부분에는 자기가 말한 말을 분명히 다시 들을 것이다. 또 산속에서 우리들이 말을 하면 왕왕히 마주본 산꼭대기에서 동일한 언어가 향응함을 들을 수 있다. 이를 물리학에서는 반향이라 칭한다.

사람의 음성은 고저강약의 종류에 따라 다름이 있는데, 일반 여자의 음성은 강하고 남자의 음성은 약하니 이는 성대의 진동수가 많으면 강하고 적으면 약한 것이라. 이를 정밀히 시험하고자 하면 사이렌이라 하는 기계를 사용하는데, 겨우 들을 수 있는 약한 음은 1초 사이에 16회, 1분 사이에 9백 6십회 가량 진동하는 것이며, 또 진동이 굉장히 빨라 1초 사이에 1만 6천회, 1분 사이에 96만회에 달하면 이와 같은 음은 지나치게 강하여 우리들의 귀에 음으로 들리지 아니하고 바늘 끝으로 귀를 찌르는 듯한 느낌이 나며 우리들의 일상적인 담화에서 성대의 진동수는 1초 사이에 2백회부터 4-5백회에 달한다.

2 1간=30cm

입력 원문

音響의 니야기

研究生

吾人이 一次 口를 開ᄒᆞ고 言을 發ᄒᆞ면 其 言語ᄂᆞᆫ 卽時로 其 周圍에 잇ᄂᆞᆫ 人의게 聞ᄒᆞᄂᆞ니 此가 一體 如何ᄒᆞᆫ 理致에 因홈이냐 ᄒᆞ면 人은 或 答ᄒᆞ되 吾人은 兩耳가 有ᄒᆞ야 人의 發ᄒᆞᄂᆞᆫ 音聲을 聽홈이라 홀지나 此ᄂᆞᆫ 其 理致를 十分 理解ᄒᆞᆫ 對答이라 謂치 못ᄒᆞ겟도다. 假使 吾人이 飮食을 喫홀 時에ᄂᆞᆫ 手가 此를 運搬ᄒᆞ야 口中에 入ᄒᆞ여 주면 口ᄂᆞᆫ 此를 咀嚼嚥下ᄒᆞ되 言語ᄂᆞᆫ 此를 誰가 運轉ᄒᆞ야 耳에 入케 ᄒᆞ여주ᄂᆞᆫ 者가 無ᄒᆞᆫ듯 ᄒᆞ나 其 實은 眼目에 見치 아니ᄒᆞᄂᆞᆫ 空氣가 此 作用을 作行ᄒᆞ도다. 大抵 音聲이라 ᄒᆞᄂᆞᆫ 거슨 如何ᄒᆞᆫ 者인고 ᄒᆞ면 吾人의 胸部에 잇ᄂᆞᆫ 肺臟中에서 空氣가 氣道를 通ᄒᆞ야 上來ᄒᆞ면 咽喉部에 在ᄒᆞᆫ 聲帶(목젖)라 ᄒᆞᄂᆞᆫ 極히 薄ᄒᆞᆫ 膜에 衝當ᄒᆞᄂᆞᆫ 거시라. 此 膜은 二片이 咽喉 左右로 相向緊張ᄒᆞ여 잇고 其 中央에 狹少ᄒᆞᆫ 間孔이 有ᄒᆞᆫ데 肺에서 上來ᄒᆞᄂᆞᆫ 空氣가 此 空隙을 衝折過出ᄒᆞ면 其 膜의 邊周ᄂᆞᆫ 肺의 空氣가 衝打ᄒᆞᄂᆞᆫᄃᆡ로 振動ᄒᆞ야 外部空氣 中에 亦是 同一ᄒᆞᆫ 波動을 振起ᄒᆞ면 此가 漸次 周圍로 擴大傳去ᄒᆞᄂᆞᆫ 狀態ᄂᆞᆫ 池中에 小石을 投ᄒᆞ면 水面上에 圓形의 波動이 生ᄒᆞ야 此 漸次로 擴大ᄒᆞᄂᆞᆫ 貌樣과 恰似ᄒᆞ도다. 然ᄒᆞ나 水面上의 傳去ᄒᆞᄂᆞᆫ 波動은 一平面上에 다못 圓形을 成劃홈이오 空氣 中의 波動은 空間 上下 前後 左右 八方 周圍로 一樣의 球形을 成ᄒᆞ야 漸次로 傳播ᄒᆞ나니 如此히 傳來ᄒᆞᄂᆞᆫ 空氣의 波動이 吾人의 耳中에 잇ᄂᆞᆫ 鼓膜이라 ᄒᆞᄂᆞᆫ 薄膜을 衝打ᄒᆞ면 此 時에 其 耳中에 잇ᄂᆞᆫ 鼓膜은 此 音聲을 發ᄒᆞᆫ 人의 聲帶의 振動과 同一ᄒᆞᆫ 振動을 起홈으로 因

ᄒᆞ야 他人의 言語 音聲을 그 發ᄒᆞᆫ ᄃᆡ로 吾人이 能히 聽聞ᄒᆞᄂᆞᆫ 거시라. 音波가 空氣 中에 傳達ᄒᆞᄂᆞᆫ 速力 卽 音의 速度ᄂᆞᆫ 大概 一秒間에 千百尺 可量이오 一時間에 三十九萬 六千尺이라. 此를 我國 里數로 換算ᄒᆞ면 一時間에 二千四百里를 能히 傳達ᄒᆞᄂᆞ니 音聲의 速度ᄂᆞᆫ 實노 可驚ᄒᆞᆯ만 ᄒᆞ도다. 然ᄒᆞ나 音響의 速度보다 又 幾倍나 一層 更速ᄒᆞᆫ 光線의 速度가 有ᄒᆞᄂᆞ니 諸君은 如此ᄒᆞᆫ 計算으로써 다못 好事者의 机上空測으로 誤解치 말지어다. 此ᄂᆞᆫ 今日 發達된 物理學의 原則과 方法으로써 幾多의 苦心實測을 精確히 經ᄒᆞᆫ 後에 發表ᄒᆞᆫ 거시라. 通常人이라도 音響의 大略 速度를 實測코져 ᄒᆞ면 容易ᄒᆞᆫ 方法이 如左ᄒᆞ니 音의 速度를 實測코져 ᄒᆞ면 二人(一人은 銃을 持ᄒᆞ고 他一人은 懷中時計를 持ᄒᆞ라.)이 廣漠平坦ᄒᆞᆫ 原野에 出去ᄒᆞ야 二人이 二里 或 三里 間隔에 서로 向ᄒᆞ야 對立ᄒᆞ고 銃을 持ᄒᆞᆫ 一人이 銃을 發砲ᄒᆞ면 時計를 持ᄒᆞᆫ 一人은 遠隔에서 其 發砲時에 烟氣가 起ᄒᆞᆷ을 見ᄒᆞ고 卽 其 瞬間브터 時計를 見ᄒᆞ야 幾秒 後에 其 砲聲이 來聞ᄒᆞᄂᆞᆫ 거슬 知ᄒᆞ면 其 二人 間의 距離를 此 秒數로 除ᄒᆞ면 一秒間에 傳播ᄒᆞᄂᆞᆫ 音聲의 速度를 知ᄒᆞᆯ 수 有ᄒᆞ도다. 音은 如此히 速ᄒᆞ게 傳ᄒᆞᄂᆞᆫ 者이ᄆᆡ 多少 間隔處에서 人이 談話ᄒᆞᆯ지라도 其 音聲이 直近處에서 發ᄒᆞᄂᆞᆫ 者와 자못 同一히 來聞ᄒᆞ며 諸君은 ᄯᅩ 伐木ᄒᆞᄂᆞᆫ 人의 擧上ᄒᆞᆫ 斧가 其 樹部에 下抵ᄒᆞᆷ을 見ᄒᆞᆫ 後에 多少時間을 經過ᄒᆞ야 其 斧聲이 비로소 耳에 來達ᄒᆞᆷ을 實驗ᄒᆞ엿스리로다. 空氣中에셔 音波가 傳播ᄒᆞᄂᆞᆫ 途中에 如何 遮立ᄒᆞᆫ 物體에 當ᄒᆞ면 其 部分의 音波ᄂᆞᆫ 反對方向으로 다시 返還ᄒᆞᄂᆞᆫ 거시 池中에 石을 投ᄒᆞᆯ 時에 水面上에 生ᄒᆞᄂᆞᆫ 圓形의 波가 傳播ᄒᆞᄂᆞᆫ 途中에 如何ᄒᆞᆫ 岩礁를 當ᄒᆞ면 反對方向으로 反還ᄒᆞᆷ과 자못 同一ᄒᆞ도다. 此를 實驗ᄒᆞᄂᆞᆫ 方法은 左와 如ᄒᆞ니 人은 一秒間에 五語를 明確히 發ᄒᆞ기 能ᄒᆞ고 ᄯᅩ 音은 一秒間에 千百尺을 進ᄒᆞᄆᆡ 一秒의 五分一 時間에ᄂᆞᆫ 五分一 卽 二百二十尺 凡三十七間을 進ᄒᆞᄂᆞ니 諸君이 宏大ᄒᆞᆫ 建築物의 墻壁에서 凡十九間 卽 三十七間의 折半 距離에 對立ᄒᆞ고 高聲으로 假令「쟈미가 잇다」言ᄒᆞ면 一秒間의 最初 五分一 時間에 그 [쟈]의 音은 十九間을 進ᄒᆞ야 墻壁에 衝當ᄒᆞ고 다시 返還ᄒᆞ야 [쟈]의 音이 다시 耳에 來聞ᄒᆞ고 此 時에 其 次에 [미 音도 ᄯᅩᄒᆞᆫ 墻壁에 衝當ᄒᆞ고 다시

返還ᄒᆞ야 耳에 聞ᄒᆞ며 次에는 [가] 音 其 次에 [다] 音이 順次로 墻壁에 衝當ᄒᆞ고 順次로 返還ᄒᆞ야 言을 發ᄒᆞᆫ지 一秒 終末에는 自己의 發ᄒᆞᆫ 言을 分明히 再聞ᄒᆞ겟고 또 山谷에셔 吾人이 言을 發ᄒᆞ면 往往히 對向ᄒᆞᆫ 山顚에서 同一ᄒᆞᆫ 言語가 響應ᄒᆞᆷ을 聞ᄒᆞ리니 此를 物理學上에서는 反響이라 稱ᄒᆞᄂᆞ니라. 人의 音聲은 高低强弱 種種의 別이 有ᄒᆞᆫ데 一般 女子의 音聲은 强ᄒᆞ고 男子의 音聲은 弱ᄒᆞ니 此는 聲帶의 振動數가 多ᄒᆞ면 强ᄒᆞ고 少ᄒᆞ면 弱ᄒᆞᆫ 거시라. 此를 精密히 試驗코져 ᄒᆞ면 사이렌이라 ᄒᆞᄂᆞᆫ 器械를 用ᄒᆞᄂᆞ니 겨우 得聞ᄒᆞᆯ 수 잇ᄂᆞᆫ 弱ᄒᆞᆫ 音은 一秒間에 十六回, 一分間에 九百六十回 可量 振動ᄒᆞᄂᆞᆫ 거시며 또 振動이 太速ᄒᆞ야 一秒間에 一萬 六千回, 一分間에 九十六萬回에 達ᄒᆞ면 如此ᄒᆞᆫ 音은 넘어 强ᄒᆞ야 吾人의 耳에ᄂᆞᆫ 音으로 들니지 아니ᄒᆞ고 針端으로 耳를 刺ᄒᆞᄂᆞᆫ 듯ᄒᆞᆫ 感을 生ᄒᆞ며 日常 吾人의 談話에ᄂᆞᆫ 聲帶의 振動數가 一秒間에 二百回로브터 四五百回에 達ᄒᆞᄂᆞ니라.

내용 요약

태극학보 제16호에 실린 글로서 확인되지 않는 필명을 사용하고 있기에 저자는 알 수 없다. 음성이 다른 이에게 전달되어 들리는 과정의 원리를 해부학 및 물리학 이론을 빌어 설명하고 있는데 개략적인 내용은 다음과 같다. 음성이란 공기를 매개로 전달되는 것인데, 흉부에서 출발한 공기가 성대의 막을 울려서 진동이 발생하고, 그 파동이 공기 중 파동을 일으켜 다른 이에게 전달된다는 것이다. 파동이 무언가에 부딪혀 다시 되돌아오는 '반향'의 원리도 설명하고 있으며, 소개된 모든 이론의 실측 방법도 소개하고 있다. 또한 음성이 강해지고 약해지는 것은 진동수에 따른 것임을 알려주고 있다.

개념어	물리학(物理學), 진동(振動), 파동(波動), 음파(音波), 속도(速度), 속력(速力), 공기(空氣), 실측(實測), 반향(反響), 초(秒), 시간(時間), 음향(音響), 원형(圓形), 구형(球形), 시계(時計), 흉부(胸部), 폐장(肺臟), 성대(聲帶), 음성(音聲)

26. 한문과 국문을 논하다(論漢文國文)[1]

여규형(呂圭亨)

'문(文)'이라 하는 것은 '도(道)'가 말(言)로 드러나는 것이다. 옛말에 지극한 도(道)에는 문(文)이 없다 했으니, 이 말은 도(道)가 언어(言語)로 형용되지 않음을 의미하는 것이다. 비록 그러하더라도 도(道)는 혼자 행해질 수 없고 반드시 문(文)을 기다려서 전해지니, 이는 사람에 있어 마음이 제일 중요하긴 하지만, 이목구비와 같이 외면에 드러난 형체가 없으면 사람이 될 수 없는 이치와 같다. 복희(伏羲)[2]씨가 서계(書契)[3]를 만들고 사황[4]이 자(字)를 짓고[5] 우(虞),

1 ≪大東學會月報≫ 1호, 1908. 2. 25.

2 중국 고대의 전설상의 제왕(帝王) 또는 신(神). 3황 5제 중 중국 최고의 제왕으로 친다. '복희'라는 이름은 ≪역경≫〈계사전〉의 복희가 팔괘(八卦)를 처음 만들고, 그물을 발명하여 어획·수렵(狩獵)의 방법을 가르쳤다는 기록이 가장 오래된 것이다.

3 사물(事物)을 나타내는 부호(符號)로서의 글자. 공안국(孔安國)의 ≪상서(尙書)≫ 서문(위작에 속하지만 그 연대는 아주 오래 되었다)에서 말하기를, "옛날에 복희씨(伏羲氏)가 천하를 군림하면서 처음으로 팔괘(八卦)를 그려서 서계(書契)를 만들어, 결승(結繩)을 대신하여 정치를 하였고, 이로써 문적(文籍)이 생기게 된 것이다"라고 하였다.

4 중국 고대의 전설적인 제왕인 황제(黃帝)의 사관(史官)었던 창힐(蒼(倉)頡)을 가리킨다. 【史皇】 指蒼頡. 傳說最早發明文字的人. ≪한어대사전(漢語大辭典≫)

5 후한(後漢) 시대에 간행된 중국 최초의 자서(字書)인 ≪설문해자(說文解字)≫에서는 서문에서 한자의 기원을 다음과 같이 설명한다. "옛날 포희씨(庖犧氏)가 천하의 왕이 되자 하늘을 우러러 물상(物象)을 관찰하고 땅을 살펴 그 규칙을 관찰했다. 또한 조수(鳥獸)의 발자국과 산천의 지리도 관찰했다. 그래서 가까이는 신체를, 멀리는 사물을 본떠 최초로 역(易)의 팔괘(八卦)를 고안했다. 이리하여 천지의 법칙과 현상을 표시할 수 있게 되었다. 신농씨(神農氏)의 시대가 되자 결승(結繩)에 의해 다스리고 사물을 표시하게 되었다. 그러나 각양각색의 사물이 매우 번다해지고 과장과 사기라는 것이 싹트기 시작했다. 그래서 황제의 사관(史官)인 창힐(倉頡)은 조수의 발자국을 보고 문양에 따라 사물을 구별할 수

하(夏), 상(商), 주(周)나라에 '서(書)'가 있어 공자 이래로 언행에 대한 기록이 있지 않은 적이 없었으니, 이를 총괄하여 '문(文)'이라 하였다. 문(文)은 즉 도(道)와 같으며 도(道)는 즉 문(文)과 같다. 후세에 반고[6]가 ≪한서(漢書)≫[7]를 지으며 유림(儒林)과 문원(文苑)을 나누어 '이문(二門)'을 만들었는데, 대개 그 사람(≪漢書≫에 수록된 사람)의 평생 밟아온 역정을, 유(儒)에 능하되 문(文)에 능하지 못한 것과 문(文)에 능하되 유(儒)에 능하지 못한 것으로 나눈 것뿐이지, 도(道)와 문(文)이 두 가지라고 말한 것은 아니다. 문(文)은 서(書)를 기다려서 전해지는 것이다. 전서(篆書)를 만든 사주(史籀)[8]는 옛일이거니와, 정막(程邈)의 해서(楷書)는 편리하게 행해져서 오늘날에까지 이르렀으니[9] 한문이라고 부르는 것이 바로 이것이다. 우리 한국에서 단군(檀君) 기자(箕子) 개국 이래, 한문(漢文)을 병용하여 사용해 온 지 4천 년이 되었다. 한문은 곧 우리 한국에 본래 있던 문(文)으로, 밖으로부터 들어와 취한 것이 아니다. 지금 세상 사람들이 말하기를, 한문을 폐지하고 순전히 국문을 쓴 연후에야 비로소 나라를 세울 수 있다고 한다. 우매함이 이와 같아서 많이 분별할 것도 없지만, 또 분별하지 않을 수는 없는데, 분별하지 않는다면 어리석은 백성은 끝내 깨달을 수 없을 것이다. 영릉(英陵)조 때 비로소 국문 36자모를 창제했는데, 중국의 견모, 계모, 군모, 의모의 자모를 모방한 것으로 '언문 반절'[10]이라 명명하였다. 이는 한문을

있다는 것을 알고서 처음으로 서계(書契)를 만들었다." 다케야 마사야, ≪창힐의 향연≫, 서은숙 역(서울: 이산, 2004), 19쪽 참조.

6 중국 후한 초기의 역사가. 표(彪)의 아들, 서역도호 초(超)의 형이다. ≪한서≫ 편집 중, 국사를 개작한다는 중상모략으로 투옥되기도 하였으나, 20여 년에 걸려 완성하였다. ≪백호통의≫를 편집하였다.

7 한서(漢書)는 중국 이십사사 중의 하나로 전한의 역사를 반고가 편찬하였다. 다루는 시대는 한 고조 유방이 전한을 창건한 기원전 206년부터 왕망의 신나라가 망한 24년까지이다. 총 100편 120권으로 이루어져 있다.

8 사주(史籀)는 주(周) 나라 선왕(宣王) 때의 사관(史官)인 주(籀)로 석고문(石鼓文)을 썼는데, 이것은 전서(篆書)의 원조가 된다.

9 원문의"倉篆史籀古也程邈之眞楷行之而便至于今日"중 "眞楷"는 ≪한어대사전≫에 의하면 "정해(正楷)" 곧, "해서(楷書)"를 가리키는 것으로 보인다.

10 반절(反切) : '훈민정음'이 초성, 중성, 종성을 합하여 한 글자를 이룬다는 사실에서 반절자라 불리기도 했다.

보익하고 오로지 한문을 이해하지 못하는 어리석은 남녀를 가르치기 위함이었지, 한문을 폐하고 국문을 세우기 위함은 아니다. 일본의 이로하 글자(伊魯河字)[11]는 한자의 편방(偏旁)[12]을 취한 것으로 우리 이두(吏讀) 편방의 소위 '토'라는 것과 같다. 아무리 국문이 한문의 후손(支裔)[13]이라 할지라도, 근래에 어떤 논의 중에는 이로하만을 사용하고 한문은 폐지하자고 주장하는데, 그렇게 하고자 해도 할 수가 없다. 이는 마치 서양 사람이 영자(英字)를 사용하고 옛 로마자는 폐지하려고 하나 그 일이 불가능한 것과 같다. 따라서 오늘날 한문을 폐지하고자 하는 것은 공자의 도를 폐지하고자 하는 것과 같다. 사람에게는 마음(心)과 더불어 이목구비가 있는데, 공자의 도를 폐하고자 하는 것은 부자군신의 윤리도 폐하는 것과 같으니, 이를 일러 난신이요, 반역자라 해도 가할 것이다. 오늘날 우리 대동학회는 유학의 도리와 문화를 밝히는 곳이다. 장차 한 필의 붓으로 복희씨, 창힐, 우 · 하 · 상 · 주나라의 옛것을 받들며, 우리 한국문(漢國文)과 일본의 이로하를 모두 모아서 공자의 도를 밝히고 이를 천하의 후세에 일러줄 것이다. 우매하고 미혹된 자들이 망령되고 어두운 논의로 사람들을 오도(誤導)하는 데 대하여, 실로 감히 겸양만 하고 있을 수는 없는 노릇이기에, 우선 근본 취지를 서술하여 제1호 문원으로 삼는다.

11 이로하(伊呂波) 즉, 가나(仮名). '이로하'라는 명칭에 대하여 황호덕은 다음과 같이 설명한다. "신숙주에서 김기수(조선 후기 문신, 저작에는 『일동기유』 등이 있다.)에까지 '가나'에 대한 조선 내 명칭은 일관되게 '伊呂波'였는데, 일본의 승려 쿠카이(空海, 774-835)가 히라가(平假名) 47자로 「伊呂波歌八句」를 지었다는 기록에서 연유한 것이다." 황호덕, 『근대 네이션과 그 표상들』, 황호덕, 2005, 315쪽.

12 ≪한어대사전≫에 따르면 편방의 뜻은 다음과 같다. "漢字合體字的組成部分. 舊稱左爲偏, 右爲旁. 今泛稱合體字的左右上下任何一部分爲偏旁." 즉, 편은 한자의 왼쪽 획을, 방은 한자의 오른쪽 획을 이루는 구성성분으로, 오늘날에는 좌우상하 구분 없이 한자합체자의 일부분을 이루는 획을 편방이라 이른다.

13 일이나 물건의 갈라져 나온 부분; 종가에서 갈라져 나온 먼 후손.

입력 원문

論漢文國文

呂圭亨

文者道之形於言者也古語曰至道無文謂道不可以言語形容也雖然道不能徒行必待文而傳如人之歸重於心而廢耳目口鼻之形於外則不可以爲人也伏羲造書契史皇造字虞夏商周有書孔子以下莫不有言行之紀摠而言之曰文也文卽道也道卽文也後世班固撰漢書分儒林文苑爲二門盖以其人之平生踐歷能儒而不能文能文而不能儒以是而分之非謂道與文二也文待乎書而傳倉篆史籒古也程邈之眞楷行之而便至于今日謂之漢文者是也我韓自檀　箕開國幷用漢文行之四千年漢文卽我韓本有之文非自外襲而取之也今世俗之言曰廢漢文純用國文然後始可以立國也愚迷如此不容多辨而又不能不辨不辨則蚩蚩者終不能覺悟也我
英陵朝始製國文三十六字母所以摸倣支那見溪羣疑字母而名曰諺文反切所以羽翼漢文專以訓夫愚夫婦之不解漢文者非廢彼而立此也日本之伊魯河字乃取漢字偏傍如我之吏讀偏傍之所謂吐者雖曰國文乃漢文之支裔比年有一種議論只用伊魯河而廢漢文以是欲行之而不能焉如西人之用英字欲廢羅馬舊字而不能也然則今之欲廢漢文者欲廢孔子之道者也人而有心與耳目口鼻而欲廢孔子之道則與廢父子君臣之倫同焉卽謂之亂臣逆子可也今我大東學會闡明斯道斯文者也將以一管之毫上承伏羲倉史虞夏商周之舊摠括我漢國文與日本伊魯河發明孔子之道以詔天下後世實不敢退讓於愚迷者之妄論瞽論以誤人故先述本旨以爲弟一號文苑云爾

내용 요약

조선 후기의 학자였던 여규형이 한문 유지의 정당성을 밝힌 글이다. 신·구학문연구를 목표로 한 학술단체 대동학회의 교양지 겸 학술논문집 ≪대동학회월보≫의 창간호에 실렸으며 여규형의 논지에 대한 반박으로 황희성이 〈與呂荷亭書〉(1908)를 ≪호남학보≫에 게재하기도 했다. 〈논한문국문〉의 간략한 내용은 다음과 같다.

문(文)이란 도(道)가 밖으로 드러나는 것이다. 우리나라의 문은 한문(漢文)으로, 한문은 여러 서체를 거쳐 정립되었으며 우리나라는 4천년 넘게 한문을 사용해 왔다. 국문(훈민정음)은 한문의 뜻을 깨우치기 위해 만든 것이므로, 국문만을 사용하여 나라를 세우자는 일부의 논의는 불가능하다. 게다가 도를 체현한 한문을 폐지한다면 도 역시 없애는 것이나 마찬가지이다. 따라서 한문, 국문, 가나를 포괄하여 유학의 도리를 밝히고자 한다.

개념어	문(文), 도(道), 언(言), 언어(言語), 서계(書契), 자(字), 서(書), 한문(漢文), 국문(國文), 견계군의(見溪羣疑), 자모(字母), 언문(諺文), 반절(反切), 이로하(伊魯河), 한국문(漢國文)

27. 국문과 한문의 이행시대[1] (國文과 漢文의 過渡時代)

이보경(李寶鏡)

거룩하신 조상께서 아시아 동쪽 반도에 낙원을 개척하시어 우리 백성들로 하여금 여기에 살면서 지키고 발전하게 하시니, 이 땅을 문명하게 하여 지키고 만일 외부인이 이 땅을 침범하면 생명을 걸고라도 고수하여 한 발짝도 물러서지 않는 것이 대한 민족의 의무이다. 그러므로 국민의 정수되는 국어를 발달시켜야 할 것은 많은 말이 필요치 않을 것이로되, 이것을 형체 있게 드러내는 국문을 유지 발달시킴도 역시 국민의 의무가 아닌가.

옛날 우리나라가 미개하였을 때에는 국문이 없었으므로 당시 문명이 발달했던 지나(중국)의 문자를 차용하였으나, 이것이 비록 그 나라에는 적당하였더라도 풍습과 교육이 다르고 말이 완전히 다른 우리나라에는 적당하지 않은 데다가, 심지어 점획이 번잡하고 자수가 너무 많아 일생을 허비하여도 숙달하기 어려운 문제가 있었다. 무릇 문자는 사상과 지식을 교통하며 옛 사적을 연역하기 위해 필요하거늘, 문자만 배우는 데 천금 같은 일생을 허비하면 어느 겨를에 사상과 지식을 교통하며 옛 사적을 연역하겠는가. 이것은 실로 문자의 가치가 전혀 없다고 할 것이니, 어찌 문물의 발달을 도울 수 있겠는가. 돌이켜 생각해 보면 우리나라의 빛나는 오천 년 역사가 오늘 캄캄한 먹구름 가운데 빠지려 하는 데에는 비록 여러 원인이 있겠지만, 이 문자의 영향도 매우 클

1 ≪太極學報≫ 21호, 1908. 5. 24.

것이다.

우리 성스럽고 명철하신 세종 황제께서 이와 같은 큰 폐단이 있음을 간파하시어, 새벽같이 일어나 옷을 입고 해가 진 뒤에야 밥을 먹는 각고의 노고를 무릅쓰신 결과로 훌륭하고 편리한 문자를 만드셨으니, 즉 우리의 국문이 그것이다. 자수가 자모를 합하여 스물다섯이오, 각 음이 두루 갖추어졌으며 점획이 간단하고 몇 개월이 안 되어도 능히 만권의 책을 읽을 수 있으니, 실로 어느 나라에서도 그 비슷한 것을 구경하지 못하겠고, 우리 역사에 일대 찬연한 광채를 발한 것이거늘, 우리나라 사람들은 저 지나(중국) 문자에 미혹되고 취하여 이 훌륭하고 편리한 문자를 가볍고 소홀이 취급하여 현재의 상태를 초래하였으니 어찌 탄식하지 않을 수 있겠는가.

현재 우리 한국의 형세를 얕은 식견으로나마 헤아려 보니, 물론 실업, 정치, 기타 각종 사물을 막론하고 하나도 과도시대에 처하지 않은 것은 없으니, 이때에 만일 까딱 잘못하면 고치기 어려운 질병을 얻게 될 터이니 어찌 귀중하고 위험한 시대가 아니리오. 우리 국문도 역시 이러한 상황에 처한 것은 마찬가지이다. 국문이 과도의 상태에 있다는 것은 아래의 세 가지와 관계가 있으니

첫째, 국문을 전폐하고 한문을 전용할 것인가.
둘째, 국문과 한문을 병용할 것인가.
셋째, 한문을 전폐하고 국문을 전용할 것인가.
이상 세 가지 중 꼼꼼하게 이해관계를 재고 따져 하나를 정하지 않으면 안 될 것이다.

첫째, 국문을 전폐하고 한문을 전용할 것인가.
이에 대해서는 앞에서 이미 언급한 바이며 또 일본 모 학자는 말하되, 애국정신의 근원은 국사와 국문에 있다 하니 어떠한 경우로 논하여도 불가할 것이다.
둘째, 국문과 한문을 병용할 것인가.
현재 우리나라 각 교과서와 신문 등이 채용하는 방식이니, 즉 한문으로 낱실을

삼고 국문으로 씨실을 삼는 것이다. 이는 비록 한문을 전용함보다는 나을 것이나, 역시 한문을 배우지 않을 수 없는 폐가 있으니 적당하지 못하다고 하겠다.

가정한 세 가지 중 두 가지는 이미 부정되었으니, 세 번째 것을 채용하지 않을 수 없다.

국문을 전용하고 한문을 전폐한다 함은 국문의 독립을 말함이요, 한문을 절대적으로 배우지 말라는 것은 아니다. 만국이 이웃과 같이 교통하는 시대를 맞아 외국어 연구는 학술상, 실업상, 정치상으로 급선무라는 점에는 이의가 없을 것이니, 한문도 외국어의 하나로 배워야 할 것이다. 이 중대한 문제를 하루아침에 단행하기는 불가능한 일이라 할 듯하나, 차일피일 미루다 세월이 흘러 새 국민의 사상이 견고해지고 출간 서적이 많아지면, 더욱 실행하기 어려워질 것이니, 한때의 곤란을 무릅쓰더라도 우리나라 문명의 발전 속도를 빠르게 하는 것이 좋은 방책이 아닌가 한다. 이와 같은 천박한 의견을 내놓아 뜻있는 동포의 주의를 촉구하며, 아울러 향후의 방침을 강구하기를 바라노라.

입력 원문

國文과 漢文의 過渡時代

李寶鏡

우리 聖祖가 亞細亞 東半島의 樂園을 開拓ᄒᆞ샤 우리 民子로 ᄒᆞ여곰 此에 居ᄒᆞ며 此를 守ᄒᆞ며 此를 發展케 ᄒᆞ시니 此 土를 文明케 ᄒᆞ며 此 土를 守ᄒᆞ야 萬一 外人이 此 土를 犯ᄒᆞᄂᆞᆫ 者 有ᄒᆞ거든 生命을 犧牲ᄒᆞ야셔라도 固守ᄒᆞ야 一步라도 退ᄒᆞ지 못ᄒᆞᆯ거슨 大韓民族의 義務라. 然ᄒᆞᆫ 則 國民의 精粹되ᄂᆞᆫ 國語를 發達ᄒᆞᆯ거슨 不待 多言이로ᄃᆡ 此를 有形ᄒᆞ게 發表ᄒᆞᄂᆞᆫ 國文을 維持 發達ᄒᆞᆷ도 亦是 國民의 義務가 아닌가.

昔我邦이 未開ᄒᆞ야슬 時에ᄂᆞᆫ 國文이 無ᄒᆞ얏기로 當時 文明의 域에 達ᄒᆞ얏던 支那文字를 借用ᄒᆞ얏나니 此가 비록 彼國에ᄂᆞᆫ 適宜ᄒᆞ더라도 風敎가 不同ᄒᆞ고 國語가 全異ᄒᆞᆫ 我邦에ᄂᆞᆫ 不適ᄒᆞᆯ거든 ᄒᆞ물며 點劃이 煩雜ᄒᆞ고 字數가 頗多ᄒᆞ야 此로써 一生을 費ᄒᆞ야도, 오히려 達키 不能ᄒᆞᆫ 者乎아. 大抵 文字의 要ᄂᆞᆫ 思想 及 智識을 交通ᄒᆞ며 古來의 事蹟을 演繹ᄒᆞᆷ에 在ᄒᆞ거ᄂᆞᆯ 文字만 學ᄒᆞᆷ으로 金과 如ᄒᆞᆫ 一生을 費ᄒᆞ면 何暇에 思想 及 智識을 交通ᄒᆞ며 古來의 事蹟을 演繹ᄒᆞ리요. 如此ᄒᆞᆫ 者ᄂᆞᆫ 實노 完全ᄒᆞᆫ 文字의 價値가 無ᄒᆞ다 ᄒᆞ리로다. 엇디 文物의 發達을 助ᄒᆞᆷ이 多ᄒᆞ리요. 顧念我邦 五千年 彬彬ᄒᆞᆫ 歷史가 今日 慘憺ᄒᆞᆫ 黑雲 中에 沈淪코쟈 ᄒᆞᆷ이 비록 數多ᄒᆞᆫ 原因이 有ᄒᆞ리로ᄃᆡ 此 文字의 影響ᄒᆞᄂᆞᆫ 빈 多大ᄒᆞ리로다.

惟我睿聖ᄒᆞ신 世宗皇帝ᄭᅴ옵셔 如此히 多大ᄒᆞᆫ 弊端이 有ᄒᆞᆷ을 看破ᄒᆞ시샤 宵衣旰食[2]의 勞를 冐ᄒᆞ신 結果 優美便利ᄒᆞᆫ 文字를 製出ᄒᆞ셧나니 卽 我國文이 是

라. 字數가 母子 合ᄒᆞ야 二十五요 各 音이 具備ᄒᆞ얏스며 點劃이 簡單ᄒᆞ고 幾個月이 못ᄒᆞ야 能히 萬卷書를 讀ᄒᆞᆯ 슈 잇나니 實노 宇內 各 邦에ᄂᆞᆫ 다시 其類를 見티 못ᄒᆞ깃고 我邦 歷史에 一大 燦然ᄒᆞᆫ 光彩를 放ᄒᆞ얏거ᄂᆞᆯ 我邦人은 彼支那 文字에 惑醉ᄒᆞ야 此 優美便利ᄒᆞᆫ 文字ᄂᆞᆫ 輕忽에 付ᄒᆞ야 現今의 狀態를 産ᄒᆞ얏스니 엇디 可歎티 아니ᄒᆞ리요.

現今의 我韓形勢를 蠡測[3]ᄒᆞ니 毋論 實業, 政治 及 其他 各種 事物이 한아도 過渡時代에 處치 안인 者 無ᄒᆞ니 此 時에 萬一 秋毫를 誤ᄒᆞ면 難醫의 痼疾를 作ᄒᆞᆯ지라 엇지 貴重코 危險ᄒᆞᆫ 時代가 아니리요. 우리 國文도 亦是 此 時代에 參與ᄒᆞ얏도다. 國文의 過渡關係ᄂᆞᆫ 如左 三者니

一, 國文을 專廢ᄒᆞ고 漢文을 專用ᄒᆞᆯ가.

二, 國文과 漢文을 竝用ᄒᆞᆯ가.

三, 漢文을 專廢ᄒᆞ고 國文을 專用ᄒᆞᆯ가.

以上 三者中 詳密히 利害關係를 斟酌 商量ᄒᆞ야 一을 定치 아니치 못ᄒᆞᆯ지라.

一, 國文을 全廢ᄒᆞ고 漢文을 專用할가.

此ᄂᆞᆫ 以上에 開論ᄒᆞᆫ 바이며 또 日本 某學者ᄂᆞᆫ 言論ᄒᆞ되 愛國精神의 根源은 國史와 國文에 在하다 하니 如何한 境遇로 論之하야도 不可ᄒᆞᆯ 것이요.

二, 國文과 漢文을 幷用할가.

現今 我邦 各 敎科書와 新報紙가 採用하ᄂᆞᆫ 者니 則 漢文으로 經을 삼고 國文으로 緯를 삼ᄂᆞᆫ 者라. 此ᄂᆞᆫ 비록 漢文을 專用함보다ᄂᆞᆫ 優하리로되 亦是 漢文不可不學의 廢가 有ᄒᆞ니 其 宜를 得ᄒᆞ얏다 하지 못하리로다.

假定한 三者 中 二者ᄂᆞᆫ 이믜 否定되얏스니 不可不 第三을 採用하리로다. 國文을 專用하고 漢文을 專廢ᄒᆞᆫ다 함은 國文의 獨立을 云함이요 絶對的 漢文

2 宵衣旰食: 날이 새기 전에 일어나 옷을 입고 해가 진 뒤에야 밥을 먹는 것으로, 비상하게 근면하고 노력하는 모습을 형용하며, 제왕이 정사에 근면한 모습을 칭송하는 말로 많이 쓴다.

3 蠡測: "以蠡測海: 표주박으로 바다를 잰다"라는 어구의 줄임말로, 얕은 식견으로 사리를 헤아리는 것을 비유한 말. 이 말의 출전은 ≪漢書≫「東方朔傳」 "以筦闚天, 以蠡測海(대롱으로 하늘을 엿보고 표주박으로 바다를 측량한다)"이다.

을 學하지 말나함이 아니라 此 萬國이 隣家와 갓치 交通ᄒᆞᄂᆞᆫ 時代를 當ᄒᆞ야 外國語學을 硏究홈이 學術上 實業上 政治上을 勿論ᄒᆞ고 急務될 것은 異議가 無홀 바이니 漢文도 外國語의 一課로 學홀지라. 此 重大ᄒᆞᆫ 問題를 一朝에 斷行ᄒᆞ기ᄂᆞᆫ 不可能ᄒᆞᆫ 事라 할 듯ᄒᆞᄂᆞ 遷延히 歲月을 經ᄒᆞ야 新國民의 思想이 堅固케 되고 出刊 書籍이 多數히 되면 더옥 行ᄒᆞ기 難ᄒᆞ리니 一時의 困難을 冒ᄒᆞ야 我邦文明의 度를 速ᄒᆞ게 함이 善策이 아닌가. 玆의 淺薄ᄒᆞᆫ 意見을 陳ᄒᆞ야 有志 同胞의 注意를 促ᄒᆞ며 幷ᄒᆞ야 方針의 講究를 願ᄒᆞ노라.

내용 요약

국민의 정수되는 국어와 이것을 드러낼 수 있는 국문을 발달시키는 것은 국민의 의무이다. 문자는 사상과 지식을 교통하고 옛 사적을 연역하기 위해 필요한 것인데, 한자는 일생을 배워도 숙달할 수 없으니, 어찌 문자의 역할을 제대로 할 수 있겠는가. 현재 우리의 상황 역시 한자 탓이 크다. 세종이 이를 염려하여 우수하고 편리한 국문을 만들었으나, 한자에 미혹된 이들이 이 국문을 가벼이 여기고 말았다. 다른 분야와 마찬가지로 국문 사용에 있어서도 과도의 시대를 맞았으니, 한문 전용, 국한문 병용, 국문 전용의 세 가지 가운데 하나를 택해야 할 것이다. 한문의 폐를 보았을 때, 한문 전용은 물론이거니와 국한문 병용 역시 불가한 일이다. 한문은 외국어의 하나로 배울 것이며, 국민 사상이 견고해지고 서적이 더 많이 출간되기 전에 국문전용을 실시해야 할 것이다.

개념어	아세아(亞細亞), 동반도(東半島), 민자(民子), 문명(文明), 대한민족(大韓民族), 의무(義務), 실업(實業), 정치(政治), 과도시대(過渡時代), 신국민 사상(新國民思想), 국민(國民), 정수(精粹), 역사(歷史), 애국(愛國), 정신(精神), 독립(獨立), 국어(國語), 국문(國文), 발달(發達), 모자(母子), 지나문자(支那文字), 문자(文字), 교통(交通), 연역(演繹), 사상(思想), 지식(智識), 외국어학(外國語學), 외국어(外國語)

28. 한문과 국문의 판별(漢文과 國文의 辨別)[1]

정교(鄭喬)

옛 말씀에 이르기를, "우물 속에 들어앉아 하늘을 보고서 '하늘이 작다' 하지만, 실제로 하늘이 작은 것은 아니다"라 하였다.[2] 우리 동방은 고대에 황막하여 문자가 없어서 한문을 사용해왔다. 지금에 이르기까지 수천 년 동안 조정과 민간의 기록, 공사의 문서, 학문 교육 등이 모두 한문 없이는 이루어질 수 없었다.

우리 세종은 하늘이 내린 성왕으로, 새로운 지혜를 창출하고 국문을 제정하심에 소리로 인하여 글자를 만들고 뜻으로 인하여 말을 풀이하였다. 이로써 한문으로 통할 수 없는 것도 모두 풀어내어 해석할 수 있게 되었다. (국문이) 한문과 표리(表裏)의 관계를 이루었으니, 한문과 국문이 함께 나라의 근본을 이루는 글이 되었음은 자명한 일이다. 근래에 일종의 논쟁이 있는데, 한문이 심오하고 난해하여 평생 힘쓰지 않고는 성과를 거둘 수 없다 하여, 드디어 한문을 완전히 폐기하자는 설을 만들어내었으니, 어쩌면 그리도 생각이 없단 말인가?" 만일 천도(天道)를 가지고 말해 보자면, 예컨대 갑자년(甲子年)은 한문이지만 남녀노소가 모두 쉽게 알 수 있는 것이다. 이를 시험적으로 국문으로 말해보자면, 갑옷 · 아들 · 해(갑자년)의 다섯 음절이 되는데, 이것이 편하고 마

1 《大東學會月報》 4호, 1908. 5. 25.

2 한유(韓愈)의 〈원도(原道)〉에, "坐井而觀天 曰天小者 非天小也"라는 구절이 있다. 이 글은 도가 · 불교를 이단으로 보면서 유교의 정통성을 역설하는 내용인데, 위의 구절은 인의(仁義)를 하찮게 여긴 노자의 좁은 견해를 비판하는 가운데 동원된 비유이다.

땅하겠는가? 지도를 가지고 말해 보자면, '동서남북'이라든지, '강산'이라든지, '초목'이라든가 하는 것들은 모두 쉽게 알 수 있는 것들이다. 인도(人道)를 가지고 말해 보자면, '부모', '군신', '효자', '충신' 또한 통용되는 것들이다. 단지 국문의 소리만 취한다고 하면, 부부(夫婦)의 부(夫, 지아비)와 부(婦, 지어미), 장(張)씨와 장(蔣)씨가 어떻게 변별되겠는가? 만약 글자의 뜻만 사용한다 한다면, 타는 '배'와 먹는 '배의' 구분, '집'과 '짚'의 변별이 어떻게 분명해지겠는가? 또한 한문이 부패하여 사용할 수 없다는 설을 창안한 것이 (다른) 하나인데, 얼마나 무식한 것인가? 도(道)를 싣고 있는 것을 일러 문장이라고 하니, 문장은 또한 도가 머무는 곳이다. 그 밝음은 일월보다 더하고, 그 변화는 풍우보다 빠르며, 우뚝이 험준함은 산악보다 더하고, 세찬 흐름과 광대함은 강하(江河)보다 더하며, 화려한 아름다움은 초목의 꽃과 같고, 생기 있는 움직임은 솔개와 물고기의 활달함 같으며, 풍부함은 만물이 각각 그 자연의 묘리를 얻은 것 같아[3], 크게는 예악(禮樂), 형정(刑政)과 작게는 위의(威儀), 절도(節度)가 또한 모두 이 문장이 발현된 것이니, 일찍이 부패될 수 있었던 적이 있겠는가? 이러한 설을 지은 자는 아마도 송나라 사람이 도학을 지목하여 거짓된 학문(僞學)이라 한 것보다 심하니,[4] 탄식을 멈출 수가 없구나.

한바탕 웃어젖힐 만한 일이 또 하나 있다.[5] 본보의 제1호에 한문과 국문을

---

3 "其明昭乎日月~富若萬物各得其自然之妙"까지(더 넓게 보면, "~小而威儀節度, 亦皆…"까지)의 표현은, 몇 글자가 다르긴 하지만 權近(1352~1409), 〈은문 목은 선생 문집 서(恩門牧隱先生文集序)〉(권근, ≪陽村集≫, 권20「序類」; 이색, ≪牧隱藁≫, 牧隱先生文集序「序」및 ≪東文選≫, 제91권「序」에 재수록)에서 牧隱 李穡(1328~1396)의 문장을 칭송하는 데 쓰인 구절과 일치해서, 글쓴이가 이 옛 작품의 표현을 차용 내지 응용한 것으로 보인다.

4 남송(南宋) 때 한탁주(韓侂胄)는 조여우(趙汝愚)와 권력을 다투는 관계였는데, 주희(朱熹) 등의 도학자(道學者)들이 모두 조여우의 편이 된 것을 미워하였다. 한탁주는 권세를 잡고 난 후, 탐욕스럽고 제멋대로 하는 것이야말로 사람의 진정(眞情)이고, 청렴결백하여 수행(修行)하기를 좋아하는 자는 곧 거짓된 사람이라는 논리를 펴면서, 마침내 도학을 위학(僞學)이라 칭하고 승상(丞相) 조여우 등을 공격했으며, 주희의 도학에 찬동하는 선비들을 일절 등용하지 말도록 금하였다.

5 분순(噴筍): ≪북몽쇄언(北夢鎖言)≫에 "동파(東坡)가 말하기를 '문여가(文與可)가 내 시를 보고 하는 말이 "料得淸貧饞太守 渭川千畝在胸中"이라 하였으므로 웃음이 터져서 분순만안(噴筍滿案)의 지경에 이르렀다.'고 했다." 하였다. ※ 이상 각주 내용은, 한국고전번역원

논한 것이 있는데, 모 신문이 한문을 주인 삼고 국문을 종으로 삼았다고 비웃으며 논박한 것이 매우 심하다. 아. 무릇 글자를 앞뒤에 쓰는 것은 자체로 위치가 있고 또 의의가 있는 것인데, 앞에 썼는지, 뒤에 썼는지를 가지고서 주종 여부를 따질 수 있겠는가? 그렇다면 양음이라 말하지 않고 음양이라고 말하는 것은 도리어 음을 주인으로 삼고 양을 종으로 삼은 것인가? 만일 '지천(地天)이 크다고 말할 경우, 이것이 어찌 땅이 하늘의 주인이 되고, 하늘이 땅의 종이 된다는 뜻이 되겠는가? 만일 "비룡이 하늘에 있으니 대인을 만나는 것이 이롭다"[6]고 한다면 또한 대인을 비룡의 종으로 삼은 것인가? 지금 영국, 독일, 프랑스, 미국이라고 불리는 서양의 열강들은 종교를 받드는 데 있어 모두 그리스와 로마의 옛 문자를 사용하는데, 그렇다면 또한 영국, 독일, 프랑스, 미국이 모두 그리스와 로마의 종이란 말인가? 동아시아의 태국과 미얀마는 모두 한문을 사용하는데, 이들 또한 한인(漢人)의 종인가? 이것이 어찌 우물에 앉아 하늘을 보는 것과 다르겠는가? 소견이 작다고 한다면 그런 면이 있거니와, 만일 이 밝은 것이 하늘이 아니라고 한다면 하늘 또한 받아들이지 않을 것이다. 지금 사람들은 마땅히 도리를 갈고 닦는 격치(格致) 공부를 위주로 하되, 그러나 어려운 것을 버리고 쉬운 것을 취하기만 해서는 안 될 것이며, 무거운 것을 먼저 하고 가벼운 것을 뒤에 하기를 분주히 한다면 거의 괜찮아질 것이다.

(구 민족문화추진회) 역, 김정희 저, ≪완당전집≫, 제10권「詩」, 〈筍〉(5수)의 역주 내용 참조.

6 "飛龍在天 利見大人"는 ≪주역≫「건괘(乾卦)」 '구오(九五)'에 나오는 말로, 성군과 현신이 만나는 것을 비유한 말이다.

입력 원문

漢文과 國文의 辨別

鄭喬

語云 坐井而觀天, 曰天小, 非天小也. 惟我東方, 古代荒邈, 無有文字, 以漢文而爲用. 迄今千百載, 朝野紀乘, 公私文牘, 學科教育, 皆捨此, 則無由我.

世廟以天縱之聖, 刱新智製國文, 因音成字, 因義解語, 漢文之所不能通者, 悉可繹而釋之. 與漢文, 相爲表裏, 則二文, 同爲本國之文也, 明矣. 近有一種議論, 病漢文之淵奧難解, 非畢生用力, 不能收功, 遂創全廢漢文之說, 何不思之甚也. 如以天道言之, 若曰甲子年, 則是乃漢文, 而老幼男女, 皆所易曉者也. 試以國文爲語, 則갑옷, 아달, 희五個音節, 反爲便宜乎哉. 以地道言之, 曰東西南北, 曰江山, 曰草木, 皆可易知者也. 以人道言之, 曰父母, 曰君臣, 曰孝子, 曰忠臣, 亦所通用者也. 若曰只取國文之音, 則人倫之夫婦, 姓氏之張蔣, 何以辨別. 若曰但用字義, 則舟梨之分, 家藁之辯, 何以昭晰乎. 又有創漢文腐敗, 不可用之說一, 何無識之甚也. 載道者謂之文, 文亦道之所寄. 其明昭乎日月, 其變驟乎風雨, 巋然而崒乎山岳, 沛然而浩乎江河 賁若草木之華 動若鳶魚之活 富若萬物各得其自然之妙 大而禮樂刑政, 小而威儀節度, 亦皆此文之發現者也, 曾可以爲腐敗乎. 爲此說者, 殆甚於宋人, 指斥道學, 爲僞學者也, 可勝歎哉. 又有一大可噴筍者, 本報第一號, 有論漢文國文, 而某新聞, 譏其主漢文而奴國文, 論駁太甚. 噫. 凡下字先後, 自有位置, 又有意義, 豈可以先後爲奴主哉. 然則不曰陽陰, 而曰陰陽, 反以陰爲主, 而陽爲奴乎. 如曰地天泰, 則詎可以地爲天之主, 以天爲地之奴乎. 如曰飛龍在天, 利見大人, 則亦以大人爲飛龍之奴乎. 現今歐米列邦, 曰英曰德曰法曰美,

崇奉宗教, 皆用希臘與羅馬之舊文, 則亦以英德法美, 皆爲希臘羅馬之奴乎. 東亞之暹羅緬甸, 皆用漢文, 則亦爲漢人之奴乎. 此何異於坐井而觀天. 謂所見者小, 則有之; 如曰此昭昭者之非天, 則天亦不受矣. 今之人, 當以硏明道理格致工夫爲主, 而不可專以捨難取易, 先重後輕爲汲汲然, 庶乎其可也夫.

내용 요약

본문은 국한문 혼용을 주장하는 논지를 전개하는데, 특히 국문만을 사용하자는 급진적 주장에 대한 반론의 성격이 강하다. 한문이 비록 우리 언어와 어울리지 않은 측면이 있지만 지난 수천 년간 우리글을 대신하였기에 이미 우리 언어화되었다는 것이다("한문과 국문은 함께 우리글임이 분명하다.") 저자는 특히 한문의 의미 담지적 기능을 무시하고서는 의사소통에 커다란 문제가 있을 것임을 주장한다.

개념어

한문, 국문, 세종, 천도, 인도

29. 국문을 논하다(論國文)[1]

이종일(李鍾一)

(사람들이) 둥근 지구의 많은 지역에 각기 나라를 세워 인문이 서로 다르고 말과 글이 같지 않아서, 그 지역의 말을 따라 다 문자가 있으니 모두 자국의 국문이다. 동서 여러 나라들의 언어와 문자에서 살펴보면 일본, 중국, 영국, 독일, 러시아, 이태리 등의 나라는 언어가 서로 달라서 그 문자 또한 달라졌고, 영국, 미국 양국은 언어가 같아서 문자 또한 같다. 이러한즉 문자라는 것은 언어를 대신하는 표지이거나 언어의 축소판에 불과하다. 그런데도 우리 한국의 선비들이 번번이 말하기를 한문이 아니면 장차 나라가 망할 것이고, 사람의 도가 없어질 것이고, 인간 세상의 일을 행할 수 없을 것이라 하고, 국문을 여자들과 어린아이나 배우는 것으로 치부하며 서양과 일본의 글을 가리켜 말하기를 문이 아니라고 하니 이 어찌 심히 왜곡된 견해가 아니겠는가?

무릇 한문이란 것은 곧 한나라 땅의 국문이니, 그 나라의 언어에서 근원이 나왔기 때문에 한나라 땅의 사람들은 학습이 쉬웠지만, 우리 한국은 그 언어가 가지는 뜻과 말이 서로 크게 차이가 있어서 말에 맞는 글자가 없는 일이 허다하며, 그 글자는 있어도 거기에 맞는 사물이 없는 경우가 많다. 또 혹 글의 뜻은 비록 좋으나 언어로 형용할 수 없는 경우가 있으며, 말은 비록 매우 좋으나 또한 문자로 옮겨 나타낼 수 없는 경우가 있다. 그래서 말과 글이 어긋나기 때문에 학습이 매우 어려워 뛰어나고 재능이 있는 사람이라도 십 년을 공부하

1 ≪大韓協會會報≫ 2호, 1908. 5. 25.

지 않으면 선비의 무리에 참여할 수 없으니, 세월은 우리를 기다려주지 않거늘 한문만 배우다 늙어 죽게 된다면 어느 겨를에 전 지구에 있는 더욱 기이한 것들을 배우겠는가? 학습이 이와 같이 어렵기 때문에 한문은 총명하고 뛰어난 젊은이가 아니면 배울 수 없고, 배우지 못하면 곧 지혜가 없게 되니, 백성이 지혜가 없으면서 나라가 쇠미하지 않는 경우는 없다. 오늘날 전국의 백성들을 보면 배운 자가 많은가, 배우지 못한 자가 많은가? 처음 천황씨, 지황씨로부터 명·청에 이르기까지 학습한 것이 한(漢)나라 땅의 문자이기 때문에 흠모하고 믿는 것은 한나라 땅의 위인과 영걸이고, 환히 알고 이해하는 것은 한나라 땅의 역사와 지리뿐이고, 머리에 완전히 익숙해진 것은 한나라 땅의 풍속뿐이다. 자국의 성현과 역사, 풍토, 지지 등에 이르러서는 생각 밖의 일로 논외에 부쳐버려 비록 자국의 대성현, 대영걸이 있을지라도 그 이름을 알지 못할 뿐 아니라 자국의 성현, 영걸들을 한나라 사람의 최하위 지위에 두어서, 믿고 의지하는 것은 한나라요, 신뢰하고 우러러보는 것도 한나라이다. 이로 말미암아 자주의 마음이 조금도 없어서 점진적으로 지금의 형세를 초래하게 되었으니, 이 어찌 가슴 아프고 피를 토할 일이 아니겠는가.

한나라 땅에서 옛날에 문자를 창조한 근원을 조사해보면 온갖 일 하는 것을 결승(結繩)[2]으로는 처리할 수 없었기에 처음 문자를 만들어 기록을 하였으되, 만물을 따라 글자를 만들고 글자들 각각은 만물의 형상을 본떴다. 그래서 인(人)자는 **人**이고 천(天)자는 **天**이니 사람의 머리 위에 일(一)자를 이고 있는 것이고, 두(豆)자는 ˎ 이오 목(目)자는 눈의 형상이고, 식(息)자는 새의 형상이다. 이것으로 미루어보건대 그 문자가 별도의 사물이 아님을 가히 알 수 있다. 이것으로 사물을 기록하고 계약을 정하고 의사를 표시했는데, 후세의 성현이 글자의 모양을 개량하여 이로써 오늘날 글자의 형태가 되었고, 후세를 깨우치는 데 뜻을 두어 정치, 법률 및 가언, 선행 등을 써서 후세 사람들의 귀감이 되게 하였거늘, 우리나라 선비들은 지금 그 실천을 꾀하지는 않고 한갓 많이

---

2 결승(結繩): 끈이나 새끼 따위로 매듭을 지음. 또는 그 매듭. 글자가 없었던 상고(上古)시대에, 노끈으로 매듭을 맺어서 일을 기록하였다.

읽고 문장을 찾아 그 구절을 따오는 등의 일을 가지고서 성현의 무리라고 자처하니, 이 어찌 성현의 죄인이 아니겠느냐? 선행을 본받는 데 있어서는 다른 나라 성현의 문자라도 해로울 게 없겠지만, 책 따로 나 따로 인 것에 있어서는 어찌하겠는가.

무릇 국문은 동서의 어느 나라든지 모두 배우기 쉬운 것을 기본으로 한다. 그러므로 글의 근원이 삼사십 자를 넘지 않아, 비록 아주 우둔한 사람이라도 공부를 한다면 몇 개월을 지나지 않고도 능히 그 글자를 학습할 수 있다. 그래서 고등 학문에 도달하더라도 그 뜻을 배울 뿐이고, 글자를 배우는 노력은 전혀 할 필요가 없을 것이지만, 이 한문은 말과 문자가 맞지 않아서 배우기 어려울 뿐만 아니라 글자 수도 심히 많아 문장이 뛰어난 사람이 늙게 될 때까지 학문에 힘쓰더라도 글자를 다 배웠다는 것을 듣지 못했다.

생각건대 우리 국문은 겨우 28자를 가지고서 능히 천 가지, 만 가지 말의 기이하고 묘한 문장을 이룰 수 있다. 그 배우는 방법이 또한 쉬워서 1~2일, 4~5일을 넘기지 않고도 능히 그 뜻을 깨달아 책을 대하여 쉽게 읽으니, 이용하는데 편리하고 쉽게 익히는 것이 가히 세계에 있는 국문 중에 으뜸이다. 또 운용의 방법을 가지고 논하여 국문과 한문을 견주어 보아도 어떤 것이 뛰어나고 어떤 것이 그렇지 못한지는 굳이 물어보지 않아도 자명하다. 만일 국문으로 효도와 공경과 충성과 신의를 가르치면 효도하지 않고 공경하지 않을 수 있겠는가? 정치와 법률을 가르치면 죄인이 체포를 거부하고 복종하지 않을 수 있겠는가? 농업과 공업과 상업을 가르치면 곡식이 익지 않고 도구가 만들어지지 않고 물건이 유통하지 않겠는가? 정치를 이에 가르칠 수 있고, 외교도 이에 가르칠 수 있으며, 천문과 지리에 이르기까지의 허다한 학문을 가르쳐주면 알지 못함이 없다. 한번이라도 만약 가르쳐준다면, 각각 그 배운 바에 따라 실행하는 것은 한문으로 배운 사람보다 조금도 뒤지지 않을 것이다. 우리 한국의 이천만 백성으로 하여금 한문을 환히 아는 이들을 제외하고 남녀노소를 물론하고 모두 다 교육을 하되, 각각의 마을마다 학교를 세워 주학과 야학을 편의에 따라 분과하여 처음에는 소학, 수신학 등으로부터 본국의 역사, 지지, 산술,

물리, 화학, 법률, 정치 등에 이르기까지 차례대로 교수하면 불과 4~5년에 이천만 민족이 시무를 깨달아서 알지 않을 수 없다. 따라서 애국하는 정성을 양성하여 국가에 헌신하는 이들이 많아질 것이다. 이를 통해 농업, 상업, 공업, 실업이 개발되어 문명의 지역에 나아가는 것을 날을 꼽아 기약할 수 있을 것이니, 만약 남의 노예가 되는 등의 일에서 분발하여 조금이라도 권리를 되찾으려는 간절한 정성을 지닌 사람이 있다면, 이 논의를 망령된 것이라 치부하지 말고 지난날 한문의 고질병을 깨부수고 국문을 진작시키길 힘써 도모해야 할 것이니, 그렇게 된다면 이 어찌 국가의 큰 다행이 아니겠는가!

입력 원문

論國文

李鍾一

環球萬區에 各建邦國ᄒᆞ야 人文이 各殊ᄒᆞ고 語言이 不同일ᄉᆡ, 隨其方言而 皆有文字ᄒᆞ니 均是 自國之國文이라. 考 諸東西列邦之言語文字則日淸英德俄義等國은 言語各殊故로 其文亦殊ᄒᆞ고, 英美兩國은 言語同一故로 文亦同一ᄒᆞ니. 然則文字者ᄂᆞᆫ 不過是言語之代表也撮影也어ᄂᆞᆯ. 今 我韓人士ㅣ 輒曰 非漢文則國將亡矣오, 人道蔑矣오, 人世事爲를 不得施措라 ᄒᆞ고, 歸國文於婦女童稚之學ᄒᆞ며, 指泰西及日本之文 曰 非文也라 ᄒᆞ니 是何謬見之甚也오.

夫 漢文者ᄂᆞᆫ 卽 漢土之國文也니, 源出於其國言語 故로 漢土人士則容易學習이어니와, 我韓則其音義與言語가 大相逕庭ᄒᆞ야 每多有其言而無其字者ᄒᆞ며, 有其字而無其物者ᄒᆞ며. 又 或 文義雖美나 有不可以言語名狀者ᄒᆞ며, 言雖至美나 亦不可以文字寫出者ᄒᆞ고. 言文背馳故로 學習甚難ᄒᆞ야 雖俊乂之才라도 若無十年之工이면 不可與於士流ᄒᆞᄂᆞ니, 歲不延我어ᄂᆞᆯ 終老於漢文之中ᄒᆞ야 何暇於全球上愈出愈奇之學이며. 學習이 如彼其難이라 非聰俊子弟則不可學이오 不學則無智니, 民無智而國不微者無幾라. 今擧全國之民而學者多乎아 不學者多乎아. 始自天皇氏 地皇氏로 以至明淸히 學習者漢土文字則感慕信仰者ㅣ 漢上之偉人英傑이오, 通解者ㅣ 漢土之歷史地理오, 慣於腦髓者ㅣ 漢土之風俗이오. 至於自國之聖賢也歷史也風土也地誌等은 付之夢外ᄒᆞ야 雖有自國之大聖賢大英傑이라도 非徒不知其名이라. 置之於漢土人之最下等地位ᄒᆞ야, 依賴者ㅣ 漢土오, 信仰者ㅣ 漢土니. 由此而頓無自主之心ᄒᆞ야 馴致今日之勢者ㅣ 豈

非痛心嘔血者乎아.

查漢土上 古文字 刱造之原因則凡百事爲를 不可以結繩治焉일ᄉᆡ, 始造文字ᄒᆞ야 以記事爲호ᄃᆡ 隨物成字ᄒᆞ고 字各象物ᄒᆞ야. 如人字則⊙也오 天字則⊙이니 人頭上戴一也오, 豆字ᄂᆞᆫ 也오 目字ᄂᆞᆫ 象目ᄒᆞ고, 息字ᄂᆞᆫ 象鳥니. 推此에 可知其文字之非別件物事오. 乃是記事物定契約表示意思者, 而後世聖賢이 改良字體ᄒᆞ야 以成今日字形ᄒᆞ고, 念在覺後ᄒᆞ야 著出政治法律及嘉言善行等書ᄒᆞ야 俾作後人之龜鑑이어늘, 今不圖其實踐ᄒᆞ고 徒以多讀尋章摘句等事로 自處於聖賢之徒ᄒᆞ니 此 豈非聖賢之罪人乎아 效則善行之地엔 無妨異域聖賢之文字로ᄃᆡ 其於書自我自에 何哉아.

夫國文者ᄂᆞᆫ 勿論東西何邦ᄒᆞ고 皆以易學爲本ᄒᆞ야. 原文이 不過 三四十字則雖至愚之姿라도 不費幾個月之工而能學習其字ᄒᆞ야. 致於高等學問이라도 只學其義오 切無學字之勞也어니와, 此 漢文者ᄂᆞᆫ 非特言文不合而難學이라 字數甚多ᄒᆞ야 文章巨擘이 老於學海라도 未聞有盡學其字者로다.

惟我國文則徒以二十八字로 能成千言萬語之奇文이오. 其學法이 亦易ᄒᆞ야 無過一二日四五日內에 能曉其義ᄒᆞ야 對卷輒讀ᄒᆞᄂᆞ니, 其便宜易曉之術이 可居於世界國文中第一地位也오. 且論 運用之方而較諸國漢文則其孰勝孰負ᄂᆞᆫ 不待問而自明矣라. 可使國文으로 教之以孝悌忠信則能不孝不悌乎아. 教之以政治法律則能拒捕不服乎아. 教之以農工商業則穀不熟器不成物不通行乎아. 政治焉可教오 外交焉可教오. 以至天文地理許多學問을 莫不教授而知得이오. 一若教授則各隨其學而履行은 少不讓於學以漢文者也니. 使我韓二千萬衆으로 除其通曉漢文者外에 勿論男女老幼ᄒᆞ고 一切教育이되 洞各設校ᄒᆞ야 晝學夜學을 隨宜分課ᄒᆞ야 初自小學修身學等으로 以至本國歷史地誌算術物理化學法律政治等을 次第教授則不過四五年에 二千萬民族이 莫不通曉時務ᄒᆞ야. 養成愛國之誠而獻身於國家者衆矣오. 農商工實業이 自可開發ᄒᆞ야 可進於文明之域을 指日可期니, 若有奮發於爲人奴隷等事ᄒᆞ야 少有復權之血誠者면 勿歸此論於狂妄而劈破前日漢文之痼癖ᄒᆞ고 務圖國文之振發 則此豈非國家之大幸哉아.

내용 요약

세계의 많은 나라들은 각기 자국의 글을 사용하는데, 우리나라는 한문을 사용하는 것에 문제가 있음을 지적하고, 한문은 한나라 땅의 문자이기 때문에 우리에게는 맞지 않는다고 한다. 그러면서 한문을 숭상하는 선비들의 풍토를 비판하고, 이런 풍토로 말미암아 자주의 마음이 없어지는 것을 안타까워하고 있다. 저자는 우리 국문은 글자 수도 많지 않고, 배우기도 쉽기 때문에 국문을 교육하면 배우는 사람들이 그 이치를 쉽게 깨달을 수 있다고 말한다. 그러므로 각 마을마다 학교를 세워서 국문을 통해 교육을 실시해야 하고, 이것이 국가의 희망이 될 수 있음을 역설한다.

개념어

어언(語言), 방언(方言), 국문(國文), 언어(言語), 문자(文字), 한문(漢文), 언문(言文), 결승(結繩), 자체(字體), 인문(人文), 성현(聖賢), 위인(偉人), 영걸(英傑), 학습(學習), 학문(學文), 학법(學法), 교육(教育), 주학(晝學), 야학(夜學), 교수(教授), 역사(歷史), 지지(地誌), 풍토(風土), 정치(政治), 법률(法律), 외교(外交), 천문(天文), 지리(地理), 소학(小學), 수신학(修身學), 산술(算術), 물리(物理), 화학(化學), 애국(愛國), 헌신(獻身), 국가(國家), 전국(全國), 동서(東西), 태서(泰西), 일본(日本), 한토(漢土), 세계(世界), 문명(文明)

30. 국한문론(國漢文論)[1]

이승교(李承喬)

동서양 만고의 역사 기록이 명백하게, 나라의 성패득실(成敗得失)과 치란흥망(治亂興亡)이 교육의 정도에서 비롯되지 않음이 없다하니, 어찌 살피지 않으며 힘쓰지 않을 수 있겠는가? 교육에 종사함에 있어 만약 그 방침(方針)이 조금이라도 착오가 있으면 진취 · 발달을 얻지 못한다. 이 때문에 근세의 여러 문명국들은 학교 과정을 질서정연하고 조리 있게 잘 짜고, 사회 규율을 가지런히 사리에 맞게 하여, 인재를 양성하고 백성에게 지혜를 깨우쳐서 조금의 부족함도 없이 최대한 정밀하게 하고자 한다. 우리도 이에 대하여 가장 좋은 방법을 강구하여 힘써 행해야 할 것이다. 대개 국문이란 것은 우리나라의 문(文)이고 한문이란 것은 중국의 문(文)이다. 국문을 숭상하는 것이 옳은가, 한문을 숭상하는 것이 옳은가? 국문을 숭상하면 우리나라를 사랑하는 사람이고, 한문을 숭상하면 다른 나라를 사랑하는 사람이다. 친한 것으로부터 말미암아 소원한 것까지 이르고, 가까운 곳으로부터 말미암아 먼 곳에 이르는 것은 천리(天理) · 인정(人情)이 본래부터 그러한 것이므로 지혜로운 자가 아니더라도 분별할 수 있다. 대개 한 집안의 계보는 문(文)이 아니면 적을 수 없고, 한 나라의 역사도 문(文)이 아니면 기록할 수 없으며, 정치도 문(文)이 아니면 가능하지 않고, 산업도 문(文)이 아니면 이룰 수 없는 등 크고 작은 모든 일들을 문으로써 하지 않는 것이 없는데, 하물며 청년 교육을 문(文)으로써 하지 않으면 옳겠는가? 필요한 것이

1 ≪西北學會月報≫ 1호, 1908. 6. 1.

문(文)이고, 지극히 중요한 것이 문(文)이니, 한마디로 말해서 우리 국문을 앞세우는 것이 오늘날의 급선무라고 할 수 있다. 이런 경쟁 시대에 있어 비록 세세한 일이라도 남에게 사양하고 물러나는 것은 옳지 못한 일인데, 하물며 반드시 필요하고 지극히 중한 문(文)을 가지고서도 어찌 소유한 것을 버리고 쓰지 않으며 다른 이가 소유한 것만 숭배하여 애국적 정신을 잃어버리게 하겠는가? 홍유후(弘儒侯) 설총은 신라인인데, 구두의 '토'를 만들어서 아홉 개의 경전을 풀이하고, 이두를 만들어서 공사(公私) 서류에 두루 사용하였으니, 이것이 한문을 조금 변경한 시초이다.

우리 세종조께서는 자모 28자로 국문을 만드셨는데, 이것은 천지자연의 바른 소리고, 고금 자모(字母)의 참된 깨달음이다. 간단하며 쉽고 편하게 빨리 배울 수 있어서 비록 여자나 아이라도 이해하기에 어려운 바가 없으니 실로 만세 문명의 기초와 독립의 길잡이라 할 수 있다. 그 후에 다소 변화하여 모음 11자와 자음 14자를 결합하여 154음이 만들어지니 지금 사용하는 국문이 이것이다. 천하의 만물을 기록할 수 없는 것이 없고, 천하 모든 나라의 언어를 번역하여 저술할 수 없는 것이 없다. 한문은 지극히 번거롭고 복잡하여 국문에 미치지 못하는데, 국문보다 충분하지도 못한 것을 가지고, 국문과 동등한 언어라 할 수 없다. 그러나 몇 천백 년 간 뇌수에 스며들고 이목에 익숙해진 것을 하루아침에 고치기 어렵기에, 고인이 남긴 글 찌꺼기를 즐기는 것이 갈수록 심해져서 이백과 두보의 문장이 아니면 재주 없다며 비웃고, 한유(韓), 소식(蘇)과 같은 대가가 아니면 문(文)이 아니라며 배척하였다. 그리하여 경서(經書)와 사기(史記를 모두 강독하고, 시(詩)와 부(賦) 백편을 읊조리는 사이에 세월이 이미 가버려서 수신제가(修身齊家) · 치국평천하(治國平天下)를 행할 수가 없게 되었다.

우리는 한문을 숭배하면서도 유별나게 숭배함이 있는 반면, 국문은 쉬운 것으로 보고, 속된 언문이라 지적하며, 한갓 여자가 거처하는 규문(閨門)과 하등사회(下等社會)에서 허망한 소설책에 마음을 붙여 세월을 보내는 방법을 돕는 데에 쓰일 뿐이다. 지금 한문을 쓰지 않고 국문만을 쓴다면 문화 발달이 한층 더 지체될 텐데, 어찌 그렇게 하겠는가? 이는 누적되어 심해진 고질병에 의약을 사용하지 않고 고량진미만 먹고서 튼튼하기를 바라는 것이 무익할 뿐만이 아니라 또 해롭기까지 한 것과 같은 이치이다. 대개 문(文)이라는 것은 말을 기록한 것이니, 문(文)은 어(語)이고 어(語)는 문(文)이다. 한인(漢人)의 어(語)는 한문의 음으로 말하는 것이고, 모든 나라의 어(語)는 자기나라의 문(文)의 음으로 말하는 것인데, 우리나라의 말은 그렇지 못해서 한문으로 말하는 것이 많다. '정부(政府)', '도(道)', '면(面)', '동(洞)' 같은 부류의 말은 어쩔 수 없이 국문으로 사용하지 못하는 것이라서 그렇고, '부모(父母)', '자제(子弟)' 등은 비록 우리나라 말인 '아버지', '어머니', '아들', '아우' 등등이 있으나 글자 수가 많아서 꺼리는 면이 없지 않다. 저울에 달아 본 후에 경중을 알고, 자로 재본 후에 길고 짧음을 아는 것과 같이, 우선 저울에 달고 자로 재본 것에 따라 국문을 전용하기도 하고 국한문을 병용하기도 하면서 순전히 한문만 쓰는 것을 없애고, 국문 사용이 발달하기를 기다린 후에 한문을 버리는 것이 올바른 순서라 하겠다. 그러니 초등 소학의 경우에는 그 교육과정을 오로지 국문으로 하고, 그 다음에는 한문 · 한자를 배워도 되지만, 천자문을 가지고서 아동 교육의 첫 단계로 삼는 것은 심히 잘못된 것이다. 주흥사(周興嗣)의 천자문은 아동 교육을 위해 만들어진 것이 아니기에, 구절의 말과 글자의 뜻이 궁벽한 책에서 나온 것들도 섞여 있어 비록 능히 글을 짓는 자라도 깨닫는 것이 어려운데, 말을 배우는 아이가 어찌 능히 그 글자의 뜻을 이해하겠는가? 서당 훈장된 자가 그 정상을 다 알지 못하고 둔한 자질을 엄히 꾸짖어 오직 매질만 머리에 어지러이 가하여 헛되이 그 정신을 손상시킬 뿐이다. 교육상 방해됨이 이보다 더 심한 것이 없으니, 천자문은 응당 빨리 속각(束閣)[2]하고 '천지(天地)', '부모(父母)', '동서남북(東西南北)', '춘하추동(春夏秋冬)', '강산초목(江山草木)' 등 깨우치기 쉽고 이해하기 쉬운 글자를 배우는 것으로 교과를 삼고 그 다음에 혹 국문자로 오로지 사용하기도 하며, 혹 국한문을 병용하기도 하되, 하늘을

2 속각(束閣): 속지고각(束之高閣)의 준말. 방치하고 돌보지 않음을 뜻한다.

'궁륭(穹窿)', 갑을 '알봉(閼逢)[3]', 처를 '형포(荊布)[4]', 아이를 칭찬하여 말하기를 '과조(跨竈)[5]'라 하는 등 기벽하고 이상한 문자는 일절 폐각하고, 오직 실지(實地)와 실명(實名)으로, 간단하고 진솔하게 취하여 쓰면 국문을 알맞게 쓰는 정도가 이로부터 절로 발달할 것이다. 그러므로 교육에 뜻을 둔 자는 질서를 잃지 말아야 하며, 방침을 잊지 말아야 할 것이다.

3 알봉(閼逢): 고갑자(古甲子)의 십간(十干)의 첫째. 갑(甲)과 같다.

4 형포(荊布): "荊釵布裙(가시나무 비녀와 베 치마)"의 줄임말. 자기 부인을 가리키는 겸칭으로도 쓰인다.

5 과조(跨竈): 아비보다 나은 아들.

입력 원문

國漢文論

李承喬

東西萬古의 史策이 瞭然ᄒᆞ야 其 成敗利鈍과 治亂興亡이 莫不由乎 教育程度니 可不審哉며 可不勖哉아. 其 從事於斯에 若 其方針이 少有錯誤ᄒᆞ면 進就發達을 不可得也라. 是以로 近世 文明諸邦은 學校科程이 井井有條ᄒᆞ고 社會規律이 節節有理ᄒᆞ야 所以養成人才而開民智者가 毫無餘憾而達於極度者也라. 我도 此에 對ᄒᆞ야 最其善良ᄒᆞᆫ 方法을 講求 勵行ᄒᆞᆯ지로다. 蓋國文者ᄂᆞᆫ 我國之文也오 漢文者ᄂᆞᆫ 支那之文也라. 國文을 崇之可乎아 漢文을 崇之可乎아. 國文을 崇之ᄒᆞ면 我國을 愛ᄒᆞᄂᆞᆫ 者오 漢文을 崇之ᄒᆞ면 他國을 愛ᄒᆞᄂᆞᆫ 者라. 自親而及踈ᄒᆞ고 由近而擧遠은 天理人情之所固然이니 不待智者而可辨이로다. 大抵 爲家乘者ㅣ 非文이면 不可오 爲國史者ㅣ 非文이면 不可오 爲政治者ㅣ 非文이면 不可오 爲産業者ㅣ 非文이면 不可오 一切 巨細萬般事爲ᄅᆞᆯ 無不以文인ᄃᆡ 況乎青年教育을 不以文而可乎아. 必要者ㅣ 文이오 至重者ㅣ 文이니 蔽一言曰 而先我國文者가 爲今日之急務로다. 際此競爭時代ᄒᆞ야 雖微細事爲라도 不可退讓於人이온 況以斯文之必要至重者로 엇지 所有ᄅᆞᆯ 棄而不用ᄒᆞ고 他의 所有만 崇拜ᄒᆞ야 愛國的 精神을 遺失케 ᄒᆞ리오. 弘儒侯 薛聰은 新羅人이라. 句讀之吐語ᄅᆞᆯ 創造ᄒᆞ야 九經을 解ᄒᆞ고 俚讀을 作ᄒᆞ야 公私文牒에 行用ᄒᆞ니 是乃爲漢文稍變之權輿오 我 世宗朝게옵셔 子母卄八字로 國文을 創造ᄒᆞ시니 天地自然의 正音이오 古今 字母의 眞詮이라. 簡易便捷ᄒᆞ야 雖婦人孺子라도 難解者無ᄒᆞ니 實萬世文明之基礎와 獨立之前導로다. 厥後에 多少 變化ᄒᆞ

야 母音 十一과 子音 十四를 結合ᄒᆞ야 一百五十四音이 成ᄒᆞ니 現行 國文이 是라. 天下 萬般事物을 無不記誌ᄒᆞ고 天下 萬國言語를 亦無不譯述ᄒᆞ니 以其漢文之至煩至複不及不滿者로 不可同日語로ᄃᆡ 幾千百年浹洽腦髓ᄒᆞ고 習慣耳目者를 一日朝難變일ᄉᆡ 古人糟粕을 嗜之益甚ᄒᆞ야 非李杜文章이면 以不才誹嘲ᄒᆞ고 非韓蘇鉅工이면 以不文抵評ᄒᆞ야 經史萬卷을 講讀ᄒᆞ며 詩賦百篇을 哦詠之間에 歲月이 已去ᄒᆞ야 修齊治平을 無以施措이라. 漢文 崇拜ᄒᆞᄂᆞᆫ 中에도 特히 崇拜홈이 有ᄒᆞ거든 況國文은 目之以簡易ᄒᆞ고 指之以俗諺ᄒᆞ야 徒히 閨門之內와 下等社會의 虛誕小說冊消遣法을 資홀 而已라. 今若廢閣漢文ᄒᆞ고 專用國文ᄒᆞ면 文化發達이 尤屬遲遲ᄒᆞ리니 胡爲其然也오. 若於積成之痼疾에 不用醫藥ᄒᆞ고 徒喫膏粱ᄒᆞ야 冀其康健이면 非徒無益이라. 而又害之로다. 大抵 文者ᄂᆞᆫ 語之記也니 文卽語也오 語亦文也라. 漢人之語ᄂᆞᆫ 以其漢文之音으로 爲語者오 諸邦之語ᄂᆞᆫ 其國文之音으로 爲語者어ᄂᆞᆯ 我邦之語ᄂᆞᆫ 不然ᄒᆞ야 以漢文爲語者ㅣ 多ᄒᆞ니 曰政府 曰道 曰面 曰洞之類ᄂᆞᆫ 以國文으로 莫可使用者也ㅣ오 曰父母 曰子弟 等 語ᄂᆞᆫ 雖以國文使用이나 曰아바지 曰어마니 曰아달 曰아오 云云ᄒᆞᆷ이 多字之嫌이 亦不無也라. 權然後에 知輕重ᄒᆞ고 度然後에 知長短이니 寧莫如姑從權度ᄒᆞ야 有國文專用者ᄒᆞ며 有國漢文幷用者ᄒᆞ고 無漢文純用者ᄒᆞ야 待其國文發達而抛斥漢文者ㅣ 其惟次序也ㅣ니 初等小學은 以國文으로 專爲課程ᄒᆞ고 其次에 可用漢文字學이나 然이나 以千字文爲蒙學初階者는 誤謬舛錯이 莫此爲甚이라. 周興嗣之撰此文也ㅣ 非爲蒙學而作也니 句語字義가 雜出於窮經僻書ᄒᆞ야 雖能於屬文者라도 猶難曉得이어든 使學語小兒로 烏能解其字義乎아. 爲學究者ㅣ 未通其情ᄒᆞ고 苛責鈍質ᄒᆞ야 專以荊楚로 亂加頭腦ᄒᆞ야 徒損其精神而已라. 教育上 妨礙가 莫此爲甚焉ᄒᆞ니 千字文은 亟宜束閣ᄒᆞ고 以天地 父母 東西南北 春夏秋冬 江山草木 等 易曉易解之字學으로 爲課ᄒᆞ고 其次에 或 以國文專用ᄒᆞ며 或 以國漢文幷用호ᄃᆡ 謂天曰 穹窿 謂甲曰 閼逢 謂妻曰 荊布 譽兒曰 跨竈 等 奇僻異常之文字ᄂᆞᆫ 一切 廢閣ᄒᆞ고 惟以實地實名으로 簡率取用ᄒᆞ면 國文程度가 自爾發達ᄒᆞ리니 有志教育者ᄂᆞᆫ 毋失秩序ᄒᆞ며 毋忽方針이어다.

내용 요약

이 글은 ≪서북학회월보≫ 1호에 개제된 글로 한문을 줄이고, 국문 사용을 늘리되 이를 적절히 조율하자는 내용을 담고 있다. 이승교는 동서양 역사 기록을 보면 나라의 흥망과 성패가 교육의 정도에 있으며, 교육은 문(文)을 통해서 이루어지므로 알기 쉽고 간편한 국문으로 교육을 해야 한다고 주장한다. 그러나 오랜 세월 국문을 배척하고 번거롭고 복잡한 한문을 시간을 허비하고 있음을 안타까워하며, 경쟁시대에 발전을 위해서는 국문을 장려해야 한다는 입장을 견지한다. 그러나 한문을 아예 없앤다면 문화 발달이 지체될 여지가 있으므로 국문과 한문을 적절하게 써야 할 것을 주장하고 있다.

개념어 근세(近世), 문명(文明), 진취(進就), 발달(發達), 문화(文化), 질서(秩序), 독립(獨立), 애국적 정신(愛國的 精神), 학교과정(學校科程), 경쟁시대(競爭時代), 사회규율(社會規律), 의약(醫藥), 정부(政府), 국문(國文), 한문(漢文), 만국언어(萬國言語), 국문전용(國文專用), 국한문병용(國漢文幷用), 한문순용(漢文純用), 한문자학(漢文字學)

31. 소학교육에 대한 의견(小學敎育에 對ᄒᆞ는 意見)[1]

유길준(兪吉濬)

소학은 국민의 근본 교육이다. 고상한 문학이 주가 되는 것이 아니고 세상의 보통 지식을 어린아이의 가슴속에 조금씩 젖어들게 하여 배움이 성품과 더불어 이루어져 장래 선량한 국민이 되게 하는 것이 목적이니, 고로 그 교육하는 방법은

1. 국어를 사용하여 하는 것
2. 국체(國體)[2]에 따르는 것
3. 보급을 꾀하는 것이다.

대개 국어를 사용하는 이유는 아동의 강습을 편리하게 하는 동시에 자국의 정신을 양성하기 위한 것이다. 그러므로 대한국 아동의 교과서적은 대한국어를 사용하는 것이 옳거늘, 근래 두루 사용하는 소학서적을 보건대, 국한자를 혼용하였으나 한자를 주된 자리에 두어 음독하는 방법을 취하고, 국자(國字)는 부속이 되어 소학용으로는 국문도 아니며 한문도 아닌 일종의 편복(蝙蝠, 박쥐)같은 서적이 되었다. 이 때문에 교실에 가득한 아이가 교사의 입을 따라 높은 소리로 개구리 울듯 왁자지껄 외우고는 혹 그 글의 뜻을 물으면 멍하니 뜻을 모르고 헤매는 자가 십중팔구니, 이는 국가의 자녀들에게 앵무새 교육을 행하는 것이다. 어찌 좋은 효과를 얻을 것인가. 그래서 말하기를 소학교과서

1 ≪皇城新聞≫, 2799호, 1908. 6. 10.

2 국체(國體): 국가의 제도나 체제.

는 국어를 전용하지 않을 수 없다고 하는 것이다.

또한 국체(國體)에 따라야 한다는 것은 국가의 기초를 공고히 하고 사회의 질서를 유지하기 위함이니, 가령 군주국에서는 임금에게 충성을 다하는 것을 우선으로 하고, 공화(共和) 사상을 고취하는 부류의 교과서는 허락하지 않는다. (국어의) 보급을 꾀하는 것은 국가의 자제로 하여금 배우지 못하는 자가 없도록 하기 위한 것이다. 그러므로 강제력을 사용해서라도 어린아이의 보호자에게 교육의 의무를 납세 및 징병의 의무와 같게 할 것이니, 이 두 가지는 많은 말을 덧붙이지 않아도 사람들이 충분히 알 것이다.

지금 우리의 소학교육에 대하여 가장 어렵고 큰 문제는

1. 국문만 사용하는 것
2. 한문을 완전히 없애는 것이다.

연장자가 보기에 버릇없고 주제넘게 들릴 법한 이 말을 한번 보면, 효경(梟獍)[3]의 듣기 싫은 소리를 대낮에 들은 듯 몹시 꾸짖을 것이며, 수백 년간 대대로 간직해 온 가보를 강도에게 빼앗긴 듯 분노할 것이며, 또 혹 큰 철퇴가 머리에 떨어지는 듯 정신이 아찔할 것이다. 그러나 애국하는 진실한 마음으로, 국민의 대를 잇는 어린 자녀의 덜 완성된 지각을 함양하고 개발하는 것에 대해 심사숙고해 보면, 반대하던 그들 역시 이를 수긍하여 책상을 치며 좋다고 말하기도 할 듯하다. 아직 미숙한 위장에 단단해서 소화시키기 어려운 음식을 먹으면 신체의 영양이 되지 못함은 물론 반드시 일생의 고질병이 될 것이다. 이와 같이 복잡하고 난해한 한문으로 무르고 아직 숙련되지 않은 두뇌를 교란시키면, 지식이 자라지 못할 뿐 아니라 정신을 소모하여 고질병의 원인을 양성할 것이다. 그러므로 이 문제의 해결에 있어서는 생리학상으로도 본인의 말에 동의할 것이다. 그런즉 소학 교과서의 편찬은 국문만 사용하는 것이 옳은가?

3 효경(梟獍): 효(梟)는 악한 새로 그 어미를 먹는다고 하고 경(獍)은 악한 짐승으로 그 아비를 먹는다고 한다. 은혜를 잊고 의리를 저버리는 무리 혹은 그런 사람을 비유하는 말로 쓰인다.

그러하다. 그런즉 한자는 사용하지 않는 것이 옳은가? 아니다. 한자를 어찌 폐할 수 있겠는가? 한문은 버리되 한자를 버려서는 안 된다. 혹자는 다음과 같이 말할 것이다. "한자를 사용하면 이는 곧 한문이 되는 것이니, 소위 '한문을 전폐했다'는 그대의 말은 우리들이 이해할 수 없는 바이다." 나는 다음과 같이 대답할 것이다. 한자를 연철하여 읽기 편하도록 끊어 읽은 후에야 비로소 '文'이라 할 수 있으니, 한 글자 한 글자를 별도로 쓰는 것을 어찌 '한문'이라 할 수 있겠는가? 우리가 한자를 차용한 것이 이미 오래되어 한자 사용의 습관이 국어의 일부가 되었다. 반일 한사를 훈독하는 법을 사용하면 그 모양이 비록 한자라 해도 우리 국문의 부속품이며 보조물일 뿐이다. 영국 사람이 로마자를 사용하여 그 국어를 기록함과 같으니 한자를 사용하여 썼다는 이유로 누가 감히 대한 국어를 가리켜 한문이라 하겠는가? 영문 중에 그리스어를 수입하여 동화한 것이 있다고 영문을 그리스어라 하는 사람을 보지는 못하였다.

그런즉 소학교과 서적은 한글과 한자를 함께 사용하여 훈독하는 방법을 취하면 되거니와, 이에 대하여 국가의 부형(父兄)들에게 참고로 제공할 것은 언어의 종류이다. 세계가 넓고 인류가 많으나 사용하는 언어를 문법적으로 쪼개면 다음과 같다.

1. 착절어(錯節語)이니, 곧 한어(漢語)와 영어같이 상하 교착하여 그 뜻을 표시하는 것
2. 직절어(直節語)이니, 곧 국어(國語)와 일본어같이 직하하여 그 뜻을 표시하는 것이다.

사람이 사상을 목소리로 표시하는 것은 언어이며, 형상으로 표시하는 것은 문자이다. 오늘날 국한자(國漢字)를 섞어 사용하는 책에 착절체법(錯節體法)을 사용하면 이것은 글을 이루지 못하는데, 이것은 한문에 직절체법(直節體法)을 사용하는 것과 같다. 이 때문에 음독하는 글이라도 이를 힘껏 피해야 옳으니, 훈독한 연후에야 그 폐단이 저절로 끊어질 것이다. 소학에 교육은 국민자제의 사상을 일깨우며 성질을 닦아 기르며 기개와 절조를 북돋아 격려하여

국가의 그 국가되는 체통을 세우며 민족의 그 민족되는 혈통을 이어 이 나라를 사랑할 만함을 알게 하며 이 나라를 공경할 만함을 알게 하여, 이 나라를 위하여 살게 하며 이 나라를 위하여 죽게 할 것이니, 이 나라의 진실과 이 나라의 글을 주가 되게 사용하지 않고서 가능할까? 감히 한 마디로 국가의 부형들에게 묻는다.

본 기자가 이 한 편의 의견서를 읽으니, 유 씨가 편찬한 교과서의 주지를 보지 않아도 알 것 같다. 신문 지면을 즉시 발간하여 국내 동포가 두루 보는 데 일조할 것이며, 또 손을 들어 대한 소학교 교육 만세를 한번 부르노라.

입력 원문

小學敎育에 對ᄒᆞᄂᆞᆫ 意見

俞吉濬

◎ 小學은 國民의 根本敎育이라. 高尙ᄒᆞᆫ 文學을 主홈이 아니오. 人世의 普通知識을 幼年者의 腦中에 浸染ᄒᆞ야 習이 性으로더브ᄃᆡ 成ᄒᆞ야 將來善良ᄒᆞᆫ 國民이되게홈이니 故로 其敎育ᄒᆞ는 方法이

一、國語로 以ᄒᆞ는 事

二、國體에 協ᄒᆞ는 事

三、普及을 圖ᄒᆞ는 事

盖其國語로 以ᄒᆞ는 所以는 見童의 講習의 便易케ᄒᆞ는 同時에 自國의 精神을 養成ᄒᆞ기 爲홈이라. 故로 大韓國兒童의 敎科書籍은 大韓國語를 用홈이 可ᄒᆞ거날 近來行用ᄒᆞ는 小學書籍을 觀ᄒᆞ건ᄃᆡ 國漢字를 混用ᄒᆞ야시나 漢字를 主位에 寘ᄒᆞ야 音讀ᄒᆞᄂᆞᆫ 法을 取ᄒᆞ고 國字ᄂᆞᆫ 附屬이되야 小學用으로ᄂᆞᆫ 國文도 아니며 漢文도 아인 一種蝙蝠書籍을 成ᄒᆞᆫ지라. 是以로 滿堂ᄒᆞᆫ 小兒가 敎師의 口를 隨ᄒᆞ야 高聲蛙鳴ᄒᆞ고 或其文意를 叩ᄒᆞᆫ 則茫然히 雲霧中에 坐ᄒᆞ야 其方向에 迷ᄒᆞᆫ 者가 十의 八九에 是居ᄒᆞ니 此ᄂᆞᆫ 國中子女에게 鸚鵡敎育을 施홈이라. 善美ᄒᆞᆫ 效果를 豈得ᄒᆞ리오. 故로 曰小學敎科書ᄂᆞᆫ 國語를 專用치아님이 可치안타 ᄒᆞ노라.

且其國體에 協ᄒᆞ기를 求홈은 國家의 基礎를 鞏固케홈과 社會의 秩序를 維持홈을 爲홈이니 假令君主國에ᄂᆞᆫ 忠君ᄒᆞ는 主義를 先ᄒᆞ고 共和思想을 鼓吹ᄒᆞ는 類의 敎科書를 許치아니홈이오. 普及을 圖ᄒᆞ기ᄂᆞᆫ 國中子弟로 ᄒᆞ야곰 不學ᄒᆞ

는 者가 업도록 홈이라. 故로 强制力을 用ᄒᆞ야도 可ᄒᆞ야 幼年者의 保護者로 教育ᄒᆞ는 義務를 納稅及徵兵의 아니치. 못홈갓치 홈이니 盖此二者ᄂᆞᆫ 多言을 不贅ᄒᆞ야도 世人의 熟知ᄒᆞ는 바일듯.

今我小學教育에 對ᄒᆞ야 最難最大ᄒᆞᆫ 問題ᄂᆞᆫ

一、國文專主

二、漢文全廢

先生長者가 表面唐突ᄒᆞᆫ 此言을 一閱ᄒᆞ면 梟獍의 惡聲을 白晝에 聞ᄒᆞᄂᆞᆫ듯 痛罵ᄒᆞᆯ지며 幾百年世有ᄒᆞ든 家寶를 强盜에게 見奪ᄒᆞᄂᆞᆫ듯 憤怒ᄒᆞᆯ지며 又或大鉄椎가 頭上에 下落ᄒᆞᄂᆞᆫ듯 精神이 眩惶ᄒᆞᆯ지나 愛國ᄒᆞᄂᆞᆫ 眞情으로 國民의 繼續者되ᄂᆞᆫ 幼穉子女의 未艾ᄒᆞᆫ 知覺을 涵養開發ᄒᆞᄂᆞᆫ 事에 對ᄒᆞ야 深思熟考ᄒᆞᆫ즉 其亦首肯ᄒᆞ야 案을 拍ᄒᆞ고 快를 稱ᄒᆞ기도ᄒᆞᆯ듯 新生未成ᄒᆞᆫ 腸胃에 堅硬難消ᄒᆞᆫ 食料를 與ᄒᆞᆫ즉 身體에 滋養되지 못ᄒᆞ기ᄂᆞᆫ 姑舍ᄒᆞ고 一生의 痼病을 必成ᄒᆞᆯ지니 此와 如ᄒᆞ야 複雜難解ᄒᆞᆫ 漢文으로 脆軟未熟ᄒᆞᆫ 頭腦를 攪亂ᄒᆞ면 知識을 增長치 못ᄒᆞᆯ 뿐 아니라 精神을 耗損ᄒᆞ야 百年의 疾祟를 讓成ᄒᆞᆯ지라. 故로 此 問題의 解决이 生理上으로도 本人의 論에 左袒ᄒᆞᆯ지오녀 然則小學教科書의 編纂은 國文을 專主홈이 可ᄒᆞᆫ가 曰然ᄒᆞ다. 然則漢字ᄂᆞᆫ 不用홈이 可ᄒᆞᆫ가. 曰否라. 漢字를 烏可廢리오. 漢文은 廢호ᄃᆡ 漢字ᄂᆞᆫ 可廢치 못ᄒᆞ나니라. 曰漢字를 用ᄒᆞ면 是乃漢文이니 子의 全廢라 ᄒᆞ는 說은 吾人의 未解ᄒᆞ는 바이로라. 曰漢字ᄅᆞᆯ 連綴ᄒᆞ야 句讀을 成ᄒᆞᆫ 然後에 始可曰文이니 字字別用홈이 豈可曰漢文이리오. 且夫吾人이 漢字ᄅᆞᆯ 借用홈이 已久ᄒᆞ야 其同化ᄒᆞᆫ 習慣이 國語의 一部를 成ᄒᆞ야시니 苟其訓讀ᄒᆞ는 法을 用ᄒᆞᆫ 則其形이 雖曰漢字이나 即吾國文의 附屬品이며 補助物이라. 英人이 羅馬字ᄅᆞᆯ 取ᄒᆞ야 其國語ᄅᆞᆯ 記홈과 同ᄒᆞ니 漢字取用ᄒᆞᆫ 緣由로 誰人이 敢히 大韓國語ᄅᆞᆯ 指ᄒᆞ야 漢文이라 ᄒᆞ리오. 英文中에 希臘語의 輸入同化ᄒᆞᆫ 者가 有홈으로 英文을 希臘語라 稱ᄒᆞ는 者ᄂᆞᆫ 吾人의 未見ᄒᆞ는 바이로라.

然則 小學教科의 書籍은 國漢字ᄅᆞᆯ 交用ᄒᆞ야 訓讀ᄒᆞ는 法을 取ᄒᆞ면 可ᄒᆞ거니와 此에 對ᄒᆞ야 國中父兄의 叅考에 供ᄒᆞᆯ 者ᄂᆞᆫ 言語의 種類이니 盖世界가 廣ᄒᆞ

고 人類가 衆호딕 其行用ᄒᆞ는 言語를 文典上으로 剖析ᄒᆞᆫ 則
一、錯節語이니 卽漢語英語갓티 上下交錯ᄒᆞ야 其意를 表示ᄒᆞ는 者
二、直節語이니 卽我國語及日本語갓티 直下ᄒᆞ야 其意를 表示ᄒᆞ는 者
人이 其思想을 聲音으로 表示ᄒᆞᄂᆞᆫ 者ᄂᆞᆫ 言語이며 形像으로 表示ᄒᆞᄂᆞᆫ 者ᄂᆞᆫ 文字이라 今에 國漢字交用ᄒᆞᄂᆞᆫ 書에 錯節體法을 用ᄒᆞ면 是ᄂᆞᆫ 文을 不成ᄒᆞᆷ이 漢文에 直節體法을 行ᄒᆞᆷ과 同ᄒᆞᆫ지라. 是以로 音讀ᄒᆞᄂᆞᆫ 文이라도 此를 務避ᄒᆞ여야 可ᄒᆞ니 訓讀ᄒᆞᆫ 然後에 此弊가 自絶ᄒᆞᆯ지라. 小學에 敎育은 國民子弟의 思想을 啓發ᄒᆞ며 性質를 陶冶ᄒᆞ며 氣節를 培勵ᄒᆞ야 國家의 其國家되ᄂᆞᆫ 體統을 立ᄒᆞ며 民族의 其民族되ᄂᆞᆫ 血系를 承ᄒᆞ야 此國에 可愛ᄒᆞᆷ을 知케ᄒᆞ며 此國에 可敬ᄒᆞᆷ을 知케ᄒᆞ야 此國을 爲ᄒᆞ야 生케ᄒᆞᆯ지며 此國을 爲ᄒᆞ야 死케ᄒᆞᆯ진즉 此國의 誠와 此國의 文을 主用치 안코 可ᄒᆞᆯ가. 敢히 一言으로ᄡᅥ 國中父兄에게 質ᄒᆞ노라.

本記者ㅣ 此一編意見書를 讀ᄒᆞᆷ이 兪氏의 編纂ᄒᆞᆫ 敎科書의 主旨를 亦不見ᄒᆞ야도 可知ᄒᆞᆯ지라. 報面의 即刊ᄒᆞ야 國內同胞의 均覽을 供케ᄒᆞ며 且手를 擧ᄒᆞ야 大韓小學校敎育萬歲를 一唱ᄒᆞ노라.

내용 요약

유길준이 ≪황성신문≫에 기고한 글로, 마지막 부분에서는 기자가 이 의견서(기고문)를 통해 유길준이 편찬한 교과서의 주의를 알 수 있을 것이라고 평가하였다. 내용은 다음과 같이 세 부분으로 나뉜다.

(1) 소학 교육의 방법에는 세 가지가 있다. 첫째, 국어(國語)를 사용하는 것. 둘째, 국체(國軆)에 따르는 것. 셋째, 보급(普及)을 꾀하는 것.
(2) 오늘날 소학교육의 가장 큰 문제는 '국문전주(國文專主)', '한문전폐(漢文全廢)'이다. 소학교과서의 편찬은 국문만 사용하는 것이 옳으나 우리는 한자를 차용해 사용한 지 오래되어 이미 한자가 국어의 일부가 되었으므로 한자를 버려서는 안 된다.
(3) 소학교육의 두 가지 문제에 대한 대안으로 소학교과 서적에 국한자를 섞어 사용하여 훈독하는 방법을 제시하였다.

개념어 소학(小學), 교육(教育), 강습(講習), 교사(教師), 교과서(教科書), 문전(文典), 국민(國民), 국어(國語), 국체(國體), 대한국(大韓國), 대한국어(大韓國語), 국자(國字), 국한자(國漢字), 국문(國文), 국한문(國漢文), 국내 동포(國內同胞), 국중자녀(國中子女), 국중자제(國中子弟), 국중부형(國中父兄), 국민자제(國民子弟), 유치자녀(幼稺子女)

32. 일부벽파(一斧劈破)

이기(李沂)

오늘날 국권 회복을 논하는 자는 학문, 교육을 말하지 않으면 안 된다고 하여 여러분 또한 이를 평소에 들었을 것이다. 그러나 그 말이 지리멸렬하고 모호한 것을 면치 못하여 듣는 자로 하여금 반드시 크게 놀라고 의문이 들게 한다. 우리나라 조정이 오백년 동안 문치를 숭상했는데 어찌 애초에 학문이 없겠고 교육이 없겠는가. 그러나 갑오년 이래로 인재를 취하지 않고 오직 뇌물 준 자만 보아서 경서를 탐구하고 책을 읽는 선비가 바위 밑 굴 속에서 늙어 죽는 자가 많으니 마침내 오늘날의 보잘 것 없는 상태에 이르렀다. 게다가 신학문·신교육의 논의로가 일어난 이후로 조정에 나아가 자리를 차지한 자들은 군부(君父)를 배반하고 버려 나라를 팔고, 외국에서 공부한 자는 명성과 위세를 구실삼아 기회를 엿보아 관직을 차지하니 이러한 학문과 이러한 교육 같은 것은 망국에 적합한 것이지, 나라를 흥하게 하는 데에는 족하지 않다고들 하면서 머리를 흔들고 손을 내저어 물리치고 달아나 돌아보지 않으니 여러분의 말이 틀린 것이 아니다. 그러나 또한 하나는 알고 둘은 모르는 폐단이 있으니 내가 어찌 감히 진심껏 고하지 않겠는가. 여러분이 오늘날 조정에 나가 자리를 차지한 자들을 한번 보면 대개 모두 옛 학문(舊學)을 배운 사람으로, 공자께서 말씀하신 "40·50이 되어서도 세상에 이름나지 못한 변변찮은 자"[1]들이니, 고

1 『論語』「子罕」에, "후생이 두려워할 만하니, 앞으로 오는 이들이 어찌 지금의 나만 못하다고 장담할 수 있으리오. 그러나 마흔 살이나 쉰 살이 되어도 세상에 이름이 알려지지 않으면 그러한 사람은 또한 족히 두려워할 것이 없다 [後生可畏 焉知來者之不如今也 四十五十

루해서 족히 논할 것도 없다. 외국에서 배운 자는 또 모두 20대 후반의 사람이라, 가정에서 듣고 보는 것으로 깨달아 얻은 지식이 비루하고 시세 습관의 잘못이 고질병이 되어 어찌 3~5년간의 학문과 교육으로 그 심장을 씻어낼 수 있으며 그 팔다리과 몸을 교체할 수 있을까. 고로 나 또한 여러분이 노장년이 되어 어린애처럼 유치한 일을 하길 바라는 것은 아니며, 자손이 태어나 눈 앞에 있는데 만일 신학문·신교육을 성취하지 않아 다시 그 부모와 조부모의 미개함과 몽매함을 따른다면 어찌 가히 애석하지 않을까. 슬프다. 여러분 역시 구학문의 사람이라, 장차 여생 동안 기꺼이 남의 노예 노릇을 하려는가, 회복의 방책을 구하지 않느냐 하면 반드시 말하길, 우리들의 재능이 미치지 못하는 것을 어찌 하겠느냐고 말할 것이니, 그렇다면 여러분의 재능이 나라를 망치기에 족하고 나라를 일으키기에 부족하다는 것이다. 어찌 꼭 직접 죄를 범하고 이름을 더럽힌 후에 죄가 되겠는가. 옛날 사람이 말하길 뜻을 가진 자가 일을 마침내 이룬다고 하였다. 고로 내가 생각건대 여러분은 뜻이 없음을 걱정할 것이요, 재능이 없는 것을 걱정할 것 없으니 대개 뜻이 순일하면 힘이 생기고 힘껏 전력하면 재능이 생김은 천연의 이치이니 여러분은 이에 대하여 세 번 심사숙고해주시길 바라노라. 무릇 사람의 몸에 병이 있어서 약을 먹었는데도 효과가 없으면 반드시 약제를 바꾸는 것을 생각하고, 집에 지붕이 있어 기울어지는 것을 붙들어 지탱해도 고칠 수 없으면 반드시 개조할 생각을 하게 된다. 오늘날 나라의 병이 구할 수 없게 되었고 그 집이 이미 구할 수 없게 되었거늘 오히려 또 헌기(軒岐, 의술)[2]의 옛 방법과 선조의 옛 주거지로 곤란하게 되었는데 엄숙하게 바라보기만 하니, 곧 이 나라의 이익을 도모하는 뜻이 제 몸과 집안의 이익을 도모하는 것만 못한 것이다. 고로 나는 여러분이 뜻이 없음을 근심하고, 재능이 없음을 근심할 것 없다고 하는 것이다. 오늘날 우리

而無聞焉 斯亦不足畏也已] ."라는 구절이 있다.

2 헌기(軒岐): 의술 혹은 의학. 원래는 의약(醫藥)의 시조(始祖)로 알려진, 황제(黃帝) 헌원씨(軒轅氏)와 그의 신하 기백(岐伯)을 통칭하는 말이었으나, 일반적으로 의술(醫術)을 나타내는 말로 쓰인다.

의 정세와 형편으로 논해 보건대 그 국가의 이익을 도모함이, 제 몸과 집안의 이익을 도모함만 못한 데에는 어찌 다른 까닭이 있으리오. 대개 단군 기자 이래로 왕조가 바뀌는 것이 되풀이되었으나 그 인민은 함께 새로운 정권에 복종하여 오히려 처자의 즐거움을 누릴 수 있었고 그 사군자(士君子)는 마침내 은둔하고 벼슬에 임하지 않아 오히려 후세에 명성을 취할 수 있으니 나 역시 또 무슨 근심할 것이 있겠냐마는, 근일 '멸국신법(나라를 멸하고 새로운 법을 세우는 것, 여기에서는 제국주의 국가에 의한 식민지화를 지칭)'의 경우에는 그러하지 않아 임금의 자리를 바꾸지 않고 종묘와 사직을 바꾸지 않고 다만 간사한 소인배나 제멋대로 행동하는 무리를 등용해서 그 왕명을 빌려주어 학정을 행하고 그 인족을 이주시켜 종(種)의 무리를 끊은 연후에 서서히 수탈하여 식민지로 삼으니 청컨대 여러분은 폴란드(波蘭), 이집트(埃及), 인도(印度), 베트남(安南) 역사를 한번 가져다 읽어보라. 그 슬픈 감정과 참혹한 상황이 과연 어떠한가. 이것을 일컬어 멸국신법이라고 하니 멸국이라는 것이 새로운 법을 사용한 것이면 복국(復國)이라는 것도 또한 마땅히 새로운 법을 사용하는 것이 그 이치가 몹시 명료하거늘 오히려 스스로 수구를 지키고 새로움을 도모할 생각을 하지 않으니, 상서에 이르길 옛날에 물든 나쁜 풍습을 모두 함께 새롭게 하겠다[3]고 하고 모시(毛詩)[4]에 이르길 주나라가 비록 오래된 나라지만 그 천명은 새롭도다[5] 하고 논어에 이르길 옛것을 충분히 익히고서 새로운 것을 안다[6]고 했고 대학은 일신(日新), 또 일신[7]의 의미를 이야기하니

3 『서경(書經)』 하서(夏書) 윤정(胤征)에, "큰 괴수를 죽이고 위협에 따른 자들은 다스리지 말아서 옛날에 물든 나쁜 풍습을 모두 함께 새롭게 하겠다 [殲厥渠魁 脅從罔治 舊染汚俗咸與惟新]." 하였다.

4 모시(毛詩): 중국 한나라 때 모형(毛亨)이 지은 詩傳(시경을 쉽게 풀이해놓은 책)

5 『시경(詩經)』 대아(大雅) 문왕(文王)에 나오는 구절임. 『맹자』와 『대학(大學)』에도 재인용된 바 있음.

6 『논어』 위정(爲政)에, "옛것을 충분히 익히고서 새로운 것을 아는 사람이라면 (남의) 스승이 될 자격이 있다 [溫故而知新 可以爲人師矣]." 하였다.

7 『대학(大學)』 전(傳) 2장, "탕왕(湯王)의 반명(盤銘: 몸을 씻는 대야에 새긴 명문)에 이르기를, '진실로 어느 날 새로워졌거든 날마다 새롭게 하고 또 날마다 새롭게 하라.' 하였다 [湯之盤銘曰 苟日新 日日新 又日新]."라는 말에서 나온 것으로, 몸을 씻어 때를 없애듯이

이런 말들의 뜻에 위배되지 않는가. 고로 내가 생각건대 오늘 신학(新學)을 물리치는 것은 우두를 물리치는 것과 다르지 않다. 일의 전말을 알지 못하며 이해를 분별하지 못하고 다만 그 익히 본 것이 아니면 번번이 배척하고 비방하는 것은 어째서인가. 한창 우두 접종이 실시되던 초반에 전날 천연두를 치료하던 자들이 은밀히 거짓말을 꾸며내 어리석은 백성을 선동하여 대체로 우두를 겪은 사람은 반드시 재차 천연두에 걸려 죽는다 하여 비록 칙령으로써 이를 널리 퍼뜨리고 관리가 감독할지라도 백성은 모두 두려워하여 피하여 그 자녀를 숨기는 데에 이르나 오늘 십 수 년이 지나서도 어찌 우두를 맞은 사람이 재차 천연두에 걸려 죽는 것을 본 적이 있는가. 여러분은 이를 거울로 삼을 수 있는 것이다. 무릇 학술의 긴요함은 반드시 시세에 쓰임이 합당한지 아닌지를 보아야 하니 고로 황제와 노자(黃老)[8]의 가르침이 비록 선이 아니로되 한인이 이를 사용하여 문경(文景)[9]의 융성한 치세[10]를 이룩하기에 족했고, 정주(程朱)[11]의 도가 비록 궁극의 미로되 송나라 사람이 이를 사용하여 애산에서의 패배(崖山之敗)[12]를 극복하는 데에 부족했던 것은 때가 맞은 것과 아닌 것의 차이일 뿐이다. 내가 보기에 여러분의 학문은 모두 기정진 · 최익현 · 송병선 선생으로부터 전해 받은 것이다. 이는 진실로 선(善)과 미(美)이지만 고등(대학이상)에서 행할 수 있고 보통(중학이하)에서 행하는 것이 불가하다. 그 시세

마음을 닦고 덕을 향상시키겠다는 다짐의 말이다.

8 황노(黃老)는 황제(黃帝)와 노자(老子)를 일컫는 말이다. 황제는 중국(中國)에서 시조(始祖)로 섬기는 옛날의 전설(傳說) 상(上)의 임금. 오방신장(五方神將)의 하나. 중앙(中央)을 맡은 신(神).

9 문경(文景): 서한西漢 문제(文帝)와 경제(景帝)를 함께 칭하는 말.

10 두 황제의 치세 동안 사회가 비교적 인정되고 부유했기 때문에, 역사상 "文景之治"라고 칭하였다.

11 정주(程朱): 중국 송나라의 정호(程顥), 정이(程頤) 형제(兄弟)와 주희(朱熹)를 일컫는다. 이들이 주장한 유학을 정주학(程朱學)이라 한다.

12 광동성(廣東省) 신회현(新會縣) 남쪽 바다 가운데 애산에서 송(宋)나라 말기에 장세걸(張世傑)이 18대 상홍제(祥興帝)를 받들고 원나라의 장수 장홍범(張弘範)에 대해 항쟁했으나 패전하게 되자 육수부(陸秀夫)가 임금을 업고 바다에 빠져 죽음으로써 송나라가 멸망하였다.

에 쓰임이 맞지 않음에 어찌할 것인가. 지금 내가 시세를 가지고 말하여 공리(功利)와 가까운 것처럼 보이기도 하기 때문에 여러분은 반드시 그 도(道)를 밝히되 공(功)을 계산하지 않으며, 그 의(義)를 바르게 하되 이익(利)을 도모하지 않는다는 동중서의 말을 인용하여 맞설 것이니 이는 매우 잘못된 것이다. 무릇 소위 도의는 그 사회의 이익을 가리키고 공리는 그 사사로운 이익을 얻으려는 계책을 가리키나 천하에 도의의 이름을 거짓으로 빌려 사사로운 이익을 도모하며 공리의 뜻을 이용하여 공익을 이루고자 하는 경우도 있으므로 이를 또 살피지 않을 수 없다. 여러분이 만약 반드시 국가에 공(功)이 없고, 민생에 이익이 없는 뒤에야 도의라고 한다면, 나는 이것이 무슨 학문인지 모르겠다. 오늘 신학문의 책이 다 갖추어져 있고, 일찍이 도와 의가 없었던 적이 없는데도 여러분이 그것을 익숙히 보지 않은 까닭으로 번번이 배척하고 비방하는 것만이 있을 따름이다. 이에 여러분이 또 잠시 네가 배운 것을 버리고 나를 따르라는 맹자의 말[13]을 인용하여 맞설 것이니 이 또한 옳지 않다. 내가 어찌 감히 나를 따르도록 강제하겠는가. 여러분이 만약 심히 번민하며 나라를 근심하는 뜻이 궁극에 달해 있다면 반드시 스스로 뉘우치고 깨달으리니 이 때부터 비록 나를 따르고자 하지 않더라도 그럴 수 없을 따름이다. 고로 나 또한 맹자를 인용하여 마음을 돌리기를 내가 매일 바란다[14]는 말로 답하노라. 내가 한번

13 그 전문은 아래와 같다.

맹자가 제선왕을 만나서 말하기를 큰 집을 지으려면 반드시 공장 두목으로 하여금 재목을 구하게 하는데 공장 두목이 큰 나무를 얻어내면 왕께서 기뻐하며 능히 그 소임을 감당해낼 만하다 하고 목공이 깎아서 작게 하면 왕께서 노하여 자기 소임을 감당하지 못한다 할 터인데 대개 사람이 어려서 배우는 것은 자라서 시행하고자 하는 바인데 왕께서 말하기를 우선 너의 배운 것을 제쳐놓고 나를 따르라고 하신다면 어떻습니까 이제 여기에 옥돌이 있으면 비록 비용이 20만 냥이 들더라도 반드시 옥공으로 하여금 다듬게 할 터인데 나라을 다스리는 데 이르러서만은 우선 너의 배운 것을 제쳐놓고 나를 따르라고 하니 어찌하여 옥공으로 하여금 옥을 다듬게 하는 것과 다른 것입니까(孟子見齊宣王曰爲巨室則必使工師求大木工師得大木則王喜以爲能勝其任也匠人斲而小之則王怒以爲不勝其任矣夫人幼而學之壯而欲行之王曰姑舍女汝所學而從我則何如今有璞玉於此雖萬鎰必使玉人彫琢之至於治國家則曰姑舍女所學而從我則何以異於敎玉人彫琢玉哉) (맹자, 梁惠王章句 下 9장 중)

14 『맹자(孟子)』「공손추 하(公孫丑下)」에, “왕이 고치기를 나는 날마다 바란다(王庶幾改之

말하고 재차 말하면서 그칠 줄을 모르는 것은, 그 교육의 힘을 가지고 그 단결하는 마음을 발휘하게 하려 함인데, 다만 이 구학문이 진한 이후 전제의 수단으로 많이 나타난 까닭으로 민들을 흩어지게 하는 데 족하고 민들이 함께 모여 단결하게 만드는 데에는 부족하여 오늘날 행할 수 있는 것이 결코 아니다. 여러분이 만일 내 말을 망령되다 하지 않는다면, 청컨대 구학문의 세 가지 폐단을 들어 뒤에 늘어놓고자 한다. 하나, 사대주의의 폐해이니 대저 사람이 이 세상에 태어남에 진실로 지극히 어리석고 졸렬한 사람이 아니면 꼭 남 아래 굴복하길 즐겨할 이유가 없는 법이니 남 아래 굴복하기를 즐겨하는 자는 바로 세력이 미치지 못하기 때문에 그러는 것이다. 우리 대한은 단군 기자(주나라에서 기자를 조선에 봉했다는 설은, 선유들이 이미 논변한 바가 있다) 이래로 대개 독립국이다. 그 후에 비록 한나라와 당나라의 정복을 받으나 같은 내지 주군(州郡)이 아닌 까닭으로 오로지 정삭(正朔)을 받들고 공물을 바쳤을 따름이었는데 우리 태조 고황제 때에 추대되어 나라를 얻었는데 이 때의 물정이 아직 복종하지 않은 상태에서 명나라인이 힐난해올까 염려되는 정황이었기 때문에 사신을 보내어 신하를 칭함이 실로 부득이한 면이 있었다. 이백년이 지나 선조 임진에 이르러 다행히 쓰러져가는 나라를 다시 살려준 명나라의 은덕을 입어 백성들이 오랫동안 잊지 않는 까닭으로 삼학사[15] 척화의 상소와 송문정(文正)[16] 북벌의 주장에 매번 '대명(大明)' 두 자를 사용하여 지도층은 반드시 이것을 가지고 민심을 격발하여 국가의 권위(國龍)를 회복하고자 하였고, 왕조교체기의 명 · 청 사이에서 택일하는 융통성 있는 처신은 하지 않았다. 만약 명을 섬기는 일이 가하고 청을 섬기는 일이 불가하다면 이것은 "뺨 맞아도 은가락지 낀 손에 맞는 것이 좋다"는 속담과 비슷한데, 사람은 마땅히 뺨 맞지 않기를 구해야 하는 것이지, 은가락지 낀 손을 구하고 있어서는 안된다.

予日望之)"라는 구절이 있다.

15 삼학사(三學士): 병자호란(丙子胡亂) 때에 청국에 항복(降伏)하는 것을 반대(反對)하고 주전론을 편 세 사람. 즉 홍익한, 윤집, 오달제로서 척화신(斥和臣)으로 청(淸)나라에 잡혀가서 굴하지 않고 죽임을 당하였다.

16 송문정(文正): 송시열(宋時烈)을 가리킨다.

선현이 명을 높일 때에는 진실로 나름의 깊은 뜻이 있는 것이었는데, 후대의 무리들이 망령되게 대명 의리의 설(說)을 만들어 그것을 특정 붕당으로서 의론으로서 세우고 자신의 세력 확장을 도우니 이 또한 한심스러운 일이다. 더구나 맹자의 견해가 작은 나라가 큰 나라를 섬기는 데에 태왕이 훈육(獯鬻)[17]을 섬긴 것과 구천이 오나라를 섬긴 것을 끌어와 증거로 삼은 것에 불과하나 나는 알지 못하겠다, 태왕과 구천이 (형세상 어쩔 수 없어 부득이하게 했을 뿐) 어찌 이를 즐겨 행했겠는가! 애석하다. 사대론이 한번 나오자 조정과 민간 가릴 것 없이 온통 이것을 가지고 주의로 함지 않음이 없어 이에 따라 남 아래 굴복하길 즐겨하는 뜻이 형성되니 그것이 어리석음과 졸렬함이 되는 것이 과연 어떠한가. 또 하나, 한문 습관의 폐해니 대저 학문이라는 것은 효도와 우애의 행실을 닦고 사물의 본성을 구하는 것이지 외우고 소리내어 읽는 것에 있지 않다. 우리 대한이 불행히도 중국과 가까이 있어 예악제도(禮樂制度)가 모두 수입되어 이르는 까닭으로 소화(小華)라고 칭하나 오늘날 여섯 대륙 여러 나라에 글자를 모르는 자가 오직 우리 대한이 가장 많고 중국이 다음이니 어째서인가. 천하에서 지극히 배우기 어려운 것이 바로 한문이라서 사람이 어린 시절부터 머리가 셀 때까지 사력을 다할지라도 이름을 이룰 수 있는 자가 드물다. 비록 중국의 경우에는 한어와 한문이 합쳐져 하나의 길이 된다고 해도 여전히 힘들고 어려운데 하물며 우리 대한은 국어와 한문이 둘로 나누어지는 것이니 겨우 번역하여 통할 수 있는(漢族人은 하늘을 가리켜 '텬'이라 하고, 우리 한국인은 하늘을 가리켜 '하늘-하늘- 텬'이라 하니, '하늘' 두 글자는 번역어이다) 것일 따름이다. 여러분이 일찍이 마을 서당에 다니는 동안에 함께 한 동학과 후손 동학이 모두 몇 명이나 되는가. 7, 8세에 입학하여 15, 6세에 그만두고 가는 자가 과반수요 25, 6세에 물러나는 자가 또 과반수라. 그 사이 10, 20년간의 공부가 많지 않은 것은 아니건만 이름자 모양이나마 적을 수 있는 자가 백 사람 중 한 두 사람이 안되고 문서 장부나 편지글을 지을 줄 아는 사람이 또

17 훈육(獯鬻): 중국(中國) 하대(夏代)에 있어서의 '북적(北狄)'의 일컫는다. 진(秦) · 한(漢) · 전국(戰國) 시대의 흉노(匈奴)에 해당(該當)한다.

백 사람 중 한 두 명이 안되며 시문을 지어 과거에 응시할 수 있는 자가 또 백 사람 중 한 두 명이 안되니 곧 백만인 중에 겨우 한 두 명이다. 설령 그 성취를 지극히 하더라도 공허한 문장이요 쓸모없는 학문에 불과하다. 이것을 가지고 과거에 붙어 벼슬길에 나아가 일신의 이익을 얻으려는 사사로운 계책을 위함은 있되 국가를 돕고 생민을 이롭게 하여 천하의 공익을 위하는 것은 없다. 고로 요즘의 교육법은 그렇지 아니하여 차라리 한 사람을 잃을지언정 백만인을 잃지는 않는 법이니 어째서인가. 대개 백만의 무리 중에 이 한 사람을 잃을지라도 또한 그 단체에 크게 해가 되지는 않는 것이거늘 우리는 그 반대로 하니 이게 옳은가. 또 중국 사람이 교만하고 스스로를 크게 여기는데 옛날부터 그러해서 모든 역사책에 반드시 동이(동쪽 오랑캐)로 우리 대한을 대하여 그런 책을 읽은 자들로 하여금 스스로를 낮잡아보는 태도가 습관이 되어 지극히 당연한 것으로 여기게 하여 오직 중국이 존재한 것만을 알고 우리 대한이 존재하는 것은 몰라 마침내 그 조국정신을 잃고 마침내 오늘날의 비참한 지경에 떨어지니 그 유래가 이미 오래되었도다. 또 하나를 말하자면 문호구별의 폐해니, 무릇 사람이 처음 생겨났을 때에는 현명함과 어리석음이 있어도 귀천은 없어 현명한 자는 스스로 귀히 여기고 어리석은 자는 스스로 천히 여겼었는데 시대가 내려가 후세에 이르러 마침내 권리를 다투어 오늘날 서양의 비록 문명국이라 불리는 여러 나라들조차도 민족이나 계급이 있되 우리 대한과 같이 소위 당파라는 것은 경험하지 못했다. 말하길 양반과 상놈이오, 말하길 문무 적서요, 말하길 노론 · 소론 · 남인 · 북인이니 3백 4십 3군 중에 서로 대항하여 대소강약이 서로 원수 삼아 심지어 당파가 다르면 혼사도 맺지 않고 친구간의 교제도 허락지 않으니 천리를 멸하고 사람의 도덕을 끊음이 과연 얼마나 심한가. 지금 13도(道)의 인가에 대한 최근의 조사표에 근거하여 그 남성인구를 셈하니 대략 6백만이라. 양반과 상놈으로 나누면 그 한 편에 불과 3백만이요, 이를 다시 문무 적서로 나누면 한 편에 불과 75만이요, 이를 다시 노론 · 소론 · 남인 · 북인으로 나누면 한 편에 불과 18만 7천 5백이요, 재차 3백 4십 3군으로 나누면 한 편에 불과 5천 4백 6십 6 남짓이다. 노약자와 벙어리,

귀머거리, 소경, 앉은뱅이 등 치명적인 고질병이 있는 자를 제외하면 그 나머지가 또 몇이나 되겠는가. 하물며 당파 중에도 또 군자와 소인이 있고 군자, 소인 중에도 당파가 생겨나는 것은 또 말해 무엇 하겠는가. 장차 이 적은 수를 가지고 열강의 만억 되는 단결된 무리와 서로 맞선다면 이 역시 자기 분수를 모르는 꼴이라 할 것이다.

입력문

一斧劈破

李沂

◎近日論恢復國權者ㅣ 莫不曰學問曰教育이라 ᄒᆞ야 諸公이 亦已稔聞矣라. 然其說이 未免支離糊塗ᄒᆞ야 使聽之者로 必大驚而大疑ᄒᆞ야 以爲我 國朝五百年尙文之治에 何嘗無學問이며 何嘗無教育이리오. 但甲午已來로 不取人材ᄒᆞ고 徒視賄賂ᄒᆞ야 窮經讀書之士ㅣ 多老死巖穴ᄒᆞ야 遂致今日之沈淪이오 而況自新學問新教育之說之起로 其登據朝著者ᄂᆞᆫ 背棄君父ᄒᆞ야 販賣國家ᄒᆞ며 其游學外邦者ᄂᆞᆫ 藉托聲勢ᄒᆞ야 竊占官職而已ᄒᆞ니 則若此等學問과 此等教育은 適足以亡國이오 不足以興國也라 ᄒᆞ야 搖頭麾手ᄒᆞ야 却走而不顧ᄒᆞ니 則諸公之言이 未爲不是也라. 然亦有知一不知二之弊ᄒᆞ니 愚何敢不盡情相告哉아.

諸公이 試看今登據朝著者ㅣ 類皆舊學時人이라. 而卽夫子所謂四十五十而無聞者也니 則固不足論矣오 其游學外邦者ㅣ 又皆二十後人이라. 而家庭聞見之陋와 時世習慣之誤ㅣ 已成痼廢ᄒᆞ야 豈可以三五年間學問教育으로 而磨洗其腸肚ᄒᆞ며 移換其肢體耶아. 故로 愚亦非望諸公이 臨老壯之歲ᄒᆞ야 執幼稚之務也라. 奈其子孫이 生在眼前ᄒᆞ니 苟不以新學問新教育으로 而成就之ᄒᆞ야 復踵其父祖之野昧면 則寧不可惜哉아.

嗟乎. 諸公이 亦舊學時人也라. 其將以餘年으로 甘作奴隷오. 而不求恢復之策否아 ᄒᆞ면 必曰 吾輩ㅣ 其如才力不及의 何哉오 ᄒᆞ리니 然則諸公才力이 亦足以亡國이오 不足以興國者也라. 豈獨躬犯賊名而後에 爲罪耶아. 古人이 云有志者ㅣ 事竟成이라. 故로 愚謂諸公이 患無志오 而不患無才力ᄒᆞ노니 蓋志一則

力生ᄒᆞ고 力專則才生은 此天然之理也니 諸公於斯에 幸三致意焉이어다.

夫人의 身有病ᄒᆞ야 而服藥不得效면 則必思易劑ᄒᆞ고 家有屋ᄒᆞ야 支傾不得救면 則必思改造ᄒᆞᄂᆞ니 而今國之病이 已不得救矣오. 其屋이 已不得救矣어ᄂᆞᆯ 猶且以軒岐之舊方과 祖先之舊居로 爲難ᄒᆞ야 而岸然相視ᄒᆞ니 則此其謀國之志ㅣ 不如謀身謀家者耳라. 故로 愚謂諸公이 患無志오. 而不患無才力也ᄒᆞ노라.

今以我人情形으로 論之컨ᄃᆡ 其 謀國이 不如謀身家者ㅣ 豈有他哉리오. 蓋自檀箕已來로 易姓이 亦屢矣나 其 人民은 共服新政ᄒᆞ야 猶可以享妻子之樂ᄒᆞ고 其士君子ᄂᆞᆫ 遯跡不仕ᄒᆞ야 猶可以取後世之名ᄒᆞ니 吾亦復何憂乎리오마ᄂᆞᆫ 奈近日滅國新法則不然ᄒᆞ야 不易君位ᄒᆞ며 不改宗社ᄒᆞ고 而但進用奸小不逞之徒ᄒᆞ야 假其王命ᄒᆞ야 而行虐政ᄒᆞ고 移其人族ᄒᆞ야 而絶種類然後에 徐徐收以爲殖民之地ᄒᆞᄂᆞ니 伏乞諸公은 試取波蘭 埃及 印度 安南史而讀之어다. 其悲怛之情과 慘酷之狀이 果何如耶아.

是謂滅國新法也니 滅國者ㅣ 旣用新法이면 則復國者도 亦當用新法者ㅣ 其理甚明矣어ᄂᆞᆯ 而猶將自居守舊ᄒᆞ고 不念圖新ᄒᆞ니 則其於商書所稱舊染汚俗咸與惟新과 毛詩所稱周雖舊邦其命維新과 論語所稱溫故而知新과 大學所稱日新又日新之義에 不相繆戾耶아.

故로 愚謂今之斥新學者ㅣ 無以異於斥牛痘矣라. 不識源委ᄒᆞ며 不辨利害ᄒᆞ고 但非其習見이면 則輒加排詆ᄂᆞᆫ 何也오. 方牛痘施種之初에 爲前日痘醫者ㅣ 潛造訛言ᄒᆞ야 煽動愚氓ᄒᆞ야 以爲凡經牛痘之人은 必再罹天痘而死라 ᄒᆞ야 雖以勅令頒之ᄒᆞ고 官吏督之라도 而民皆畏避ᄒᆞ야 至於匿其子女나 然距今十數年에 何嘗見牛痘之人再罹天痘而死者乎아. 諸公於此에 亦可以鑑矣로다. 夫學術之要ㅣ 必須看時勢之合用不合用이니 故로 黃老之敎ㅣ 雖未善矣로ᄃᆡ 而漢人이 用之ᄒᆞ야 足以致文景之盛ᄒᆞ고 程朱之道雖盡美矣로ᄃᆡ 而宋人이 用之ᄒᆞ야 不足以救崖山之敗者ᄂᆞᆫ 時與不時故耳라. 吾觀諸公學問이 擧皆蘆沙 奇先生 勉菴 崔先生 淵齋 宋先生之所傳授者라. 則固善且美焉이나 然此可行於高等(大學已上)이오 不可行於普通(中學以下)矣라. 其如時之不合用에 何哉오. 今愚以時勢爲言ᄒᆞ야 似或近於功利故로 諸公이 必將引董子明其道不計其功ᄒᆞ며 正其義不謀其利之說ᄒᆞ야 而相拒矣리니 此甚非也라. 凡所謂道義ᄂᆞᆫ 指其公益也오. 功利ᄂᆞᆫ 指其私

計也나 然天下에 亦有假道義之名ᄒᆞ야 而作私計ᄒᆞ며 用功利之志ᄒᆞ야 以成公益者ᄒᆞ니 此又不可不察也라. 諸公이 若必以無功於國家ᄒᆞ고 無利於生民而後에 爲道義된 則吾未知是何學問也로다. 今新學之書ㅣ 具在矣라. 而亦未嘗無道無義로ᄃᆡ 但諸公이 非其習見故로 輒加排詆耳라. 於是諸公이 又將引孟子姑舍汝所學ᄒᆞ고 而從我之說ᄒᆞ야 而相拒矣리니 此又非也라. 愚何敢强其從我耶아. 諸公이 苟有悶苛憂國之意ㅣ 達於極點이면 必自悔悟矣리니 于斯時也에 雖不欲從我나 而不可得耳라. 故로 愚亦引孟子庶幾改之을 余日望之之說ᄒᆞ야 而答焉ᄒᆞ노라. 凡愚所以一言再言ᄒᆞ야 而不知止者ᄂᆞᆫ 蓋將用其教育力ᄒᆞ야 發其團結心耳로ᄃᆡ 但此舊學問이 多出於秦漢後專制之術故로 足以使民離散ㅣ오. 而不足以使民合聚ᄒᆞ야 決非今日之所可行也라. 諸公이 如以愚說로 爲非妄이면 則請擧舊學問三種之弊ᄒᆞ야 陳於左右矣리라. 其一 曰 事大主義之弊니 夫人生斯世에 苟非至愚至劣之人이면 則未必甘屈於人下ᄒᆞᄂᆞ니 其甘屈於人下者ᄂᆞᆫ 乃勢力不及故耳라. 我韓이 自檀箕(箕子周封之說先儒已有所辨)已來로 蓋亦獨立國也라. 其後에 雖爲漢唐所征服이나 然非同內地州郡故로 惟奉正朔進貢物而已러니 及我太祖高皇帝乃以推戴得國ᄒᆞ야 而是時物情이 未服ᄒᆞ고 且恐明人이 相詰故로 遣使稱臣이 實有不得已焉이오. 二百年而至宣祖壬辰幸蒙再造之德ᄒᆞ야 民久而不忘故로 三學士斥和之疏와 宋文正北伐之議에 每用大明二字ᄒᆞ야 把作蓋頭者ᄂᆞᆫ 必欲以此로 激發民心ᄒᆞ야 恢復 **國讎**也오. 非有擇于明清之間爾라. 若以事明爲可오 而事淸爲不可면 則亦近於俗語所云與其被打頰으론 寧遭於銀指環手者矣니 人當求不被打頰이오 不當求銀指環手也라. 先賢之意ㅣ 固有所在矣어ᄂᆞᆯ 而後生輩ㅣ 妄造大明義理之說ᄒᆞ야 以立黨議ᄒᆞ야 而助己勢ᄒᆞ니 則又可寒心也로다. 況孟子之論以小事大에 不過引太王事獯鬻과 句踐事吳而爲證이나 然愚未知太王句踐이 豈樂此而爲者耶아. 惜乎라. 事大之論이 一發에 而無朝無野히 莫不以是爲主義ᄒᆞ야 馴成其甘屈於人下之志ᄒᆞ니 則其爲愚劣이 果何如哉아. 其一 曰 漢文習慣之弊니 夫學問者ᄂᆞᆫ 所以修孝友之行ᄒᆞ고 求事物之情이오 而非必在於誦讀也라. 我韓이 不幸與支那接近ᄒᆞ야 禮樂制度ㅣ 皆其所輸到故로 稱爲小華나 然今六洲列邦에 其人之不識字者ㅣ 惟我韓이 最多ᄒᆞ고 而支那爲次焉ᄒᆞ

니 何也오. 天下之至難學者ㅣ 漢文이 是己라. 人自童幼至白紛ᄒᆞ야 盡其死力이라도 而得以成名者ㅣ 其亦尠矣라. 雖支那之漢語漢文이 合爲一途라도 猶此苦難이어든 況我韓之國語漢文이 判爲兩物ᄒᆞ야 纔能譯通(漢人呼天曰 텬 我韓呼天 하늘텬 則 하늘二字 是譯語也)者耶아. 諸公이 亦嘗見里塾之間에 與吾同學과 及與吾子孫同學者ㅣ凡幾何人고. 而七八歲入學ᄒᆞ야 十五六歲而棄去者ㅣ 過半矣오 二十五六歲而撤退者ㅣ 再過半矣라. 中間一二十年之工이 不爲不多矣나 然其能記姓名字樣者ㅣ 百無一二오 其能作簿帳書辭者ㅣ 又 百無一二오 其能爲詩文學業者 又百無一二ᄒᆞ니 則是百萬人中에 僅得一二오 而藉使極其成就라도 亦不過虛文無實之學也라. 以此로 取科第通仕路ᄒᆞ야 爲一身之私計ᄂᆞᆫ 則有之로ᄃᆡ 而其補國家利生民ᄒᆞ야 爲天下之公益은 則未也라. 故로 近世教育法은 不然ᄒᆞ야 寧失於一人이언정 不失於百萬ᄒᆞ나니 何也오. 蓋百萬之衆에 損此一人이라도 亦不害其爲團體也어ᄂᆞᆯ 而吾乃反之ᄒᆞ니 其可乎哉아. 且 支那之人이 驕傲自大ᄒᆞ야 從古已然ᄒᆞ야 凡諸史籍에 必以東夷로 待我韓ᄒᆞ야 使讀其書者로 自少習見ᄒᆞ야 以爲固當ᄒᆞ야 止知有支那오 不知有我韓ᄒᆞ야 遂失其祖國精神ᄒᆞ야 竟墮於今日悲慘ᄒᆞ니 其由之來ㅣ 亦已久矣로다. 其一 曰 門戶區別之弊니 夫人之始生에 止有賢愚오 而無貴賤ᄒᆞ야 賢者自貴ᄒᆞ고 愚者自賤이러니 降至後世에 遂爭權利ᄒᆞ야 今泰西諸邦의 雖號爲文明國者도 亦或有民族階級이로ᄃᆡ 而未嘗如我韓所謂黨派者也라. 曰 班常也오 曰 文武嫡庶也오 曰 老少南北也니 於是角立於三百四十三郡之中ᄒᆞ야 大小强弱이 互相仇敵ᄒᆞ야 甚至於 不通婚嫁ᄒᆞ며 不許朋交ᄒᆞ니 則其滅天理絶人紀ㅣ 果何如哉오. 今據十三道人戶最近調査表에 計其男口ㅣ 略可六百萬이라. 而乃以班常分之면 其 一部ㅣ 僅三百萬矣오 再以文武嫡庶分之면 其 一部ㅣ 僅七十五萬矣오 再以老少南北分之면 其 一部 僅十八萬 七千五百矣오 再以三百四十三郡分之면 其 一部ㅣ 僅五千四百六十六零矣라. 而除老惻兒弱瘖聾瞽躄癈疾人外에 所存이 復幾何오. 而況黨派之中又有君子小人ᄒᆞ고 君子小人之中에 又生黨派者乎아. 其將以此로 與列强萬億團體之衆으로 相抗이면 則亦不知量者也라. (未完)

今據十三道人戶最近調査表에 計其男口ㅣ 略可六百萬이라. 而乃以班常分之면 其 一部ㅣ 僅三百萬矣오 再以文武嫡庶分之면 其 一部ㅣ 僅七十五萬矣오 再以老少南北分之면 其 一部 僅十八萬 七千五百矣오 再以三百四十三郡分之면 其 一部ㅣ 僅五千四百六十六零矣라. 而除老悧兒弱痦聾瞽躄癈疾人外에 所存이 復幾何오. 而況黨派之中又有君子小人ᄒᆞ고 君子小人之中에 又生黨派者乎아. 其將以此로 與列强萬億團體之衆으로 相抗이면 則亦不知量者也라.

해제

폴란드, 이집트, 인도, 베트남과 같이 타국의 지배를 받는 망국의 길에서 벗어나 독립국이 되기 위해서는 신학문을 익히고 신교육을 받아야 한다. 또한 나라를 구하는 재능과 능력은 의지로부터 발현하는 것이니 의지를 가지는 것이 중요하다. 구학문의 세 가지 폐해로는 사대주의, 한문중시, 문호구분이 있다. 학문의 가치는 그것이 시대의 쓰임에 합당한가에 따라 달렸다.

개념어 국권(國權), 국가(國家), 망국(亡國), 멸국신법(滅國新法), 독립국(獨立國), 식민(殖民), 대한(大韓), 사대주의(事大主義), 전제(專制), 태서(泰西), 동이(東夷), 민족(民族), 계급(階級), 권리(權利), 인민(人民), 생민(生民), 학문(學文), 교육(敎育), 신학문(新學問), 신교육(新敎育), 구학(舊學), 신학(新學)

속편1 : 일부벽파(一斧劈破)[18]

이기(李沂)

무릇 이러한 세 가지 폐단이 그 유래가 이미 오백년 되어 풍속을 서로 익히고 사람이 서로 편안히 여겨서 그 이해와 시비를 이제는 다시 알지 못하니, 나 역시 같은 자리에서 함께 취한 자이긴 하지만 마신 양이 조금 적어 술 깨는 것도 약간 빠르니 어떻게 하면 서로를 흔들어 깨워줄 수 있으려나. 이제 폐단을 다스리는 법을 말하려고 하니, 이는 곧 천하의 공의(公議)지, 한 사람의 사견은 아니다. 여러분이 평심서기(平心舒氣)[19]하여 두세 번 상세하게 생각해주면 다행이겠고, 꼭 대번에 성내며 욕할 것까지는 없을 것이다. 폐단을 다스리는 방법의 한 가지는, 독립으로 사대주의의 폐단을 깨뜨리는 것이니, 지금 여기에 사람이 있다고 가정한다면 귀와 눈이 있고 사지(四肢)와 몸이 있되, 혼자서는 설 수 없어서 다른 사람에게 부축을 받는다면 이는 마비증상이 있는 앉은뱅이가 되는 것이요, 아마도 그 사람을 가리켜 완전한 사람이라고 이를 수 없을 것이니, 국가 역시 이와 같다. 국가의 영토에 사람들이 공존하거늘, 사람들이 스스로 부유해지지 못하고, 스스로 강해지지 못하고서 끝내는 번복(藩服)[20]에 의탁하는

18 ≪湖南學報≫ 2호, 1908.7.25.

19 평심서기(平心舒氣): 마음을 평온(平穩)하고 순화(順和)롭게 하다.

20 중국 주나라 때에 수도를 중심으로 거리에 따라서 나눈 행정 구획을 구복(九服)이라 한다. 번복(藩服)은 그 중 하나로, 황제가 있는 구역[王城]으로부터의 거리가 가장 멀리 떨어진 곳을 말한다. 왕성(王城)으로부터 사방 천 리를 왕기(王畿)라 하고, 그 다음부터 오백 리마다 차례로 후복(侯服), 전복(甸服), 남복(男服), 채복(采服), 위복(衛服), 만복(蠻服), 이복(夷服), 진복(鎭服), 번복의 아홉 구역으로 나누었다.

지경에 이르러 억압을 당하니, 만약 황천에서 아신다면 틀림없이 매우 가엾게 여기시고 크게 원통해 하실 것이다. 무릇 우리 한인(韓人)들이 과연 능히 독립(獨立)이라는 두 글자를 달리기의 목표 지점으로 삼아 일제히 힘껏 나아간다면, 오늘날의 천하를 고려해볼 때 비록 수나라와 당나라 같은 강한 나라가 있다고 하더라도 감히 요수(遼水)를 건너 동쪽으로 한 발자국도 내밀지 못할 것이니, 이는 근심할 바가 아니다. 또 한 가지는, 국문으로 한문을 쓰는 습관의 폐단을 깨뜨리는 것이니, 어허! 우리 세종대왕은 진실로 기자(箕子) 이후에 처음으로 나온 성인이시다. 이미 그 폐단이 필시 이렇게 될 것을 알고 계셨던 고로, 마침내 국문(즉, 훈민정음)을 창제하셔서 장차 민속을 한번 바꾸려고 하셨으나, 당시의 사대부들이 그 뜻을 받들지 못하고 진전 없이 과실을 거듭하여 지금까지 사백년간 오직 여염집 여자들이 소설을 읽을 때 외에는 사용하는 예가 드무니 애석함을 이길 수 있겠는가. 갑오경장 이후로 국한문을 섞어 쓰는 것이 이미 관부에서 시행되어왔고 또한 학계에서도 실시하게 될 것인데 잘 알지 못하는 자가 아직도 훼방을 그치지 아니함이 또한 지나치다.

부록1 : 여하정[21] 선생에 부치는 글[22](與呂荷亭書)

황희성(黃羲性)

단군 건국 사천이백사십일년, 신천지에 태어나 머리로 한국의 하늘을 이고 발로 한국의 땅을 밟고 한국의 곡식으로 배를 채우며 한국의 옷으로 몸을 따뜻하게 하면서 온 세상 사람들이 모두 국한문(國漢文)이라 말하는 것을 선생은 홀로 한국문(漢國文)이라고 말하여 눈이 멀어 질시하며 격분하여 팔뚝을 걷어붙이고 크게 부르짖어 백발이 머리에 가득할 만큼 나이 들도록 그 마음이 줄지를 않으니 기이하기도 해라, 선생이여! 선생은 또한 오늘날 한국에 드문 인물이로다. 이에 우리는 선생을 위하여 일변 축하하며 선생을 위하여 일변 곡하고 산에서 채석(採

---

21 하정은 여규형의 호이다.

22 《湖南學報》 2호, 1908. 7. 25.

石)할 때 쓰는 큰 도끼로 선생의 완고한 뇌를 일갈 벽파하고자 하니, 선생의 뇌가 쇠인지, 돌인지, 나무인지, 흙인지 아직 알 수가 없다. 무릇 자국을 스스로 사랑하며 자국을 스스로 귀중히 여김은 고금동서 사람들이 매한가지다. 프랑스(法國)의 삼척동자를 잡아다가 "너는 반드시 '영법(英法: 영국 · 프랑스)'이라 말해야 하고 '법영(法英: 프랑스 · 영국)'이라고 하면 안 된다."고 말하면 채찍질이 비처럼 쏟아져도 그는 반드시 굴복하지 않을 것이며, 일본의 일개 걸인 아이를 위협하여 "너는 반드시 '청일(淸日)'이라 말해야 하고 '일청(日淸)'이라 말하면 안 된다."고 하면 엄령이 서리같이 내려도 그는 필시 굴복하지 않을 것이니, 세계열강에서 나라를 세운 정신이 여기에 있는데, 애석하도다. 한국에서는 몇 백 년 동안 한문학자가 '조선' 두자는 등한시하면서 오직 한(漢)을 사모하고 오직 '한(漢)'을 숭앙하며 스승으로 삼고 우러러보며 의지, 의탁, 존경하여 '대국'이라 부르고 스스로를 비천하게 여겨 '소국'이라 말하며, 나라는 반드시 '화동(華東)'이라 칭하고 글은 반드시 '진언(眞諺)[23]'이라 부르던 악영향이 아직 남아 있다. 국세가 이와 같이 강하지 못해 고통이 임박하니, 인심이 깨달은 바가 있어 오늘날이 옳고 옛날이 잘못되었음을 아녀자도, 아이들도 모두 알고 있는데, 지금 선생은 거친 주먹과 힘찬 발길질로 분연히 단상에 올라가 큰 소리로 몇 번을 '한국문'(漢國文)이라 말하여 국문의 반역자를 자임하고 한문의 충성스러운 노예가 되려 하니, 아아, 선생이여, 가슴에 손을 얹고 반성하여 스스로 생각해 보라. 자신이 한인(韓人) 여규형씨인지, 아니면 한인(漢人) 여규형씨인지. 선생이 한국문이라 주창하는 의견을 들었는데, 단군(檀君) 기자(箕子) 이래로 한문이 동쪽으로 건너온 지 이미 오래되어 국문과 다름이 없다[24]고 하는데, 만일 건너온 지 이미 오래되었다는 이유로 국문보다 중요하다고 하면 몇 백 년 후에는 제2의

23 진언(眞諺): 진서(眞書)와 언문(諺文)을 아우르는 말. 진서는 예전에, 우리글을 언문(諺文)이라고 낮춘 데에 상대하여 진짜 글이라는 뜻으로 '한문'을 높여 이르던 말이다.

24 呂圭亨, 「論漢文國文」, 『대동학회월보』, 1908. 2. 25, '我韓自檀箕開國幷用漢文行之四千年 漢文卽我韓本有之文非自外襲而取之也(우리 한국은 단군(檀君) 기자(箕子) 개국 이래로, 한문(漢文)을 병용하여 사용해 온 것이 4천 년이다. 한문은 즉 우리 한국 본래의 문(文)으로, 밖으로부터 들어와 취한 것이 아니다.)'

여규형 선생이 나와서 반드시 일문(日文)을 국문 위에 더하여 놓아 '일국문'이라고 말할 것이며, 또 몇 백 년 후에는 제3의 여규형 선생이 나와서 반드시 영문(英文)을 국문 위에 더하여 놓아 '영국문'이라고 할 것이며 기타 러문 학자, 불문 학자, 독문, 범(산스크리트)문 등 각종 학자에 허다한 여규형 선생이 배출되어 각기 그 장점을 들어서 주먹을 부르쥐고 팔을 내저으며 서로 다투며 이 사람은 '러국문'이라 하며 저 사람은 '불국문'이라 하며 혹은 '독국문', '범국문'이라고 한다면 이 아름답고 편리한 국문이 다른 국문의 부속품만 될 뿐이니 알 수 없는 일이다, 선생이여. 어찌 허수아비를 만드는 일을 즐기는고. 아아. 선생의 마음은 내가 헤아려서 아니[25], 선생은 한문학에서 가장 많이 수용한 자가 아닌가. 청년 시대에 조충전각(雕蟲篆刻)[26]의 장기를 익혀 재주 많은 선비의 명예가 남촌(南村)에서 떠들썩하게 한 것도 한문이요, 하루아침에 천지(天池)에 풍운을 불게 하여 여씨 가문에 과거 급제의 경사를 배출케 한 것[27]도 또한 한문이요, 왕의 엄책(嚴責)에 춘명문[28] 바깥 까마득한 하늘가의 창망한 고도(孤島)에 우는 유배객이 되게 한 것도[29] 한문이요, 몸을 가누지 못할 정도로 술을 마시고 미친 듯 노래하여 평생을 그르치니 십년 여승지(呂承旨)[30]로 불우(不遇)[31]한 한을

25 ≪詩經≫「小雅」〈巧言〉에 "타인의 마음을 자신이(내가) 헤아려 안다[他人有心 余忖度之]"는 구절이 있는데, 그 구절의 표현을 응용해서 쓴 것으로 보인다.

26 조충전각(雕蟲篆刻): 벌레를 조각하고 글자의 아로새기는 교묘한 재주, 즉 문장에 수식을 일삼는 것. 조선조의 문인들은 수사와 기교에 노력을 기울이는 자를 조충전각지도(雕蟲篆刻之徒)라 하여 폄하했다.

27 여규형은 어려서 아버지를 여의고, 어머니에게서 글을 배웠다. 1882년(고종 19) 증광문과(增廣文科)에 병과(丙科)로 급제했다.

28 춘명문(春明門): 옛날 장안(長安)의 성문 이름이며, 의미가 더 확장되면 경성(京城)을 가리킨다. 당(唐)나라 유우석(劉禹錫)의 시 〈화영호상공별모란(和令狐相公別牡丹)〉에, "두 서울이라 먼 이별 아니라고 말을 마오, 춘명문만 나서면 바로 하늘 끝이라오[莫道兩京非遠別 春明門外卽天涯]."라는 표현이 나온다.

29 여규형은 사간(司諫)에 제수되었을 때에 당론을 달리하는 동료가 그의 사람됨을 논하자 병을 핑계대고 사직했다가 익산(益山)에 귀양갔다. 귀양에서 돌아와 몇 년 지나서 민영달(閔泳達)의 연회에 가서 지은 "술은 회수(淮水)와 같고 고기는 산과 같다(有酒如淮肉似山)"는 구절이 임금의 눈에 거슬렸다고 한다. 얼마 뒤에 과거 시험장에서의 일에 연루돼 1893년(고종 30)에 다시 금갑도(金甲島)에 유배됐다. 1894년(고종 31)에 동부승지에 임명됐다가 초도(椒島)에 유배됐다. 일제에 의하여 통감부(統監府)가 설치되면서 풀려났다.

읊게 한 것[32]도 한문이오, 초라하게 늙어가는 기구한 처지에 생계가 전혀 없다가 한성보(漢城報)에 초빙되어 입에 풀칠하게 한 것도 한문이요, 보성 고등[33] 두 학교에 교사자리를 깔고 앉아 뱃속의 장서 오천 권을 자랑하게 한 것도 한문이요, 오늘날에 이르러 ≪대동학회월보≫에서 붓을 잡고 한문국이라고 주창하게 한 것도 한문이니, 선생은 가히 한문에서 태어나 한문에서 자라 자기를 아는 것은 오직 한문이요 자기에게 죄를 주는 것도 오직 한문이라[34]고 말할 수 있을 것이고 한문이 없다면 선생 또한 없을 것이니, 선생이 사력을 다해 한문을 부양하는 것은 또한 은혜를 갚고 은덕에 보답하는 일에 진실로 마땅한 의리이다. 그러나 옛 사람들이 장의(張儀)[35]가 그르다 한 것은 진나라에 충성함을 그르다고 한 것이 아니라 위나라 재상인데도 진나라에 충성하는 것이 그르다고 한 것이니, 만일 장의가 위나라 재상만 아니었다면 진나라에 충성한들, 조나라에 충성한들

30 승지(承旨)는 조선(朝鮮) 시대(時代) 때 승정원(承政院)에 딸려 왕명(王命)의 출납(出納)을 맡아보던 정3품(正三品)의 당상관(堂上官). 정원(定員)은 6명으로, 도승지(都承旨)는 이방(吏房), 좌승지는 호방(戶房), 우승지는 예방(禮房), 좌부승지(左副承旨)는 병방(兵房), 우부승지는 형방(刑房), 동부승지(同副承旨)는 공방(工房)을 맡아보았음. 참고로 여규형은 1894년(고종 31)에 동부승지에 임명된 일이 있다.

31 불우(不遇): 재능이나 포부를 가지고 있으면서도 때를 만나지 못하여 출세를 못하다.

32 여규형은 잦은 유배로 생활이 불안정했고 집은 매우 가난해 이틀에 한 번 불을 때어 밥을 지을 정도였다고 한다. 재주가 뛰어났지만 성품이 억매임이 없는데다가 오랫동안 하위직을 전전하는 등 억눌려 있었기 때문에 마음에 쌓인 수심을 오로지 술로 풀려고 했다. 시(詩)·서(書)·문(文)을 비롯하여 사(射)·금(琴)·기(棋)·주(酒)를 잘한다고 하여 '칠절(七絶: 7가지에 뛰어남)'이라 불리기도 했고 숱한 기행(奇行)으로도 유명했다.

33 여하정은 대동학교와 제일고등보통학교의 한문교사를 지냈다. 황희성이 언급한 보성학교에서 여하정이 교사직을 맡은 바 있는지 확인되지 않는다.

34 ≪맹자≫「공손추 하(公孫丑下)」에, "공자께서 말씀하시기를, '나를 알아주는 것〔知我者〕도 오직 ≪춘추≫이며 나를 죄주는 것〔罪我者〕도 오직 ≪춘추≫이다 [孔子曰 知我者其惟春秋 罪我者其惟春秋乎]' 하셨다" 라는 구절이 있다(≪춘추≫를 지은 것이 중요하고 꼭 필요한 일이기는 하지만, 반면 ≪춘추≫와 같은 책을 저술하는 것은 천자(天子)가 하는 일인데 공자가 외람되이 이를 했기 때문에 비난받을 빌미를 제공할 수도 있다는 의미).

35 장의(張儀): 중국 전국시대(戰國時代) 위(魏)나라의 정치가(政治家)이자 유세가(遊說家)이다. 진(秦)나라 혜문왕(惠文王)의 신임을 받아 재상이 되어, 연횡의 책(策)으로 열국으로 하여금 진나라에 복종하도록 노력하였다. 혜문왕이 죽은 후, 참(讒)을 당하여 그 뜻을 이루지 못하고 위(魏)나라에서 객사했다.

누가 물을 것이며 선생이 한인(韓人)이 아니었다면 청나라를 받들든, 일본을 받들든 누가 가여워 할 것인가. 지금 또 선생을 위해서 헤아려 보건대, 이제 응당 가산을 정리해서 서쪽으로 건너가 동정호(洞庭湖)[36] 위에 한 척의 고깃배를 사든지, 시상산(柴桑山)[37] 속에 한 이랑의 조를 심든지, 마음의 하고자하는 바를 좇은 후에, 털이 다 빠진 모지랑붓을 뽑아 '낙성일별사천리(洛城一別四千里)[38]'라 읊고, 문견과 학식이 차츰 발전하거든 평생 동안 좋아하던 한문으로 지은 논(論) · 설(說) · 서(序) · 기(記)[39] 등 몇 편만 베껴내어 그 표지에 '여하정선생집(呂荷亭先生集) 권지전(卷之全)'[40]이라 크게 쓰면 선생이 잘하는 일을 끝마칠 수 있을 것이니 떠날지어다, 선생이여.

평하여 말하자면, 여씨의 문자는 원래 횡설수설하니 이와 같이 일일이 책망할 가치도 없거니와, 단지 기고한 자(黃羲性)의 필력은 볼 만하기에 여기에 글을 실어 독자의 한번 씹을 거리를 더 많게 하는 바이다.

부록2 : 국한문경중론(國漢文輕重論)[41]

매일신보(每日申報)

국문이라 하면 이는 일반 한국인이 모두 자국의 글로 인식할 것이며, 한문이라 하면 이것은 또 일반 한국인이 모두 타국의 글로 알 것이니, 어느 것이 간단하고

---

36 동정호(洞庭湖): 중국호남성(湖南省) 북부에 있는 가장 큰 민물 호수(湖水)로, 예로부터 많은 시인들에 의해 읊어진 명승지다.

37 시상산(柴桑山): ≪산해경(山海經)≫ 〈중산경(中山經)〉편에 등장하는 산으로, '남쪽으로 90리를 가면, 시상산(柴桑山)이 있는데, 순록과 사슴이 많고 흰 뱀과 날아다니는 뱀이 있다.'라고 되어 있다.

38 두보(杜甫)의 시 한별(恨別)에 나오는 문구이다. 원문은 다음과 같다. "洛城一別四千里, 胡騎長驅五六年(낙양성 이별하여 사천리, 오랑캐 말 몰아 오륙년)"

39 이상은 모두 옛 한문 산문의 문체 종류이다.

40 여하정선생 문집의 전권이라는 뜻. 이 문구는, 옛 문인들의 문집 표지에 써넣는 표제의 형태이다.

41 ≪湖南學報≫ 2호, 1908. 7. 25, ≪大韓每日申報≫ 1908. 3. 17/18/19에 실렸던 '國漢文의 輕重'을 옮겨 실은 것. 김영민은 대한매일신보에 실린 원본이 신채호의 글로 보고 있다. (≪한국 근대소설의 형성과정≫, 소명출판, 2005, 181쪽).

번잡한지는 물론이고, 학습의 쉬움과 어려움도 물을 것이 없다. 단지 국문 두 글자만 들어 길거리에서 불러 세워 놓고 어느 것이 중한지 물으면 비록 철모르는 어린아이라고 하더라도 모두 "국문이 중하다", "국문이 중하다" 할 것이거늘, 지금 국한문의 경중이라 제목을 달고 글을 쓴다는 것은 불필요한 말이 아닌가.

오호라, 그 경중이 이와 같이 하늘과 땅 차이처럼 현격한 국한문을 지금 몇몇 정신 나간 사람이 잘못된 견해와 망령된 아집으로 조그마한 터럭이 태산보다도 크다 하고, 시냇물이 황하보다도 넓다 하며, 간혹 연설회장에 청중이 운집한 가운데 국문은 한문의 부속품에 불과하다고 부르짖는 자도 있으며, 또 잡지나 문단(文壇)에 천하의 일은 오직 한문을 읽은 자가 능히 할 수 있다고 함부로 말하는 자도 있으며, 심하게는 국문으로 종을 삼고 한문으로 주인을 삼으며, 국문으로 신하를 삼고 한문으로는 임금을 삼아 어서 국문은 폐지하고 한문만 숭상하라는 주장을 내는 사람도 있다. 러시아 사람이 폴란드를 멸하고 폴란드 말을 금지하고 외국어를 써서 점점 그 고국의 사상을 사멸시켰다더니, 금일 한국인은 자국의 글을 스스로 금지하고 외국의 글을 사용하고자 하니, 필자가 이에 굳이 논할 필요도 없는 국한문 경중 문제에 관하여 부득불 한번 논해야 하는 경우에 처하게 되었다.

맹자에 이르기를 "내가 어찌 말하는 것을 좋아하겠는가? 내가 할 수 없어서 그러는 것일 뿐이다."[42] 하였으니, 오호라 필자 또한 어찌 말하길 좋아하는 자이겠는가? 무릇 국문도 역시 글이며 한문도 역시 글이거늘 반드시 국문은 중하고 한문은 경하다 함은 어떤 이유인가? 말하자면 우리나라의 글인 고로 국문을 중히 여기라 함이며 외국의 글인 고로 한문을 가벼이 여기라 함이다. 이것이 비록 우리나라의 글자이긴 하나 우리 세종께서 창제한 이후 지금 사백 년 동안에 단지 규방 내에만 있었으며, 하류 사회에서만 시행되어 허튼 책과

42 공도자(公都子)가 맹자에게 "외인(外人)들이 모두 선생님을 가리켜 변론하기를 좋아한다고 하니, 감히 묻겠습니다. 어째서입니까?(外人皆稱夫子好辯 敢問何也)"라고 묻자, 맹자는 "내 어찌 변론하기를 좋아하겠는가. 내 부득이해서이다(予豈好辯哉 予不得已也)"라고 하면서, 현재 세상이 혼란한 탓에 부득이하게 부정한 학설에 대해 변론하지 않을 수 없음을 해명하였다. (≪맹자≫「등문공 하(滕文公下)」)

음탕한 노래의 가사로 사람의 심정을 어지럽혔고, 비록 저것(한문)이 외국 글이지만 수백 년 이래로 사대부들이 존경하여 암송하고 군신 상하가 하나 같이 좇아 저것으로 백성을 다스리며 저것으로 행정을 하며 저것으로 윤리를 밝히고 도를 강설했으므로 이것은 언문이라 이름하며 저것은 '진서(眞書)라 칭했거늘, 이제 갑자기 그 경중을 뒤바꾸는 것은 어떤 이유인가? 이에 말하니, 한문은 폐해가 많고 국문은 폐해가 없기 때문이다.

똑같은 화약이라도 정지(鄭地)[43]는 그것을 써서 왜군의 배 수백 척을 섬멸하여 명성을 얻었는데 송악의 어린 아이는 참새 잡는 데 쓸 뿐이며, 같은 포목이라도 임경업은 그것을 써서 적병의 이목을 현혹하여 성 하나를 지켰는데, 의주의 부녀는 추위를 막는 데 쓸 뿐이다.[44] 그러므로 철갑선의 신기로운 기술이라도 원균에게 맡기면 적을 반드시 이긴다고 장담할 수 없고, 하늘을 울리는 우레처럼 성능 좋은 대포라도 김경징[45]에게 맡기면 성을 지킬 수 없는 것이다.

43 정지(鄭地): 정지는 고려 말기의 무신(1347~1391)으로, 부패한 수군을 쇄신하였고 여러 번 왜구의 침입을 막았으며, 이성계의 위화도 회군에 동조하여 이등 공신이 되었다.

44 1636년 병자호란 때 임경업(의주부윤 겸 청북방어사를 지냄)이 백마산성(白馬山城, 평안북도 의주 소재)을 지킬 때, 관내의 백성들과 군사들이 다수 탈영한 상태에서, 임경업은 부족한 병력을 위장하고자 많은 허수아비를 만들어 세웠다고 한다.

45 김경징(金慶徵, 1589~1637): 1623년 인조반정 때 세운 공으로 정사공신(靖社功臣) 2등이 되고, 순흥군(順興君)에 봉해졌다. 같은 해 개시 문과에 병과로 급제, 뒤에 도승지를 거쳐 한성부판윤이 되었다 이 때 병자호란이 일어나자 강도검찰사에 임명되어 강화도 방어의 임무를 띠고 부제학 이민구(李敏求)를 부장으로, 수찬 홍명일(洪命一)을 종사관으로 삼아 함께 부임하였다. 당시 섬에는 빈궁과 원손 및 봉림대군(鳳林大君) · 인평대군(麟坪大君)을 비롯해 전직 · 현직 고관 등 많은 사람이 피난해 있었다. 하지만 그는 혼자서 섬 안의 모든 일을 지휘, 명령해 대군이나 대신들의 의사를 무시하였다. 또한 강화를 금성철벽(金城鐵壁)으로만 믿고 청나라 군사가 건너오지는 못한다고 호언하며, 아무런 대비책도 강구하지 않은 채 매일 술만 마시는 무사안일에 빠졌다. 그리고 김포와 통진에 있는 곡식을 피난민을 구제한다는 명목으로 배로 실어 날라 정실이 있는 사람에게만 나누어주는 처사로 민심을 크게 잃었다.

그러다가 청나라 군사가 침입한다는 보고를 받고도 아무런 대비책을 세우지 않다가 적군이 눈앞에 이르러서야 서둘러 방어 계책을 세웠다. 하지만 군사가 부족해 해안의 방어를 포기하고 강화성 안으로 들어와 성을 지키려 하였다. 그런데 백성들마저 흩어져 성을 지키기 어렵게 되자 나룻배로 도망해 마침내 성이 함락되었다.

대간으로부터 강화 수비의 실책에 대한 탄핵을 받았는데, 인조가 원훈(元勳)의 외아들이라고 해 특별히 용서하려 했으나 탄핵이 완강해 사사(賜死)되었다. (한국민족문화대백

무릇 불가(佛家)의 정법(正法)이 두 가지 서로 다른 깨달음이 아니건만, 남종·북종이 전래하는 바가 서로 다르고, 기독교의 성경이 둘이 아니건만 구교·신교가 표방하는 바가 서로 다르니, 그러므로 단군이 재위하시고, 기자가 재상이 되시고, 을지문덕이 군권을 잡고, 서희가 외교를 맡고, 최충이 교육을 주도하며, 재물을 다루는 것은 최영의 청렴함으로 강감찬의 밝음을 겸하며, 형법을 맡은 자는 유금필(庾黔弼)[46]의 조심함으로 정약용의 지식을 갖추고, 또 거기다 이탈리아의 카보우르[47], 영국의 윌리엄 글래드스턴[48], 철학자 칸트(Kant), 프랑스 법철학자 몽테스키외 등을 초빙하여 고문을 맡긴 후에 한 나라의 정치와 법률을 정돈한다고 해도 몇 백 년 후에 나무가 썩어 벌레가 나올지 알 수 없거늘, 오늘 말단의 폐단을 가지고 한문을 이와 같이 경시함은 어째서인가? 필자가 양미간을 찡그리고 하늘을 우러러 한숨짓고 말하기를 한국인의 식견이 이와 같으니 주객을 구분하지 못하고 상하를 뒤바꾸며, 한국인의 손에서 나와 한국인에게 읽힐 신문의 거의 대부분이 순한문으로 저술되어 있는 것도 당연한 일이로구나!

대저 필자가 논하는 한문의 폐해라 함은 문장의 난삽함을 비난하는 것도 아니며, 아동의 학습에 난해함을 한탄하는 것도 아니다. 그 나가고 들어감, 그리고 주인 되고 노예 됨의 사이에 다대한 해가 있기 때문이다.

옛날 삼국시대에는 순박함이 남아 있어 사람의 지혜가 열리지 않고, 봉건이 혁파되지 않아 백성의 힘이 모이지 않았어도, 수당의 강한 군대를 격퇴하고

과사전)

46 유금필(庾黔弼): 고려 태조 때의 무장(?~941). 923년 마군 장군이 되어 침입한 북번들을 물리치고, 백제군을 여러 번 패퇴시켰으며, 936년에는 태조를 도와 후백제를 멸망시켰다.

47 카보우르(Camillo Benso Cavour, 1810~1861): 이탈리아의 정치가. 농업장관 겸 재무장관, 총리를 지냈고 파리평화회의에서 이탈리아의 통일을 유럽의 중요문제로서 열강에 인식시켰다. 나폴레옹 3세의 지지로 오스트리아군을 격파, 롬바르디아를 해방시켰고 샤르데냐왕국을 중심으로 점진적 통일을 추진하여 국가통일을 이루었다.

48 윌리엄 글래드스턴(William Ewart Gladstone, 1809~1898): 영국 정치가. 자유당 당수를 지냈고, 많은 개혁을 추진했으며, 수상(Prime Minister)직을 4차례 역임하였다. 윈스턴 처칠과 함께 가장 위대한 영국의 수상으로 여겨지고 있다.

왜적의 거듭된 침략을 물리쳐 나라의 밝은 빛을 외국에 떨쳤거늘, 고려, 조선 이래로는 삼국이 통일되고 문명의 기운이 크게 열렸으나 국력의 강함이 고대보다 크게 못 미치고, 백성의 용감함이 고대보다 심히 떨어져서 몽고가 쳐들어오매 고개를 숙이며, 만주족이 오매 다시 머리를 숙인 것은 어째서인가? 이는 다른 것이 아니라, 삼국 이전에는 한문이 성행하지 않아서 온 나라 사람들의 마음이 자국만 존중하며 자국만 사랑하고, 지나(중국)가 비록 크나 우리의 원수로 항시 생각하여 을지문덕 휘하의 일개 일꾼도 수나라 천자를 사갈시하며, 연개소문의 휘하의 일개 밥 짓는 여종도 당나라 황제를 개돼지 꾸짖듯 하여, 남녀노소 개개인이 모두 애국하는 뜨거운 마음으로 천지간에 대립하여, 나라를 위하여 노래를 부르며 나라를 위하여 곡하며 나라를 위하여 죽되, 변경에 봉화 연기만 한 번 피어오르면 나무하던 아이나 목동도 적개심으로 충만하여 전쟁터에 달려갔으므로 큰 오랑캐를 이겨내서 명예로운 기념비를 청천강에 오랜 동안 길이 세우고, 당 태종의 검은 꽃 같은 눈동자가 흰 깃의 화살에 떨어진 일[49]을 만고의 아름다운 이야기로 길이 전할 수 있었거니와, 삼국시대 이후로는 집집마다 한문 서적을 쌓아 놓고는 사람마다 한문을 읽고, 중국의 행정 절차나 예법에 나라의 정신이 빠지고, 중국의 풍습에 나라의 혼을 팔아버려 입만 벙긋하면 반드시 소위 대송, 대명, 대청이라 칭하고, 당당한 대조선을 도리어 타국의 부속국으로 인정함으로 인해 노예의 성질이 충만하여 노예의 지경에 빠진 지 오래 되었거늘, 오늘날 와서 이 국문을 한문보다 경시하는 자가 있으면 이 사람도 과연 한국인이라 말할 수 있을 것인가?

자국의 언어로 문자를 편성하고, 자국의 문자로 자국의 역사 지지를 편집하여 전국 인민이 받들어 읽고 외워 전해야 그 고유한 국가의 정신을 지킬 수 있으며, 순미한 애국심을 고취할 것이거늘, 오늘날 한국인을 바라보건대 요순

49 목은(牧隱) 이색(李穡)의 〈정관음시(貞觀吟詩)〉에, "화살에 눈이 빠질 줄 어떻게 알았으랴(那知玄花落白羽)"라 하였는데, 이것은 당 태종(唐太宗)이 고구려를 칠 때 안시성(安市城) 싸움에서 백우전(白羽箭)을 맞고 눈이 빠진 것을 말한다. 현화(玄花)는 눈[目]을 뜻한다. ≪東人詩話≫ 소재. (한국고전번역원 역 ≪청장관전서≫ 제34권 「淸脾錄」 3 '申石北'의 "玄花白羽" 부분 각주 내용 참조.)

을 단군 해부루보다 더 높이며, 탕왕 · 무왕을 혁거세와 동명왕보다 더 노래하며, 한무제 · 당태종은 천하 영웅으로 인정하되, 광개토왕과 태종문무왕은 좁은 나라 잗다란 오랑캐의 호걸 정도로 취급하며, 송태조 · 명태조는 만고의 대단한 천자로 존숭하되 온조왕, 태조 왕건은 어린아이로 비웃으며, 한신 · 팽월은 나무꾼이 부르는 노래나 저잣거리의 노래로도 널리 전해지나, 양만춘 · 최춘명(崔春命)[50]은 어느 나라 남자인지 아득히 알지 못하며, 소하와 조참은 아녀자들이나 아이들도 어지럽게 이야기하나 황희와 허조(許稠)[51]는 어느 대의 인물인지 전혀 들은 바가 없고, 적성의 작은 언덕은 배반한 장군이 죽마(竹馬)를 타던 고적이라고 다투어 말하되(적성현에 있는 '설마치'라는 지명은 세상에 전하기로 고구려를 배반한 장수 설인귀가 어린 시절 말을 타던 곳이란 데서 유래한 것이라 한다.) 평양의 석다산(을지문덕의 출생지)은 옛 비석이 영락하고, 부여 옛 강은 적군의 장사가 용을 잡은 이야기를 다 같이 외워 전하되(당 소정방이 백제를 침략했을 때, 이 강에 다다르자 바람과 비가 크게 일어나 건널 수가 없었다. 이때 소정방이 이것은 독룡의 짓이라고 하고는 백마를 미끼로 삼아 용을 낚았다), 고려 구련성(윤관이 여진을 정벌할 때에 쌓은 성)은 묵은 풀로 황량하다. 우리의 선조는 제쳐두고 타인의 족보만 가슴에 천권이나 담아두고 있으니 부끄럽고 가소로워할 만한 일로서 무엇이 이보다 심하겠는가? 초한 쟁패가 그대의 집안에 무슨 관련이 있다고 머리가 아직 여물지 않은 예닐곱 어린 아이들이 종일 영양(滎陽), 광무(廣武), 저수(雎水), 팽성(彭城) 등을 이가 시릴 만치 외워대고, 「우공(禹貢)」[52]의 치수가 우리에게 무슨 이득이 있

50 최춘명(崔春命): 고려 고종 때의 무신. 최충의 후손으로 1231년에 몽고군이 포위한 성을 끝까지 고수하였다.

51 허조(許稠): 고려 말, 조선 초의 문신. 조선 개국 직후 예제(禮制)를 정비하였다.

52 우공(禹貢): ≪서경(書經)≫ 중의 한 편. 은나라 이전의 왕조인 하(夏)를 세운 전설상의 영웅 우(禹)가 홍수를 다스리고, 천하를 통일하는 과정이 일종의 지지적(地誌的) 서술로 되어 있다. 우에 의해서 정해졌다고 하는 기(冀) · 연 · 청(青) · 서(西) · 양(揚) · 형(荊) · 여(予) · 양(梁) · 옹(擁)의 9개 주의 구획에 따라서 산천, 토양, 공부(貢賦), 물산(物産) 등을 기록하고, 이어서 천하의 산악, 수계(水系)가 기재된다. 이어서 경기(京畿)를 중심으로 500리마다 5개의 권(圈)를 설정하고 있다.

다고 총기가 이미 줄어든 칠팔십 노인들이 몇 해씩이나 기주(冀州), 형주(荊州), 청주(青州), 예주(豫州), 도산(導山), 도수(導水) 등에 늙어가니 애석하도다. ≪황명일통지(皇明一統志)≫[53]를 막힘없이 외는 것보다 나서 자란 고향의 읍지(邑誌)를 한번 보는 것이 더 나으며, 이백의 봉황대와 두보의 악양루(岳陽樓)[54]가 비록 좋다고는 하나 자기의 정자가 아니거늘 시인 묵객의 몽상이 헛수고이고, 장안(長安) · 낙양(洛陽)이 비록 대단하나 우리 집 텃밭이나 정원이 아니거늘 노래하는 아이와 시 짓는 기생의 찬미가 부질없으니 안타깝도다. 논어의 '자장유(子長遊)' 한 편[55]을 낭송함이 직접 놀고 낚시질한 산수를 기록함만 못하거늘, 선조의 밝은 보물을 잃어버리고 이웃집 문밖에서 비럭질하는 아이가 되었으니, 후회스럽고 한스러운 것으로 무엇이 이보다 더 심하겠는가.

오호라! 이 원인을 생각해 보면 한국의 국문이 늦게 나왔으므로, 그 세력을 한문에 빼앗겨 일반 학사들이 한문으로 국문을 대신하며, 중국의 역사로 국사를 대신하여 국가사상을 박멸했기 때문이다. 위대하여라, 고려 태조께서 이르시되, 우리나라 풍기(風氣)가 중국과 매우 다르니 중국풍과 억지로 같게 하는 것은 불가능하다[56] 하셨으니, 이는 국가의 정수를 보존하고자 하는 큰 뜻이거늘, 수백 년 노예 생활을 하더니 우리 일을 잘못 알아 '소국'이라는 말로 스스로를 비하하였다. 그러한 즉 오늘날 아직도 이 국문을 한문보다 경시하는 자가 있으면 어찌 한국인이라 말할 수 있겠는가?

첫째 평등으로 문호 구별의 폐단을 깨트리니, 무릇 나와 그대가 국민 됨은

53 황명일통지(皇明一統志): 명(明)나라 전역을 망라한 지리지(地理志)로, 경제(景帝) 때 편찬한 것을 영종(英宗) 때 절충 보완하여 완성하였다.

54 악양루(岳陽樓): 이백의 유명한 시 〈登金陵鳳凰臺〉와 두보의 시 〈登岳陽樓〉를 말한다.

55 이 '子長遊一篇'이 무엇을 뜻하는지 분명하지 않다.

56 왕건의 '훈요십조' 네 번째 조목은 다음과 같다. "넷째로, 우리 동방은 오래 전부터 중국 풍습을 본받아 문물 예악 제도를 다 그대로 준수하여 왔다. 그러나 지역이 다르고 사람의 성품도 각각 같지 않으니 구태여 억지로 맞출 필요는 없다. 그리고 거란은 우매한 나라로서 풍속과 언어가 다르니 그들의 의관 제도를 아예 본받지 말라(其四曰 惟我東方 舊慕唐風 文物禮樂 悉遵其制 殊方異土 人性各異 不必苟同 契丹是禽獸之國 風俗不同 言語亦異 衣冠制度 愼勿效焉)." (≪고려사≫ 제2권, 세가 제2, 태조 2, 계묘 26년-943년-)

곧 하나다. 혹자가 망령되이 귀천을 가리나 이는 바로 "조맹에 의해서 귀하게 된 자는 역시 조맹[57]이 천하게 할 수도 있"는 것이니, 어찌 사람살이의 이치에 관해 족히 더불어 논할 수 있겠는가. 귀천으로부터 업신여김이 생기고 지극한 원성이 생기며 급기야는 막다른 길을 막아 놓다가 살육의 참상이 벌어지는 일이 천하에 많으니, 내 청컨대 근래의 일을 가지고 깨우쳐 보려 한다. 갑오년 동학 떼들의 화가 오직 호서에서 가장 심했던 것은 다른 이유가 있었던 것이 아니다. 사람이 평상시에 진실로 귀천이 있을 수 없거든 하물며 학교에서랴. 비록 천자의 맏아들이라도 입학하면 나이대로 순서 매기는 것은 귀천이 없음을 보이는 것이거늘 지금 민족의 내부에서 서로 높낮음을 겨루는 것이 어찌 치욕스럽지 않겠는가?

세 가지 폐단을 없애지 않으면 국가의 일은 이미 어찌할 수 없는 지경이 되어버릴 것이다. 그러므로 부득불 백 가지 비난을 무릅쓰고 한 말씀을 드리나, 여러분이 또 독립은 중화를 배반하는 것이고, 국문은 시서(詩書)를 버리는 것이며, 평등은 명분을 어지럽히는 것이라서 이것들은 모두 사람을 금수로 몰아가는 것이니 불가하다고 할지도 모른다. 오호라, 나 역시 오랑캐를 물리치고 싶은 자이고, 나 역시 한자를 업으로 하는 자이며, 나 역시 '사류(士類)'라 칭해지는 자이기에 세 가지 폐단을 없애면 나의 권리 역시 사라질 것이다. 그러나 내가 이러한 주장을 하는 것은 의리가 국가와 연계되어 일신의 이해는 돌아볼 여유가 없기 때문이다. 무릇 지금 천하의 형세가 진실로 한나라 · 당나라 때와는 달라 서양 각 나라가 병립하여 예순여덟의 독립국이 있거늘, 우리 대한은 이에 이천만 백성으로 타인에게 비호를 구한다면 어찌 인정과 도리에 맞겠는가? 명나라 황실이 망한 것이 이제 이미 이백이십오 년이고 청나라가 최근에 역시 힘을 떨치지 못하여 갑오년 한 번 패배에 마침내 양보하고 물러났다.

57 조맹(趙孟): 춘추 시대 진(晉)나라의 최고 권세가(權勢家)인 경(卿)으로, 그는 남에게 벼슬을 주어 귀하게 할 수도 있고, 벼슬을 빼앗아서 천하게 할 수도 있으므로, 맹자(孟子)는 "조맹이 귀하게 해 준 사람을 조맹이 다시 천하게 할 수도 있다[趙孟之所貴 趙孟能賤之]" 고 하였다. ≪孟子≫「告子上」

알지 못하겠다, 여러분들이 장차 누구를 섬길 것인가? 러시아나 미국을 섬기자는 사람이 분명 있을 것이니, 요행이 이 한마디를 가지고 서로 보게 함이 어떻겠는가? 내가 생각하기로는 우리 인민이 되어서 우리 국가를 섬기는 것만 같은 것이 없으니, 그렇다면 역시 반드시 국문으로 그 독립의 기틀을 세우는 것이 어찌 늦출 수 있는 일이겠는가. 대개 국문이 읽고 익히기에 편리하여, 사람이 여덟 살에 공부를 시작하여도 열두 살이 되면 이미 장부를 작성하고 편지를 쓸 수 있어 그 쓰임새가 이미 충분하니, 비교컨대 한문 일이십 년 하지 않으면 이런 결과를 얻을 수 있겠는가. 하물며 중학 이상의 전문 과정에서야 한문이 역시 스스로 폐지되지 않겠는가. 대개 사람의 재주와 품성을 보면 명민한 자가 항상 적고 둔한 자가 항상 많으며 기교 있는 자가 항상 적고 졸렬한 자가 항상 많다. 그러므로 오늘날 급선무는 오직 그 명민한 자와 아둔한 자를 합치고 그 기교 있는 자와 졸렬한 자를 아울러서 한 단체를 이루는 데에 있는데도, 어찌 사족과 평민이 같은 선생으로부터 함께 배운 적 없이 둘로 분리되는 데 이르려 하는가. 필자가 '평등'에 관한 주장을 하는 것은 진실로 부득이한 일이요, 또 여러분들에게 혼인 관계나 벗의 교분을 맺으라 하는 것이 아니다. 단지 학교에서 공부하는 과정에서 업신여김을 없애고 즐거움이 오게 한다면 이것이 바로 교육이 제대로 시행되는 때일 것이니 다행히 여러분들이 그 뜻을 겸손히 억누르고 타인의 말을 수용하면 나는 또 할 말을 이어갈 것이다.

입력 원문

속편1 : 一斧破劈

李沂

夫 此 三弊ㅣ 其來已五百年에 俗相習焉ᄒᆞ며 人相安焉ᄒᆞ야 不復知其利害是非之所在ᄒᆞ니 則愚亦一座同醉者也로ᄃᆡ 但飮之差少ᄒᆞ야 醒亦差先ᄒᆞ니 安得相攪起也리오. 今將說治弊之法ᄒᆞ니 而此乃天下之公議오 非一人之私見이라. 諸公이 幸平心舒氣ᄒᆞ야 再三詳細오 不必遽加怒罵也라.

其一曰 以獨立으로 破事大主義之弊니 今有人於斯ᄒᆞ야 耳目이 具焉ᄒᆞ며 肢體ㅣ 備焉이로ᄃᆡ 而不能獨立ᄒᆞ고 待人扶持ᄒᆞ면 則此爲痿癈者也오 恐不得謂之完人이니 而國家ㅣ 亦猶是也라. 其土地人民이 俱在焉이어ᄂᆞᆯ 而不能自富自强ᄒᆞ고 終至於寄藩服ᄒᆞ야 而被拑制ᄒᆞ니 使皇天有知면 必將大矜悶大憤歎也리라. 凡爲我韓人者ㅣ 果能以獨立二字로 爲走場之標旗ᄒᆞ야 一力齊進이면 則顧今天下에 雖有隋唐之强이라도 亦不敢出遼水以東一步地矣리니 此不足爲憂也오. 其一曰 以國文으로 破漢文習慣之弊니 於戱我 世宗大王은 固箕子後首出之聖也라. 已知其弊之必至於斯故로 遂製國文(卽 訓民正音)ᄒᆞ야 將欲一變民俗이러니 而當時士大夫ㅣ 不能承奉ᄒᆞ야 因循苟且ᄒᆞ야 于今四百年에 惟閭巷婦女ㅣ 讀小說外에 鮮有用者ᄒᆞ니 可勝惜哉아. 自甲午更張之後로 國漢文雜作이 旣已行於官府ᄒᆞ고 又將施於學界어ᄂᆞᆯ 而不知者ㅣ 猶且訾毁不已ᄒᆞ니 其亦甚哉ᄂᆞ뎌.

부록1 : 與呂荷亭書

黃義性

檀君建國 四千二百四十一年 新天地에 生ᄒᆞ야 頭로 韓天을 戴ᄒᆞ며 足으로 韓土을 履ᄒᆞ고 韓粟으로 其 腹을 充ᄒᆞ며 韓衣으로 其 身을 暖ᄒᆞ면셔 擧世가 皆曰 國漢文이라 ᄒᆞᄂᆞᆫ 것을 先生은 獨曰 漢國文이라 ᄒᆞ야 瞑目疾視ᄒᆞ며 攘臂大叫ᄒᆞ야 白雪이 盈巓토록 其 心이 不衰ᄒᆞ니 奇哉라. 先生이여 抑亦今日韓國에 稀有ᄒᆞᆫ 人物이로다. 吾輩於是에 先生을 爲ᄒᆞ야 一賀ᄒᆞ며 先生을 爲ᄒᆞ야 一哭ᄒᆞ고 開山大斧로 先生의 頑腦를 一喝直劈코ᄌᆞ ᄒᆞ노니 未知커라 先生의 腦가 鐵歟아 石歟아 木歟아 土歟아.

夫自國을 自愛ᄒᆞ며 自國을 自重홈은 古今東西人이 同一ᄒᆞᆫ 바라. 法國의 三尺童子를 執ᄒᆞ야 曰 爾必英 法이라 稱ᄒᆞ고 法英이라 勿稱ᄒᆞ라 ᄒᆞ면 箠楚가 雨下ᄒᆞ야도 彼必不屈홀지며 日本의 一個 丐雛를 負ᄒᆞ야 曰 爾必淸 日이라 云ᄒᆞ고 日淸이라 勿云ᄒᆞ라 ᄒᆞ면 嚴令이 霜打ᄒᆞ야도 彼必不屈ᄒᆞ리니 世界列强의 立國ᄒᆞᆫ 精神이 卽此에 在ᄒᆞ며 此에 在ᄒᆞ거ᄂᆞᆯ 惜哉 韓國幾百年來 漢文學者ᄂᆞᆫ 朝鮮二字ᄂᆞᆫ 背後에 全付ᄒᆞ고 惟漢을 是慕ᄒᆞ며 惟漢을 是仰ᄒᆞ며 是師是尊ᄒᆞ며 是依是賴ᄒᆞ야 彼를 敬ᄒᆞ야 曰 大國이라 ᄒᆞ며 己를 卑ᄒᆞ야 曰 小國이라 ᄒᆞ고 國必稱 華東이라 ᄒᆞ며 文必稱 眞諺이라 ᄒᆞ던 惡果가 未刈ᄒᆞ야 國勢가 如此不競ᄒᆞ더니 苦痛이 旣迫에 人心이 感悟ᄒᆞ야 今是昨非ᄅᆞᆯ 婦孺도 皆知인ᄃᆡ

乃者 先生이 麤拳大踢으로 奮然登壇ᄒᆞ야 一大呼曰 漢國文이라 ᄒᆞ며 再大呼曰 漢國文이라 ᄒᆞ야 國文의 逆臣이 되며 漢文의 忠奴가 되랴 ᄒᆞ니 嗚乎. 先生이여. 捫心自思ᄒᆞ라. 是韓人呂圭亭氏歟아. 抑漢人呂圭亭氏歟아.

先生의 漢國文이라 主唱ᄒᆞᄂᆞᆫ 意見을 竊聞ᄒᆞ건ᄃᆡ 曰 檀箕以來로 漢文의 東渡가 已久ᄒᆞ야 國文과 無異라 ᄒᆞ니 萬一 其渡來已久ᄅᆞᆯ 因ᄒᆞ야 國文보다 重타ᄒᆞ면 然則 幾百年後에ᄂᆞᆫ 第二呂荷亭先生이 作ᄒᆞ야 必也日文으로 國文上에 加ᄒᆞ야 曰 日國文이라 홀지며 又幾百年 後에 第三呂荷亭先生이 作ᄒᆞ야 必也英文으로 國文上에 加ᄒᆞ야 曰 英國文이라 홀지며 其他 俄文學者 法文學者 德文

梵文 各種 學者에 許多呂荷亭先生이 輩出ᄒᆞ야 各其所長ᄃᆡ로 扼腕相爭ᄒᆞ야 此則曰 俄國文이라 ᄒᆞ며 彼則曰法國文이라 ᄒᆞ며 或 德國文 梵國文이라 ᄒᆞ야 此優美便利ᄒᆞᆫ 國文이 他國文에 附屬品만 作ᄒᆞᆯ 而已니 未知케라 先生이여. 何其作俑을 樂ᄒᆞᄂᆞᆫ고.

嗚乎라. 先生有心은 吾忖度之로니 先生은 漢文學 中에 受用最多ᄒᆞᆫ 者가 아닌가. 青年時代에 雕蟲長技를 抱ᄒᆞ야 才士의 名譽가 南村에 喧籍케 ᄒᆞᆫ 者도 漢文이오 一朝天池에 風雲을 吹嘘ᄒᆞ야 呂氏家 中에 一科慶을 又出케 ᄒᆞᆫ 者도 漢文이오 天陛嚴譴에 春明門外卽天涯라 蒼茫孤島에 泣玦客을 作케 ᄒᆞᆫ 者도 漢文이오 縱酒狂歌에 平生誤了ᄒᆞ야 十年呂承旨로 不遇恨을 賦케 ᄒᆞᆫ 者도 漢文이오 潦倒崎嶇에 生計가 全無타가 漢城報에 被聘ᄒᆞ야 糊口을 資케 ᄒᆞᆫ 者도 漢文이오 普成 高等 兩學校에 教師椅子를 奄據ᄒᆞ야 腹中石渠五千卷을 自誇케 ᄒᆞᆫ 者도 漢文이오 至今大東學會月報에 筆을 執ᄒᆞ야 漢國文이라 主唱케 ᄒᆞᄂᆞᆫ 者도 漢文이니 先生은 可謂生於漢文長於漢文知我者其惟漢文罪我者其惟漢文이라 ᄒᆞᆯ 만ᄒᆞ니 漢文이 無ᄒᆞ면 先生이 亦無ᄒᆞ리니 先生의 死力을 出ᄒᆞ야 漢文을 扶護ᄒᆞᆷ은 是亦酬恩報德에 固當ᄒᆞᆫ 義로다만은 但 古人이 張儀을 非타 ᄒᆞᆷ은 秦에 忠ᄒᆞᆷ을 非타 ᄒᆞᆷ이 아니라 魏相으로 秦에 忠ᄒᆞᆷ이 非타 ᄒᆞᆷ이니 萬一 張儀가 魏相만 아니면 忠秦忠趙를 其誰問이며 先生이 韓人만 아니면 尊清尊日을 其誰惜이리오. 今且先生을 爲ᄒᆞ야 計컨ᄃᆡ 卽當盡室西渡ᄒᆞ야 洞庭湖上에 一漁舟을 買ᄒᆞ던지 柴桑山中에 一畝秫을 種ᄒᆞ던지 從心所欲ᄒᆞᆫ 後에 一禿毫를 抽ᄒᆞ야 洛城一別四千里라 賦ᄒᆞ고 見識이 稍進커던 平生所嗜ᄒᆞ던 漢文으로 著作ᄒᆞᆫ 論說序記等 幾篇만 謄出ᄒᆞ야 其 顔에 呂荷亭先生集卷之全이라 大書ᄒᆞ면 先生의 能事畢矣니 去矣어다 先生이여.

評曰 呂氏文字ᄂᆞᆫ 元來 樽前茶後에 横竪亂說ᄒᆞᄂᆞᆫ 者이니 如此備責ᄒᆞᆯ 價値가 無ᄒᆞ거니와 但 寄者의 筆力을 可觀이기 此에 載ᄒᆞ야 讀者의 一餐을 博ᄒᆞ노라.

부록2 : 國漢文輕重論

每日申報

既曰 國文이라 ᄒᆞ면 是ᄂᆞᆫ 一般 韓人이 皆自國의 文으로 認ᄒᆞᆯ 바며 既曰 漢文이라 ᄒᆞ면 是又 一般 韓人이 皆他國의 文으로 認ᄒᆞᆯ 바니 其 文字의 孰簡孰煩도 勿論ᄒᆞ며 其 學習의 孰易孰難도 勿問ᄒᆞ고 但 國文兩字만 擧ᄒᆞ야 途에 號ᄒᆞ여 曰 此가 孰重고 ᄒᆞ면 雖黃口小兒라도 皆曰 國文이 重ᄒᆞ다 國文이 重ᄒᆞ다 ᄒᆞᆯ지어ᄂᆞᆯ 今乃 國漢文의 輕重이라 題ᄒᆞ고 一論을 下ᄒᆞ면 或者贅論이 아닌가.

嗚呼라. 其 輕重이 如此 霄壤懸絶ᄒᆞᆫ 國漢文을 今乃幾個痴人이 謬見妄執으로 芒毫가 泰山보다 大라 ᄒᆞ며 一涓이 黃河보다 廣타 ᄒᆞ야 或 會場演說에 聽衆이 雲集ᄒᆞᆫᄃᆡ 國文은 漢文附屬品에 不過ᄒᆞ다고 大叫ᄒᆞᆫ 者도 有ᄒᆞ며 或 雜誌文苑에 天下事ᄂᆞᆫ 惟漢文을 讀ᄒᆞᆫ 者가 能做ᄒᆞᆫ다고 放言ᄒᆞᆫ 者도 有ᄒᆞ며 甚者ᄂᆞᆫ 國文으로 奴를 삼으며 漢文으로 主를 삼고 國文으로 臣을 삼으며 漢文으로 君을 삼어 駸駸然 國文은 廢止ᄒᆞ고 漢文만 崇尙ᄒᆞ라ᄂᆞᆫ 意思이니 俄人이 波蘭을 滅ᄒᆞ고 波蘭語ᄅᆞᆯ 禁ᄒᆞ고 外語ᄅᆞᆯ 用ᄒᆞ야 漸漸 其 故國思想을 澌滅ᄒᆞ얏다더니 今日 韓人은 自國文을 自禁ᄒᆞ고 外國文을 用코ᄌᆞ ᄒᆞ니 記者於是에 不必論ᄒᆞᆯ 國漢文輕重을 不得不 一論ᄒᆞᆯ 境遇에 處ᄒᆞ얏도다.

鄒孟氏有言ᄒᆞ되 予豈好辯哉리오 予不得已也라 ᄒᆞ얏스니 嗚呼라. 記者가 亦豈好辯者哉아.

夫 國文도 亦文이며 漢文도 亦文이어ᄂᆞᆯ 必曰 國文重漢文輕이라 ᄒᆞᆷ은 何故오. 曰 內國文故로 國文을 重히 녁이라 ᄒᆞᆷ이며 外國文故로 漢文을 輕히 녁이라 ᄒᆞᆷ이니라. 此雖內國文이나 我 世宗朝創造ᄒᆞᆫ 以後 至今四百載에 只是閨閤內에 存ᄒᆞ며 下等社會에 行ᄒᆞ야 不經ᄒᆞᆫ 諺冊과 淫蕩ᄒᆞᆫ 歌詞로 人의 心德을 亂ᄒᆞ얏고 彼雖外國文이나 幾百年來로 學士夫가 尊誦ᄒᆞ며 君臣上下가 一遵ᄒᆞ야 此로 治民에 以ᄒᆞ며 此로 行政에 以ᄒᆞ며 此로 明倫講道에 以ᄒᆞᆫ 故로 此則諺文이라 名ᄒᆞ며 彼則眞書라 稱ᄒᆞ얏거ᄂᆞᆯ 今忽輕重을 顚倒ᄒᆞᆷ은 何故오. 曰 漢文은 弊害가 多ᄒᆞ고 國文은 弊害가 無ᄒᆞᆫ 故니라.

同一火藥이로ᄃᆡ 鄭地ᄂᆞᆫ 用ᄒᆞ야 倭艦數百艘을 殲ᄒᆞ야 善戰의 名을 得ᄒᆞᄂᆞᆫᄃᆡ 松岳小兒ᄂᆞᆫ 捕雀에 資ᄒᆞᆯ 而已며 同一木布로ᄃᆡ 林忠愍은 用ᄒᆞ야 敵兵眼目을 眩ᄒᆞ야 一城을 完ᄒᆞ얏ᄂᆞᆫᄃᆡ 義州婦女ᄂᆞᆫ 禦冬에 供ᄒᆞᆯ 而已라. 故로 鐵甲船의 神製로도 元均을 與ᄒᆞ면 勝敵을 不可必이며 震天雷의 利砲도 金慶徵을 與ᄒᆞ면 自守를 不可望이니 夫釋家正法이 兩諦가 無ᄒᆞ렷만 南宗北宗이 所傳各殊ᄒᆞ고 基督聖經이 二本이 無ᄒᆞ렷만 舊教新教가 所標各異ᄒᆞ니 然則 檀君이 在位ᄒᆞ시고 箕子가 爲相ᄒᆞ사 乙支文德이 軍權을 掌ᄒᆞ며 徐熙가 外交을 司ᄒᆞ며 崔冲이 教育을 主ᄒᆞ며 錢財를 理ᄒᆞᄂᆞᆫ 者ᄂᆞᆫ 崔瑩의 廉으로 姜邯贊의 明을 兼ᄒᆞ며 刑法을 司ᄒᆞᆫ 者ᄂᆞᆫ 庾黔弼의 謹으로 丁茶山의 識을 具ᄒᆞ고 再又加富耳, 格蘭斯頓, 康德, 孟德斯鳩, 等을 雇來ᄒᆞ야 顧問을 備ᄒᆞᆫ 然後에 一國政法을 整頓ᄒᆞ더ᄅᆡ도 幾百年後 木腐蟲生을 難知ᄒᆞᆯ지어ᄂᆞᆯ 今에 漢文의 末流之弊로 由ᄒᆞ야 漢文을 如此輕視ᄒᆞᆷ은 何故오. 記者ㅣ 雙眉을 一蹙ᄒᆞ고 仰天大喟曰 韓人의 識見이 如此ᄒᆞ니 宜乎主客을 不分ᄒᆞ며 上下를 倒置ᄒᆞ고 韓人의 手에셔 出ᄒᆞ야 韓人의 眼에ᄂᆞᆫ 閱ᄒᆞ랴ᄂᆞᆫ 報紙가 幾乎全部分이나 純漢文으로 著出ᄒᆞᆷ이로다.

大抵 記者의 論ᄒᆞᆫ 바 漢文弊害라 ᄒᆞᆷ은 其 佶屈聱牙를 非ᄒᆞᆷ도 아니며 其 童習支離를 歎ᄒᆞᆷ도 아니라 蓋其一出 一入 一主 一奴의 中間에 多大ᄒᆞᆫ 害가 有ᄒᆞ다 ᄒᆞ노라.

蓋古者三國時代에 淳樸이 未散ᄒᆞ야 人知가 未開ᄒᆞ고 封建이 未破ᄒᆞ야 民力이 未團이로ᄃᆡ 隋唐의 雄師를 斥退ᄒᆞ고 倭羯의 累寇를 勦擊ᄒᆞ야 赫赫國光이 外邦에 震耀ᄒᆞ더니 麗朝以來로ᄂᆞᆫ 三國이 統一ᄒᆞ고 文運이 大闢ᄒᆞᆫ 後이나 國力의 强壯이 古代보다 甚遜ᄒᆞ며 人民의 勇敢이 古代보다 甚劣ᄒᆞ야蒙古가 來ᄒᆞᄆᆡ 一低頭ᄒᆞ며 滿洲가 來ᄒᆞᄆᆡ 再低頭ᄒᆞᆷ은 何故인가. 此ᄂᆞᆫ 無他라 三國以前에ᄂᆞᆫ 漢文이 未盛行ᄒᆞ야 全國人心이 自國만 尊ᄒᆞ며 自國만 愛ᄒᆞ고 支那가 雖大나 我의 仇敵으로 常視ᄒᆞ야 乙支公의 麾下一僕夫도 隋天子를 蛇蝎ᄀᆞᆺ치 視ᄒᆞ며 泉蓋氏의 廚下一炊婢도 唐國皇帝을 狗彘ᄀᆞᆺ치 罵ᄒᆞ야 男男女女老老少少가 個個愛國血誠으로 天地間에 特立ᄒᆞ야 國을 爲ᄒᆞ야 歌ᄒᆞ며 國을 爲ᄒᆞ야 哭ᄒᆞ며 國을 爲ᄒᆞ야 死ᄒᆞ되 邊境의 烽烟만 一起ᄒᆞ면 樵兒牧豎도 敵愾心을 滿抱ᄒᆞ

야 戰陣에 赴흔 故로 巨虜을 克服ᄒᆞ야 名譽紀念碑를 淸川江에 長竪ᄒᆞ고 玄花白羽로 萬古佳話를 長傳흔 바어니와 三國 以後로는 幾乎家家에 漢文을 儲ᄒᆞ며 人人이 漢文을 讀ᄒᆞ야 漢官威儀로 國粹를 埋沒ᄒᆞ며 漢土風敎에 國魂을 輸送ᄒᆞ야 言必稱 大宋 大明 大淸이라 ᄒᆞ고 堂堂大朝鮮을 他國의 附庸屬國으로 反認흠으로 奴性이 充滿ᄒᆞ야 奴境에 長陷ᄒᆞ야거늘 今日에 坐ᄒᆞ야 尙此國文을 漢文보다 輕視ᄒᆞ는 者 有ᄒᆞ면 此 亦 韓人이라 云흘가.

自國의 言語로 自國의 文字를 編成ᄒᆞ고 自國의 文字로 自國의 歷史地誌를 纂輯ᄒᆞ야 全國人民이 奉讀傳誦ᄒᆞ여야 其 固有흔 國精을 保持ᄒᆞ며 純美흔 愛國心을 鼓發흘지어늘 今에 韓人을 觀ᄒᆞ건ᄃᆡ 唐堯虞舜을 檀君, 扶婁보다 더 信仰ᄒᆞ며 殷湯周武를 赫居世, 東明王보다 더 謳歌ᄒᆞ며 漢武帝 唐太宗은 天下巨英雄으로 認ᄒᆞ되 廣開土王, 太宗文武王은 褊邦細蠻傑로 視ᄒᆞ며 宋太祖 明太祖는 萬古聖天子로 尊ᄒᆞ되 溫祚王, 王建太祖는 時小兒輩로 笑ᄒᆞ며 韓信 彭越은 樵歌巷謠에도 徧傳ᄒᆞ되 梁萬春, 崔春命은 何國男兒인지 茫不知ᄒᆞ며 蕭何曹叅은 閨喉童舌에도 亂誦ᄒᆞ되 黃喜 許稠는 何代人物인지 杳不聞ᄒᆞ고 積城一小峴은 叛將軍의 竹馬古蹟(積城縣有薛馬峙世傳高句麗叛將薛仁貴兒時馳馬處)을 爭道ᄒᆞ되 平壤 石多山(乙支文德産出地)은 古碑가 零落ᄒᆞ고 扶餘 古江은 敵壯士의 釣龍佳話(唐蘇定方侵百濟至江風雨大作不得渡定方曰 此毒龍也乃以白馬爲餌釣取之)을 共傳ᄒᆞ되 高麗 九連城(尹瓘征服女眞時所築者)은 宿草荒凉ᄒᆞ야 自家先祖는 忘域에 頓置ᄒᆞ고 他人譜牒만 胷藏千卷흠이니 可恥可笑가 此에 孰甚이며 楚漢戰爭이 公家에 何關이완ᄃᆡ 腦髓未堅흔 六七歲 小童子가 終日滎陽廣武睢水彭城等에 齒酸ᄒᆞ고 禹貢治水가 爾生에 何功이완ᄃᆡ 聰明已減흔 七八旬老經生이 幾年 冀州 荊州 靑州 豫州 導山 導水 等에 髮短ᄒᆞ니 惜夫라. 皇明一統志를 突誦흠이 生於長於흔 本郡의 邑誌를 一覽흠만 不如며 鳳凰岳陽이 雖好나 自己亭子가 아니거늘 詩人墨客의 夢想이 空勞ᄒᆞ고 長安 洛陽이 雖勝이나 吾家田園이 아니어늘 歌童韻妓의 讚美가 空深ᄒᆞ니 嗟夫라. 子長遊一篇을 朗誦흠이 遊斯釣斯흔 山水를 一錄흠만 不如어늘 父祖의 光明寶藏을 遺失ᄒᆞ고 隣家門外에 丐兒을 求作ᄒᆞ얏스니 可悔可恨이 此에 孰多

ᄒᆞᄂᆞ.

嗚呼라. 此其原因을 推究ᄒᆞ면 韓國의 國文이 晩出홈으로 其 勢力을 漢文에 被奪ᄒᆞ야 一般 學士들이 漢文으로 國文을 代ᄒᆞ며 漢史로 國史ᄅᆞᆯ 代ᄒᆞ야 國家思想을 剝滅ᄒᆞᆫ 所以라. 聖哉여. 麗太祖ㅣ 云ᄒᆞ시되 我國風氣가 漢土와 逈異ᄒᆞ니 華風을 苟同홈이 不可라 ᄒᆞ심은 國粹保存의 大主義이시거ᄂᆞᆯ 幾百年庸奴拙婢가 此 家事를 誤ᄒᆞ야 小國二字로 自卑ᄒᆞ얏도다. 然則 今日에 坐ᄒᆞ야 尙此國文을 漢文보다 輕視ᄒᆞᄂᆞᆫ 者 有ᄒᆞ면 是亦韓人이라 云ᄒᆞᆯ가.

其一曰 以平等으로 破門戶區別之弊니 夫吾與人이 其爲國民은 則一也라. 或者ㅣ 妄分貴賤이나 然此乃趙孟之所貴ᄂᆞᆫ 趙孟이 亦能賤之者耳라 何足與論於人理耶아 以是而生慢侮焉ᄒᆞ고 以是而致怨尤焉ᄒᆞ야 及其末路扼塞에 多有殺戮之慘이 徧於天下ᄒᆞ니 愚請以近事諭之ᄒᆞ리라. 甲午東匪之禍ㅣ 惟湖西爲最甚者ᄂᆞᆫ 非他由也라. 故로 人在平居에 固不可有此어든 而況學校乎아. 雖天子之元子라도 入學則序齒而已ᄂᆞᆫ 所以示無貴無賤也어ᄂᆞᆯ 而今乃於民族之中에 自相頡頏이 寧不可恥哉아.

三弊不去면 國家事ㅣ 已付無奈라. 故로 不得不冒百謗ᄒᆞ고 而進一言矣나 然諸公이 又將以爲獨立은 所以背華夏也오 國文은 所以亡詩書也오 平等은 所以亂名分也라. 此皆驅人類於禽獸者니 則不可不可라 ᄒᆞ리니 嗚呼라. 愚亦欲攘夷者也오 愚亦業漢字者오 愚亦稱士流者也라. 三弊去ᄒᆞ면 則愚之權利도 亦去矣라. 然其爲此說者ᄂᆞᆫ 義係國家ᄒᆞ야 而一身利害ᄂᆞᆫ 有不暇顧耳라. 夫今天下之勢ㅣ 固與漢唐時로 不同ᄒᆞ야 泰西多瓦拉에 有六十八獨立國이어ᄂᆞᆯ 而我韓은 乃以二千萬衆으로 求人庇護면 則豈其情理乎아. 且明室之亡이 今已二百有二十五年矣오 淸人이 近亦不振ᄒᆞ야 甲午一敗에 遂成讓退矣라. 未知諸公이 其將誰事耶아 事俄事美에 必有所居리니 幸以一言相示如何오 以愚所料로ᄂᆞᆫ 莫若以我人民으로 事我國家矣니 然則 亦必以國文으로 而建其獨立之基ㅣ 是豈得緩者哉아. 蓋國文이 便於讀習ᄒᆞ야 人自八歲入學ᄒᆞ야 至十二歲면 則已能造簿記作書札ᄒᆞ야 其 用이 已足ᄒᆞ야 而比諸一二十年漢文不成者면 則果有間矣오. 況中學已上에 又有專門ᄒᆞ야 漢文이 亦自不廢者乎아. 凡人之才性이 敏者常少

ᄒᆞ고 而鈍者常多ᄒᆞ며 巧者常少ᄒᆞ고 而拙者常多라. 故로 今日急務ㅣ 獨在於合其敏鈍ᄒᆞ며 幷其巧拙ᄒᆞ야 打成一團體어ᄂᆞᆯ 而奈士族與平民이 未嘗同師同學ᄒᆞ야 以致離貳ᄒᆞ니 則愚爲平等之說이 固有不得已者也오 又非使諸公으로 與之通婚嫁許朋交也라. 但於師學之間에 去其輕侮ᄒᆞ고 而來其歡悅이면 則是乃教育實施之日也니 幸諸公이 謙抑其志ᄒᆞ고 容受人言이면 則愚當繼此有所告矣리라.(未完)

내용 요약

이기의 〈일부파벽(속)〉은 호남학보 창간호에 실린 같은 제호의 글의 속편이다. 간략한 내용은 다음과 같다. 사대주의와 한문을 사용하는 폐단이 이미 오래되어 이제는 사람들이 그 시비조차 따지지 않게 되었다. 그러나 그러한 폐단을 다스리는 방법이 있는데, 우선 사대주의는 다른 나라에 의존하지 않는 독립(獨立)을 통해, 한문을 사용하는 낡은 관습은 세종대왕이 창제한 국문 사용을 통해 척결할 수 있을 것이다.

이어서 게재된 황희성의 〈여려하정서〉는 ≪대동학회월보≫에 실린 한학자 여규형(호 '하정(荷亭)')에 대한 반박의 글로 논지는 다음과 같다. 여하정 선생은 한인(韓人)이면서도 한문만을 숭상하니 기이한 일이다. 본래 자국을 숭상하는 뜻은 모든 나라의 사람들이 동일한 법인데 우리나라는 몇 백 년 동안 중국과 한문을 숭상해 왔다. 한문이 국문이나 다름없다는 여하정 선생의 의견은 국문을 한문의 부속품으로 취급하는 것이나 마찬가지이다. 선생이 평생동안 한문을 공부하고 그것으로 생계를 유지해왔다고는 하지만, 중국인이 아닌 이상에야 한문만을 숭상하는 것은 한인으로서 잘못된 일이다. 그 두서없는 선생의 글은 반박할 가치조차 없으나 기고한 자의 필력을 봐서 이 지면(호남학보)에 싣는다.

이어서 ≪매일신보≫에 게재된 글로 '일부벽파의 부록으로 실린 〈국한문경중론〉의 핵심 논지는 문자사용의 문제를 주인과 노예의 문제로 봐야 한다는 데에 있다. 즉 한문을 사용하는 것은 남의 노예가 되는 길이니 우리의 국문을 사용해야 한다는 것이다. 그리고 그 예로 우리의 역사를 들고 있다. 한문을 전사회적으로 사용하기 시작한 고려 시대 이전, 즉 삼국시대까지만 해도 중국과 대등한 관계를 맺어 왔으나, 고려 시대 이후로부터는 중국을 대국으로 섬기게 되고 우리나라의 역사적 인물과 지리 등에는 도무지 관심이 없고 중국의 역사와 지지에만 밝아졌으니, 이것이 바로 노예의 삶이 아니고 무엇이며, 이로 인해 우리나라가 어려운 처지에 빠지게 되었다는 것이다. 한문이 중국의 역사를 우리 역사처럼 보게 하여 국가사상을 박멸하는 단계에 이르렀으니 국수를 보존하기 위해서는 국문을 중시해야 한다는 주장이 이어지는 것은 당연한 일이다. 이러한 내용의 ≪대한매일신보≫의 기사는 이기(李沂)가 주장한 세 가지 폐해, 즉 사대주의, 신분제, 한문숭상의 잘못을 한꺼번에 고칠 수 있는 근거를 제공하는 것이었다. 국문으로 평등하게 교육하면 독립을 쉬이 이룰 수 있다는 것이 그의 생각이었기 때문이다.

개념어 천하(天下), 국가(國家), 인민(人民), 번복(藩服), 한인(韓人), 기자(箕子), 공의(公議), 독립(獨立), 사대주의(事大主義), 자부자강(自富自强), 국문(國文), 한문(漢文), 언어(言語), 문자(文字), 훈민정음(訓民正音), 단군(檀君), 한(韓), 한국(韓國), 동서인(東西人), 법국/프랑스(法國), 세계열강(世界列强), 대국(大國), 소국(小國), 화동(華東), 한인(漢人), 문학자(文學者), 고등학교(高等學校), 교사(教師), 국한문(國漢文), 한국문(漢國文), 진언(眞諺), 영문(英文), 법문/프랑스어(法文), 덕문/독일어(德文), 범문/범어(梵文), 평등(平等), 독립(獨立), 역사(歷史), 지지(地誌), 국가(國家) 사상(思想), 국수(國粹), 사회(社會), 일국정법(一國政法), 한인(韓人)

속편2 : 일부벽파(一斧劈破)[58]

이기(李沂)

무릇 나라를 부흥케 하는 길은 반드시 단체로부터 시작한다. 지금 여러분은 모두 학자이다. 또한 반드시 독립도 가하고 국문도 가하나 평등은 불가라고 말하지만 천하의 대세가 이와 같고 국가의 현상이 또한 이와 같으니, 갑오년의 파벌 이래로 양반과 상놈의 나뉨이 땅을 쓸듯이 거의 다 없어졌으며, 이는 바로 온도계가 예보해 주는 것처럼 자명한 사실인데도 사람만이 오히려 깨닫지 못하니 어찌 어리석다고 하지 않을 수 있겠는가? 또한 여러분이 백성이 평등한 사람이 되는 것을 허락하지 않는다면 천하 또한 우리 한국을 평등한 나라로 인정하지 않을 것이니, 어찌하리오. 옛사람이 선비·농민·상인·공인으로 네 부류를 삼은 것은 곧 평등의 뜻인데, 선비를 백성의 우두머리에 둔 것은 왜인가? 그가 농민·상인·공인의 근원을 잘 이해하고서, 농민·상인·공인에게 가르침을 베풀 수 있기 때문이다. 지금 그러한 학문이 없고 그러한 가르침이 없이 다만 가문의 이름을 빌어서 백성의 우두머리에 거하는 것이라면 하나의 강제에 불과하다. 감히 여러분에게 묻건대, 근래에 외부인에게 강제를 당했는데 과연 아무런 감정도 없었는가? 그렇다면 우리에게 강제당한 자의 감정을 미루어서 알 수 있다. 이미 그로 하여금 감정이 있게 하고, 다시 그에게 단체 위하기를 바란다면 거의 모래를 떼어 밥을 짓는 것에 가깝지 않겠는가? 그러므로 평등이 여러분 각자를 위한 계획이라면 불가한 것이 되겠으나, 국가의

58 ≪湖南學報≫ 3호, 1908. 8. 25.

만세를 위한 계획이 된다면 진실로 불가할 것이 없으니, 바라건대 제공은 의로움과 이로움 중 어디에 거할 것인지 생각해보아라.

단체의 의로움(義)은 반드시 학교로부터 시작하나니, 무릇 가정이란 한 사람의 가정이 아니기에 부부와 부자가 서로 모인 이후에 성립하고, 사회는 한 사람의 사회가 아니기에 벗과 일가의 무리가 서로 모인 이후에 성립하며, 국가는 한사람의 국가가 아니기에 임금과 신하 · 관리와 백성이 서로 모인 이후에 성립하니, 이 세 가지는 모두 우리가 출입왕래하며 떠날 수 없는 곳으로, 학교는 바로 이 도리를 강구하는 곳이다. 그러므로 고등중학 이하는 사적으로 글방에 있는 것을 허락하지 않고 반드시 입교하도록 하고 있다. 뜻을 통하게 하고 교제를 익히고 취향을 가지런히 하고 지식을 주고받게 하려는 것으로 그것을 일러 '보통'이라고 하니, '보통'이라는 두 글자가 함축하는 뜻을 대개 미루어 알 만하다. 지금 여러분이 자제가 있어 그들을 장차 쑥대밭과 모래벌판에 두고서 가정인 · 사회인 · 국가인이 되기를 바라지 않는다면 그만이려니와 그렇지 않다면 학교를 버리고 어디에 가겠는가? 여러분은 오늘부터 긴급히 사숙을 거두고 모름지기 한 마을 한 동네의 힘을 합하여 학교를 건설하고 또한 의무교육제도를 모방하여 자제를 모집할지어다. 다만 인도하는 자가 없음을 걱정할 것이요 화답하는 자가 없음을 걱정하지 말 것이니, 힘써라.

학교의 교육은 반드시 어렸을 때부터 시작해야 한다. 사람은 크게 현명하고 크게 지혜로운 자를 제외하면 매양 선입견을 위주로 하니, 이것이 천하의 공통된 실정이다. 지금 여러분이 배운 바는 다만 경사와 장구 · 과업과 시부에 불과하거늘 급기야 고금의 학문이 여기에 더할 것이 없다고 여긴다. 그리하여 이것으로 자신을 오해하고 이것으로 국가를 오해하면서도 오히려 깨닫지 못하는 것은 모두 어렸을 때의 선입견이 위주가 되었기 때문이다. 공자가 15세에 학문에 뜻을 두고, 30세에 서고, 40세에 미혹되지 않았으며, 거백옥이 50세에 49년이 그릇되었다는 것을 안 것 등, 이것은 크게 현명하고 크게 지혜로운 자의 일이다. 진실로 뭇사람들에게 바랄 수는 없으니, 그렇다면 학문에 나아갈 처음에 반드시 단체의 뜻과 조국의 사상으로 뇌수에 물을 대어 선입견을 세워야 하며, 책을 읽고 글을 익히는 것은 그 다음 순서일 뿐이다.

그러므로 다행히 학문을 이루면 스스로 사무에 나아갈 수 있고, 불행히 이루지 못하더라도 또한 스스로가 나아갈 바를 변별하여 그 충애의 뜻과 활동의 기운은 모두 얻는다. 만일 여러분이 오늘도 변하지 않는다면, 제가 또 다시 무슨 말을 하겠는가?

어렸을 때의 학문은 반드시 세 가지 교육으로부터 시작해야 하는데, 이 세 가지 교육법은 옛 서적에는 실려 있지 않다. 그러므로 여러분이 또한 반드시 의심하겠지만, 이른바 옛 서적이라는 것은 구경[59] · 제자 · 좌전 · 국어 등 수백 편에 불과하니 모두 큰 과목만을 갖추고 있을 따름이다. 그 나머지는 진한 이후 멋대로 지어진 불법적인 책들일 뿐이다. 주자가 비록 소학을 엮어낸 바 있으나 지금 8,9세 아동에게 닭이 처음 울면 모두 세수하고 양치질하라는 것은 일의 형세상 적당치 못한 바가 있고, 앉아서는 시동[60]처럼 하고 서서는 재계하듯 하라[61]는 것은 인간의 기혈로 볼 때 통하지 않는 바가 있다. 하물며 고금은 기물이 같지 않고 우리나라와 중국은 풍속이 같지 않은데, 이것으로 효과를 거둘 수 있겠는가? 생각건대 요(堯) · 우(虞) · 순(舜) 3대의 시절에는 별도로 하나의 책이 있어서 지금의 소학 교과와 같았는데 마침내 유실되어 전해지지 않는다. 이에 세 가지 교육법을 아래 열거한다.

첫째는 '체육(體育)'으로서 마당에서 하는 운동 같은 부류이다. 사람이 8, 9

---

59 구경(九經): 당(唐)나라 때 비롯된 유학에서의 경전(經典) 분류법. ≪구경고(九經庫)≫를 쓴 곡야율(谷耶律)은 ≪역(易)≫ ≪서(書)≫ ≪시(詩)≫ ≪예(禮)≫ ≪악(樂)≫ ≪춘추(春秋)≫ ≪논어(論語)≫ ≪효경(孝經)≫ ≪소학(小學)≫을 구경이라고 하였다. 육덕명(陸德明)은 ≪경전석문서록(經典釋文序錄)≫에서 ≪역≫ ≪서≫ ≪시≫ ≪삼례(三禮: 周禮 · 儀禮 · 禮記)≫ ≪춘추≫ ≪효경≫ ≪논어≫라 하였다. 서견(徐堅)의 ≪초학기(初學記)≫에는 ≪역≫ ≪서≫ ≪시≫ ≪삼례≫ ≪춘추≫ ≪공양전(公羊傳)≫ ≪곡량전(穀梁傳)≫을 꼽았다.

60 시동(尸童): 옛날에 제사를 지낼 때 신위(神位) 대신 앉히던 어린아이.

61 "鷄初鳴 咸盥漱"는 ≪예기(禮記)≫「내칙(內則)」 및 ≪소학≫ 권2 「명륜(明倫)」에 나오는 구절로 자식이 부모 섬기는 일상생활 예절을 설명하는 가운데 등장하는 표현이고, "坐如尸 立如齊"는 ≪예기(禮記)≫「곡례 상(曲禮 上)」 및 ≪소학≫ 권3 「敬身」에 나오는 구절로 평상시의 엄정한 몸가짐을 일컫는 표현이다.

세에는 곧 바야흐로 싹이 트고 바야흐로 자라는 때이니, 종일토록 방문 안에 들어앉아 그로 하여금 어둡고 우울하며 느슨하고 게으르게 해서는 안 된다. 비유로 말하자면 담장 그늘 아래의 풀이 끝내 취약해지고 동이만한 작은 연못의 물고기가 끝내 '자잘해지는' 것과 같다. 그러므로 반드시 한날한시에 손발에 힘을 써서 근육과 뼈를 강하게 하고 지기를 펼쳐서 혈맥을 유통시키는 것을 일러 체조라고 하니, 체조란 것은 건전한 사람이 되는 길을 배우는 것일 따름이다. 생각건대 옛 사람들이 13세에 작에 맞추어 춤추고 15세에 상에 맞춰 춤추는 예[62]로써 미루어보면, 당시에 소학의 체육을 가르침도 또한 이와 같은 것에 지나지 않는다. 13세 · 15세에 이르러 작과 상에 맞추어 춤추며 점점 예악에 나아가고, 18세에 활쏘기와 말타기를 익혀 점점 예사(藝事)[63]에 나아간다. 작을 춤추고 상을 춤추며 활쏘고 말타는 것이 진실로 옛 방식이지만, 그러나 여러분들이 옷소매 돌리는 것을 보고서 방탕하게 논다 하지 않을 수 있을 것인가? 또 활과 화살 휴대하는 것을 보고서 군대의 대오라 하지 않을 수 있을 것인가? 아아. 체조는 작을 추고 상을 추며 활 쏘고 말 타는 데에서 나온 것이니, 바라노니 여러분은 성내며 괴이하게 여길 필요가 없다.

둘째는 '덕육(德育)'이니, 충 · 효 · 윤리 같은 부류이다. 무릇 우리 유학의 도가 다른 가르침보다 뛰어남은 오직 이 한 가지일 뿐이지만, 다만 그 의례의 조목이 너무 번잡하여 실천하여 행할 것이 실제로는 적고 더구나 어린 시절에는 한문이 자못 이해하기 어려우므로 근래에 학부와 여러 교육자들이 편성한 소학과가 비록 최선은 아니지만 모두 취해서 읽을 만하니, 교사가 된 자는 반드시 임금과 아비와 국가의 의리를 가지고 아침저녁으로 연설하여 학생들로

62 ≪예기(禮記)≫ 「내칙(內則)」 및 ≪소학≫ 권1 「입교(立敎)」에 나오는 구절로, 해당 원문을 옮겨 보면 다음과 같다.

"十有三年 學樂誦詩 舞勺 成童 舞象 學射御(열세 살이 되거든, 음악을 배우고 詩를 외우며, 勺詩에 맞춰 춤을 춘다. 열다섯 살이 되거든 象詩에 맞춰 춤을 추며, 활쏘기와 말타기를 배운다)"

63 예사(藝事) = 기예(技藝) (출처: 중국 한어대사전)

하여금 귀에 익고 마음에 스며들게 하여 다만 문자 사이에 머물지 않게 한 연후에야 효험이 있을 것이다.

셋째는 '지육(智育)'이니 사물의 명칭과 등급(제도) 같은 부류가 이것이다. 무릇 사람은 사물을 기다리지 않고서는 스스로 생기고 스스로 자라지 않으니, 귀와 눈이 미치는 모든 것을 알지 않을 수 없다. 그러므로 집에는 곡식 · 옷감 · 주택 · 기명(기물)이 있고, 나라에는 조정 · 관청 · 산천 · 군읍이 있으며, 사람에는 씨족과 가문과 이웃과 친척이 있고, 사물에는 초목 · 곤충 · 어류 · 금은 · 광산이 있다. 이 모든 것의 이름과 계산이 모두 사람이 사는 데 있어 일용상의 급선무이다. 그런즉 입학한 처음에 반드시 순서대로 일제히 행하여 비록 수재가 있더라도 혼자 나아갈 수 없으니, 이는 그 심력을 하나로 하고 그 식견을 균등하게 하여 단체의 흥기가 여기에서 비롯되도록 하기 위함이다.

이 세 가지 교육법은 효과를 거두기가 매우 쉬워 옛 학문이 미칠 수 없는 바가 있다. 나는 진실로 옛 학문을 한 사람이라 청컨대 일찍이 겪어온 사람으로서 여러분을 위해 말하겠다. 내가 비록 민첩하지 못하지만 재능을 돌아보건대 또한 둔하지도 않았다. 7세에 동네 선생님을 좇아 『천자문』을 배우고 이윽고 『동몽선습』을 배워 그 부자유친 · 군신유의 등의 구절을 날마다 비록 읽을 수는 있었으나 실로 '친'과 '의'의 의미가 과연 어디에 있는지를 이해하지는 못했다. 수개월 후에 또한 『통감절요』를 배워 9세에 마쳤으니, 다만 중국이 있음을 알뿐 우리 한국이 있음을 알지 못하였으니 그 치란과 흥망이 모두 나와는 관계없었고, 열 두셋에 대략 칠서(사서삼경)에 통하고 열다섯에 과거에 응시하여 시로써 재주와 이름을 알렸다. 이때부터 천문 · 지리 · 음양 · 점치기 · 병력의 학술에 두루 넘나들며 자못 박학으로 자처하였다. 다만 우리나라의 전례와 고사에 대해서는 지력에 여유가 없었던 것뿐만 아니라 서적 또한 매우 얻기 힘들어 지금까지 거의 아는 것이 없다. 40여세에 감히 세상일에 뜻을 두었으나 종전에 배운 바가 모두 실질적인 일이 아니었다. 그러므로 선비가 되려고 해도 할 수 없고, 농부가 되려고 해도 또한 할 수 없으며, 상인이나 공인이 되려고 해도 또한 할 수 없으니 설사 국가가 오늘날에 이르지 않았더라도 우리는 이미 쓸모없는 부류이다. 내가 헤아려보건대, 여러분이 지내온 바도 이같은(나와 같은) 데 지나지 않아, 우리 다같이 장(臧)과 곡(穀)이 양을 잃어버렸던[64] 그 꼴에 해당될 것이다. 그러나 스스로 사나이로서 끝내 노예를 달게 여기지 않아 매일 한밤중에 베개를 어루만지며 원통한 눈물이 물 흐르듯 하여 하책을 내어 놓은 것이 오직 자손을 교육시켜 이 책임을 지게 하는 것이로되 가세가 또한 궁핍하여 스스로 학교를 세워서 그 뜻을 이룰 수 없었다. 그러므로 이것으로써 여러분과 서로 돕기를 구하는 것이니 밝게 살펴보지 않겠는가?

그러나 매양 자식이 있는 자를 보면, 나보다 나아지기를 구하지 않고 나와 닮기를 구하니 심히 괴이하도다. 무릇 사람의 욕망은 진실로 곤충과는 같지 않아서 비록 공자같은 성인일지라도 바야흐로 리(鯉, 공자의 아들)를 가르칠 때에는 반드시 나보다 낫기를 기약하지 않음이 없었다. 그런데도 이를 이루지 못하는 것은 재능에 한계가 있기 때문인데, 이제 곧 나와 아들의 재주가 어떠한지는 묻지 않고 그가 나와 닮기를 구하니, 아마도 곤충의 어리석음을 면하지 못할 것이다. 하물며 이른바 나라는 존재는 중간을 고집하기만 하고 시의(時宜)에 맞게 변통할 줄 모르는[65] 나요, 선비도 되지 못하고 농부도 되지 못하고 상인도 공인도 되지 못하는 나요, 국가가 망해도 태연히 서로 바라보는 나요, 노예 됨을 달게 여겨 벗어날 방법을 생각지 않는 나이니, 진실로 여러분의 아들로 하여금 모두 여러분을 닮게 한다면 우리 대한은 어찌하리오. 요새 속된

64 장(臧)과 곡(穀) 두 사람이 양을 치다가 두 사람 모두 양을 잃었다. 장에게 무슨 일을 하고 있었는지 물으니 책을 가지고 다니며 읽었다고 했고, 곡에게 무슨 일을 하고 있었는지 물으니 도박을 하며 놀았다고 했다. 이 두 사람이 한 일은 다르지만 양을 잃은 것은 동일하다. ≪莊子 駢拇≫ 즉 본직을 버리고서 자신이 좋아하는 바에 탐닉하는 것을 이른다. 장자는 이 이야기를 통하여, 외물을 쫓다가 본성을 해치는 상황을 비유하였다. 위 글에서는, 글쓴이를 포함한 識者들이 옛 漢學을 맹목적으로 좇다가 진정 실질적인 공부를 하지 못했음을 자조하기 위한 맥락에서 이 고사를 사용하였다.

65 자막은 노(魯)나라의 현자(賢者)였는데, 그는 양주(楊朱)·묵적(墨翟)의 도가 중(中)에 어긋남을 헤아려, 양주·묵적의 중간을 고집했으므로, 맹자가 이에 대하여 "자막은 중을 잡았으니 중을 잡은 것이 도에 가깝기는 하나, 중을 잡되 권도가 없는 것이 마치 한쪽을 잡은 것과 같으니라.[子莫執中 執中爲近之 執中無權 猶執一也]" 라고 하였다. ≪孟子 盡心上≫

이야기에 어떤 사람이 그 아들이 '춘풍'을 '춘바람'이라고 말하는 것을 보고 노하여 말하기를 '무식한 자식, '봄풍'이라고 해야지'라고 말했다니 듣는 사람이 포복절도하지 않을 수 없었다. 이것은 비록 우스갯말이지만 또한 부형에게 견해가 없으면 자식을 가르칠 수 없다는 것을 알 수 있다. 옛사람이 이르기를 어려서 배움은 낮에 가는 것과 같고 늙어서 배움은 등불을 들고 가는 것과 같다고 했으니, 바라건대 여러분은 오늘이 늦었다고 여기지 말고 긴급히 정치·법률 등의 책을 구하여 수시로 읽어 등불을 든 배움으로 삼는 것이 어떠하겠는가?

곡성의 참봉 정일택과 구례의 진사 황현은 모두 문학을 공부한 선비이다. 정씨가 일찍이 자강회의 월보를 구해보고 답서에 "그 문장 또한 기이하다"고 썼다. 이 말을 들은 사람 가운데 어떤 이는 무시하는 말로 의심하기도 했는데, 나만은 유독 다음과 같이 말하였다. "그렇지 않다. 여기서 기이하다는 것은 (지금까지 알고 있는 바와 다르게) 상식적이지 않음을 말한다. 이것은 공이 평소에 읽은 바가 대부분 진한시대에 멋대로 지어진 책과 정자와 주자의 성리설이기 때문에, 어찌 일찍이 상식적이지 않은 것을 보았겠는가? 그러므로 그가 기이하다고 한 것은 기뻐하는 마음이 발동된 것이니, 기뻐하는 마음이 있는 곳에서 반드시 마음을 고쳐 먹기가 쉬운 법이다." 이 말에 의심하던 자가 비로소 의혹을 풀었다. 황씨는 나와 교제가 두터워 작년 겨울에 지나다 그의 집에 머물렀는데, 말이 신학문에 미치자 말하기를 '내가 금년에 53세인데 바꾸어서 또한 무엇하리오'라고 하였다. 숨은 뜻을 살펴보니 아마도 벗들의 비판을 두려워하기 때문인 듯하다. 내가 생각건대, 호남 지방에 정씨의 기뻐하는 마음을 지니고, 또 황씨의 비판을 두려워하는 마음을 지닌 이가 또 몇 명이나 되겠는가? 아아. 지금 우리 한국은 아마도 비상시여서 진실로 보통의 학문과 보통의 가르침으로는 백성을 다스릴 수 없으니, 그 문장의 기이함이 또한 마땅하지 않겠는가? 이미 그 기이함을 알았으면 마땅히 그것 보기를 금강산 일만 이천 봉이 처음 바다 속에서 나온 것 보듯 여기어, 발을 싸매고 식량을 꾸려 앞으로 나아가기를 그치지 않으면 비로봉의 높이와 만폭의 깊이가 모두 눈앞에 있을 것이어늘 어찌 꼭 알지 못하는 자의 비판을 두려워할 것 있겠는가? 내가 이미 이것으로써 정씨와 황씨에게 고하고 또한 이것으로써 정씨·황씨와 뜻을 함께 하는 여러 형씨(兄氏)들에게 고하노라.

입력 원문

속편2 : 一斧劈破

李沂

夫復國之道ㅣ 必自團體始ᄒᆞᄂᆞ니 今 諸公이 皆士流也라. 又必曰 獨立도 猶可也오 國文도 猶可也로ᄃᆡ 而平等則不可也라 ᄒᆞ리니 然天下之大勢ㅣ 如此ᄒᆞ고 國家之現狀이 又 如此ᄒᆞ니 自甲午破閥以來로 班常之分이 掃地殆盡ᄒᆞ니 是乃寒暑針預報者어ᄂᆞᆯ 而人猶不悟ᄒᆞ니 安得不謂之愚哉아. 且 諸公이 不許民爲平等人이면 則天下ㅣ 亦不許我韓爲平等國矣리니 奈何奈何오. 古人이 以士農商工爲四民者ᄂᆞᆫ 此卽平等之意니 而其士居民首者ᄂᆞᆫ 何也오. 以其能解農商工之因ᄒᆞ야 而能施農商工之教耳라. 今無其學 無其教ᄒᆞ고 而徒藉族名ᄒᆞ야 冒居民首면 則是不過一强制也라. 敢問諸公이 近被外人强制ᄒᆞᄆᆡ 而果得無憾情耶아. 然則其被我强制者之憾情을 推可知矣라. 旣使之有憾情ᄒᆞ고 而復望其爲團體ᄒᆞ니 則不幾近於炊沙成飯乎아. 故平等이 爲諸公一身計면 雖屬不可나 而爲國家萬世計면 固無不可也니 幸諸公은 試思其義與利之將何居也ᄒᆞ라.團體之義ㅣ 必自學校始ᄒᆞᄂᆞ니 夫家庭은 非一人之家庭也라. 夫妻父子ㅣ 相聚而後에 成焉ᄒᆞ며 社會ᄂᆞᆫ 非一人之社會也라. 朋友族黨이 相聚而後에 成焉ᄒᆞ며 國家ᄂᆞᆫ 非一人之國家也라. 君臣吏民이 相聚而後에 成焉ᄒᆞ니 蓋此三者ᄂᆞᆫ 皆吾人之所出入往來不能離者니 而學校ᄂᆞᆫ 卽其講究此道此理處也라. 故로 自高等中學以下ᄂᆞᆫ 不許在私塾ᄒᆞ고 而必使入校ᄒᆞᄂᆞ니 所以通其志意ᄒᆞ며 習其交際ᄒᆞ며 齊其趨向ᄒᆞ며 換其智識ᄒᆞ야 而謂之普通ᄒᆞ니 普通二字涵畜之意를 槪可想見矣라. 今諸公이 有子有弟ᄒᆞ야 將寘諸蓬藋之地와 沙漠之野오 而不欲爲家庭人 社會

人 國家人이면 則已어니와 不然이면 捨學校何往耶아. 諸公은 其自今日로 亟撤私塾ᄒᆞ고 須合一里一坊之力ᄒᆞ야 建設學校ᄒᆞ고 而又倣義務教育之制ᄒᆞ야 募集子弟어다. 則但患無倡之者오 不患無和之者니 勉哉ᄂᆡ져.

學校之教ㅣ 必自幼少始ᄒᆞᄂᆞ니 人自大賢大智以下ᄂᆞᆫ 則每以先入之見으로 爲主ᄒᆞᄂᆞ니 此天下之同情也라. 今諸公所學이 直不過經史章句와 科業詩賦어ᄂᆞᆯ 而遂以爲古今學問이 無加於是也라 ᄒᆞ야 以此誤其身ᄒᆞ며 以此誤國家ᄒᆞ고 而猶不覺悟者ᄂᆞᆫ 是皆幼少時先入之見이 爲主故耳라. 孔子ㅣ 十五而志于學ᄒᆞ고 三十而立ᄒᆞ고 四十而不惑ᄒᆞ시며 蘧伯玉이 五十而知 四十九年之非ᄒᆞ니 此乃大賢知事라. 固不敢望於衆人이니 則於其就學之初에 必以團體之旨意와 祖國之思想으로 灌於腦髓ᄒᆞ야 而立其先入之見이오 而讀書習字ᄂᆞᆫ 乃其次第間耳라. 故로 幸而學成이면 自可進於事爲오 不幸而不成이라도 亦已辨於趨向ᄒᆞ야 其忠愛之志와 活動之氣ㅣ 皆得如諸公今日之不變이면 則愚復何言哉리오.

幼少之學이 必自三育始ᄒᆞᄂᆞ니 夫三育之法이 不載古籍이라. 故로 諸公이 亦必疑焉이나 然所謂古籍者ㅣ 不過是九經諸子左傳國語等數百篇이니 而皆所以備大學科耳오 其 餘ᄂᆞᆫ 則又秦 漢以下專制不法之書而已라. 朱子ㅣ 雖有所編小學이나 然今以八九歲兒로 鷄初鳴咸盥漱ᄂᆞᆫ 事勢有所不行也오 坐如尸立如齊ᄂᆞᆫ 氣血이 有所不通也오. 而況占今이 不同物ᄒᆞ고 國漢이 不同俗ᄒᆞ야 其可以此收效耶아. 竊念唐虞三代之時에 別有一書ᄒᆞ야 如今小學教科者라가 而竟失不傳이라. 玆以三育法으로 具列于左ᄒᆞ노니

一曰 體育이니 如場地運動之類ㅣ 是也라. 人在八九歲에 乃方茁方長之時니 不可終日坐戶闥中ᄒᆞ야 使之幽鬱弛惰ᄒᆞ야 譬若墻陰之草ㅣ 終成脆弱ᄒᆞ고 盆池之魚ㅣ 終成痩[66]細라. 故로 必於一日一時에 力其手足ᄒᆞ야 令筋骨强壯ᄒᆞ고 宣其志氣ᄒᆞ야 令血脈流通ᄒᆞ야 而謂之體操라 ᄒᆞ니 體操者ᄂᆞᆫ 所以學爲健全人耳라. 愚以占[67] 人十三五舞勺[68]象之例로 推焉ᄒᆞ면 則當時小學體育之教ㅣ 亦不過如

66 ‘瘦(파리할, 여윌 수)’자로 고쳐야 할 것으로 사료된다.

67 李沂, ≪李海鶴遺書≫(한국고전번역원 한국문집총간 347) 권3「文錄[一]○論辨」〈湖南學報論說 戊申〉을 보면, ‘占’자가 ‘古’자로 되어 있음(“愚以古人十三五舞勺象之例推焉”).

是오 至十三五而舞勺象ᄒᆞ야 漸就於禮樂ᄒᆞ고 十八에 而習射御ᄒᆞ야 漸就於藝事也라. 勺象射御ㅣ 是果古法이나 然諸公이 其能見衣袖回旋而不謂之遊冶며 見弓矢携帶而不謂之軍伍耶아. 嗚呼라. 體操者ᄂᆞᆫ 卽 勺象射御之所從出也니 則幸諸公은 不必嗔怪哉ᄂᆞᆫ저.

二曰 德育이니 如忠孝倫理之類是也라. 夫吾儒之道ㅣ 長於諸敎者ᄂᆞᆫ 惟此一款이나 然但其儀節이 太繁ᄒᆞ야 踐行이 實少ᄒᆞ고 而況幼時漢文이 頗爲難解ᄒᆞ니 近自學部 及 諸敎育家所編小學科ㅣ 雖未盡善이나 而皆可取讀이니 爲敎師者ㅣ 必須以君父家國之義로 朝夕演說ᄒᆞ야 使之習於耳而洽於心ᄒᆞ야 不獨止於文字間然後에 可以有效耳라.

三曰 智育이니 如事物名數之類ㅣ 是也라. 夫人非不待物而自生自養者니 卽凡耳目所及에 擧不可不知라. 故로 於家에 有米穀布帛屋宅器皿이 在焉ᄒᆞ며 於國에 有朝廷官府山川郡邑이 在焉ᄒᆞ며 於人에 有氏族家世隣里親戚이 在焉ᄒᆞ며 於物에 有草木蟲魚 金銀鑛産이 在焉ᄒᆞ야 其 名辭 及 計算이 皆人生日用之急務也라. 則入學之初에 必須循序齊行ᄒᆞ야 雖有高才나 不得獨進ᄒᆞ니 此所以一其心力ᄒᆞ고 均其識見ᄒᆞ야 而團體之起ㅣ 蓋肇於是矣라.

蓋此 三育이 收效甚易ᄒᆞ야 有舊學之所不及焉ᄒᆞ니 愚固舊學人이라. 請以其嘗經歷者로 爲諸公言之ᄒᆞ리라. 愚雖不敏이나 顧其才性이 亦非駑下라. 七歲에 從鄕先生ᄒᆞ야 受千字文ᄒᆞ고 旣而오 受童蒙先習ᄒᆞ야 其 父子有親 君臣有義 等句를 日雖能讀이나 實不解親義之意ㅣ 果安在也라. 數月後에 又 受通鑑節要ᄒᆞ야 九歲而畢ᄒᆞ니 只知有中國이오 而不知有我韓ᄒᆞ야 其 治亂興亡이 皆與吾無涉ᄒᆞ고 而十二三에 略通七書ᄒᆞ고 十五에 入場屋ᄒᆞ야 以詩有才名ᄒᆞ고 自是以來로 泛及於天文 地理 陰陽 卜筮 兵曆之術ᄒᆞ야 頗以博學自居로ᄃᆡ 而但於國朝典故에 非獨志力이 有所不暇라 書籍이 亦甚難得ᄒᆞ야 至今殆瞢瞢也 四十餘에

68 "작(勺)"이란 〈시경〉 주송(周頌)의 "작"이라는 시를 말하며, "무작(舞勺)"이란 "작"을 노래하며 절주(節奏)로 삼아서 춤추는 것을 말하는데 이 춤을 문무(文舞)라고한다. "상(象)"이란 〈시경〉 주송의 "무(武)"라는 시를 말하며, "무상(舞象)"이란 '象'을 노래하며 절주로 삼아서 춤추는 것을 말하는데 이 춤을 무무(武舞)라고 한다.

乃敢留意於世務나 而從前所學이 皆非實事라. 故로 爲士而不得ᄒᆞ며 爲農而且不得ᄒᆞ며 爲商爲工而且不得ᄒᆞ야 縱使國家로 未至今日이라도 吾輩ᄂᆞᆫ 已屬無用也라. 竊料諸公經歷이 亦止如是ᄒᆞ야 同歸於臧穀亡羊矣라. 然自以男子漢으로 終不甘于奴隷ᄒᆞ야 每中夜撫枕에 憤淚如注ᄒᆞ야 其出於下策者ㅣ 惟有敎育子孫ᄒᆞ야 擔負此責이로ᄃᆡ 而家又貧乏ᄒᆞ야 不能自設學校ᄒᆞ야 以遂其志라. 故로 爲此求相助于諸公也니 其或照諒否아.

然每見有子者ㅣ 不求其勝我ᄒᆞ고 而求其類我ᄒᆞ니 甚可怪也로다. 夫人之欲望이 固與蜂蟲不同ᄒᆞ야 雖以孔子之聖으로도 方其敎鯉也에ᄂᆞᆫ 則未必不期於勝我矣로ᄃᆡ 其不至者ᄂᆞᆫ 才力이 有所限故耳어ᄂᆞᆯ 今乃不問爲我與爲子者之才力如何ᄒᆞ고 而求其類我ᄒᆞ니 則恐不免於蜂蟲之愚耳라. 況其所謂我者ㅣ 不過是執中無權之我也오 士不成農不成商工不成之我也오 國家亡而恬然相視之我也오 甘爲奴隷ᄒᆞ야 不思其解脫法之我也니 苟使諸公之子로 皆類諸公之人이면 則其於我大韓에 何哉오. 近世俚說에 有人見其子稱春風爲春 바람ᄒᆞ고 而怒曰無學哉 此息이여 何不云 봄風고 ᄒᆞ니 聞者ㅣ 莫不絶倒라. 此雖戲言이나 亦可知父兄이 無見解면 則不能敎子耳라. 古人이 謂少而學은 如日中而行ᄒᆞ고 老而學은 如秉燭而行이라 ᄒᆞ니 幸諸公이 無以今日爲晩ᄒᆞ고 亟購政治法律 等書ᄒᆞ야 隨時觀覽ᄒᆞ야 以爲秉燭之學이 如何如何.

谷城 丁參奉日宅과 求禮 黃進士玹이 皆文學士也라. 丁氏ㅣ 嘗購覽自强會月報ᄒᆞ고 而答書에 有其文亦奇之句ᄒᆞ니 聞者ㅣ 或 疑其輕慢ᄒᆞ되 愚獨以爲不然ᄒᆞ니 夫奇者ᄂᆞᆫ 非常之稱也라. 此公平日所讀이 多秦漢專制之書와 程朱性理之說이오 而何嘗見非常者아. 故로 其謂之奇者ᄂᆞᆫ 喜心이 動也니 則喜心所在에 回頭必易矣라 ᄒᆞ니 疑者乃解러라. 黃氏ᄂᆞᆫ 與愚相厚ᄒᆞ야 昨年冬에 過宿其家라가 語及于新學ᄒᆞ니 則曰 吾今年 五十三矣라 改之亦何爲也오 察其微意ᄒᆞ니 蓋畏朋儕之譏議故爾라. 吾料湖南에 有丁氏之喜心이오 又有黃氏之畏譏傯者ㅣ 復幾何人耶아. 嗚呼라. 今我韓이 恐非常時也니 固不可以常學常敎로 而能用其民이니 則其文之奇ㅣ 不亦宜乎아. 旣知其奇면 當視之若金剛山 萬二千峯이 初出於海中ᄒᆞ야 裹[69]足齎糧ᄒᆞ야 前進不已면 則毗盧之高와 萬瀑之深이 俱在眼前이어ᄂᆞᆯ 而何

必畏不知者之譏議哉아. 愚旣以此告于丁黃兩氏ᄒᆞ고 又以此告于與丁黃同志之諸氏也ᄒᆞ노라

내용 요약

이기(李沂)는 이 글에서 당대의 어떤 지식인보다 투철하게 평등사상을 주장하고 있다. 그는 평등이 세계적인 흐름이고, 국가들 사이에서의 평등한 공존도 시대적 가치로 떠오르고 있음을 역설한다. 이것은 한편으로 국가 내부의 신분제적 철폐를 주장하는 것이고, 다른 한편 청이나 일본 등 열강으로부터의 독립을 강조하는 것으로 해석할 수 있다. 그는 교육이 이러한 도리를 가르치는 장소로 여겨 중시한다. 교육을 처음 시작할 때 세 가지를 반드시 수행할 것을 권한다. 첫째는 체육, 둘째는 덕육, 그리고 마지막으로 지육이 그것이다. 자신이 받은 과거의 교육 경험이 얼마나 부질없는 것인지를 고백하면서 실질적 학문에 진입할 것을 권한다.

개념어	독립, 평등, 교육, 체육, 덕육, 지육

69 李沂, ≪李海鶴遺書≫(한국고전번역원 한국문집총간 347) 권3「文錄[一]○論辨」〈湖南學報論說 戊申〉을 보면, '褁足齋粮'으로 되어 있다.

33. 문법의 바른 통일(文法을 宜統一)[1]

신채호(申采浩)

한문은 한문문법이 있으며, 영문은 영문문법이 있고, 기타 러시아, 프랑스, 독일, 이탈리아 등의 문도 그 문법이 저마다 있지 않음이 없으니, 오늘날 세계에서 현재 행하는 각각의 문에 어찌 법이 없는 문이 있겠냐마는, 그러나 지금 한국의 국문과 한자를 함께 사용하는 문은 오히려 그 법이 없다.

한국에 예로부터 자국의 국문이 없지는 않지만, 이는 오직 한 구석에만 방치해 두어 여자 및 일하는 사람들에게만 사용되었고, 상등사회에서는 한문만 높이고 숭상하여, 읽고 배우는 바도 한문으로 하며, 글을 짓는 것도 한문으로써 했다. 그러더니 어느덧 시대의 사조가 변하여 저 문장을 읽고 이해하기 어려운 한문으로는 국민의 지식을 평등하게 일깨워주는 것이 어려움을 크게 깨달았다. 또 자국 국문을 무시하고 다른 나라 문장만 높이고 숭상함이 옳지 않음을 크게 깨닫고, 이에 한문을 사용하지 않고 국문만을 사용하고자 하나, 다만 수백 년을 익숙하게 써오던 한문을 하루아침에 완전히 버리는 것이 시대의 논의와 시대의 형세에 모두 맞지 않았다. 이러한 이유로 국문과 한자를 함께 사용하는 의견이 일어나 지난 십여 년 사이에 신문·잡지에 이런 방법을 따라 행함이 이미 오래지만, 그러나 그 문법을 보면 어떤 것은 한문문법에 국문토만 더하는 것도 있으며, (1) 어떤 것은 국문의 문법으로 사용하다가 돌연히 한문문법을 사용하고, (2) 또 어떤 것은 한문의 문법으로 사용하다가 돌연히 국문문

1 ≪畿湖興學報≫ 5호, 1908. 12. 25.

법을 사용하는 것도 있다.

비유해 보자면 '학이시습지불역열호(學而時習之不亦說乎)[2]' 한 구절을 나타내는 데 있어 혹자는 말하기를 '學而時習之면 不亦說乎아' 하니, 이것은 (1)에 속한 것이고, 또 혹자는 말하기를 '學하여 此를 時習하면 不亦說乎' 하니, 이것은 (2)에 속한 것이다. 동일한 내용, 동일한 구절을 여러 사람이 서술하는 것에 있어, 열 사람이 똑같지 않아서 문법의 서로 다르고 기이함이 이루 다 말하기 어려우니 안타깝다. 이것은 비록 미미한 일인 듯하나 기실 알고 보면 글을 쓴 사람이 이것으로 말미암아 그 마음이 황폐해지며, 글을 읽는 사람이 이것으로 말미암아 그 정신이 어지러워지고, 또한 저 청년으로서 학문하는 자들은 붓을 잡을 적에 따라야 하는 길을 알지 못하리니 그 피해가 어찌 적다고 하겠는가.

그러므로 오늘날에 문법을 통일하는 것이 곧 하나의 큰 급선무이기에, 이것을 통일하여야 학생의 정신을 통일하며 국민의 지식을 두루 일깨워줄 것이다. 이에 요즘 이와 같이 불규칙하고 조리가 없는 문으로 교과를 만들어 나라의 자제들을 가르치며, 책을 써서 뜻 있는 동포들에게 두루 보게 하니, 이것이 어찌 될 법한 일이겠으며, 또 이것이 어찌 되겠는가. 따라서 본인은 이 '문법통일' 네 글자를 각 학교의 문학과를 설립하는 모든 군자가 들어올리기를 깊이 바라는 바이다.

2 ≪논어≫의 「학이(學而)」에 나오는 공자의 말로, "배우고 때때로 익히면 또한 기쁘지 않겠는가"라는 뜻이다.

입력 원문

文法을 宜統一

申采浩

漢文은 漢文文法이 有ᄒᆞ며 英文은 英文文法이 有ᄒᆞ고 其他 俄法德伊等文이 莫不其文法이 自有ᄒᆞ니 目今世界現行各文에 엇지 無法의 文이 是有ᄒᆞ리오 마ᄂᆞᆫ 然이나 今韓國의 國漢字交用文은 尙且其法이 無ᄒᆞ도다.

韓國에 自來로 自國國文이 非無언마ᄂᆞᆫ 此ᄂᆞᆫ 一邊閣置ᄒᆞ야 女子及勞働界에만 行用되고 上等社會에ᄂᆞᆫ 漢文만 尊尙ᄒᆞ야 讀習ᄒᆞᄂᆞᆫ 바도 此에 在ᄒᆞ며 著作ᄒᆞᄂᆞᆫ 바를 此로 以ᄒᆞ더니

居然時代의 思潮가 一變ᄒᆞ야 彼佶屈聱牙ᄒᆞᆫ 漢文으로ᄂᆞᆫ 國民智識均啓ᄒᆞᆷ이 難ᄒᆞᆷ을 大覺ᄒᆞ며 又 自國國文을 無視ᄒᆞ고 他國文만 尊尙ᄒᆞᆷ이 不可ᄒᆞᆷ을 不悟ᄒᆞ고 於是乎國文을 純用코자 ᄒᆞ나 但 屢百年 慣習ᄒᆞ던 漢文을 一朝에 全棄ᄒᆞᆷ이 時義와 時勢에 均是不合ᄒᆞᆫ지라 所以로 國漢字交用의 議가 起ᄒᆞ야 十餘年來 新聞雜誌에 此道를 遵用ᄒᆞᆷ이 已久ᄒᆞ나 然ᄒᆞ나 其 文法을 觀ᄒᆞ건ᄃᆡ 或 漢文文法에 國文吐만 加ᄒᆞᄂᆞᆫ 者도 有ᄒᆞ며 (一)或 國文文勢로 下ᄒᆞ다가 突然히 漢文文法을 用ᄒᆞ고 (二)或 漢文文勢로 下ᄒᆞ다가 突然히 國文文法을 用ᄒᆞᄂᆞᆫ 者도 有ᄒᆞ야 譬컨ᄃᆡ「學而時習之不亦悅乎」一句를 譯ᄒᆞᆷ에 或曰 「學而時習之면 不亦悅乎아」ᄒᆞ니 此ᄂᆞᆫ 壹에 屬ᄒᆞᆫ 者오 或曰 「學ᄒᆞ야 此를 時習ᄒᆞ면 不亦悅乎」ᄒᆞ니 此ᄂᆞᆫ 二에 屬ᄒᆞᆫ 者라.

同一ᄒᆞᆫ 事項 同一ᄒᆞᆫ 句語를 五人이 敍述ᄒᆞᆷ에 十人이 不同ᄒᆞ야 文法의 離奇ᄒᆞᆷ이 名狀키 難ᄒᆞ니 噫라 此가 비록 細事인 듯ᄒᆞ나 其實은 著者가 此를 由ᄒᆞ야

其心이 荒ᄒᆞ며 讀者가 此를 由ᄒᆞ야 其腦가 眩ᄒᆞ고 抑彼靑年學文者ᄂᆞᆫ 筆을 操ᄒᆞᄆᆡ 所從의 途를 莫知ᄒᆞ리니 其害가 豈小ᄒᆞ리오.

故로 今日에 文法統一이 卽亦一大急務라 此를 統一ᄒᆞ여야 學生의 精神을 統一ᄒᆞ며 國民의 智識을 普啓ᄒᆞᆯ지어ᄂᆞᆯ 乃者如此不規則無條理의 文으로 敎科를 編ᄒᆞ야 國人子弟를 敎授ᄒᆞ며 書籍을 著ᄒᆞ야 有志同胞에 供覽ᄒᆞ니 是가 奚可며 是가 奚可리오 故로 吾ᄂᆞᆫ 此「文法統一」四字를 擧ᄒᆞ야 各學校의 文學科를 設ᄒᆞᄂᆞᆫ 諸君子에게 深祝ᄒᆞᄂᆞᆫ 바로라.

내용 요약

지금 한국에서는 한문과 국문을 섞어서 사용하고 있는데, 그 사용법조차 일치되어 있지 않음을 지적하고 국문을 통일해야 하는 필요성을 역설한다. 저자는 그동안 자국 국문을 하찮게 여기고 한문을 숭상했던 것이 옳지 않다고 말하며 국문을 사용해야 하지만, 그것이 하루아침에 이루어지는 것은 아니기 때문에 현재 한문과 국문이 어지럽게 사용되고 있음을 지적하고 있다. 그런데 이것은 미미한 일이라고 생각할 수도 있지만, 사실은 피해가 큰일이므로 문법을 통일하는 것이 대단히 급하고, 따라서 학교에서 문학과를 설립하는 군자들이 나서서 문법통일을 행할 것을 촉구하고 있다.

개념어	한문(漢文), 영문(英文), 국문(國文), 문법(文法), 문세(文勢), 국한자(國漢字), 세계(世界), 한국(韓國), 자국(自國), 사회(社會), 국민(國民), 시의(時義), 시세(時勢), 지식(智識), 교수(敎授)

부록 : 한문과의 작은이별(小別漢文)[3]

규표자(窺豹子)

사람들이 말하기를, 슬프고 침울하여 넋이 나가는 것은 오직 이별하는 것뿐이라고 하였다. 계문(薊門)[4]의 돌아가는 기러기와 역수(易水)의 찬바람[5]에, 내가 노래하고 네가 악기 축(筑)[6]을 타며[7] 상처와 피로 물든 서로를 바라보는 것은 협객의 소굴에서 장사(壯士)를 송별함이다. 사방을 둘러싼 산빛과 해질녘 오래된 길[8]에서 눈빛을 주고받고 눈물 섞으며 (이별의 슬픔에) 마음을 빼앗기는 것은 주인이 나그네를 송별함이다. 뜬구름같이 허망한 송별이 비록 가지각색이지만, 오늘 청문(靑門)에서 버드나무 가지를 꺾어[9] 이 한문이란 오랜

3 ≪畿湖興學報≫ 5호, 1908. 12. 25.

4 계문(薊門): 薊丘 혹은 薊邱라고도 한다. 중국의 옛 지명. 北京城 서쪽 德勝門 밖 西北쪽 모퉁이에 있었다. 계문 연수(薊門煙樹: 계문의 안개 덮인 숲)는 연경팔경(燕京八景: 연경의 여덟 가지 좋은 경치) 중의 하나로 꼽힌다.

5 역수가(易水歌) : '風蕭蕭兮易水寒, 壯士一去兮不復還' 진시황을 죽이기 위해 역수(易水)를 건너기 전 자객 형가(荊軻)가 읊은 시

6 축(筑): 고대 현악기의 일종으로, 거문고처럼 竹尺으로 소리 내는 악기.

7 사마천 ≪사기(史記)≫「자객열전(刺客列傳)」을 보면, 형가가 진시황을 암살하러 가기 전 역수(易水) 강변에서 연나라 태자 단(丹) 및 빈객들과 이별할 때, 형가와 방약무인(傍若無人)의 우정을 맺은 벗인 고점리(高漸離: 형가가 진시황 암살에 실패하고 살해당한 뒤, 고점리 역시 자객이 되어 진시황 암살을 기도했으나 역시 실패하고 죽음을 맞았다)가 악기인 축을 타고, 형가가 이에 화답하여 노래를 부르자 사람들이 모두 그 강개한 노래에 눈물을 흘리며 감동했다고 한다.

8 석양고도(夕陽古道): '古道'는 오래된 도로를 말한다. 이별의 정황을 그린 明 高濂≪玉簪記·追別≫에, "夕陽古道催行晚, 聽江聲淚染心寒"이란 구절이 있다.

9 옛 장안(長安) 동쪽 패성(霸城)의 문(門)을 청문(靑門)이라 칭했고, 청문 밖에 있는 다리를

벗을 송별하는 일처럼 각별한 정회가 또 어디에 있겠는가? 슬프구나. 내가 당신과 교분을 맺은 지도 그동안 30여 년이 되었다. 희로애락(喜怒哀樂)에 서로 교제한 것이 오래되었고, 풍우한서(風雨寒暑)에 더불어 지내온 세월이 깊어서, 밝은 달이 비치는 누대에 그림자가 형체에 따라 바뀌고 영지(靈芝)가 있는 정원에 영지향이 맛을 따라 동화되듯, 국화주가 익자 당신과 마주대하여 주거니 받거니 마시고, 백설가 소리 높을 적에 당신과 어울려 노래를 주고받았으니, 사계절의 가벼운 이별을 애석해할 뿐만이 아니라 햇볕 쪼이는 짧은 시각만큼의 잠시잠깐 이별도 견디지 못함은 삼십년간의 옛 우정일 뿐만이 아니라 이천년간 대대로 이어져온 교분이기도 하다. 이 같은 정분을 맺고서 손을 잡고 다리 위에서 송별함[10]에 갑작스레 헤어지게 되니 그립고 애타서 정처 없이 방황하는 마음이 어찌 끝이 있겠는가. 비록 그러하나 오늘은 새로운 세계이다. 먼 이별을 애석해 하는 것은 마치 아녀자가 정에 얽매여 헤어지기 어려워하는 것과 같으니, 머뭇거리지 않고 단번에 끊어버리는 대장부의 마음으로 이별을 받아들이겠다. 종(種)마다 풍토물정(風土物情)이 다르고, 언어와 명칭이 다르건만, 네가 삼천년 전 식견으로 삼천리 산과 강에 떠돌아다니며 환골탈태의 수법과 청산유수의 달변으로 서서히 물들여 미혹시키고 견강부회하여 꽃을 스치는 춘심(春心)을 일으키고 부스럼딱지를 즐겨 먹는 고질적인 기벽[11]을 길

패교(霸橋)라 했는데, 한인(漢人)이 여기에서 많이들 가는 이를 떠나보내면서 버드나무를 꺾어 증별(贈別)했다. 후에 이로 인하여 '청문의 버드나무 [靑門折]'는 증별(贈別) 혹은 송행(送行)에 대한 전고(典故)가 되었다. 백거이(白居易)의 시 〈靑門柳〉(≪白樂天詩集≫ 권19)에, "도성 문 가까이서 송별을 많이 하는지라, 긴 가지 모두 꺾여 봄바람이 줄었네 [爲近都門多送別 長條折盡減春風]"라는 유명한 구절이 있다.

10 한(漢)나라의 이릉(李陵)이 소무(蘇武)와 작별할 때 준 시인 〈與蘇武〉에, "손을 잡고 하량(강 위의 다리)에 올랐거니, 나그네는 날 저무는데 어디로 가나 … 가는 사람 오래 붙들기 어려워, 길이 그리워하자고 각자 말하네 [携手上河梁 遊子暮何之 …行人難久留, 各言長相思]"라는 구절이 있다. 이후 하량(河梁)은 송별하는 장소를 가리키는 말이 되었다.

11 일반적인 사람들이 납득하기 힘든, 매우 특이한 기호를 말한다. ≪남사(南史)≫「유옹전(劉邕傳)」에, 옹(邕)이 부스럼딱지를 즐겨 먹으며 복어와 같은 맛이라고 여기는 유별난 기호가 있었는데, 한번은 옹이 맹영휴(孟靈休)를 찾아갔을 때 맹영휴가 부스럼병을 앓아 침상에 그 부스럼딱지가 떨어진 것을 옹이 주워 먹었다는 일화가 있다.

러내어, 사람으로 하여금 너를 알아주면서 나 자신은 꺼리고, 저것을 귀히 여기면서 이것은 천시하는 데 이르도록 하였다. 그리하여 오늘날 이 지경에 이르러서는 집안 살림이 형편없고 생계가 막막해서, 사마상여(司馬相如) 집에 사면의 벽만 덩그러니 선 듯,[12] 두자미(杜子美) 집의 지붕이 새어 침상마다 빗물에 젖은 듯하여,[13] 목전의 사세가 나도 붙들어 말릴 수 없고 너도 차마 떠나지 않을 수 없는 상황이니, 그대와 잡은 손 놓고 서로 이별함이여! 초산(楚山)이 천겹이고, 진수(秦水)가 만겹인데, 당신을 북(北)으로 보내려고 하니 이 애처로운 마음을 어찌하면 좋겠는가? 옛날 당신이 왔을 때는 젊어서 혈색도 좋고 건강했는데, 당신이 돌아가는 지금은 흰 머리의 노인이 되었으니 슬프구나. 듣자니 당신의 고향은 상전벽해로 변하여 전원(田園)이 매우 황폐해졌다고 하던데, 돌아가면 다시 새로운 공기를 마시고 새로운 사상을 떨쳐내어 예전 것을 되찾고, 문명을 발달시켰으면 한다. 나 역시 과거의 습관을 철저히 고치고 집일을 정돈하여, 나의 논밭을 내가 구획하여 다스릴 것이다. 또 내 집에 거처하면서 형과 아우가 화목하게 서로 좋아하고,[14] 흰 저고리 초록 치마 소박하게 차려입은 아내가 나를 기쁘게 할 것이다.[15] 원컨대 장차 내 조국의 훈민정음으로 세상의 종을 울려서, 내 이천만 동포의 귀머거리, 벙어리처럼 흐리멍덩하고 어리석은 꿈을 깨어 버릴 것이니, 떠날지어다. 마부가 늦었음을 고하고 휘파람 소리가 갈 길을 재촉하네. 그대에게 다시 한잔 술을 권해 올리자니 덧없는 인생이 터무니없게 느껴지는구나. 또 어찌 알랴, 나중에 바람에 흩날리던 버들

12 사벽(四壁): ≪史記≫「司馬相如列傳」을 보면, 탁문군(卓文君)이 사마상여(司馬相如)에게 반하여 성도(成都)에 있는 사마상여의 집에 갔는데, 그의 집에는 (아무것도 없고) 사면에 벽만 있을 뿐 [徒四壁立]이었다고 한다. 그 뒤로 "四壁"은 집이 빈한하여 아무런 소유물이 없는 상태를 가리키는 말로 쓰인다. (출처: 중국 한어대사전)

13 두보(杜甫)의 시 〈茅屋爲秋風所破歌〉(≪杜少陵詩集≫ 권10)에 "침상마다 지붕 새어 마른 곳이 없는데, 삼대 같은 빗줄기는 끊길 줄 모르고 쏟아지네[床床屋漏無乾處 雨脚如麻未斷絶]"라는 구절이 있다.

14 兄及弟矣 式相好矣: ≪詩經≫「小雅」'斯干'의 한 구절.

15 縞衣綦巾 聊樂我員: ≪詩經≫「鄭風」'出其東門'의 한 구절. 어떤 남자가 음분(淫奔)한 여자를 보고, 이 많고 아름다운 여인들보다, 소박한 자신의 아내가 더 사랑스러움을 읊는 내용.

개지가 모여들듯, 물결과 거품이 합쳐지듯 다시 만나게 되지나 않을지? 그대를 탓하지 않고 때때로 북풍에 좋은 말씀 실어 전해줄지어다. 다른 날 태평시절 풍년든 해 봄날 한창일 적 환한 경치 만발할 때를 기다려서 승평문(昇平門) 밖에 있는 안락와(安樂窩)에서 너를 만나도 늦지 않을 것이다.

한문이 아시아 동쪽 여러 나라에서 널리 쓰이는 문자이기에 폐함이 불가능하지만, 우리 한국의 경우를 가지고 말해보자면 국문 교육이 한문보다 나아, 간편해서 어리석은 이들을 깨우치기 쉬우므로 우리 민족의 길과 법도로 적당하니, 오늘 이와 같이 쓴 것이, 경솔하고 망령되어 어린애가 억지로 뜯어 맞춰 놓은 어수룩한 꼴에 가깝지나 않을런지. 부디 한문 하는 여러 선생들은 잘 양해하시어 그쳐 주시길 바라노라.

입력 원문

小別漢文

窺豹子

人亦有言호ᄃᆡ 黯然銷魂者ᄂᆞᆫ 惟別而已라 ᄒᆞ니 薊門歸鴈과 易水寒楓에 我歌爾筑이 扶血相視者ᄂᆞᆫ 俠藪之送壯士也오. 四圍山色과 夕陽古道에 眉去眼來ᄒᆞ야 和淚心醉者ᄂᆞᆫ 佳人之送遊子也니 浮雲送別이 縱有多端ᄒᆞ나 寧有如 今日 青門折柳에 送此漢文故人之情懷者乎아. 嗟乎라. 吾與子論交가 邇來三十有餘年이라. 喜怒哀樂에 相與周旋者ㅣ 久ᄒᆞ고 風雨寒暑에 與共閱歷者ㅣ 深ᄒᆞ야 明月樓臺에 影隨形轉ᄒᆞ고 靈芝林園에 臭從味同ᄒᆞ야 黃花酒熟에 對子酬飮ᄒᆞ고 白雪歌高에 拚子唱和ᄒᆞ니 不惟惜時月之輕別이라 卽不忍晌刻之暫離오 非徒三十年之故交라 亦我二千年之世交니 以如是之契誼로 携手河梁에 遽爾分張ᄒᆞ니 其戀戀徘徊之情이 容有極哉아. 雖然이나 今日은 新世界也라. 千里惜別은 兒女子의 纏綿常態오 一刀割斷은 大丈夫의 磊落剛腸이니 子以三千年前 識見으로 旅遊三千里外山川ᄒᆞ야 其風土物情이 種種 殊異ᄒᆞ고 言語名稱이 種種 差別이거ᄂᆞᆯ 子以換骨脫胎之手法과 開山懸河之舌辯으로 熏染迷惑ᄒᆞ고 傳會牽合ᄒᆞ야 惹起掠花之春心ᄒᆞ고 養成嗜痂之痼癖ᄒᆞ야 致令人으로 知子而忌我ᄒᆞ고 貴彼而賤此ᄒᆞ야 到如今에 家事가 剝落ᄒᆞ고 生計가 茫蒼에 相如之四壁이 徒立ᄒᆞ고 子美之屋漏가 床床ᄒᆞ야 目下事勢가 吾無以挽執이오 子無以留連이니 行與子分袂兮여 楚山이 千疊이오 秦水가 萬重이라 送君北轅에 傷如之何오. 昔子之來에 紅顔强壯터니 今子之歸에 皓首悲歎이라 聞子之鄕에 滄桑이 變遷ᄒᆞ고 田園이 荒蕪라 ᄒᆞ니 子歸之日에 吸收新空氣ᄒᆞ고 奮發新思想ᄒᆞ야 光復舊物

에 開進文明ᄒᆞ라 吾亦痛改前習에 整頓家事ᄒᆞ야 我有田地에 我疆我理ᄒᆞ고 我有家屋에 爰居爰處ᄒᆞ야 兄及弟矣가 式相爲好오 縞衣綦巾이 聊樂我員이라 願將我 祖國訓民正音警世鍾ᄒᆞ야 打破我二千萬同胞의 如聾似啞醉昏夢ᄒᆞ노니 行矣哉어다. 僕夫가 告晏ᄒᆞ고 汽嘯가 催程이라 勸君更進一盃酒ᄒᆞ노니 浮生이 可笑라. 又安知不風絮聚浪泡合乎아 將子無尤ᄒᆞ고 時因北風ᄒᆞ야 以惠德音이어다 待他日時和歲豊ᄒᆞ고 春闌景明ᄒᆞ야 會子於昇平門外安樂窩中이 尙未晩也리라.

漢文이 爲亞東列國通行之文에 廢之不可ᄒᆞ나 以我韓言之ᄒᆞ면 國文教育이 勝於漢文ᄒᆞ니 以其淺而簡捷에 易於牖蒙ᄒᆞ야 適於我民之程度也니 今此 云云이 率爾狂妄에 得無近於小兒之强作解事耶아 尙望漢文諸先生은 庶其諒止ᄒᆞ노라.

내용 요약

≪기호흥학회월보≫ 5호 '文法을 宜統一' 뒤에 부록으로 실린 글이다. 저자는 窺豹子라 되어 있으나 누구인지는 알 수 없다. 내용을 요약하면 다음과 같다.

우리나라가 오랫동안 한문을 사용하여 왔고 한문과 깊은 관계에 있어 왔지만, 이제 한문으로는 새로운 시대를 따라 갈 수 없음을 알아차리고 저자는 한문과의 이별을 고한다. 그리고 한문보다 배우기 쉽고 편리한 국문을 사용하는 것이 새로운 지식을 습득하고 새로운 흐름을 따라가는데 적합하다고 한다. 한문을 하는 것은 나중에 해도 늦지 않으니, 지금은 민족의 나아갈 길을 유념하여 한문 사용을 그치고 국문을 사용할 것을 당부하고 있다.

개념어

한문(漢文), 국문(國文), 교육(教育)

34. 어학의 성질(語學의 性質)[1]

원석산인(圓石散人)

대저 어학은 교제상 필요한 것이라. 내 마음의 장단(長短)을 내 입으로 말하지 않으면 어느 누가 알 것이며, 내 마음의 흑백을 내 입으로 말하지 않으면 어느 누가 알리오. 마음을 전달하여 사람으로 하여금 기뻐하고 노여워하며 슬퍼하고 즐거워할 수 있게 하는 것은 언어로 매개를 하지 않고서는 불가하니 교제가는 반드시 이를 배우는 데 힘써야 한다. 그러나 사실상 성패는 언어에 있지 않고 바로 지식에 있으니 이는 어째서인가. 상업의 언어는 영어를 최고로 치지만 영국인도 빈부가 있고, 조약의 언어는 프랑스어를 기준으로 삼지만 프랑스인[2]도 승패가 있는데, 하물며 다른 나라 사람이 영국과 프랑스의 지식이 없는 채로 단지 영국과 프랑스의 언어만 익히면 영국과 프랑스의 빈자, 패자에 불과할 것이니, 그렇다면 이것이 가히 집안을 이롭게 하고 정말 나라를 이롭게 하겠는가. 폴란드의 패망함이 러시아의 언어를 하지 못하는 것에서 유래한 것이 아니라 실은 러시아의 지식에 이르지 못한 데에서 비롯된 것이고, 인도가 패망한 이유는 영국의 언어를 하지 못함에 있는 것이 아니라 실은 영국의 지식에 이르지 못하는 데에 있었다. 이런 이유로 서양의 지혜로운 자가 말하길 "강성한 이웃 나라의 지식 없이 강한 이웃의 언어만 습득하면 이는 우리 백성들을 몰아다가 남에게 줘버리는 것이다"라고 하니, 아, 슬프도다! 저 몽매한

1 ≪大韓協會會報≫ 11호, 1909. 2. 25.
2 본문에는 英人이라 표기되어 있지만 문맥상 法人을 칭하는 것으로 보인다.

무리는 우리의 역사를 모르며, 우리의 지리를 모르며, 또 우리의 조상을 모르는 것이 다반사다. 본국에 있어도 가난한 자, 천한 자, 어리석은 자, 약한 자가 되는 것을 면하지 못하는데 하물며 감히 저 강한 이웃 나라와 너나들이하는 대등한 사이가 될 수 있겠는가. 이 무리가 외국어를 대강 거칠게 이해하면 교제의 본의에 힘쓰지 않고 공적으로는 임금도 신하도 없고, 사적으로는 아버지도 자식도 없어서 상대를 호랑이처럼 보고 우리 자신은 노예처럼 보는 데 이르는 법이니, 이 어찌 우리 백성을 몰아다가 남에게 줘버리는 것이 아니겠는가. 천하의 여러 망국의 사례들에는, 반드시 이런 원통함이 있는 것이다. 이 때문에 여러 나라들의 교과는 외국의 학문 외에는 외국어가 없으니, 대개 자국의 이성(彝性)이 견고하지 않으면 외국에 영합하는 짐승 같은 마음이 자연히 발생하기 때문이다. 오늘 우리나라 사람들이 모두 중학수업을 받는가. 우리 모두는 자국의 성질을 가지는가. 중학수업이 없으며 자국의 성질이 없는 상태에서 온통 외국어만 배운다면 전국의 장래 수준을 뻔히 알 만하다. 예전에 영국인이 남미에 들어와 원주민(土人)에게 말하길 "나는 소수인이요, 너는 다수인이다. 소수인 자로서 마땅히 다수의 사람들이 쓰는 언어를 배워야 하겠지만 너는 남의 언어를 학습하는 것을 좋아하는 특성을 갖고 있으니 너는 마땅히 이를 배우라"하여 처음에는 원주민을 꾀어내고 마침내 그들을 억압하여 영어가 아니면 출판과 교역을 자유롭지 못하게 하니, 원주민의 언어는 이를 따라 없어졌다. 오늘에 이르러 옛 남미 산하에 혹시 원주민의 언어가 하나라도 남아 있다는 얘기를 들어 보았는가.

우리나라 사람의 성질이 불행히도 그들과 비슷할 따름이다. 삼남(三南)[3]이 심하고, 교남(嶠南, 영남)[4]이 더욱 심하다. 내가 보기에 영남에 있는 수 십 개의 학교에 그 성질이 깊이 나타나니, 심상(尋常)과 고등과 할 것 없이 반드시 외국어에만 힘써 그들의 부모와 형제가 어학이 아니면 학교가 아니라고 하고 그들의 동배(同輩)가 어학이 아니면 또한 학교가 아니라 하여 그 외 자신을

3 삼남(三南): 충청도, 전라도, 경상도를 가리킨다.

4 嶠之南, 즉 嶠南(교남): 영남(嶺南)과 동의어.

위하고 가정을 위하고 나라를 위한 수많은 일을 하는 것은 까마득히 모르니, 이를 두고 국민이라 할 수 있겠는가. 오늘날 열국의 강성함은 그 공(功)이 열국의 언어에 있는가? 오늘날 우리 대한의 약함은 그 죄가 우리 대한의 언어에 있는가? 교육계에 서 있는 자는 어찌 이를 생각하지 않을 수 있을까. 저쪽의 지식이 없는 채로 저쪽의 언어만 습득하면, 그와 같아질 수 있단 말인가? 나라를 위한다는 자가 꼭 교육 교육을 말하고, 백성을 위한다는 자가 꼭 교육 교육을 말하나 실상은 제 몸을 스스로 버리고 제 백성을 스스로 해치는 것에 지나지 않으니 어찌 공공 재산, 민의 재산으로 이 학교를 설립하겠는가. 그러므로 나는 중학 과정 이하의 학생들을 외국어 공부로 몰아넣는 것을 보노라면, 한편으로는 청년 후진들을 애달파하게 되고, 또 한편으로는 백발 부형들을 불쌍히 여기게 된다. 아아!

입력 원문

語學의 性質

圓石散人

夫 語學은 交際上 必要物이라. 我心之長短을 我口로 不言ᄒᆞ면 彼何知之며 我心之黑白을 我口로 不言ᄒᆞ면 彼何知之리오. 輪之情而能使人으로 爲喜爲怒ᄒᆞ며 爲哀爲樂은 莫不以語爲介ᄒᆞ다니 故로 交際家ᄂᆞᆫ 必務是學이라. 然이나 事實之成敗ᄂᆞᆫ 非在言語오 直在智識이니 何者오 商務之語ᄂᆞᆫ 以英爲最而英人도 有貧當ᄒᆞ고 條約之語ᄂᆞᆫ 以法爲準而英人도 亦有勝負커든 況 他國之人이 無英法之 知識而徒習英 法之言語ᄒᆞ면 不過是英法之貧者負者矣리니 然則 此 可利家乎아 此 果利國乎아 波蘭之亡이 非由乎不能俄之言語라 實由乎不及俄之智識이오 印度之滅이 非在乎不能英之言語라. 實在乎不及英之智識이니 故로 西哲이 曰 無强隣之智識而習强隣之言語ᄒᆞ면 是ᄂᆞᆫ 驅民而與人也라 ᄒᆞ니 嗚乎라. 彼蒙昧之徒ᄂᆞᆫ 不知我之歷史ᄒᆞ며 不知我之地理ᄒᆞ며 又 不知我之祖先者多矣라. 在本國ᄒᆞ야도 不免爲貧者賤者愚者弱者어든 矧敢與彼强隣으로 曰吾曰爾哉아 此 輩가 粗解外語ᄒᆞ면 不務其交際之本義ᄒᆞ고 公焉而無君無臣ᄒᆞ며 私焉而無父無子ᄒᆞ야 至有見彼如虎ᄒᆞ고 見我如奴ᄒᆞ나니 此豈非驅民而與人者哉아 天下之亡國者ㅣ 必有是痛이라. 是以列國之教科ᄂᆞᆫ 外學之外엔 無外語ᄒᆞ니 盖自國之彛性이 不堅이면阿外之獸心이 自生이라. 今 我韓人이 皆受中學之業乎아 皆有自國之性乎아 無中學之業ᄒᆞ며 無自國之性ᄒᆞ고 滔滔是學이면 全國未來之程度ᄂᆞᆫ 盖可知也라. 昔者에 英人이 入南米ᄒᆞ야 語土人 曰 我ᄂᆞᆫ 小數人이오 爾ᄂᆞᆫ 多數人이라. 以小數로 宜學多數之語나 爾ᄂᆞᆫ 有好學人語之特性ᄒᆞ니

爾宜學之라 ᄒᆞ야 初以誘之ᄒᆞ고 末以壓之ᄒᆞ야 非英語면 出板回易을 不得自由케 ᄒᆞ니 土語ᄂᆞᆫ 從是而絶이라. 至今 舊南米山河에 聞或有一個土語乎아 我國人性이 不幸與彼近之耳라. 三南이 爲甚而嶠之南이 居其尤也로다. 余閱嶠南之數十學校에 深知其性質ᄒᆞ노니 無論 尋常高等ᄒᆞ고 必以外語로 爲專門ᄒᆞ야 彼之父兄이 非語學이면 以謂非校라 ᄒᆞ고 彼之儕類ㅣ가 非於學이면 亦以爲非校라 ᄒᆞ야 其他 爲己爲家爲國之千萬事爲ᄂᆞᆫ 茫然不知ᄒᆞ니 此 可謂國民乎아 今日列國之强이 其 功이 在於列國之語乎아 今日 我韓之弱이 其 罪가 在於我韓之語乎아 立於教育界者ᄂᆞᆫ 盍思之乎아 無彼之智識而習彼之言語ᄒᆞ면 能與齊乎아 爲國者ㅣ 必 曰 教育教育이오 爲民者ㅣ 亦必 曰 教育教育이나 不過自棄其身이오 自賊其民이니 豈以公財民産으로 設此學爲哉아. 故로 余ᄂᆞᆫ 見中學科以下를 驅諸外語ᄒᆞ면 一以悲其青年後進이오 一以弔其白髮父兄ᄒᆞ노라 噫라.

내용 요약

이 글은 지식을 도외시하고 외국어만을 숭상하는 풍토에 대해 비판을 가하고 있다. 저자는 폴란드와 인도가 각각 러시아와 영국에 의해 지배당하게 된 역사적 사실을 들어 그 원인이 강국의 지식을 습득하지 못한 데에 있음을 강조한다. 또한 남미 원주민의 예를 들어 우리나라의 언어 자체가 소멸될 위험에 대해서도 경계하고 있다. 서양 열국의 외국어와 대비되어 지켜야 하는 것으로서 중학수업과 우리나라의 性을 중요시하는 점이 흥미롭다. 특히 충청도·전라도·경상도, 그 중에서도 영남의 학교에서 외국어만을 학습하는 정도가 심함을 지적하며 진정으로 백성과 국가를 위하는 것이 무엇인지 알지 못한다고 비판한다.

개념어	어학(語學), 언어(言語), 역사(歷史), 지리(地理), 외학(外學), 외어(外語), 국가(國家), 열국(列國), 지식(知識), 교육(教育), 학교(學校), 토인(土人)

35. 한나라 말[1]

주시경(周時經)

말은 사람과 사람의 뜻을 통하게 하는 것이다. 같은 말을 쓰는 사람끼리는 그 뜻이 통하여 서로 도와 살면서 저절로 한 덩이가 되고, 그 덩이가 점점 늘어나 큰 덩이를 이루는 법이니 사람의 가장 큰 덩이는 나라다. 그러므로 말은 나라를 이루는 것인데, 말의 힘이 올라가면 나라의 힘이 올라가고 말의 힘이 내려가면 나라도 힘이 내려가니 말과 나라의 위상은 함께 높아지고 함께 낮아진다. 이러하니 나라마다 그 나라의 말에 힘쓰지 않을 수 없다.

글은 말을 담는 그릇이니 이지러짐이 없고 자리를 반듯하게 잡고서 굳세게 선 뒤에야 그 말을 잘 지킬 수 있다. 글은 또한 말을 닦는 기계니 기계를 먼저 닦은 뒤에야 말이 잘 닦아지는 것이다.

말과 글은 그 나라에 매우 요긴하나 다스리지 않고 묵히면 거칠어져 나라도 점점 위상이 낮아진다. 말이 거칠면 말을 적는 글도 거칠어지고, 글이 거칠면 그 글로 쓰는 말도 거칠어진다. 말과 글이 거칠면 그 나라 사람의 뜻과 일이 다 거칠어지고 말과 글이 다스려지면 그 나라 사람의 뜻과 일도 다스려질 것이다.

이러하므로 나라를 나아가게 하고자 하면 나라 사람을 일깨워야 하고, 나라 사람을 일깨우고자 하면 먼저 말과 글을 다스린 뒤에야 되는 것이다. 또 나라 말과 나라 글은 그 나라 곧 그 사람들의 무리가 천연으로 이 땅덩이 위에 홀로 서는 나라가 될 수 있는 특별한 빛이다. 이 빛을 밝히면 나라가 홀로 서는

1 ≪普中親睦會報≫1호, 1910. 6. 10.(참고:≪국문론집성≫ 목차에 1910.6.1.로 잘못 나와 있음.)

일도 밝아지고 빛을 어둡게 하면 나라가 홀로 서는 일도 어두워진다.

「우리나라의 뜻 있는 이들이여! 우리나라 말과 글을 다스려 주시기를 바라는 바이며, 어리석은 말을 이 아래에 적어, 큰 바다에 물방울 하나 정도의 조금이나마 보탬이 될까 하나이다.」

어느 나라 말이든지 알고자 하면 먼저 그 소리를 알아야 되니 우리나라 말도 풀어보려면 먼저 소리를 알아야 할 것이다. 이러하므로 소리의 어떠함을 아래에 먼저 말하겠다.

한나라 글의 소리

소리의 남

몬(물건)이 움직이는 것이다.

몬은 우리나라 말로 한자의 '物과' 같은 이름이니 東言[2]解에 기록된 것이다.

이는 고체(固), 액체(液), 기체(氣) 세 가지를 다 이른다.

소리의 퍼짐

기의 결이다.

결은 물결이나 나뭇결이라 하는 결이다.

소리의 빛

소리가 나는 물체의 성질에 따라 서로 다른 것이다.

(본) 사람과 사람이 서로 다름과 쇠와 나무가 서로 다름과 같은 것을 말한다.

으뜸소리

스스로 나는 소리를 영국 말로 바웰(VOWEL)이라 한다. 청국과 일본에서 모음이라 하는 것이다.

(본) ㅏㅓㅗㅜㅡㅣㅑㅕㅛㅠ ㅘㅝㅙㅞ 같은 것들이다.

2 동언(東言): '東言考略'의 줄임말. 국어 어원을 해석한 책이다.

붙음소리

으뜸소리와 더불어 나는 소리를 영국 말로 칸손앤(CONSONANT)이라 한다. 청국과 일본에서 자음이라 하는 것이다.

(본) ㄱㄴㄷㄹㅁㅂㅅㅇㅈㅊㅋㅌㅍㅎㆁㅿㆆ 같은 것이다.

여기서 (본)이란 본보기의 준말로 한자의 예(例)와 같은 뜻으로 사용한다.

으뜸소리와 붙음소리를 예를 들어 '가'를 가지고 풀어 말하면, ㅏ는 ㄱ이 없어도 스스로 소리가 나지만, ㄱ은 그 소리가 있으나 홀로 나지 못하고 ㅏ에 붙은 뒤에야 소리가 난다. 말의 소리를 알려면 먼저 으뜸소리와 붙음소리의 다름을 자세히 알아야 한다.

으뜸소리의 홑과 겹

ㅏㅓㅗㅜㅡㅣ 홑소리

홑소리는 둘 이상으로 나눌 수 없는 것을 이르는데, 우리글의 으뜸소리가 여섯 뿐이지만 적지 못할 말이 없으니 이것은 우리나라 말의 으뜸소리가 깨끗하고 뚜렷하며 또 그 소리의 홑몸을 잘 찾아내어 글을 만드신 까닭이다.

ㅑㅕㅛㅠㆍㅐㅔㅚㅟㅢㅘㅝㅙㆇ와 같은 것은 다 겹소리다.

겹소리는 모두 홑소리 ㅏㅓㅗㅜㅡㅣ가 겹쳐 된 것이다. ㅑ는 ㅣㅏ가 겹쳐진 것이요, ㅕ는 ㅣㅓ가 겹쳐진 것이요, ㅛ는 ㅣㅗ가 겹쳐진 것이요, ㅠ는 ㅣㅜ가 겹쳐진 것이요 ㆍ는 ㅣㅡ가 겹쳐진 것이요, ㅐ는 ㅏㅣ가 겹쳐진 것이요, ㅔ는 ㅓㅣ가 겹쳐진 것이요, ㅚ는 ㅗㅣ가 겹쳐진 것이요, ㅟ는 ㅜㅣ가 겹쳐진 것이요, ㅢ는 ㅡㅣ가 겹쳐진 것이요, ㅘ는 ㅗㅏ가 겹쳐진 것이요, ㅝ는 ㅜㅓ가 겹쳐진 것이요, ㅙ는 ㅗㅏㅣ가 겹쳐진 것이요, ㆇ는 ㅣㅗㅏㅣ가 겹쳐진 것이니 그 나머지는 모두 이러하다.

한 예를 들어 말하면 ㅘ는 ㅗㅏ가 겹쳐 나는 소리를 적은 것인데, ㅗ를 왼쪽에 쓰고 ㅏ를 오른쪽에 쓰는 것은 소리가 겹쳐 날 때 ㅗ는 왼쪽에서 나고 ㅏ는 오른쪽에서 나기 때문이 아니라, 훈민정음例를 따라 이렇게 쓴 것으로 ㅗ가 먼저 소리 나고 ㅏ가 나중에 겹쳐서 소리가 나기 때문이다.
'가'와 같은 소리도 'ㄱ'이 먼저 소리 나고 ㅏ가 나중에 겹쳐서 소리가 나기 때문에 ㄱ을 왼쪽에 쓰고 ㅏ를 오른쪽에 쓴 것으로 훈민정음例를 따른 것이다.
'그리엇다'라는 말을 흔히 '그렷다'라고 하는데, '엇'의 ㅇ은 보이기만 할 뿐 소리는 없으므로 '그리'의 끝소리 ㅣ와 ᅟᅥᆺ의 첫소리 ㅓ를 겹쳐 내는 것이다. 이것만 미루어 보이도 ㅣㅏ의 겹소리가 ㅑ요, ㅣㅗ의 겹소리가 ㅛ요, ㅣㅜ의 겹소리가 ㅠ가 된 것인 줄 따로 말하지 않아도 충분히 알 것이다.

붙음소리의 홑과 겹

ㄱㄴㄷㄹㅁㅂㅅㅇㅈㅎ 홑소리
ㆁㆆㅿ 이 셋은 다음에 따로 말하겠다.

ㅊㅋㅌㅍㄲㄺ과 같은 것들은 모두 겹소리다.
ㅊ는 ㅈㅎ나 ㅎㅈ의 겹소리
ㅋ는 ㄱㅎ나 ㅎㄱ의 겹소리
ㅌ는 ㄷㅎ나 ㅎㄷ의 겹소리
ㅍ는 ㅂㅎ나 ㅎㅂ의 겹소리
ㅊㅋㅌㅍㄶㅎㄴㅎㄹ ㅀ과 같은 것들은 섞임소리로 두 소리가 먼저 나고 나중에 나는 것이 아니라 한 번에 소리가 나는 것이니, 곧 ㅎ이 어떤 소리와 겹쳐 나는 것이다. 이것은 ㅎ이 섞이는 바탕이 되기 때문이다.
ㄲᄔㄸᄙ ㅁㅁ ㅃㅆㆀㅉ와 같은 것들은 짝소리로 이것은 같은 소리끼리 겹쳐서 소리 나는 것을 이른다.
ㄺㄼ과 같은 것들은 덧소리로 이것은 먼저 소리 나고 나중에 소리 나는 차이가 있다.

으뜸소리와 붙음소리가 각기 홑과 겹이 다르니 맑음과 흐림으로 말하면 홑소리는 맑고 겹소리는 흐리다고 할 수 있고, 가벼움과 무거움으로 말하면 홑소리는 가볍고 겹소리는 무겁다고 할 수 있으며, 쉬움과 어려움으로 말하면 홑소리는 쉽고 겹소리는 어렵다고 할 수 있다.

한문에서 이렇게 다름을 가르는 법은 첫 소리인 붙음소리만 말하는데 이를 청탁(淸濁)이라 한다. 홑소리는 전청(全淸)이라 하고, 섞임소리 곧 ㅎ이 겹친 것은 차청(次淸)이라 하고, 짝소리 곧 같은 소리가 겹친 것은 전탁(全濁)이라 하고, 疑尼明微喩來日母는 불청불탁(不淸不濁)이라 하는 네 가지 다름으로 만들었는데 이에 대해서는 풀어 말할 것이 많으므로 다음에 다시 말하고 여기에서는 이런 것이 있다는 것만 말하겠다.

입력 원문

한나라 말

周時經

말은 사람과 사람의 뜻을 통하는것이라.

한 말을 쓰는 사람끼리는 그 뜻을 통하여 살기를 서로 돕아 줌으로 그 사람들이 절로 한 덩이가 지고 그 덩이가 졈졈 늘어 큰 덩이를 일우나니 사람의 데일 큰 덩이는 나라라.

그러함으로 말은 나라를 일우는 것인데 말이 오르면 나라도 오르고 말이 나리면 나라도 나리나니라.

이러함으로 나라마다 그 말을 힘쓰지 안이할수 없는 바니라.

글은 말을 담는 그릇이니 이즐어짐이 없고 자리를 반듯하게 잡아 굳게 선 뒤에야 그 말을 잘 직히나니라.

글은 또한 말을 닦는 긔계니 긔계를 몬저 닦은 뒤에야 말이 잘 닦아지나니라.

그 말과 그 글은 그 나라에 요긴함을 이로 다 말할 수가 없으나 다스리지 안이하고 묵히면 덕거칠어지어 나라도 졈졈 나리어 가나니라.

말이 거칠면 그 말을 적는 글도 거칠어지고 글이 거칠면 그 글로 쓰는 말도 거칠어지나니라.

말과 글이 거칠면 그 나라 사람의 뜻과 일이 다 거칠어지고 말과 글이 다스리어지면 그 나라 사람의 뜻과 일도 다스리어지나니라.

이러함으로 나라를 나아가게 하고자하면 나라 사람을 열어야 되고 나라 사람을 열고자하면 몬저 그 말과 글을 다스린 뒤에야 되나니라.

또 그 나라 말과 그 나라 글은 그 나라 곳 그 사람들이 무리진 덩이가 텬연으로 이 땅 덩이 우에 홀로 서는 나라가 됨의 특별한 빗이라.

이 빗을 밝히면 그 나라의 홀로 서는 일도 밝아지고 이 빗을 어둡게하면 그 나라의 홀로 서는 일도 어둡어 가나니라.

「우리 나라에 뜻 잇는 이들이어 우리 나라 말과 글을 다스리어 주시기를 바라고 어리석은 말을 이 알에 적어 큰 바다에 한 방울이나 보탬이 될가 하나이다」

어느 나라 말이든지 알아 보자하면 몬저 그 소리를 알아야 되나니 우리 나라 말도 풀어 보랴면 몬저 소리를 알아야 할지라.

이러함으로 이 알에 소리의 엇더함을 몬저 말하노라.

한나라글의 소리

소리의 남

몬이 움즉이는것이라.

몬은 우리 나라 말로 漢字 物 같은 이름이니 東言解에 난것이라.

이는 固 液 氣 세 가지를 다 이름이라.

소리의 펴짐

氣의 결이라.

결은 물 결이라 나무 결이라 하는결이라.

소리의 빗

소리가 나는 몬의 性을 따르어 셔로 다른바니라.

(본) 사람과 사람이 셔로 다름과 쇠와 나무가 셔로 다름과 같은것들이라.

웃듬소리

스스로 나는 소리를 이름이니 브리튼 말로 바웰(VOWEL)이라 함이오 淸國과 日本에서 이를 삭이어 母音이라 하는것이라.

(본) ㅏㅓㅗㅜㅡㅣㅑㅕㅛㅠ ㅘㅝㅙㅞ 같은것들이라.

붙음소리

웃듬소리와 더불어 나는 소리를 이름이니브리틋 말로 칸손앤(consonant)이라 함이요 淸國과 日本에서 이를 삭이어 子音이라 하는것이라.

(본) ㄱㄴㄷㄹㅁㅂㅅㅇㅈㅊㅋㅌㅍㅎㆁㅿㆆ 같은것이라.

(본)은 본보기라 함이니 漢字 例와 한 뜻으로 씀이라.

웃듬소리와 붙음소리를 풀어 한 본으로 (가)를 가지고 말하면 ㅏ는 ㄱ이 없어도 스스로 나고 ㄱ은 그 소리가 잇으되 홀로 나지 못하고 ㅏ에 붙은 뒤에야 들어나나니라.

말의 소리를 알랴면 몬저 웃듬소리와 붙음소리의 다름을 밝히 알아야 되나니라.

웃듬소리의홋과겹

ㅏㅓㅗㅜㅡㅣ 홋소리

홋소리는 둘로 둘 더 되는 소리로 난홀 수 없는것을 이름이니 우리 글의 웃듬소리가 여섯뿐이로되 말을 적지 못할것이 없으니 이는 우리 나라 말의 웃듬소리가 깨끗하고 두렷하며 또 그 소리의 홋 몸을 잘 찾아 내어 글을 만들으신 까닭이라.

ㅑㅕㅛㅠ·ㅐㅔㅚㅟㅢㅘㅝㅙㆇ와 같은것은 다 겹소리라.

겹소리는 다 홋소리 ㅏㅓㅗㅜㅡㅣ가 겹치어 된것이니라.

ㅑ는 ㅣㅏ의 겹이요 ㅕ는 ㅣㅓ의 겹이요 ㅛ는 ㅣㅗ의 겹이요 ㅠ는 ㅣㅜ의 겹이요 ·는 ㅣㅡ의 겹이요 ㅐ는 ㅏㅣ의 겹이요 ㅔ는 ㅓㅣ의 겹이요 ㅚ는 ㅗㅣ의 겹이요 ㅟ는 ㅜㅣ의 겹이요 ㅢ는 ㅡㅣ의 겹이요 ㅘ는 ㅗㅏ의 겹이요 ㅝ는 ㅜㅓ의 겹이요 ㅙ는 ㅗㅏㅣ의 겹이요 ㆇ는 ㅣㅗㅏㅣ의 겹이니 그 남아는 다 이러하니라.

한 본으로 들어 말하면 ㅘ는 ㅗㅏ가 겹치어 나는 소리를 적음인데 ㅗ를 왼 쪽에 쓰고 ㅏ를 옳은 쪽에 씀은 그 소리가 겹치어 날 때에 ㅗ는 왼 쪽에서 나고

ㅏ는 옳은 쪽에서 난다 함이 안이요 訓民正音例를 딸아 이러하게 씀이니 소리로 ㅗ가 몬저 되고 ㅏ가 나종으로 겹치어 나는것이라.
가와 같은 소리도 ㄱ이 몬저 되고 ㅏ가 나종으로 겹치어 나는 소리니 ㄱ을 왼 쪽에 쓰고 ㅏ를 옳은 쪽에 씀은 訓民正音例를 좇음이니라.
그리엇다 하는 말을 흔이 그렷다라 하니 엇의 ㅇ은 표만 잇고 소리는 없는 것인 고로 그리의 끗 소리 ㅣ와 ㅓ의 첫소리 ㅓ를 겹치어 내는것이니 이것만 밀어보아도 ㅣㅏ의 겹소리가 ㅑ요 ㅣㅗ의 겹소리가 ㅛ요 ㅣㅜ의 겹소리가 ㅠ로 된것인줄을 따로 말하지 안이할지라도 넉넉히 다 알것이라.

붙은소리의 홋과겹
ㄱㄴㄷㄹㅁㅂㅅㅇㅈㅎ 홋소리
ㆁㆆㅿ이 셋은 이 다음에 따로 말하리라.
ㅊㅋㅌㅍㄲㄻ과 같은것들은 다 겹소리라.
ㅊ는 ㅈㅎ나 ㅎㅈ의 겹소리
ㅋ는 ㄱㅎ나 ㅎㄱ의 겹소리
ㅌ는 ㄷㅎ나 ㅎㄷ의 겹소리
ㅍ는 ㅂㅎ나 ㅎㅂ의 겹소리
ㅊㅋㅌㅍㄶㅎㄴㅎㄹ ㅀ과 같은 것들은 섞임소리니 두 소리가 몬저 되고 나종되는 다름이 없이 한 가지로 나는것이니 곳 ㅎ가 엇던 소리와 겹치어 나는것이라 이는 ㅎ가 섞이는 바탕이 되는 까닭이니라.
ㄲㄴㄸㅀ ㅁㅁ ㅃㅆㆀㅉ와 같은것들은 짝소리니 이는 같은 소리끼리 겹치는것을 이름이라.
ㄻㄼ과 같은것들은 덧소리니 이는 몬저 되고 나종 되는 다름이 잇는것이라.
웃듬소리와 붙음소리가 저끔 홋과 겹의 다름이 잇으니 맑고 흐림으로 말하면 홋소리는 맑다 할 것이요 겹소리는 흐리다 할것이며 가볍고 무겁음으로 말ᄒᆞ면 홋소리는 가볍다 할것이요겹소리는 무겁다 할것이며 쉽고 어렵음으로 말하면 홋소리는 쉽고 겹소리는 어렵으니라.

漢文에 이러하게 다름을 갈르는 法은 그 첫 소리 되는 붙음소리만 말하는것이니 이를 淸濁이라 하여 홋소리는 全淸이라 하고 섞임소리 곳 ㅎ가 겹친것은 次淸이라 하고 짝소리 곳 같은 소리가 겹친것은 全濁이라 하고 疑尼明微喩來日母는 不淸不濁이라 하는 네 가지의 다름으로 만들엇는데 그 속에 풀어말할것이 적지 안이함으로 이 다음에 다시 말하고자ᄒᆞ고 여기에는 이러함이 잇는것만 말하노라.

내용 요약

이 글은 주시경이 ≪보중친목회보≫ 1호에서 발표한 '한나라 말'이라는 글로, 앞에서는 나라와 말의 관계에서 말의 중요성에 대해 다음과 같이 언급하였다. 말은 나라를 이루는 것이며, 기본이 되는 글이 제대로 서 있어야 말도 제대로 설 수 있다. 또한 말과 글이 잘 다스려져야 국민이 개화할 수 있고 나라가 제대로 설 수 있다. 뒤에서는 말을 알기 위해서는 소리를 알아야 한다는 것을 강조하며, 말의 소리가 어떻게 이루어지는지에 대해 설명하고 있다.

개념어 한나라말, 말, 글, 고리, 한나라글, 몬, 웃듬소리, 붙음소리, 홋/홋소리, 겹/겹소리, 청탁, 전청, 차청, 전탁, 불청불탁

36. 오늘날 우리 한국의 문자사용에 대하여[1]
(今日我韓用文에 對ᄒᆞ야)

이광수(李光洙)

1.

오늘날 우리 대한제국에 무슨 일정한 것이 있을까. 과도기에 있는 나라로서 일정한 정도를 지나친 탓에 무엇이든 지방마다, 개인마다 다른 형편을 면하지 못한다. 그러므로 나는 이러한 현상을 그다지 비관하는 사람은 아니요, 다만 장차 어떻게 될 것인지 하는 것이 근심이다. 또 언제까지 이대로 갈 수는 없는 것이니, 이러한 근심은 결코 쓸데없는 것이 아닌 듯하다. 그 중에서도 특히 문장으로 말하자면 무엇보다 중요한 것이니 글(文)이 어떠한지를 가지고 그 나라 장래의 문화를 점칠 수 있으며 흥망성쇠 여부를 판단할 수 있다. 옛날에도 그러했는데 하물며 오늘날이라고 다를까.

예전에는 하루 백리를 걸어가고서도 여유가 있었거늘, 오늘날에는 하루에 천리를 가는 기차로도 오히려 분주하다. 예전에는 문자를 배우는 데 이십여 년을 허비하고도 사회에서 활동할 시간이 있었으나, 오늘날에는 1년을 문자 배우기에 허비하는데도 오히려 바쁘다. 이렇듯 급하고 분주한 오늘날에 어떻게 귀중한 시간을 문자 배우기에만 허비하고서도 경쟁에서 패배자가 되지 않을 수 있겠는가.

1 ≪皇城新聞≫ 3430호, 1910. 7. 24. / ≪皇城新聞≫ 3431호, 1910. 7. 26. / ≪황성신문≫ 3432호, 1910. 7. 27.

사정이 이렇거늘, 오늘날 신문잡지의 문장을 보아라. 명목은 비록 국한문이나 실제로는 순한문에 국문으로 토를 단 것에 지나지 않으며, 쓰이는 용어는 『강희자전』[2]을 펴놓고서 골라내었는지 수십 년 동안 한학을 수양한 사람이라야 비로소 알 만한 난삽한 한자를 경쟁적으로 사용하니 우리 대한 국민이 모두 상당한 수양이 있기만 하다면야 또 혹 모르겠으되, 실상인즉 그렇지 않아서 대다수는 그런 수양이 없다.

2.

따라서 이러한 신문잡지들은 극히 적은 계층만 읽을 뿐이니, 어찌 그 효력이 널리 미칠 것을 바라고 또 언론(報館)의 직분을 다한다고 할 수 있겠는가. 또 오늘날은 경쟁적으로 남을 모방하는 시대인지라, 누구보다 청년학생들은 일정한 문법을 배우지 못하기 때문에 신문·잡지에서 문체를 배우려 하는 자가 많고, 그러한 문체를 쓰는 것을 좋아하며 또 난삽한 문자를 많이 사용하여 유식한 체 하는 것을 명예로 알게 되었다. 그러다 보면 점차 이것이 유행으로 굳어져서 아예 이런 문체가 아니면 글쓰지 않는다고 하게 될 것이며, 또 독자들은 이런 문체로 쓰지 않은 것은 문장이 아닌 것처럼 생각하게 될 것이다. 만일 이렇게 되면, 이것이 과연 손해가 될 것인가, 이익이 될 것인가?

이것이 이익이 된다면 다만 찬성하고 기뻐하고 권장할 따름이다. 그렇다면 과연 이익이겠느냐 묻는다면 상식을 가진 자라면 누구든 아니라고 대답할 것이다. 그렇다면 손해가 될 것이 아닌가. 그 이유는 앞에서도 조금 언급했고 또 언급할 필요도 없을 듯하다.

그럼 어떤 문체를 사용할 것인가.

2 강희자전: 중국 청(淸)나라 때에 강희제(康熙帝)의 칙명으로 당시의 대학사(大學士) 진정경(陳廷敬)·장옥서(張玉書) 등 의 학자가 1716년에 완성한 자전이다. 명(明)나라의 ≪자휘(字彙)≫ ≪정자통(正字通)≫ 등의 구성을 참고하여 내용을 한층 보충하였고 12지(支)의 순서로 12집(集)으로 나누고 119부(部)로 세분하였다. 214의 부수(部首)를 세워 약 47,000자를 각 부수에 배속시켜 획수순으로 배열하고, 각 자(字)마다 반절에 의한 발음·훈고(訓詁)·자해(字解)를 달아 속자(俗字)·통자(通字)를 표시하였다. 오늘날 사용하는 한자자전 체재(體裁)의 원류로 평가된다.

순한문인가, 국한문인가?

내 마음대로 하자면 순국문으로만 쓰고 싶고 또 하면 된다는 것을 알지만, 단지 매우 곤란할 것을 알기에 순국문 사용만을 주장하는 것이 불가능하다. 또 비록 곤란하더라도 이는 만년대계로 단행해야 한다는 사상도 없지는 않으나, 오늘날은 우리 대한이 신지식을 수입하기 급급한 시대인데, 이런 때에 해석하기 어려운 순국문으로만 쓴다면 신지식을 수입하는 데에 지장을 줄 수 있다. 따라서 이 의견은 잠시 묻어두었다가 후일을 기약하기로 하고 지금 내가 주장하는 문체는 역시 국한문 병용이다. 그렇다면 독자 여러분은 무엇이 이전과 다를 게 있겠는가 하는 의문이 생길 것이나, 그것은 그렇지 않다.

3.

앞에서도 조금 언급한 것과 같이 오늘날 통용되는 문체는 이름은 비록 국한문병용이지만 실상은 순한문에 토를 단 것에 지나지 않는 것이다. 지금 내가 주장하는 바는 이러한 사정과 이름은 같으나 내용은 다르니, 무엇이냐 하면, 고유명사나 한문에서 온 명사, 형용사, 동사 등 국문으로 쓰지 못할 것만 여전히 한문으로 쓰고 그 밖에는 모두 국문으로 쓰자는 것이다. 이러한 방법은 실로 궁여지책이라고도 할 수 있겠으나 어찌하겠는가. 형편도 정세도 그러하니 맛이 없어도 먹어야 살지 않겠는가.

이러한 방법을 써서 얻는 이익은 내 말을 빌리지 않아도 독자 여러분들이 잘 알 것이나 기왕 말하던 차이니 대강 언급하고자 한다.

이러한 방식으로 한다면, 저자나 독자 모두 이익을 얻으니 일단 널리 읽히고 이해하기 쉬우며 국문에 숙련되어 국문을 사랑하고 존중할 수 있게 되는 것이 독자 측의 이익이고, 또 저작에 용이하고 사상을 발표하는 일이 자유로우며 복잡한 사상을 자세하게 발표할 수 있는 것이 저자 측의 이익이다. 또한 국문의 세력이 증가할 것이므로 국가에게도 다행이겠다. 이만하면 나의 주장도 전혀 가치 없는 일은 아닐 것이다. 이렇게 되면 물론 한문에 숙련된 소수의 독자는 얼마간 읽기 어려울 수도 있겠지만 다수의 독자와 장래를 위하여 부득이 희생할 수 있어야 하며 그러한 희생도 또한 오래 갈 것이 아니고 적어도 2개월만 지나면 자유롭게 될 것이니 너무 걱정할 일이 아니다. 또 저자의 경우도 기존에 한문으로 글을 쓰던 사람들은 처음에야 곤란하겠지만 첫째로 언론인의 큰 책임을 생각하고 둘째로 곤란함이 오래 지속되지 않을 것을 고려하여 이를 실시해야 할 것이다. 본론은 이미 앞에서 마쳤으나 두어 마디 덧붙일 것이 있으니 기왕 내 의견을 들은 차에 좀 더 들어보시라.

우리 국민들은 아직도 복잡한 사조를 접해본 적이 없는 이유 때문인지 감수성이 매우 순수하여 무슨 말을 들어도 별로 감동하는 법이 없고 또 있더라도 다만 '그렇지' 할 따름이다. 이에 찬성도, 반대도 하지 않고 또 마음으로 찬성하더라도 의견을 낼 생각은 (안 하는지, 못 하는지) 하지 않으니 어찌 진보나 개혁이 쉽게 이루어지겠는가. 따라서 독자 여러분들이 이 글을 볼 때 많이 생각하셔서 이러한 폐단이 없도록 바란다. 또 한 마디 덧붙일 것은 이 글은 언론에 종사하는 사람들만을 대상으로 쓴 것처럼 보이나 단지 예를 든 것뿐이고 또 신문지면은 가장 중요한 것이기에 이를 예로 쓴 것이지만, 결코 언론인만을 대상으로 한 것이 아니고 교육가와 청년학생을 필두로 모든 독자를 대상으로 한 글이다.

입력 원문

今日我韓用文에 對하야

李光洙

(一)

今日 我韓에 무삼 一定흔 것이 잇스리오. 過渡時代에 잇는 나라의 過常으로 무엇이든지 地方地方이 다—달으며, 個人個人이 다—달을 것은 免치 못홀바이라. 故로 余는 이러흔 現象을 그닷이 悲觀ᄒᆞ는 것이 아니오, 다만 將次 엇더케 될는지 ᄒᆞ는 것이 근심이로라, 또, 언제 ᄭᆞ지든지, 이되로 갈 수는 업스니, 이 근심은 決코 無用흔 근심은 아닐 쓧ᄒᆞ도다, 就中 文章으로 말ᄒᆞ면 諸般것 中 가장 重要흔 것이니, 그 文의 엇덤으로ᄡᅥ 足히 其國의 將來의 文化를 占홀 수 잇깃스며, 그 榮枯를 判斷홀 수 잇슬지라, 昔日에도 오히려 그러 ᄒᆞ얏깃스니, ᄒᆞ물며 今日일ᄭᆞ.

昔日에는 一日百里의 徒步로도, 오히려 餘裕가 잇셧거놀, 今日에는 一日千里의 汽車로도, 오히려 奔忙ᄒᆞ며, 昔日에는 二十餘年을 文字비ᄒᆞ기에 虛費ᄒᆞ고도, 오히려 社會에셔 活動홀 날이 잇셧스나, 今日에는 一年을 文字비홈의 虛費ᄒᆞ야도, 오히려 밧븜이 잇는도다. 如斯히 忽忙흔 今日에 잇서셔, 엇지 貴重흔 時日을 文字만 비홈에 虛費ᄒᆞ고야 競爭에 劣敗者 아니 되기를 엇으리오.

然ᄒᆞ거놀 今日의 新聞雜誌의 用文을 보라. 名은 비록 國漢文이나 其實은 純漢文에 國文으로 懸吐흔디셔 지느지 못ᄒᆞ며, 또 其用語는 康熙字典이나 펴노코셔 골나내엿는지 數十年漢學에 修養잇는 이고야, 비로소 아를만흔 難澁흔 漢字쓰기를 競爭 삼아 ᄒᆞ니, 我韓國民이,

모다 相當훈 修養이 잇고만 보면 其或 몰느깃스되, 實則不然ᄒᆞ야 大多數ᄂᆞᆫ 그런 修養이 업ᄂᆞᆫ지라.

(二)

故로 如斯훈 新聞雜誌ᄂᆞᆫ 極히 젹은 部分에 밧게ᄂᆞᆫ 닑이우지 못하니, 엇지 其效力의 넓히밋츰을 바라며, ᄶᅡ로혀 報館의 職分를 다ᄒᆞᆫ다 ᄒᆞ리오, ᄯᅩ 今日은 다토아 他를 模倣ᄒᆞᄂᆞᆫ ᄯᅢ라, 가장 靑年學生들은, 一定훈 文法을 배호지 못홈으로, 體를 新聞이나 雜誌에 밧으려 ᄒᆞᄂᆞᆫ 이 만흐며, 彼等도 如斯훈 文體를 쓰기를 죠아ᄒᆞ며, ᄯᅩ 難澁훈 文字를 만히 ᄲᅥ셔, 有識훈 쳬ᄒᆞ기를 名譽로 알게 되니, 그러면 漸次로 자리가 잡히어, 아조, 이런 文體 아니고ᄂᆞᆫ, 아니 쓴다 ᄒᆞ게 될지며, ᄯᅩ 讀者로, 이런 文體로 쓰지 아닌 것은 文章이 아닌 것 갓치 ᄉᆡᆼ각ᄒᆞ게 되리니 萬一 이러케 되면 其損益이 果然 엇더홀ᄶᅡ.

이것이 利益이 된다ᄒᆞ면, 다만 贊成훈 ᄯᆞ름이오, 깃버홀 ᄯᆞ름이오, 勸奬홀 ᄯᆞ름이라, 그러면 이것이 果然 益 이 되깃ᄂᆞ냐 ᄒᆞ면, 누구시든지 常識이 苟有훈 이ᄂᆞᆫ 아니라 ᄒᆞ리라, 그러면 損될 것이 아닌가, 其理由ᄂᆞᆫ 右에도, 얼마콤, 말훈 것이요, ᄯᅩ 必要도 업슬 뜻ᄒᆞ도다, 然則엇던 文體를 使用홀ᄶᅡ.

純國文인가, 國漢文인가.

余의 마음ᄃᆡ로 홀진ᄃᆡ, 純國文으로만 쓰고 십ᄒᆞ며, ᄯᅩ ᄒᆞ면 될쥴을 알되, 다만 其甚히 困難홀 줄을 아름으로 主張키 不能ᄒᆞ며, ᄯᅩ, 비록 困難ᄒᆞ드ᄅᆡ도 此ᄂᆞᆫ 萬年大計로 斷行ᄒᆞ여야 ᄒᆞᆫ다ᄂᆞᆫ 思想도 업슴은 아니로ᄃᆡ, 今日의 我韓은 新知識을 輸入홈이 汲汲훈 ᄯᅢ라, 이ᄯᅢ에, 解키 어렵게 純國文으로만 쓰고 보면, 新知識의 輸入에 沮害가 되깃슴으로 此意見은, 아직 잠가 두엇다가, 他日을 기다려 베풀기로 ᄒᆞ고, 只今 余가 主張ᄒᆞᄂᆞᆫ 바 文體ᄂᆞᆫ, 亦是 國漢文幷用이라, 그러면 무엇이 前과 다를 것이 잇깃ᄂᆞ냐고 讀者諸氏ᄂᆞᆫ 疑問이 ᄉᆡᆼ길지나, 그ᄂᆞᆫ 그럿치 아니로다.

(三)

右에도, 죠곰, 말흔 것과 갓히, 今日에 通用흐는 文體는 名은 비록 國漢文幷用이나 其實은 純漢文으로 懸吐흔 것에 지느지 못흐는 것이라, 今에 余가 主張흐는 것은, 이것과는 名同實異흐니, 무엇이뇨, 固有名詞나, 漢文에셔 온 名詞, 形容詞, 動詞等 國文으로 쓰지 못홀 것만, 아직, 漢文으로 쓰고, 그밧근 모다 國文으로 흐쟈홈이라, 이것은 實노 窮策이라고도 홀 슈잇 깃스나, 그러나 엇지흐리오, 境遇가 이러흐고, 또, 事勢가 이러흐니, 맛은 업스나, 먹기는 먹어야 살지 아니흐깃는가.

이러케 흐면 利益될 것은, 余의 贅言을 기다리지 아니흐고 讀者諸氏의 잘 아르실 바—나 말흐던 次 이니 大綱 말흐고쟈 흐노라.

이러케흐면, 著者, 讀者 兩便으로 利益이 잇스니, 넓히 닑히움과, 이해키 쉬은 것과, 國文에 鍊熟흐야 國文을 愛尊흐게 되는 것이 讀者便의 利益이오, 著作흐기 容易홈과, 思想의 發表의 自由로움과, 複雜흔 思想을 仔細히 發表홀 슈잇슴이 著者便 의 利益이며, 싸로혀 國文의 勢力이 오를지니 國家의 大幸일지라, 이만흐면 余의 主張도, 그닷 沒價値일 것은 아닐지라. 如斯히 흐면 毋論 少數의 漢文熟練흔 讀者에게야, 얼마콤, 릴기 어려오리라마는 多數를 爲흐야 將來를 爲흐야 不得不 犧牲이 되여야 홀지며, 그러나, 그 犧牲은, 오릭 갈 것은 아니로, 멀어도 二朔만 지나면 自由스럽게 될지니, 너머, 걱정홀 것은 업슬지며, 또 作著로 말흐야도 漢文으로, 짓더니들은, 쳐음에는 如干 困難치 아님도 아닐지나 一은 報筆잡은 者의 큰 責任을 싱각흐며 二는 其困難의 길지 아닐 것을 싱각흐야 此를 實施흐여야 홀지라. 本論은 이믜 右의 맛쵸앗스나, 두어 마듸 븟쳐말홀 것이 잇스니, 듯는 次에, 좀, 더, 들으시라.

我國人은, 아적도 複雜흔 思潮에 건들녀 본 적이 업슨 緣故인지 感受性이 甚히 純흐야, 무슨 말을 듯든지 別노히 感動됨이 업스며, 또 잇드라도, 다만 「그럿치」홀 싸름이오, 此에 贊成도 아니흐고 反對도 아니흐고, 또, 마암으론 贊成흐드릭도, 내입더홀 싱각은 아니흐니(아니흐는지, 못흐는지) 엇지 進步나 改革흐기 쉬으리오, 그런 則 讀者諸氏는 이를 볼 쎡에, 만히, 싱각흐사, 이러흔

弊端이 업게 ᄒᆞ시기를 바라며, 또, ᄒᆞᆫ마듸, 븟쳐 말ᄒᆞᆯ 것은 此 篇은 全혀 報筆을 잡는 諸氏에게만 對ᄒᆞᆷ인 것 갓ᄒᆞ나, 此는 다만 例를 들어 말ᄒᆞᆷ이 지나지 못ᄒᆞ며, 또, 報紙는 가장 重要한 것인 故로 此를 例로 쓴 것이나, 決코 報筆 잡는 이들에게만 對ᄒᆞᆷ이 아니오, 教育家와 青年學生을 머리로ᄒᆞ야 一般讀者에게 對ᄒᆞᆷ이로라.

내용 요약

이 글은 이광수가 ≪황성신문(皇城新聞)≫에 3회에 걸쳐 연재한 글이다. 필자는 본문에서 국한문혼용 문체의 문제점과 순국문 사용의 현실적인 어려움을 지적하고 그에 대한 대안으로 한자로 된 용어만을 한자로 쓰고 그 외 모든 문장을 한글로 쓸 것을 주장하면서 기존과는 다른 국한문혼용체를 지향한다. 또한 자신이 제안하는 방식의 효용성을 신지식 수입에 유용, 신문·잡지 등 언론매체의 필자와 독자가 얻는 이익 등으로 설명한다.

개념어	사회(社會), 청년학생(青年學生), 국가(國家), 국인(國人), 경쟁(競爭),신문잡지(新聞雜誌), 신지식(新知識), 사상(思想), 자유(自由)로움, 보필(報筆), 교육가(教育家), 독자(讀者), 문자(文字),용문(用文),국한문(國漢文), 순한문(純漢文),문체(文體), 순국문(純國文),국한문병용(國漢文幷用), 고유명사(固有名詞), 명사(名詞), 형용사(形容詞), 동사(動詞)

<출 처>

경향신문(京鄕新聞)

1906년부터 1910년까지 창간되었던 천주교 주간신문.

1906년 10월 19일 천주교에서 애국계몽운동의 일환으로 서울에서 발간한 순한글판 주간신문이다. 발행인 겸 주필은 프랑스인 신부 안세화(安世華, Florian Demange)였다. 외국인을 발행인으로 한 것은 외국인의 치외법권적 지위를 이용하여 통감부(統監府)의 언론탄압을 피하고자 한 방편이었다.

창간사를 통하여 ≪경향신문≫이라는 제호는, 서울백성뿐만 아니라 시골백성에게도 배포하여 전국민을 대상으로 한다는 의도 아래 명명된 것이라 하고, 공정한 보도와 지식의 보급을 그 신문의 사명이라고 밝혔다. 초기에는 타블로이드판 4면과 부록으로 국판 크기의 8면 보감(寶鑑)을 발행하였으며, 이듬해 10월 18일 제53호부터는 판형을 바꾸어 오늘날의 신문 크기와 비슷하게 발행되었다.

제1면에 주로 일일특보(日日特報)라 하여 국내의 주요 기사 및 시사문제에 관한 논설과 국내외 소식, 문예작품, 계몽적인 기획물들이 실렸고, 부록인 보감은 시사성을 띤 신문기사와는 다른 성격의 교리적인 논설, 한국천주교교회사, 중요한 법률해설 등으로 꾸며졌다.

기사나 논설은 독자들로부터 비교적 좋은 평을 받았으며, 논설은 당시 대표적인 일간신문이었던 ≪대한매일신보(大韓每日申報)≫에 전재되기까지 하였다.

취재와 편집에 절대적인 기여를 한 사람은 1882년 말레이시아(Malaysia) 페낭(Penang)의 신학교에 유학하였던 한국인 신부 김원영(金元永)으로서, ≪경향신문≫이 창간되자 신문의 편집과 실무를 맡았다. 지방소식은 주로 전국 각처에서 활동하는 신부들이 제공하였으며, 보급에 있어서도 교회당국이 지원하여 독자를 확보하였다. 1907년도 기록에 의하면 4,200명의 정기구독자를 확보한 것으로 알려졌다.

1910년 4월 22일자 제184호가 「신문지법」에 의하여 치안방해라 하여 발매금지 및 압수를 당하기도 하였다. 1910년 국권을 탈취당하자 폐간의 위협을 받게 되었으며, 그 해 12월 30일 종간호(제220호)를 내고 제221호부터는 ≪경향잡지(京鄕雜誌)≫라 개제하여 월 2회 발간의 잡지로 변경되었다.

기호흥학회월보(畿湖興學會月報)

1908년 8월 25일에 창간되어 다음해인 1909년 7월까지 통권 12호를 발행한 월간 회지.

국판. 발행인 김규동(金奎東), 편집인 이해조(李海朝). 기호흥학회는 이름 그대로 기호지방의 흥학을 목적으로 1908년에 결성된 학회로서, 이용식(李容植)과 지석영(池錫永)이 각각 회장, 부회장을 맡고 유근(柳瑾)·유일선(柳一宣)·이상재(李商在)·안종화(安鍾和) 등이 평의원으로 참여한 학회였다.

1909년 1월 제6호 제3~5면에 실린 이기헌(李起)의 글이 국권회복(國權回復)에 관한 기사라 하여 압수된 것을 비롯, 제9호(1909.4.25)에 실린 〈축사〉와 〈변지우변(變之又變)〉이라는 김기현(金璣鉉)의 글, 제10호(1909.5.25) 제2~3면에 실린 윤상현(尹商鉉)의 〈학계제첨(學界諸僉)에 고함〉, 제11호(1909.6.25) 제5~6면에 실린 윤상현의 〈정신적 교육〉, 안종화의 〈흥학(興學)이 위국지급무(爲國之急務)〉 등이 모두 국권회복 또는 질서에 관한 기사라 하여 압수당하는 고초를 겪다가 끝내 단명으로 끝났다.

대동학회월보(大東學會月報)

1908년 2월 25일 창간한 대동학회(大東學會)의 기관지. 편집 겸 발행인 이대영(李大榮). 대동학회회관(大東學會會館). 한성. 월간. 국판. 15전. 74면. 1909년 8월 25일 통권 20호로 종간.

대동학회는 1907년 10월 20일 신·구학문 연구를 표방하며 설립된 유교학회다. 법률교육을 위한 대동전수학교(大東專修學校)를 설립하고 기관지 ≪대동학회월보≫를 간행했으며 회원은 약 1,500명 정도였다고 한다. 그런데 대동학회는 이완용(李完用), 조중응(趙重應)이 유림계를 친일화시키려는 일제의 의도에 따라 이토오 히로부미(伊藤博文)로부터 2만원의 자금을 제공받고 신기선(申箕善) 등을 내세워 조직한 친일적 색채가 농후한 단체였다. 1909년 10월에는 다시 이토오로부터 20만원의 자금을 제공받아 명칭을 공자교회(孔子教會)로 고치고 이용직(李容稙)을 공자교회장으로 추대하였다.

≪대동학회월보≫의 필자로는 김윤식(金允植), 여규향(呂圭享), 신기선(申箕善), 민병석(閔丙奭), 서정순(徐正淳), 이재곤(李載崑), 남정철(南廷哲), 김가진(金嘉鎭), 조중응(趙重應), 유길준(兪吉濬), 유승겸(兪承兼), 김대희(金大熙), 김택영(金澤榮), 정만조(鄭萬朝) 등이 활약하였다. 창간호에는 서(序)와 취지서(趣旨書)에 이어 축사(祝辭) 8편이 실려 있고, 조충응(趙充應)의 「사회의 논설(論說)」, 유길준의 「시대사상」등이 게재되어 있다. 그리고 학술논문을 게개한 학원(學苑)난과 여규향

의 「논한문국문(論漢文國文)」 등을 실은 문원(文苑)난과 시사보도를 싣은 교보(敎報)난이 이어진다. 말미의 회록(會錄)은 대동학회의 활동상을 살필 수 있는 자료를 제공해 준다.

대조선독립협회회보(大朝鮮獨立協會會報)

1896년 11월 30일 창간된 독립협회 기관지.

반월간. 국판. 값 10전. 매호 20~22면 정도로 순국문 · 국한문혼용체 · 한문을 병용한 국내에서 발간한 최초의 잡지이다. 국정 전반에 걸친 논설을 게재하여 협회의 애국애민의 뜻을 널리 폈다. 1897년 8월 15일 제18호로 종간되었다.

대한매일신보(大韓每日申報)

1904년부터 국권피탈 때까지 발간되었던 일간신문.

1904년 2월에 일어난 러일전쟁을 취재하기 위해 한국에 왔던 영국인 배설(裵說, 베델:Ernest Thomas Bethell)이 양기탁(梁起鐸) 등 민족진영 인사들의 도움을 받아 7월 18일에 창간하였다.

≪대한매일신보≫가 창간되던 무렵은 일본측이 한국 언론에 대해 검열을 실시하고 직접적인 탄압을 가하기 시작한 때였다. 그러나 ≪대한매일신보≫는 발행인이 영국인이었기 때문에 주한 일본 헌병사령부의 검열을 받지 않고 민족진영의 대변자 역할을 다할 수 있었다. 사세(社勢)가 확장되고 독자수도 늘어나면서, 통감부(統監府)가 설치된 이후에는 민족진영의 가장 영향력 있는 대표적인 언론기관이 되었다.

≪대한매일신보≫는 창간 당시에는 타블로이드판(版) 6페이지로서 그 중에서 2페이지가 한글전용이었고, 4페이지는 영문판이었다. 창간 다음해인 1905년 8월 11일부터는 영문판과 국한문신문을 따로 분리하여 두 가지 신문을 발간하였다. 영문판의 제호는 ≪The Korea Daily News≫였고, 창간 당시는 순한글로 만들었던 국문판은 국한문을 혼용하여 발간하였다. 그러나 국한문판을 이해하지 못하는 독자들을 대상으로 하는 한글전용 신문의 필요성을 다시 느끼게 되어 1907년 5월 23일부터는 따로 한글판을 창간하여 대한매일신보사(社)는 국한문 · 한글 · 영문판 3종의 신문을 발행하였으며, 발행부수도 세 신문을 합쳐 1만 부를 넘어 당시로서는 최대의 신문이 되었다. 논설진으로는 양기탁 외에 박은식(朴殷植) · 신채호(申采浩) 등이 있었다.

이와 같이 큰 영향력을 가진 신문이 일제의 한국침략정책을 정면으로 반박하고 나서자 일제는 이 신문에 대해 여러 가지 탄압을 가하게 되었다. 일본측은 외교경로를 통해 소송을 제기하여 발행인 배설은 1907년과 1908년 2차례에 걸쳐 재판에 회부되었고, 양기탁도 국채보상의연금(國債報償義捐金)을 횡령했다는 혐의로 체포되어 재판에 회부되었으나 무죄로 석방되었다. 배설은 이러한 탄압과 싸우는 가운데 1908년 5월 27일부터 발행인 명의를 영국인 만함(萬咸:Alfred Marnham)으로 바꾸었다. 그러나 1909년 5월 1일 배설이 죽고 난 후, 1910년 6월 1일부터는 발행인이 이장훈(李章薰)으로 바뀌었고, 국권피탈이 되면서 조선 총독부의 기관지로 전락했다.

대한유학생회학보(大韓留學生會學報)

1906년 9월 일본 동경에서 조직되어 1908년 1월까지 활동한 유학생단체인 대한유학생회의 회보.

〈대한유학생회학보〉는 1907년 5월 26일 통권 3호로 폐간되었다. 발행인은 유승흠(柳承欽)이고, 편집인은 최남선(崔南善)이다. 국판 100쪽 안팎으로 대한유학생회에서 기관지로 발행하였다. 민영환(閔泳煥)의 추도 1주년을 기념하여 창간하였으며, 계몽적 · 정치적 성격이 강하다. 유학생의 단결과 지식 교환, 그리고 내국 동포를 계발하여 국가의 실력을 키우고, 세계의 문명과 상황을 알리는 언론의 역할을 담당하려는 것이 창간 목적이다. 3호는 〈대한유학생회보〉로 제호를 바꾸었다.

대한자강회월보(大韓自强會月報)

1906년 7월 31일 창간된 대한자강회의 회지(會紙).

대한자강회의 기관지. 편집인 겸 발행인은 김상범(1-4호), 이종준(5-9호), 심의성(10-12호), 현은(13호)이었다. 1906년 7월 31일 창간하였고 매월 25일 월간으로 1907년 7월 25일까지 총 13호를 발행했다.

대한자강회는 윤효정, 장지연, 임진수, 김상범 등 20여 명이, 1905년 창립된 헌정연구회(憲政硏究會)를 확대시켜 만든 단체로 회장은 윤치호였다. 본격적인 계몽운동의 시발점을 이루는 단체로, 다른 계몽운동단체와 학회 설립의 매개가 되었다. 자강을 목표로 교육과 식산흥업을 주요 실천과제로 강조했는데, 이는 한말 계몽운동론의 핵심이었다. 실력양성론의 입장에서 국권회복을 전망했으며, 합법적 영역에서 계몽운동을 추구했다. 황무지개척, 국채보상 문제 등에서는 일제의 침략에 대해 날카로운 비판을 가하면서도 의병활동에는 지극히 부정적인 면모를 보였다.

대한자강회월보는 대한자강회의 이런 실력양성론, 문명개화론적 입장을 선전하는 중요 수단이었다. 교육, 식산흥업 등에 관한 다양한 계몽논설이 꾸준히 게재되었고, 국문과 역사지리에 대한 글들도 게재되었다. 이 밖에도 입헌군주제, 만국공법

(萬國公法), 개인의 법적권리에 관한 글들을 실었다. 대체적으로 근대화와 대중계몽의 필요성에 주목하면서도, 제국주의 침략은 정확히 인식하지 못하는 한계를 보인 것으로 평가받는다. 1907년 8월 한일신협약(韓日新協約)에 반대하는 대한자강회 회원들의 활동과 관련하여 회가 강제 해산됨에 따라 종간되었다.

대한협회회보(大韓協會會報)

대한협회의 기관지. 1908년 4월 25일 창간하여 매월 25일 월간으로 발행하였고, 1909년 3월 25일까지 총 12호를 발행했다. 가격은 15錢이었으며. 서울과 인천, 개성 등에 배포되었다.

1907년 11월 10일에 창립된 대한협회는, 1906년 창립된 계몽운동 단체 대한자강회(大韓自强會)가 해산된 후 윤효정(尹孝定), 장지연(張志淵) 등 대한자강회 간부들과 천도교의 권동진(權東鎭), 오세창(吳世昌) 등이 중심이 되어 창립되었다. 대한협회는 다양한 인물들이 참가하고 있었으나, 모임을 주도한 것은 총무 윤효정 등 대한자강회 출신인물들과 천도교세력이었다. 대한협회회보의 편집인 겸 발행인인 홍필주도 대한자강회 평의원으로 활동하던 인물로 1905년 헌정연구회, 1906년 대한자강회, 1907년 대한협회까지 윤효정과 활동을 함께한 인물이었다.

대한협회는 기본강령으로 1.교육의 보급, 2.산업의 개발, 3.생명 · 재산의 보호, 4.행정제도의 개선, 5.관민폐습의 교정, 6.근면저축의 실행, 7.권리 · 의무 · 책임 · 복종의 사상을 고취 등 계몽적 성격의 지침을 제시하였으나 실제적 성격은 정당임을 자임하는 정치단체이었다. 대한협회는 정치단체로서 보호통치 하의 정당운동을 추진하였으며, 후기로 갈수록 친일화되어 마지막에는 친일단체인 일진회(一進會)와의 연합을 꾀하기도 하였다.

대한협회회보 역시 이런 대한협회의 성격을 반영하고 있다. 대한협회회보는 논설부, 교육부, 실업부, 정치부, 법률부, 지지 및 사부, 본회역사, 내지휘보, 외국정황, 관보초록, 문예, 회원명부, 광고 등과 대한협회 회원의 강연내용으로 구성되었는데 외견상 정치, 경제, 교육 등이 균형을 이루었지만, 대한협회 지도부의 정치적 입장을 선전하는 글들이 상당수 게재되었다. 필자 면에서는 초기에는 신채호 등 다양한 인물들이 글을 발표하였으나, 대한협회의 친일화와 맞물려 후반부로 갈수록 윤효정, 김성희(金成喜) 등 대한협회 지도부가 주요 필자가 되었다. 내용면에서 살펴보면 양계초(梁啓超), 오오쿠마 시게노부(大畏重信) 등의 글이 번역 소개되고 있다는 점과, 당시 현실과 관련하여 국가론, 정치론에서 다양한 이론들이 구사되고 있다는 점이 눈에 띈다. 특히 대한협회회보에 실린 글들은 외국이론을 필자 자신의 정치, 경제적 논리와 적극적으로 결합시킨 경우가 많았는데 김성희 글 같은 경우 국가론,

정치론, 정당론, 경제론 등을 유기적으로 결합시켜 정치운동의 논리를 총체적으로 체계화시킨 것이었다.

독립신문(獨立新聞)

1896년 창간되었던 우리 나라 최초의 민영 일간지. 국문판과 영문판으로 구성되었으며, 격일간지로 출발해 일간지로 발전하였다.

미국에서 귀국한 서재필(徐載弼)이 정부로부터 4,400원(3,000원은 신문사 창설비, 1,400원은 서재필의 주택구입비)의 자금을 지급받아 1896년 4월 7일 창간하였다. 처음에는 가로 22 cm, 세로 33 cm의 국배판 정도 크기로 4면 가운데 3면은 한글 전용 ≪독립신문≫으로 편집하고, 마지막 1면은 영문판 ≪The Independent≫로 편집하였다. 창간 이듬해인 1897년 1월 5일자부터 국문판과 영문판을 분리하여 두 가지 신문을 발행하였다. 이 신문은 여러 가지로 한국 신문사상 획기적인 위치를 차지할 뿐만 아니라, 19세기 말 한국사회의 발전과 민중의 계몽을 위하여 지대한 역할을 수행한 한 시대의 기념비적인 신문으로 평가받고 있다.

≪독립신문≫은 창간사에서 전국 인민을 위하여 무슨 일이든지 대변자가 되고, 정부가 하는 일을 백성에게 전하고 백성의 정세를 정부에 알릴 것이며, 부정부패 탐관오리 등을 고발할 것을 천명하였다. 그러나 ≪독립신문≫이 정부의 탄압을 받는 한편 수구파의 미움을 사게 되자 서재필은 1898년 5월 14일 미국으로 돌아갔다. 그 후 윤치호(尹致昊)가 주필 겸 실질상의 관리자로 운영을 맡았다. 윤치호는 창간 이후 격일간으로 주(週) 3회 발행하던 것을 1898년 7월 1일부터 일간으로 발전시켰다. 1899년 1월 윤치호가 덕원부사겸원산감리(德源府使兼元山監理)가 되어 신문발행에서 손을 떼자 H.G.아펜젤러가 한동안 주필이 되었고, 6월 1일부터는 영국인 엠벌리가 맡았으나, 정부가 이 신문을 매수하여 1899년 12월 4일자로 폐간하였다.

한국 최초의 근대신문인 ≪한성순보(漢城旬報)≫가 정부에서 발간한 신문이었으며, 한문으로만 기사를 썼던 데 비해 ≪독립신문≫의 한글전용은, 민중을 위해 알기 쉬운 신문을 만들었다는 점에서 획기적인 일이었다. 또, ≪독립신문≫은 신문의 중요성을 일반에 널리 인식시켜 그 후에 여러 민간 신문이 창간되는 계기를 만들어 1898년에는 ≪일신문(每日新聞)≫ ≪데국신문[帝國新聞]≫ 등이 창간되었고, 이들 신문의 체재와 기사 작법에도 영향을 주었다. 1957년부터 언론계는 ≪독립신문≫ 창간일인 4월 7일을 신문의 날로 정하였다. 한글판 6권, 영문판 3권이 영인본으로 나와 있다.

보중친목회보(普中親睦會報)

발행인 이수삼(李秀三). 보성중학 친목 회보로 1910년 6월 창간되어 2호까지 발행되었으나 매일신보(每日申報)1912년 2월 4일자 기사에 다음과 같이 올려진 것으로 보아 이후 폐간된 것으로 보인다.

"이수삼(李秀三)이 발행하는 보중친목회회보 제3호는 안녕 질서를 방해한다 하여 압수되다."

- 1910.6. 보중친목회보 1호 창간.
- 1911.1. 보중친목회보 2호 발매. 반포 금지.
- 1911.4. 보중친목회보 발행 정지 해제.

서북학회월보(西北學會月報)

서북학회의 기관지. 1908년 6월 1월부터 매월마다 발간하여 제23호까지 발간된 것으로 되어있으나 현재는 1910년 1월 발간된 19호까지만 남아있다. 1978년 아세아문화사에서 전3권으로 영인하였다. 서북학회월보의 주필은 박은식(朴殷植), 편집 및 발행인은 김달하(金達河)였다. 당시 박은식은 서북학회의 임원이었고, 김달하는 총무를 맡고 있었다.

서북학회는 1908년 민력양성을 목적으로 서북지방에서 설립된 계몽단체였다. 종전의 한북흥학회(漢北興學會)와 서우학회(西友學會)를 통합한 이 학회의 구성원은 주로 평안도, 함경도 황해도민이었다. 서울에 총사무소를 두고 회장, 부회장, 총무, 부총무, 평의원, 사찰원 회계, 서기 등의 직책을 두었다. 월보간행을 위해서 주필 1인과 편집인 1인, 협찬원 19인을 두었다. 서북지방민으로 국권회복을 원하는 사람이면 누구나 회원이 될 수 있었다. 회원은 약 2500명 정도에 이른 것으로 추산되며, 주로 신지식인, 신흥시민층이 참여하였다. 특히 이 학회의 계몽강연활동은 학회의 여러 모임을 통하여 급속히 확산되었으며 애국심 고취와 실력양성운동에의 참여를 촉구하였다.

이 학회는 국권을 회복하고 인권을 신장하여 입헌공화국의 수립을 목적으로 하였다. 이를 위하여 학보간행, 계몽강연, 청년지도를 통한 민족계몽운동 등을 전개하였다. 서북협성학교(西北協成學校), 수상야학(水商夜學), 측량과(測量科), 심학강습소(心學講習所), 농림강습소(農林講習所) 등을 설치, 인재를 양성하였으며 각지역 사립학교 교무의 지도와 후원을 통하여 전개되었다. 그 뒤 일제의 탄압이 강화되자, 독립전쟁전략을 채택하여 국외의 독립군기지건설과 무관학교설립운동에 주력하였고, 1909년에는 지도층이 만주 등지로 근거지를 옮겨 계몽운동을 국외 독립군운동으로 전환시키는데 기여하였다.

서북학회월보는 크게 논설, 교육부, 위생부, 잡조(雜組), 인물고(人物考), 사조(詞藻), 관보적요 등으로 구성되어있다. 논설의 주요 내용은 실력양성론, 교육구국론, 실업진흥론 등 당시 계몽운동을 풍미하던 사회진화론을 기반으로 한 구국운동에 중점을 두었다. 교육부는 정신교육, 가정교육의 중요성 및 외국의 학문을 소개하고, 상업교육을 강조하는 글을 싣고 있다. 위생부는 「국가론의 개요」라는 글의 제목을 통해 알 수 있듯이 질병예방이나 의학에 관한 글 보다는 위생이 부국의 기틀이 된다는 내용의 글들이 주로 실려있다. 잡조는 학회소식을 비롯하여 풍속기, 소논문 등 다양한 형태의 글을 소개하였으며, 인물고에는 학회소식과 역사상 위대한 인물을 선정하여 그들의 활동을 본받고, 애국심을 고취하자는 내용이 수록되어있다. 사조에는 학회소식 및 회원들의 시, 문예활동 등을 실었다. 이는 서북학회의 구성원이 신흥 지식인과 시민층이었기 때문에 주로 실업교육장려, 민족산업의 육성 등을 강조한 것으로 생각된다. 이를 위해 매호마다 사립학교 설립에 관계된 법령을 수록하고, 이를 거점으로 계몽운동을 전개하려고 했던 사실은 주목할 만하다.

서우(西友)

1906년 12월에 창간된 서우학회 기관지.

1906년 12월에 창간되어 1908년 1월 통권 14호로 종간되었다. 국판, 50면 내외이고, 값은 10전이었다. 편집 겸 발행인은 서우학회의 총무였던 김명준(金明濬)이 맡았으며, 서우학회관에서 발행하였다. 집필진으로 박은식 · 이달원 · 박성흠 · 김달하 등이 참여하였다.

수록된 글로는 교육의 필요성을 강조한 논문 ≪교육이 부진(不振)이면 생존을 부득(不得)≫ ≪학교 위생의 필요≫ ≪여자교육≫ ≪국어와 국문의 필요≫ 등이 실려 있다. 고정란으로 "애국정신담"과 "인물고"를 두고 애국정신을 고취시키는 글을 실었다.

1907년 7월 1일 편집 겸 발행인을 김달하(金達河)로 변경하여 1908년 5월 1일까지 발행하였고, 서우학회와 한북학회가 통합됨에 따라 1908년 6월 1일 제호가 ≪서북학회월보≫로 바뀌었다.

소년한반도(少年韓半島)

1906년 11월에 창간되어, 1907년 4월 종간된 월간 소년 잡지.

A5판, 60면 내외. 우리나라 최초의 소년잡지이다. 1906년 11월에 창간되어 1907년 4월까지 통권 6호가 발행되었다.

사장에 양재건(梁在謇), 총무에 조태진(趙泰鎭), 찬술원(撰述員)에 양재건 · 조중응(趙重應) · 이해조(李海朝) 등 15명의 진용이었으나 편집은 주로 이해조가 맡아하였다.

"소년한반도라는 잡지는 대한제국의 독립정신과 자유정신 · 평등주의로써 국민의 뇌수(腦髓)를 자양하는 신경원소(神經原素)요, 교육계의 학리(學理)를 발명하는 해상등대(海上燈臺)라."는 취지를 내걸었다.

내용은 신교육을 부르짖고 신문학의 필요성을 강조하는 등 국민계몽에 주안을 두었으나 문장은 한자를 많이 써 구태를 벗지 못한 것이었다.

주요기사로는 이해조의 소설 「잠상태(岑上苔)」를 연재하고, 이인직(李人稙)의 「사회학」, 원영의(元泳義)의 「교육신론」, 정교(鄭喬)의 「국제공법」, 조중응의 「농업대지」, 유길준(俞吉濬)의 「대한문전」 등을 연재하였다.

이 잡지는 30여 종에 이르는 근대잡지 중 최초의 상업지로 꼽히고 있다. 서울대학교 · 연세대학교 도서관에 소장되어 있다.

야뢰(夜雷)

1907년 2월 5일 창간, 같은 해 7월 5일 통권 6호를 끝으로 폐간하였다.

정치 단체나 학회의 기관지로 볼 수 없는 상업적 성격의 잡지이다. 편집 겸 발행인은 오영근(吳榮根)이었으며, 주된 집필자는 김성희 · 안국선 · 박태서 · 이필선 등이었다. 국판 500쪽 안팎으로 야뢰보관(夜雷報館)에서 발간했다. '야뢰'란 '잠자는 민족에게 뇌성을 울려 잠을 깨게 하고 분발심을 돋우게 한다'는 뜻의 제호였는데, 교육 · 학술 등에 관한 논문 위주로 일제에 대한 저항 정신을 내세웠다. 주요 논문으로는 〈자유설〉, 〈국어유지론〉, 〈民元論〉, 〈國債報償及文明之基礎〉 등이 있다.

자신보(自新報)

1907년에 창간되었던 하와이거주 한인단체의 기관지. 자강회(自强會)에서 발행한 월간잡지로, 1907년 9월 30일에 창간하였다.

자강회는 한인동포들의 실력양성과 교육장려를 목적으로 하와이의 카우아이(Kauai)섬 마카웰리(Makaweli)에서 송건 · 홍종표 · 고석주 등의 발기로 1906년 6월 4일 발족된 단체로 송건이 총회장을 맡아 활동하였다.

이 신문의 발행지는 마카웰리로 되어 있으나 원고를 본국에 보내 서울의 교회월보사(敎會月報社)에서 인쇄하여 그곳에 설치된 자강회의 3개 지부를 통하여 배포하였다. A5판으로 정가는 10원이었으며, 사장은 주인상, 편집인은 박일삼이었다.

당시 자강회를 포함하여 하와이 각 지방에 분립되어 있던 24개 단체가 통합하여 1907년 9월 2일 한인합성협회(韓人合成協會)를 결성하였다.

그리고 그 기관지로 ≪한인합성신보≫라는 제호의 주간신문만을 발행하고 각 단체에서 발간되던 신문 · 잡지 등 간행물은 ≪한인합성신보≫에 병합하기로 결정하였으나, 다음 해인 1908년 1월에 이 신문의 제4호가 발행된 것은 제작을 본국에서 하였기 때문인 것으로 보인다.

태극학보(太極學報)

일본 도쿄의 한국 유학생 모임인 '태극학회'에서 1906년 8월 24일 창간한 월간지이다. 편집 겸 발행인은 장응진이며, 회원들의 의연금으로 발간 경비를 부담하다가 점차 국내의 뜻있는 인사들의 후원을 받았다. 발행 장소가 일본이었으므로 정치적 기사는 싣지 못하였으나, 여러 가지 학술 계몽과 문예, 민중 계몽을 위한 논설 등을 실었으며, 그밖에 회원과 학계 소식 및 유학생 동정을 소개했다. 기관지로 출발하여 대중을 상대로 널리 퍼졌고, 유학생 상호간의 단결 및 권익 옹호와 국내의 애국 계몽에 이바지하여 좋은 반응을 얻다가 1908년 12월 통권 27호로 종간되었다. 이후 1909년 1월 '태극학회'는 '대한흥학회'로 통합되었다.

호남학보(湖南學報)

호남학회(湖南學會)의 기관지. 1908년 6월 25일 제1호가 발행되고 1909년 3월 25일 제9호로 종간되었다. 편집 겸 발행인은 이기(李沂), 인쇄소는 보성사(普成社), 발행소는 서울 호남학회관이었다. 가격은 1부에 신화 15전, 6부에 선금 85전, 12부에 선금 1원 60전이었다.

호남학보는 교육변론(敎育辨論) · 각학요령(各學要領) · 수사규풍(隨事規諷) · 명인언행부(名人言行) · 본회기사(本會記事) · 회원명씨(會員名氏) 6개 부문으로 구성되어 있다.

교육변론에서는 학회령 · 사립학교령을 비롯하여 국한문 경중론, 양계초 학설 소개, 의무교육, 구습 타파, 정신 교육, 학계 소식 등 교육 관계 기사를 광범위하게 다루고 있다. 호남학보는 신구학 절충론을 주장하는 글이 많다. 제1호부터 연재된 「일부벽파(一斧劈破)」에서 이기(李沂)는 국권 회복의 길로써 교육만한 것이 없으나 갑오 이후의 신교육은 오히려 군부를 저버리고 매국하여 흥국(興國)에 부적합한 학문으로 인식되었다 하고 있다. 제3호부터 연재된 「학계담설」에서 유희렬(劉禧烈)도 구학에는 폐단이 있으나 학교에서 가르쳐야 하는 과목은 육경(六經)을 위주로 하여 서양의 학문을 보완하는 것이라고 하여 신구학 절충론을 주장하고 있으며, 제3호 수사규풍부에 실린 「채약인문답(採藥人問答)」에서 윤주신(尹柱臣) 역시 구학은 수신제가(修身齊家)의 방법으로 사용하고 정치와 경제 부분은 신학문을 사용해야 한다 하여 신구학 절충론을 주장하고 있다.

각학요령에서는 가정학 · 국가학 · 정치학 · 법학 · 농학 · 종식학(種植學) · 삼림법 · 동양척식주식회사법 등을 다루고 있다. 특히 이기(李沂)가 담당한 가정학의 경우 창간호부터 많은 지면을 차지하고 있다. 이기는 「가정의 관계」에서 국가의 기반은 가정이며, 가정의 흥실은 주부의 교육에 달려 있으므로, 가정학은 하나의 학문으로 성립되어야 함을 강조하였다. 그리고 인종학적 견해를 바탕으로 임신부터 육아기까지의 식생활 프로그램을 소개하였다. 우량한 아이를 어떻게 기를 것인가에 대한 세부 내용으로 유아 교육 · 임부 교육 · 임부의 위생 · 임부의 동정 · 포육(哺育) · 모유의 주의 · 유모의 선택 · 인공 포육(哺育) · 소아의 의식숙(衣食宿) · 의복의 종류 · 의복의 제조 · 의복의 증감 · 음식의 종류 · 식물의 조리 · 음식의 분량 · 식시(食時)의 주의 등을 소개하고 있다. 제1호부터 연재된 「국가학」에서 이기는 일본과 러시아의 정체 비교와 아리스토텔레스의 군주제 · 귀족제 · 민주제의 분류 방법을 중심으로 보댕 · 루소 · 몽테스키외의 논의도 소개하고 있다. 제5호부터 종간호까지는 현채(玄采) 역술의 단군조선-기자조선-삼한시대-삼국시대까지의 한국 역사를 소개하고 있다.

수사규풍에서는 시사적 문제를 중점으로 다루었는데, 대한매일신보의 논설을 조등(照謄)하기도 하고, 본회의 의무, 의무 교육, 지금 사회는 경쟁 사회라는 것, 여학교의 필요성, 측량 응모, 식산교육, 학부령, 사립학교 설립 인가 청원서식, 학부 차관 연설 필기 등을 소개하고 있다.

명인언행에서는 을지문덕 · 양만춘 · 김유신 · 강감찬 · 서희 · 성충 · 김후직 · 강수 · 설총 · 김생 · 김양 · 장보고 · 정년 · 조충 · 김취려 · 최춘명 · 김경손 · 김윤후 · 원충갑 · 안우 · 이방실 · 최영 · 신숭겸 · 곽려 · 정승우 · 이존오 · 정습명 · 황수 · 이색 · 길재 · 맹사성 · 황희 · 허조 등 한국사의 명인을 위인 전기의 형식으로 소개하고 있다.

이 밖에 본회기사에서는 회의록 · 세칙 · 연조록(捐助錄) · 회계 보고를 다루고 있고, 회원명씨에서는 신입 회원과 지회 임원록을 담고 있다.

황성신문(皇城新聞)

1898년 9월 5일 남궁 억 등이 창간한 일간 신문.

19세기 말 한성순보가 최초의 근대신문으로 창간된(1883. 9) 이후 국내에서는 여러 지식층이 신문의 중요성을 인식하고 특징있는 신문을 발간하였다. 한성순보가 10일에 한 번 간행하는 순보인 것에 부족함을 느낀 남궁 억(南宮檍)은 나수연(羅壽

淵) 등과 함께 외세침입에 대하여 국민을 계몽하고 항쟁의 정신을 기르기 위하여 일간신문을 간행하였다. 이 신문은 이미 발간중인 ≪대한황성신문≫의 판권을 인수받아 오늘날의 합자회사와 같은 고금제(股金制, 股는 주식과 같음)를 최초로 사용하여 자본가를 모아 발행한 민간자본 신문이었다.

제호는 '대한'을 삭제하고 ≪황성신문≫이라 하였다. 1896년에 발간된 ≪독립신문≫이 순 한글만을 사용한 것에 반해, ≪황성신문≫은 국한문을 혼용하였다. 한문이 많이 사용되어 지식층의 독자를 많이 갖게 되었다. 신문은 3단으로 하여 논설, 관보, 외보, 별보, 잡보 등으로 기사 내용이 다양화되었고, 광고란이 등장하였다. 지면 크기는 초기에는 소형(23×31cm)이었으나, 1899년 11월 13일부터는 지면을 조금 키우고(25.2×34.5cm) 4단으로 하였으며, 4면을 발행하였다. 내용도 보다 다양하게 증가시켰다. 1900년 1월 5일부터는 '전보'기사란에 '한성 루터 전특체(電特遞)'라는 부제를 달고 외국 뉴스를 게재하기 시작하였다(영국 로이터 통신사와 계약을 체결하고 외신을 공급받음).

신문의 주필로 활약한 사람은 유근(柳瑾), 박은식(朴殷植), 장지연(張志淵) 등이었다. 초대 사장 남궁 억은 3년간 활동을 하고, 제2대 사장으로 장지연이 선출되었다(1902. 8. 31). 그 후 일본의 침략에 저항하는 저항신문으로 활동하다가 사장 장지연 등 사원 10여 명이 구속되고 신문이 정간당하였다. 1906년 1월 24일 장지연이 석방되고 신문이 재간되었으나 경영난에 부딪혀 사장 장지연 등 간부진이 사임하였다(2. 17). 제3대 사장에 남궁 훈(南宮 薰)이 취임하고, 총무를 성낙영(成樂英)이, 회계를 김재완(金在完)이 맡게 되었다. 경영난은 계속되었고, 특히 구독료가 제대로 걷히지 않아 어려움이 많았다. 이를 광고로 보충하였는데 광고에는 상품광고와 비상품광고(분실, 개명, 사기, 경고 등)가 있었다. 제4대 사장에 김상천(金相天), 총무 김재완이 선출되었다(1907. 5. 18). 불과 4개월 뒤 사장이 유근(柳瑾)으로 바뀌었다. 경영난은 계속되었고, 편집 겸 발행인(사장 겸임) 체제로 바뀌어 성선경(成善慶)이 맡았다(1910. 6. 12). 그러나 정치적 격변기를 맞아 일본의 강제 병합이 이루어져(1910. 8. 29) 신문 제호도 ≪한성신문≫으로 바뀌었다. 그러나 결국 9월 14일까지 발행하고 폐간되었다.

황성신문은 국민계몽에 큰 기여를 하였고, 일본의 침략에 저항하는 저항언론으로서의 명성도 가지고 있었다. 일본은 러일전쟁(1904. 2. 10) 초기에 대외중립을 선언한 한국을 일본편으로 끌어들여 전쟁을 유리하게 진행시키고 한국 침략을 본격화하기 위해 강제로 한일의정서를 체결하였는데, 이를 신문이 보도하였다가(1904. 2. 24) 기사를 삭제당했다. 그리하여 저항정신을 살리고 국민에게 일본의 탄압상을 간접적으로 전하기 위해 활자를 거꾸로 인쇄한 이른바 '벽돌신문'을(활자의 뒤쪽 네모진 모습만 인쇄됨) 발행하였다.

일본이 주한일본공사를 통하여 한국의 황무지 개간권을 요구해오자(1904. 6. 17), 이의 부당성을 사설을 통해 폭로하고 국민에게 알려, 국민적 반대운동을 일으키는데 원동력이 되었다. 그리하여 항일운동을 전개하는 보안회(保安會)를 홍보하고 지지하여 애국사상을 고취시켰고, 결국 정부로 하여금 일본의 요구를 철회시키도록 하는데 성공하였다.

일본의 본격적 침략인 '을사늑약'(乙巳勒約)에 대한 비분을 장지연이 〈시일야방성대곡〉(是日也放聲大哭 오늘 목놓아 통곡한다.)이라는 사설로 국민에게 알리자 집행진이 모두 체포되고 정간당하였다. 그 후에도 일제 강점이 진행되는 동안 민족의식 고취와 대일 비판의 자세는 지속되었다.

<저 자>

강전(姜荃, 생몰년도 미상)

강전에 대해 사적으로 알려진 것은 많지 않다. 그는 사립 일본대학 사범과에 입학한 것으로 알려져 있으며(「任員會 會錄」, 『대한학회월보』 제1호, 1908.2.25), 『태극학보』와 『대한흥학보』의 편집일을 맡은 것으로 보인다.(「雜報」, 『태극학보』 제14호, 1907.10.24, 「會錄」, 『대한흥학보』 제7호, 1909.11.20). 그리고 1913년 장지연 주필 사임 이후, 『경남일보』 주필 담당 했고(『경남일보』 1915년 폐간), 폐간이후 중앙학교 교사를 역임했다.(『신문계』 제46호, 1917. 01).

그의 저술, 기사목록은 다음과 같다.

1907-01-24 〈태극학보〉 제6호, 國文便利 及 漢文弊害의 說 학술
1907-02-24 〈태극학보〉 제7호, 國文便利 及 漢文弊害의 說 (前號續)논설
1908-02-25 〈대한학회월보〉 제1호, 崇拜我大韓學會諸公 잡저
1908-03-25 〈대한학회월보〉 제2호, 物理學의 摘要 학술
1908-04-25 〈대한학회월보〉 제3호, 世界의 三大潮를 論흠 논설
1908-06-25 〈대한학회월보〉 제5호, 時代에 因한 敎育 논설
1908-07-25 〈대한학회월보〉 제6호, 將來의 吾人義務 논설
1908-09-25 〈대한학회월보〉 제7호, 片紙感人 문예기타
1908-10-25 〈대한학회월보〉 제8호, 宗教的 戰爭 논설
1908-11-25 〈대한학회월보〉 제9호, 日本雜感 并序 잡저
1907-04-07 〈대한유학생회학보〉 제2호, 哭輓勉庵 崔先生 문예기타
1909-04-20 〈대한흥학보〉 제2호, 我韓에 對ᄒᆞ야 富强의 基礎를 論흠 논설
1909-05-20 〈대한흥학보〉 제3호, 韓國 第一着의 急務 階級的 習性을 打破 朋黨的 婚... 논설
1910-05-20 〈대한흥학보〉 제13호 急進的 社會 改良策을 內國志士諸公에게 望흠 논설
1914-07 〈신문계〉 제16호 社會學上의 家族觀
1914-09 〈신문계〉 제18호 姜荃 강전 人類生活과 科學

신해영(申海永, 1865년~1909)

한말의 관리 및 교육자. 본관은 평산(平山). 초명은 좌영(左永). 자는 윤일(潤一), 호는 동범(東凡). 경기도 김포 출생. 신정선(申正善)의 아들이다. 갑오경장 때 관비로 일본에 유학하여 게이오의숙(慶應義塾)에서 4년간 경제학을 전공하였다.

1898년 중추원 의관(議官)으로 임명되었으며, 같은해 독립협회의 민권운동에서 박영효(朴泳孝) · 서재필(徐載弼)을 대신(大臣) 후보로 천거한 사건에 연루되어 체포된 적도 있었다.

1904년에 탁지부 참사관, 다음해에 학부 편집국장으로 임명되었다.

1905년 보성전문학교(普成專門學校)의 설립 당시 설립자 이용익(李容翊)이 학교 설립에 관한 구체적인 계획을 학부 편집국장으로 있던 신해영에게 일임하자, 그는 2, 3명의 동지와 함께 학교설립을 의논하여 법률 · 이재(理財) · 농학 · 상학 · 공학 등 5개 학과로 된 2년제 전문학교의 창립을 성안하였다.

같은해 5월에 사립보성전문학교로 개교하면서 초대교장에 취임하였으며, 박은식(朴殷植)과 교분이 두터워 서우학회(西友學會)의 운영을 돕기도 하고 최재학(崔在學)의 ≪실용작문문법≫을 함께 교열, 감수하기도 하였다.

1906년 6월에는 4권 2책의 ≪윤리학교과서≫를 편술하여 보성중학교에서 발행하였는데, 이 책은 당시의 대표적인 국민윤리교본으로서 애국심고취를 통하여 젊은이들의 마음속에 국권회복의 의지를 구축하고자 하였다.

이에 따라 1909년 일제 통감부로부터 애국심을 고취하고 국권회복을 선동하는 불온한 교과서라 하여 발매금지처분이 내려졌다.

한편, 1907년 4월에 재일한국유학생 감독으로 일본에 파견되어 내왕하였으며, 1909년 9월에 동경에서 죽었다.

주시경 · 주상호(周時經, 1876~1914)

'주상호'는 주시경의 아명. 배재학당(1894~1900), 관립이운학교(1895~1896), 흥화학교 양지과(1900), 정리사(1906) 등에서 수학했다. 독립신문에서 회계 겸 교보원(校補員)으로 일하며(1896~1898) 국문동식회를 조직하였고, 독립협회 위원으로 선임되어(1898) 활동했으며, 제국신문 기재(記載)로 일하기도 했다(1899). 1901년부터 1905년까지는 외국인 선교사들에게 우리말을 가르쳤으며, 1905년부터는 서울 시내의 각급 학교에서 국어 교사를 역임했다. 1906년에는 서우학회 협찬원으로 선임되었으며, 『가정잡지』의 교보원을 맡아 일하면서(1906~1908), 1907년부터 1909년까지는 학부에서 설치한 국문연구소의 연구위원으로 활동했다. 또 1907년부터 상동청년학원 내에 하기 국어강습소를 설치하여 '국문'과 '국어'를 가르쳤으며 이때의 인사들과 더불어

1908년 여름에는 '국어연구학회'(조선언문회)를 조직하고 조선어강습원을 운영하였다. 이 강습원의 제자들이 김두봉, 최현배, 권덕규, 이병기, 정렬모 등이다. 최초의 국어사전이 될 수 있었던 『말모이』를 편찬하던 완성하지 못하고 1914년 사망한다.

저술로는 「국문론」(≪독립신문≫, 1897), 「말」(≪신학월보≫, 1901), 『國文文法』(강의노트, 1905), 『國文講義』(油印本, 1906), 「국문」(≪가정잡지≫, 1906~0908), 「국어와 국문의 필요」(≪서우≫, 1907), 「必尙自國言文」(≪황성신문≫, 1907), 『安南亡國史』(1907), 『말』(원고본, 1908경), 「國文硏究案」(보고서, 1909), 『國語文典音學』(1909), 『國語文法』(1910), 『말의 소리』(1914) 등이 있다.

박일삼(?~?)

박일삼에 대해 알려진 것은 거의 없다. 그는 하와이주 교민단체의 하나인 자강회(自強會)에서 발행한 월간잡지 〈자신보〉(自新報, 1907년 창간)의 편집인으로 활동했으며, 하와이 호놀롤루에서 창간한 〈전흥협회보〉의 주필을 맡은 것으로 전해진다.

박태서(朴太緖, 1875-?)

서울출신으로 1897년 일본으로 유학하였다. 일본 와세다 대학에서 정치학을 수학하고 1906년 귀국하여 보성관 번역원, 교정원으로 일했으며, 관립 한성일학교의 부교관으로 재직하였다.

이승교=이발(李撥, 1852~1928)

이명 승교(承喬), 발(發). 일제강점기 러시아 블라디보스토크 신한촌에서 조직된 노인단에서 활동한 독립운동가. 신한촌에서 3 · 1독립선언기념식을 준비하는 등 시베리아 한인들의 민족의식 고취에 기여하였다. 1995년 건국훈장 애국장이 추서되었다.

함경남도 단천(端川) 출생이며, 독립운동가 이동휘(李東輝)의 아버지로, 1902년 이동휘가 강화도 진위대장으로 근무하게 되자 서울로 이주하였다. 서울 보성각에 취직하여 새로 창립한 신학교의 한문교과서를 편집 · 발행하였고, ≪대한매일신보(大韓每日申報)≫에서도 근무하였다.

1911년 이동휘와 함께 북간도로 망명하여, 1918년 러시아 블라디보스토크로 건너가, 1919년 3월 김치보(金致寶) · 윤여옥(尹餘玉) · 이순(李舜) 등과 함께 블라디보스토크 신한촌(新韓村) 덕창국(德昌局)에서 독립운동단체인 노인단(老人團)을 조직하고, 같은 해 5월 노인단 대표로 윤용옥(尹容玉) · 김학영(金學永) · 안태순(安泰順) · 정치윤(鄭致允) 등과 함께 서울로 파견되어 종로 보신각(寶信閣) 앞에서 만세를 부르며 시위를 주도하였다.

1920년 2월 신한촌에서 3·1독립선언기념식 개최를 앞두고 각 단체 대표자회의가 열리자 회장에 선임되어 김식(金軾)·장도정(張道政)·김필수(金弼秀)·김치보 등과 함께 각 지방에 통지서를 발송하여 기념식을 준비하는 등 시베리아 한인들의 민족의식 고취에 기여하였다. 1928년 4월 20일 블라디보스토크에서 순국하였으며, 유서로 남긴 〈대한독립만세〉가 ≪선봉신문(先鋒新聞)≫ 5월 6일자에 게재되었다고 한다. 1995년 건국훈장 애국장이 추서되었다.

1908-03-01 〈서우〉 제16호, 會報 소식
1908-05-01 〈서우〉 제17호, 會員 李承喬 회원 리승교 實業論 논설
1908-05-01 〈서우〉 제17호, 蘭谷 李承喬 난곡 리승교 送學生諸益之日本東京 문예기타
1908-05-01 〈서우〉 제17호, 會報, 소식
1908-06-01 〈서북학회월보〉 제1호, 李承喬 리승교 國漢文論 학술
1908-12-01 〈서북학회월보〉 제7호, 李承喬 리승교 實地教育이 學界上 必要 논설
1909-07-01 〈서북학회월보〉 제14호, 會計員報告 第三十一號 잡저
1909-08-01 〈서북학회월보〉 제15호, 李承喬 리승교 吾人이 和合ᄒᆞ여야 生存 논설
1909-12-01 〈서북학회월보〉 제18호, 蘭谷 李承喬 난곡 리승교 遠慰我西北被災同胞라가 敬告我西北慈善同胞 논설
1910-01-01 〈서북학회월보〉 제19호 李承喬 리승교 漢文教科의 必要ᄂᆞᆫ 東萊博議 논설

여규형(呂圭亨, 1848~1921)

조선 말기·일제강점기의 학자·문인. 1882년(고종 19)에 문과에 급제하여 외아문주사(外衙門主事)에 임명되었다가, 교리를 제수받았다. 벼슬은 오래도록 제자리에 머물렀을 뿐 아니라 익산에서 귀양살이하였고, 곧이어 1898년에는 금갑도(金甲島)에 다시 유배되었다. 1894년에 동부승지에 임명되었지만, 얼마 안 되어 다시 초도(椒島)에 유배되었다가 일제에 의하여 통감부가 설치되면서 풀려났다.

서울에 돌아와서 사립학교인 대동학교(大東學校)에서 교사로서 학도를 가르쳤으며, 뒤에는 관립한성고등학교 한문과를 담당하다가 74세에 죽었다.

그는 시문에 매우 뛰어났을 뿐만 아니라 음률에도 통하고, 기하·산수·초목·충어(蟲魚)·성력(星曆) 등의 학문에도 두루 밝았다고 한다. 그래서 시·서·문을 비롯하여

사(射)·금(琴)·기(棋)·주(酒)를 잘한다고 하여 칠절(七絕)이라 불리기도 하였다.

뛰어난 문장과 해박한 지식, 그리고 숱한 기행(奇行)으로 이건창(李建昌)·김윤식(金允植)·정만조(鄭萬朝) 등과 한문학사의 대미를 장식한 한학자로서 문학사에 뚜렷한 족적을 남긴 인물 가운데 한 사람이다.

그러나 황현(黃玹)이 그의 ≪매천야록(梅泉野錄)≫에서 "개화 이래 외인(外人)을 따라붙어 한발짝이라도 뒤떨어질까 걱정하였으므로, 사람들이 침뱉고 욕하였다."라고 한 대목에서 볼 수 있는 바와 같이, 만년에 일제의 노선에 동조한 행위가 흠으로 지적된다.

문집으로 ≪하정유고≫ 4권이 전하며, 이밖에도 〈춘향전〉과 〈심청전〉을 한문으로 짓기도 하였다.

이광수(李光洙, 1892~1950)

호 춘원(春園). 평안북도 정주(定州) 출생으로 동학(東學)에 들어가 서기(書記)가 되었으나 관헌의 탄압이 심해지자 1904년 상경하였다. 이듬해 친일단체 일진회(一進會)의 추천으로 도일, 메이지[明治]학원에 편입하여 공부하면서 소년회(少年會)를 조직하고 회람지 ≪소년≫을 발행하는 한편 시와 평론 등을 발표하기 시작했다. 1910년 동교를 졸업하고 일시 귀국하여 오산학교(五山學校)에서 교편을 잡다가 재차 도일, 와세다[早稻田]대학 철학과에 입학, 1917년 1월 1일부터 한국 최초의 근대 장편소설 ≪무정(無情)≫을 ≪매일신보(每日申報)≫에 연재하여 소설문학의 새로운 역사를 개척하였다. 1919년 도쿄[東京] 유학생의 2·8독립선언서를 기초한 후 상하이[上海]로 망명, 임시정부에 참가하여 독립신문사 사장을 역임했다.

1921년 4월 귀국하여 허영숙(許英肅)과 결혼, 1923년 ≪동아일보≫에 입사하여 편집국장을 지내고, 1933년 ≪조선일보≫ 부사장을 거치는 등 언론계에서 활약하면서 ≪재생(再生)≫ ≪마의태자(麻衣太子)≫ ≪단종애사(端宗哀史)≫ ≪흙≫ 등 많은 작품을 썼다. 1937년 수양동우회(修養同友會) 사건으로 투옥되었다가 반 년 만에 병보석되었는데, 이때부터 본격적인 친일 행위로 기울어져 1939년에는 친일어용단체인 조선문인협회(朝鮮文人協會) 회장이 되었으며 가야마 미쓰로[香山光郞]라고 창씨개명을 하였다.

8·15광복 후 반민법으로 구속되었다가 병보석으로 출감했으나 6·25전쟁 때 납북되었다. 그간 생사불명이다가 1950년 만포(滿浦)에서 병사한 것으로 확인되었다.

이기(李沂, 1848~1909)

전북 만경 출신으로 구한말 실학사상가이자 계몽사상가로 유명하다. 호는 해학이다. 1905년 포츠머스조약체결이후 일본에 가서 침략을 규탄하는 서면항의를 하였으며, 이후 장지연, 윤효정 등과 대한자강회를 결성하여 항일운동에 앞장섰다. 저서로는 ≪해학유서≫가 있다. 1907년 나인영 등과 자신회(自新會)를 조직하여 을사오적(乙巳五賊)의 암살을 계획하였으나, 실패로 돌아가고 이 일로 체포되어 7년의 유배형을 받고 진도(珍島)로 귀양갔다. 석방된 후 서울로 돌아와 '호남학회' 교육부장직을 맡고, ≪호남학보(湖南學報)≫를 발행하면서 민중계몽운동에 종사하였다. 1968년 건국훈장 독립장이 추서되었다.

이능화(李能和, 1869~1943)

한국의 역사학자 · 민속학자.≪조선사≫ 편찬사업, 청구학회에 참여했고, 계명구락부를 조직, 민족계몽 활동을 하였다. 친일단체 국민총력조선연맹 위원이었다. 저서는≪조선불교통사≫등이다.

1869년(고종 6) 충청북도 괴산(塊山)에서 출생하였다. 어려서 한학을 배웠으며, 1887년 이후 서울의 여러 학교에서 영어 · 중국어 · 프랑스어 · 일본어를 익혀 능통하게 구사하였다. 1895년 농상공부의 주사로 채용되었다가, 관립 외국어학교 · 관립 한성법어학교(官立漢城法語學校) 등에 재직하였다.

1907년에는 일본을 시찰하고 국문연구소의 위원을 맡기도 하였다. 1912년 능인(能仁)보통학교를 세워 교장을 맡았으며, 1915년에 설립된 불교진흥회에도 참여하였다. 1922년 이후에는 조선총독부가 식민지 통치 방안의 하나로 수행한 조선사편찬위원회와 조선사편수회의 위원으로 있으면서 15년간 ≪조선사≫ 편찬사업에 종사하였다. 1930년에는 일본인 학자들이 중심이 되어 조직한 청구학회(靑丘學會)에 참여하였고, 1931년에는 박승빈(朴勝彬) · 오세창(吳世昌) 등과 계명구락부(啓明俱樂部)를 조직하여 민족계몽과 학술연구 활동을 하였다. 또 1940년에는 친일단체인 국민총력조선연맹 문화부 문화위원으로 활동하기도 하였다.

많은 저술을 남겼는데, 종교서로 ≪조선불교통사≫ ≪조선신교원류고(朝鮮新敎源流考)≫ ≪조선기독교급외교사(朝鮮基督敎及外交史)≫ ≪조선신화고(朝鮮神話考)≫, 사상서로 ≪조선유교지양명학(朝鮮儒敎之陽明學)≫ ≪조선유학급유학사상사(朝鮮儒學及儒學思想史)≫가 있다. 또 풍속과 관련된 ≪조선상제예속사(朝鮮喪制禮俗事)≫ ≪조선여속고(朝鮮女俗考)≫ ≪조선해어화사(朝鮮解語花史)≫(기생의 역사) ≪조선무속고(朝鮮巫俗考)≫가 있으며, 기타 ≪이조경성시제(李朝京城市制)≫ ≪조선십란록(朝鮮十亂錄)≫ ≪조선의약발달사≫ ≪조선도교사(朝鮮道教

史)≫ ≪조선사회사≫ 등이 있다.

장응진(張膺震, 1890~1950)

독립운동가. 출생지 미상. 1907년 안창호(安昌浩)가 평양에 대성학교(大成學校)를 설립할 당시부터 이 학교의 교무책임자로 재직하였으며, 1909년 8월에는 윤치호(尹致昊)·최남선(崔南善)·최광옥(崔光玉)·박중화(朴重華) 등과 함께 발기인으로 활동하여 청년학우회(青年學友會)를 창설하였다.

1912년 105인사건에 연루되어 신민회(新民會)회원들과 함께 옥고를 치렀으며, 1913년 11월부터 1922년 9월까지 휘문고등보통학교의 학감으로 재직하면서 이화학(理化學)을 가르쳤다.

한편, 3·1운동 직후부터 우리 교육계에 철저한 한국인본위의 교육을 실시하자는 주장이 일어나자 다른 많은 사학관계자들과 1920년 6월 조선교육회(朝鮮教育會)를 결성하는 데 힘썼다.

1950년 6월부터 휘문고등학교 교장으로 근무하던 중 6·25 동란이 발발, 같은해 부산 피난지의 임시학교에서 과로로 순직하였다. 건국훈장 독립장이 추서되었으나 과거의 친일행적이 밝혀져 1996년 국가보훈처에 의해서 서훈이 취소되었다.

정교(鄭喬, 1856~1925)

조선 말기의 문신·애국계몽운동가. 호는 추인(秋人). 서울 출신.

1894년(고종 31) 수원판관(水原判官)과 장연군수 등을 지냈으나, 1895년 을미사변이 발발하자 관직을 사임하였다.

사변 후 관료들이 그 주모자 색출과 처벌에 소극적인 태도를 보이자, 임최수(林最洙)·이세진(李世鎭)이 의병을 일으켜 관료암살계획을 세우고, 친구인 그에게 자문을 청하였다.

이들에게 친위대내의 군인들과 제휴하여 거사할 것을 권하고 무고한 사람을 해치지 말고 신중히 처신할 것을 당부하였다.

그러나 자신은 일본의 침략적 행위에 대하여 무력으로 항쟁하는 방법보다 실력양성의 방법을 택할 것을 결심하였다.

1896년 독립협회가 창설되자 이에 가입, 서기·제의(提議) 등의 간부직을 지냈다.

아관파천 이후 정부가 러시아 등에 대한 외세에 의존하고 삼림·광산·철도 등 국가의 중요한 이권을 외국인에게 넘겨주자, 윤치호(尹致昊)·이상재(李商在)·고영근(高永根)·이승만(李承晩) 등 독립협회 간부들과 함께 1898년 만민공동회(萬民

共同會)를 개최하여 정부의 시정개혁을 요구하고 자주독립과 호헌(護憲) 및 민권을 주장하였다.

정부를 지지하는 황국협회(皇國協會)와 충돌하였을 때 독립협회 간부 17명과 함께 검거되고 독립협회는 해산당하였으며 이때 태(笞) 40에 처해졌으나 이에 불복, 상소하여 무죄로 석방되었다.

그 뒤 아펜젤러(Appenzeller, H. G.)의 보호로 배재학당으로 피신, 1904년 러일전쟁이 일어난 뒤 귀가하였다. 그해 10월 제주군수가 되고, 1906년 학부참서관(學部參書官)을 지냈다.

1910년 일제의 국권침탈 이후 이리로 내려가 은거하였다.

저서로는 ≪대동역사(大東歷史)≫ ≪홍경래전≫ ≪가곡선(歌曲選)≫ ≪대한계년사(大韓季年史)≫ ≪동언고략(東言攷略)≫ 등의 국학관계 저술이 있다.

지석영(池錫永, 1855~1935)

조선 후기의 의사·문신·국문학자이며 최초로 종두법을 도입했다. 의학교육사업과 한글 보급 및 연구에도 힘썼다.

1880년 수신사 김홍집(金弘集)의 수행원으로 일본에 건너가 일본 위생국에서 두묘의 제조법과 독우(犢牛)의 채장법(採漿法) 등을 배우고 귀국한 뒤 서울에서 적극적으로 우두를 실시하는 한편 일본 공사관 의관(醫官) 마에다 기요노리[前田淸則]로부터 서양의학을 배우기도 했다.

1883년(고종 20) 식년문과(式年文科)에 을과로 급제하여 지평(持平) 등을 역임하고 1885년 ≪우두신설(牛痘新說)≫을 저술했다. 1887년 장령(掌令)으로 시폐(時弊)를 논하다가 우두의 기술을 미끼로 일본과 결탁한 개화당과 도당을 이룬다는 이유로 전라도 신지도(薪智島)에 유배되었다. 6년간의 유배 생활 동안 농학서인 ≪중맥설≫과 의학서인 ≪신학신설≫을 저술했다.

1892년 유배에서 풀려나 승지(承旨)를 거쳐 1896년(고종33) 동래부사를 지냈다. 1899년 경성의학교(京城醫學校) 교장에 취임하여 이후 10년 간 의학교육사업에 종사하는 한편, 한글 보급에 힘써 〈신정국문(新訂國文)〉(1905) 6개조를 상소하였다. 이 제안은 그대로 받아들여져 공포되었으며, 지속적인 연구를 위해 1908년 국문연구소 위원이 되었다. 또한 1909년 옥편의 효시인 ≪자전석요(字典釋要)≫를 간행하는 등 국문연구에도 공적을 남겼다.

한흥교(韓興教, 1885년~1967)

독립운동가. 일명 진산(震山)·헌산(憲山). 부산 출생.

1911년 10월 중국으로 건너가 중국혁명군 구호의장(救護醫長)으로 쑤저우(蘇州)·전장(鎭江) 등 전선에 나가 참전하였다.

1912년 북벌혁명군홍십자회대장(北伐革命軍紅十字會隊長)에 임명되었으며 항저우(杭州) 및 북경의학전문학교 교수로 의료활동을 하였다. 같은해 상해(上海)로 가서 신규식(申圭植)·조성환(曺成煥) 등과 함께 동제사(同濟社)와 한중호조사(韓中互助社)를 조직하고 독립운동가의 의료를 전담하였다.

1913년 10월 육군 군의정(軍醫正: 소령)으로 열하(熱河) 형수(衡戍)병원장에 취임하였다. 1919년 북경(北京)에서 중외통신사 전광신보사(展光新報社)를 창립하고 만주·노령·미주·중국 각지를 순방하면서 독립정신을 고취하였고, 1926년 북경에서 원세훈(元世勳)·송호(宋虎) 등과 함께 선두자사(先頭者社)를 조직, 기관지 ≪앞잡이≫를 발행하는 등 한중연합으로 〈타도일본〉이라는 성명서를 발표하였다.

1935년 북경·톈진(天津) 등 중국내 각지를 순방하다가 산시성(山市省) 타이위안(太原)에서 대동병원(大同病院)을 개업하여 한중연합 항일운동을 전개하였다. 1977년 건국포장이 추서되었다.